Studien und Materialien
zur Verfassungsgerichtsbarkeit
Band 100
Herausgegeben von Christian Starck

Christian Starck

# Praxis der Verfassungsauslegung II

Nomos

Die Deutsche Bibliothek verzeichnet diese Publikation in der Deutschen Nationalbibliografie; detaillierte bibliografische Daten sind im Internet über http://dnb.ddb.de abrufbar.

ISBN 3-8329-2152-4

1. Auflage 2006

# Vorwort

Die freundliche Aufnahme des 1994 erschienenen ersten Bandes meiner Arbeiten zur Praxis der Verfassungsauslegung hat mich ermutigt, hiermit als Fortsetzung einen zweiten Band vorzulegen, der meine Arbeiten zur Praxis der Verfassungsauslegung seit 1994 versammelt. Nur die im 7. und 8. Kapitel des ersten Teils abgedruckten Arbeiten sind älteren Datums.

Es geht wie im ersten Band um Grundrechte und Schutzpflichten (erster Teil), Kompetenzen und Verfahren (zweiter Teil) und Steuern und Finanzen (dritter Teil). Der unmittelbare Praxisbezug ergibt sich daraus, daß alle Kapitel entweder frisch ergangene Entscheidungen zumeist des Bundesverfassungsgerichts kommentieren oder Vorgänge des Staatslebens – Regierungsmaßnahmen, eine Ministerpräsidentenwahl, Gesetzgebung und Reformpläne – am Maßstab des Verfassungsrechts kommentieren oder die Verfassungsgerichtsbarkeit selbst unter dem Gesichtspunkt der Sicherung und Gefährdung der Gewaltenteilung in den Blick nehmen. Einige Kapitel sind dem Landesverfassungsrecht gewidmet. Am Ende des ersten Teils wird anhand eines Buches aus deutscher Sicht über den Grundrechtsschutz in Frankreich berichtet.

Die detaillierten Gliederungen der einzelnen Kapitel sollen den behandelnden Stoff auf den ersten Blick erschließen. Dabei helfen auch die Register, für deren Erstellung ich Frau Stefanie Böhnstedt zu danken habe. Der Akademie der Wissenschaften zu Göttingen danke ich für eine Finanzhilfe, die das Erscheinen des Buches erleichtert hat.

Wrixum auf Föhr im Juli 2006 *C. S.*

# Inhaltsverzeichnis

# Abkürzungsverzeichnis

| | |
|---|---|
| a.F. | alte Fassung |
| Abg. | Abgeordnete/r |
| Abs. | Absatz |
| Abschn. | Abschnitt |
| AfA | Absetzung für Abnutzung |
| AfP | Archiv für Presserecht (Zs.) |
| AG | Amtsgericht |
| Anm. | Anmerkung |
| AO | Abgabenordnung |
| AöR | Archiv des öffentlichen Rechts |
| ARD | Arbeitsgemeinschaften der Rundfunkanstalten Deutschlands |
| Art. | Artikel |
| ARTE | Association Relative à la Télévision Européenne |
| AS | Amtliche Sammlung der Entscheidungen der Verfassungs- und Verwaltungsgerichtshöfe von Rheinland-Pfalz und des Saarlandes |
| Aufl. | Auflage |
| AVR | Archiv des Völkerrechts (Zs.) |
| | |
| BAnz | Bundesanzeiger |
| bayer. | bayerisch/e/r/s |
| BayGVBl. | Bayerisches Gesetz- und Verordnungsblatt |
| BayLTag | Bayerischer Landtag |
| BaySchwHEG | Bayerisches Schwangerenhilfeergänzungsgesetz |
| BayVBl. | Bayerische Verwaltungsblätter |
| BayVerfGH/ BayVfGH | Bayerischer Verfassungsgerichtshof |
| BayVGH | Bayerischer Verwaltungsgerichtshof |
| Bd. | Band |
| Beschw. | Beschwerde |
| BFH | Bundesfinanzhof |
| BFH/NV | Sammlung der nicht veröffentlichten (bis 1997) Entscheidungen des Bundesfinanzhofs |
| BFHE | Entscheidungen des Bundesfinanzhofs |
| BGB | Bürgerliches Gesetzbuch |
| BGBl. | Bundesgesetzblatt |
| BGH | Bundesgerichtshof |
| BGHSt | Entscheidungen des Bundesgerichtshofs in Strafsachen |
| BK | Bonner Kommentar |
| BMF | Bundesministerium der Finanzen |
| BRat | Bundesrat |
| BrbV | Brandenburgische Verfassung |

| | |
|---|---|
| BR-Drucks./ BR-Drs. | Bundesrats-Drucksache |
| BStBl. | Bundessteuerblatt |
| BT | Bundestag |
| BT-Drucks./ BT-Drs. | Bundestags-Drucksache |
| BV/BayVf | Verfassung des Freistaats Bayern |
| BVerfG | Bundesverfassungsgericht |
| BVerfGE | Amtliche Sammlung der Entscheidungen des Bundesverfassungsgerichts |
| BVerfGG | Bundesverfassungsgerichtsgesetz |
| BVerwG | Bundesverwaltungsgericht |
| BVerwGE | Entscheidungen des Bundesverwaltungsgerichts |
| BWV | Verfassung des Landes Baden-Württemberg |
| | |
| CDU | Christlich Demokratische Union |
| CSU | Christlich Soziale Union |
| | |
| d. h. | das heißt |
| DB | Der Betrieb (Zs.) |
| DDR | Deutsche Demokratische Republik |
| DDR-GBl. | Gesetzblatt der Deutschen Demokratischen Republik |
| ders. | derselbe |
| DM | Deutsche Mark |
| DÖV | Die öffentliche Verwaltung (Zs.) |
| Drucks. | Drucksache |
| DStR | Deutsches Steuerrecht (Zs.) |
| DtZ | Deutsch-deutsche Rechtszeitschrift |
| DVBl. | Deutsches Verwaltungsblatt |
| | |
| e. V. | eingetragener Verein |
| ebda. | ebenda |
| ed./Ed./éd. | editor/edition/édition |
| EG | Europäische Gemeinschaft |
| EGMR | Europäischer Gerichtshof für Menschenrechte |
| EGStGB | Einführungsgesetz zum Strafgesetzbuch |
| EGV | Vertrag über die Gründung einer Europäischen Gemeinschaft |
| EKK | Europäischer Kulturkanal |
| EKK-StV | Staatsvertrag zum Europäischen Kulturkanal |
| EMRK | Europäische Menschenrechtskonvention |
| EStDV | Durchführungsverordnung Einkommensteuergesetz |
| EStG | Einkommensteuergesetz |
| ESVGH | Entscheidungssammlung des Hessischen Verwaltungsgerichtshofes und des Verwaltungsgerichtshofes Baden-Württemberg |
| EuGH | Gerichtshof der Europäischen Gemeinschaften |
| EuGRZ | Europäische Grundrechtezeitung |
| EV | Einigungsvertrag |
| EWG | Europäische Wirtschaftsgemeinschaft |

| | |
|---|---|
| f./ff. | folgende/r |
| FamRZ | Zeitschrift für das gesamte Familienrecht |
| FAZ | Frankfurter Allgemeine Zeitung |
| FDP | Freiheitlich Demokratische Partei |
| franz. | französisch |
| FS | Festschrift |
| | |
| G.E.I.E. | Groupement Européen d'Intérêt Economique |
| GeschO | Geschäftsordnung |
| GG | Grundgesetz |
| GmbH | Gesellschaft mit beschränkter Haftung |
| GrG | Grenzgesetz der DDR vom 25. März 1982 |
| GVBl. | Gesetz- und Verordnungsblatt |
| GVG | Gerichtsverfassungsgesetz |
| | |
| h. L. | herrschende Lehre |
| HbStKirchR | Handbuch des Staatskirchenrechts |
| HessStGH | Hessischer Staatsgerichtshof |
| Hrsg. | Herausgeber/in |
| HStR | Handbuch des Staatsrechts |
| HV | Hessische Verfassung |
| | |
| IGH | Internationaler Gerichtshof |
| i. S. | im Sinne |
| i. V. | in Verbindung |
| insbes. | insbesondere |
| | |
| Jg. | Jahrgang |
| Jhd. | Jahrhundert |
| JöR | Jahrbuch des öffentlichen Rechts |
| JuS | Juristische Schulung (Zs.) |
| JZ | Juristenzeitung |
| | |
| Kap. | Kapitel |
| KG | Kammergericht |
| KritJ | Kritische Justiz (Zs.) |
| KritV | Kritische Vierteljahresschrift (Zs.) |
| KStG | Körperschaftsteuergesetz |
| KUG | Kunsturhebergesetz |
| | |
| LDP | Liberal-Demokratische Partei (DDR) |
| LER | Lebensgestaltung – Ethik – Religionskunde |
| LG | Landgericht |
| lit. | littera (Buchstabe) |
| LS | Leitsatz |
| LT Drucks. | Landtags-Drucksache |
| LVerfGE | Entscheidungssammlung der Landesverfassungsgerichte |

| | |
|---|---|
| m. w. N. | mit weiteren Nachweisen |
| Mio. | Million/en |
| MVV | Verfassung des Landes Mecklenburg-Vorpommern |
| NDR | Norddeutscher Rundfunk |
| Nds. StGHE | Entscheidungssammlung des Niedersächsischen Staatsgerichtshofs |
| NdsVBl. | Niedersächsische Verwaltungsblätter |
| NJW | Neue Juristische Wochenschrift |
| no. | number/numéro |
| Nr./Nrn. | Nummer/n |
| NV | Niedersächsische Verfassung |
| NVwZ | Neue Zeitschrift für Verwaltungsrecht |
| NVwZ-RR | Neue Zeitschrift für Verwaltungsrecht Rechtsprechungs-Report |
| OVG | Oberverwaltungsgericht |
| OVGE | Entscheidungssammlung der Oberverwaltungsgerichte für das Land Nordrhein-Westfalen in Münster und die Länder Niedersachsen und Schleswig-Holstein in Lüneburg |
| p. m. | post menstruationem |
| Parl. Rat | Parlamentarischer Rat |
| PDS | Partei des Demokratischen Sozialismus |
| RdJB | Recht der Jugend und des Bildungswesens (Zs.) |
| Rdnr./Rn. | Randnummer |
| RGBl. | Reichsgesetzblatt |
| RPV | Verfassung des Landes Rheinland-Pfalz |
| S. | Seite |
| SächsVBl. | Sächsische Verwaltungsblätter |
| SAV | Verfassung des Landes Sachsen-Anhalt |
| SBZ | Sowjetische Besatzungszone |
| sc. | Scilicet (= versteht sich) |
| SchKG | Schwangerenkonfliktgesetz |
| schriftl. | schriftlich |
| sect. | section |
| SED | Sozialistische Einheitspartei Deutschlands (DDR) |
| SFHÄndG | Schwangeren- und Familienhilfeänderungsgesetz |
| SHV | Verfassung des Landes Schleswig-Holstein |
| SJZ | Süddeutsche Juristenzeitung |
| SlV | Verfassung des Saarlandes |
| SMA | Sowjetische Militäradministration |
| sog. | sogenannte/r/s |
| SPD | Sozialdemokratische Partei Deutschlands |
| Sten. Berichte | Stenographische Berichte |
| Sten. Prot. | Stenographische Protokolle |
| StGB | Strafgesetzbuch |
| StGB-DDR | Strafgesetzbuch der Deutschen Demokratischen Republik |
| StGH | Staatsgerichtshof |

| | |
|---|---|
| StuW | Steuer und Wirtschaft (Zs.) |
| StV | Strafverteidiger (Zs.) |
| SV | Verfassung des Freistaats Sachsen |
| SZ | Süddeutsche Zeitung |
| ThürVBl. | Thüringische Verwaltungsblätter (Zs.) |
| ThV | Verfassung des Freistaats Thüringen |
| TV | Television |
| U. S. | United States |
| USA | United States of America |
| VerfGH | Verfassungsgerichtshof |
| VerfGHE | Entscheidungssammlungen des Verfassungsgerichtshofs |
| veröffentl. | veröffentlicht |
| VG | Verwaltungsgericht |
| VGH | Verwaltungsgerichtshof |
| vgl. | vergleiche |
| VNV | Vorläufige Niedersächsische Verfassung |
| vol. | volume |
| VVDStRL | Veröffentlichungen der Vereinigung der Deutschen Staatsrechtslehrer |
| WDR | Westdeutscher Rundfunk |
| Wp. | Wahlperiode |
| WRV | Weimarer Reichsverfassung |
| z. B. | zum Beispiel |
| ZDF | Zweites Deutsches Fernsehen |
| ZDF-StV | Staatsvertrag über das Zweite Deutsche Fernsehen |
| ZevKR | Zeitschrift für evangelisches Kirchenrecht |
| ZfR | Zeitschrift für Rundfunkrecht |
| ZG | Zeitschrift für Gesetzgebung |
| ZRP | Zeitschrift für Rechtspolitik |
| Zs. | Zeitschrift |

*Druckfehlerberichtigung*

des Bandes Christian Starck, Praxis der Verfassungsauslegung, Baden-Baden 1994

S. 43, 2. Zeile von unten, richtig: kann
S. 157, Fußnote 3, 1. Zeile, richtig: S. 80
S. 166, 2. Zeile von unten zwischen den Worten »zugunsten« und »der« einfügen: der öffentlich-rechtlichen Rundfunkanstalten den Inhalt

Einleitung

# Verfassungsrechtswissenschaft, Normenkontrolle und Verfassungsauslegung[1]

## I. *Verfassungsrechtswissenschaft*

Rechtspraxis tritt in Erscheinung in der Gesetzesanwendung durch Verwaltung und Rechtsprechung. Aber auch Gesetzgebung ist Rechtspraxis. Aufgabe der Verfassungsrechtswissenschaft ist es, Kriterien zu entwickeln, mit deren Hilfe festgestellt werden kann, ob sich die Rechtspraxis im Einklang mit der Verfassung befindet.

### 1. *Gesetzgebung*

Bezüglich der Gesetzgebung kümmert sich die Verfassungsrechtswissenschaft um das Ausmaß der verfassungsrechtlichen Bindung, der die Gesetzgebung unterliegt. Dabei geht es um die Auslegung der verfassungsrechtlichen Kompetenzbestimmungen, die zwischen Bundes- und Landesgesetzgebung abgrenzen.[2] Ferner geht es um die Auslegung der Verfahrensbestimmungen für die Bundes- bzw. die Landesgesetzgebung. Obwohl es hier selten zu Problemen kommt, hat sich doch im Frühjahr 2002 gezeigt, daß Abstimmungsvorschriften im Bundesrat verletzt worden sind, was dazu geführt hat, daß das Zuwanderungsgesetz von sechs Ländern vor dem Bundesverfassungsgericht angegriffen worden ist.[3] Außer diesen förmlichen Voraussetzungen der Gesetzgebung gibt es materielle Bindungen der Gesetzgebung an die Grundrechte, die die Grenzen des Gesetzgebers festlegen,[4] und an Verfassungsaufträge. Bei den Verfassungsaufträgen hat die Verfassungsrechtswissenschaft die Bindungsintensität und das Ausmaß der Gestaltungsfreiheit des Gesetzgebers zu ermitteln. Verfassungsaufträge finden sich auch in den Grundrechten, soweit ihnen verfassungsrechtliche Schutzaufträge zu entneh-

1 Wiederabdruck aus: Christian Starck (Hrsg.), Die Rolle der Verfassungsrechtswissenschaft im demokratischen Verfassungsstaat, Baden-Baden 2004, S. 85-92. Einige Fußnoten sind hinzugefügt, insbesondere Verweisungen auf die einzelnen Kapitel dieses Buches.
2 Siehe Zweiter Teil, 2. und 3. Kapitel in diesem Band.
3 Siehe dazu Zweiter Teil, 4. Kapitel.
4 Siehe Erster Teil, 3. und 4. Kapitel.

men sind. So ist die Menschenwürde zu schützen (Art. 1 Abs. 1 GG), und Ehe und Familie stehen unter dem besonderen Schutz der staatlichen Ordnung (Art. 6 Abs. 1 GG).
Die klassischen Grundrechte, die zumeist unter ausdrücklichem Gesetzesvorbehalt stehen, können vom Gesetzgeber eingeschränkt werden. Dabei ist aber der Gesetzgeber selbst an die Grundrechte gebunden (Art. 1 Abs. 3 GG). Die Vermittlung zwischen Regelungskompetenz des Gesetzgebers im Grundrechtsbereich und Bindung des Gesetzgebers an die Grundrechte ist logisch nur möglich, wenn der im Grundrechtsbereich regelnde Gesetzgeber sowohl in der Auswahl der Schutzgüter als auch der zu ihrem Schutz verwendeten Mittel verfassungsrechtlich gebunden ist. Die Verfassungsrechtswissenschaft[5] hat in Gemeinschaft mit der Rechtsprechung des Bundesverfassungsgerichts das Verhältnismäßigkeitsprinzip herangezogen, um den die Grundrechte einschränkenden Gesetzgeber zu binden. Der Grundsatz der Verhältnismäßigkeit, in dem die Grundsätze der Geeignetheit, Erforderlichkeit und Proportionalität im engeren Sinne zusammengefaßt werden,[6] wird aus dem Rechtsstaatsprinzip abgeleitet. Damit wird zutreffend zum Ausdruck gebracht, daß das Verhältnismäßigkeitsprinzip ein Rechtsprinzip ist, das sich im übrigen nicht nur auf die Grundrechte bezieht. Für die Grundrechtsdogmatik kann jedoch noch vor dem allgemeinen Rechtsstaatsprinzip auf die in Art. 1 Abs. 3 GG verankerte, normativ viel dichtere, Bindungsklausel zurückgegriffen werden, um den Grundsatz der Verhältnismäßigkeit für die Grundrechtsdogmatik verbindlich zu machen. Das kommt auch deutlich in der Rechtsprechung des Bundesverfassungsgerichts zum Ausdruck.[7] Danach folgt der Grundsatz der Verhältnismäßigkeit »im Grunde bereits aus dem Wesen der Grundrechte selbst, die als Ausdruck des allgemeinen Freiheitsanspruchs des Bürgers gegenüber dem Staat und der öffentlichen Gewalt jeweils nur insoweit beschränkt werden dürfen, als es zum Schutze öffentlicher Interessen unerläßlich ist«. Was das Bundesverfassungsgericht hier mit dem Wesen der Grundrechte bezeichnet, ist klarer umschrieben, wenn man auf die Bindungsklausel abstellt, die das »Wesen der Grundrechte« entscheidend neu geprägt hat. Das Wesen der Grundrechte ist ein anderes, wenn sie über verfassungsrechtliche Gesetzesvorbehalte allein in die Hand des Gesetzgebers gegeben werden.
Wie werden nun mit Hilfe des Verhältnismäßigkeitsprinzips Eingriffe in die Grundrechte abgewehrt bzw. begrenzt? Zunächst muß ein Rechtsgut vorliegen, das im Einklang mit der Verfassung festgelegt worden ist. *Geeignet* ist eine gesetzliche grundrechtseinschränkende Norm dann, wenn sie überhaupt

5 *Peter Lerche*, Übermaß und Verfassungsrecht, 1961.
6 BVerfGE 21, 150, 155; 30, 292, 316; 38, 281, 302.
7 BVerfGE 19, 342, 348 ff.; 35, 382, 401; vgl. dazu *Christian Starck*, in: v. Mangoldt/Klein/Starck, Grundgesetz Kommentar, Bd. I, 5. Aufl. 2005, Art. 1 Rdnr. 261-286.

in der Lage ist, das gefährdete Rechtsgut wirksam zu schützen.[8] Geeignete Maßnahmen können jedoch übermäßig belastend sein. Dies kann mit dem Raster des Grundsatzes der Erforderlichkeit festgestellt werden. Dieser Grundsatz fordert den Einsatz des mildesten Mittels, das noch in der Lage ist, das gefährdete Rechtsgut wirksam zu schützen.[9] Schließlich soll drittens der Grundsatz der Proportionalität (Verhältnismäßigkeit im engeren Sinne) sicherstellen, daß die Belastung des Einzelnen durch geeignete und erforderliche Einschränkungen des Grundrechts in einem vernünftigen Verhältnis zu den der Allgemeinheit erwachsenen Vorteilen steht. Da es bei der Abwägung zwischen dem Grundrecht und dem zu schützenden Rechtsgut nicht um eine Optimierung beider Rechtswerte geht, die praktisch nur *eine* richtige Lösung zuließe und jede Gestaltungsfreiheit des Gesetzgebers zunichte machte, ist bei der Normenkontrolle durch das Bundesverfassungsgericht nur zu prüfen, ob die angegriffene Entscheidung des Grundrechts »schlechthin ungeeignet«[10] oder »unverhältnismäßig«[11] ist. Es ist also ein eher negativer Prüfungsansatz zu wählen, indem die Ungeeignetheit, Unverhältnismäßigkeit etc. auszuschließen sind. Das kommt in dem Begriff »Übermaßverbot«[12] zum Ausdruck, das sich von einem positiven Optimierungsgebot unterscheidet.

### 2. *Gesetzesanwendung*

Bezüglich der Gesetzesanwendung hat die Verfassungsrechtswissenschaft die Aufgabe, den Einfluß des Verfassungsrechts, insbesondere der Grundrechte, bei der Auslegung und Anwendung der Gesetze zu ermitteln. Dies spielt eine besondere Rolle bei der Anwendung von Generalklauseln und unbestimmten Rechtsbegriffen. Auch soweit der Verwaltung Ermessen eingeräumt ist, ist dieses grundrechtskonform zu handhaben.[13] Soweit Verwaltungsvorschriften behördliche Tätigkeit nach außen leiten sollen, also Gesetze interpretieren, Ermessensvorschriften näher begrenzen oder in gesetzlich gänzlich ungeregelten Bereichen normieren, wirken sie sich zugleich mittelbar auf die Bürger aus und müssen sich deshalb im Rahmen der Grundrechte halten. Die Verwaltungsgerichte haben die Aufgabe, auf

8 BVerfGE 16, 147, 181; 81, 156, 188 ff.; 95, 173, 185 ff.
9 BVerfGE 39, 156, 165.
10 BVerfGE 71, 206, 216.
11 BVerfGE 94, 268, 285.
12 BVerfGE 90, 145, 191.
13 *Brohm*, Ermessen und Beurteilungsspielraum im Grundrechtsbereich, JZ 1995, 369 ff.; *Karl E. Hain/Volker Schlette/Thomas Schmitz*, Ermessen und Ermessensreduktion, in: Archiv des öffentlichen Rechts 122 (1997), S. 32, 37, 42 ff., 50 ff.; *Christian Starck*, in: v. Mangoldt/Klein/Starck, Das Bonner Grundgesetz. Kommentar, Bd. I, 4. Aufl. 1999, Art. 1 Rdnr. 195, in der 5. Aufl. 2005, Rdnr. 227; *Christian Starck*, Freiheit und Institutionen, 2002, S. 307 ff.

Klage des Betroffenen die verfassungskonforme Gesetzesanwendung und Praxis der Verwaltung zu überwachen.
Die Zivilgerichte müssen bei der Auslegung zivilrechtlicher Generalklauseln die in den Grundrechten steckenden objektiv-rechtlichen Werte beachten.[14] Beispiele für die Einwirkung der Grundrechte auf das Privatrecht sind: Vertragsfreiheit und Diskriminierungsverbote[15], Meinungsäußerungsfreiheit und Schädigungsverbote[16], freie Berichterstattung und Persönlichkeitsrecht[17], Kunstfreiheit und Menschenwürde[18], Eigentum des Kleinaktionärs und Eigentum des Großaktionärs[19].
Ein weiteres Problem der Gesetzesanwendung, um das sich die Verfassungsrechtswissenschaft kümmert, ist die verfassungskonforme Auslegung von Gesetzen.[20] Zu den Canones der Gesetzesauslegung tritt das Gebot der Verfassungskonformität hinzu. Dieses Gebot kann sich freilich nur durchsetzen, wenn die Anwendung der herkömmlichen Canones eine entsprechende Auslegung ermöglicht; anderenfalls muß das Gesetz als verfassungswidrig betrachtet werden. Die Grenze für eine verfassungskonforme Auslegung sieht das Bundesverfassungsgericht dort, wo die Auslegung mit dem Wortlaut und dem klar erkennbaren Willen des Gesetzgebers in Widerspruch treten würde.[21]

## II. *Verfassungsgerichtliche Normenkontrolle*

Die Ausführungen über die Gesetzgebung als Rechtspraxis und über die Bedeutung der Verfassungsrechtswissenschaft weisen auf ein Spannungsverhältnis zwischen demokratisch legitimierter Gesetzgebung und Verfassungsgericht hin. Zunächst ist festzustellen, daß die verfassungsgerichtliche Kontrolle der Gesetze gewollt ist, denn »die Einhaltung der verfassungsgesetzlichen Normierung durch den einfachen Gesetzgeber zu überwachen, ist ... eine demokratische Funktion des Verfassungsgerichts, nämlich die Funktion

14 *Christian Starck*, Grundrechte und Privatrecht, in: Modern Theories of Public Law Revisted. Festschrift in honor of Prof. Dr. Yueh-sheng Weng's 70th birthday, vol. I, Taipeh 2002, S. 365 ff., 396 ff.
15 BVerfGE 89, 214, 230.
16 BVerfGE 7, 198, 203 f.; 62, 230, 243 f.
17 BVerfGE 35, 202, 219; siehe unten Erster Teil, 6. Kapitel, S. 92 ff.
18 BVerfGE 30, 173, 195 ff.
19 BVerfGE 14, 263, 282.
20 Dazu *Starck*, Kommentar (Anm. 13), Art. 1 Rdnr. 281-286, in der 5. Aufl. 2005, Rdnr. 326-331.
21 BVerfGE 18, 97, 111.

der Überwachung geringerer demokratisch legitimierte Akte auf ihre Entsprechung gegenüber den höher demokratisch legitimierten Akten« (*Karl Korinek*). Das Spannungsverhältnis kann jetzt genauer bestimmt werden. Es besteht zwischen dem politischen Gestaltungswillen der demokratisch legitimierten einfachen Mehrheit der Gesetzgebung und der verfassungsrichterlichen Auslegung der demokratisch höher legitimierten Verfassung, deren Vorrang auf diese Weise gesichert wird.

Damit gewinnt die Verfassungsauslegung durch das Verfassungsgericht eine entscheidende Rolle bei der Wahrung des Vorrangs der Verfassung und bei der Abmessung des politischen Gestaltungsspielraums des parlamentarischen Gesetzgebers.[22] Verfassungsinterpretation ist vor allen methodologischen Überlegungen mit dem Verfassungsbegriff verknüpft, der die Normativität als Wesensmerkmal enthält. Die Normativität der Verfassung setzt bestimmte Faktoren voraus. Zunächst muß diese durch Gewaltenteilung gesichert sein. Ferner verlangt die Normativität eine Verfassungsstruktur, die Bewegungsspielraum für die politisch verantwortlichen Organe, insbesondere für die Gesetzgebung, gewährleistet.[23] Denn es ist Aufgabe dieser Verfassungsorgane, die gesellschaftlichen Sachverhalte einzuschätzen und zu regeln. Die dabei bestehende politische Gestaltungsfreiheit darf nicht durch verfassungsgerichtliche Normenkontrolle zunichte gemacht werden. Das Verfassungsgericht darf vielmehr nur prüfen, ob sich die politischen Verfassungsorgane im Rahmen der Verfassung gehalten haben. In dieser Begrenzung des Verfassungsgerichts manifestiert sich die Funktionenteilung zwischen politisch gestaltenden Verfassungsorganen im Rahmen der Verfassung und richterlich kontrollierendem Verfassungsorgan, das den Rahmen mit Mitteln der Auslegung bestimmt (siehe Zweiter Teil, 1. Kapitel).

Richterlicher Aktivismus ist dadurch gekennzeichnet, daß der Richter die Verfassung nicht in der geschilderten zurückhaltenden Art als Rahmenordnung versteht, sondern sich in die Gesellschaftsgestaltung einmischt. Selbstverständlich sind die Grenzen hier schwer zu bestimmen, besonders wenn man an Verfassungsaufträge denkt, die der Gesetzgeber zur Gestaltung der Gesellschaft umsetzen soll. Wenn das Verfassungsgericht den Gesetzgeber daran erinnert, liegt kein richterlicher Aktivismus vor. Wenn das Verfassungsgericht aber die Gestaltung selber vornimmt, sind die Grenzen zum verbotenen Aktivismus überschritten. Es hat in Deutschland den Fall des Art. 117 des Grundgesetzes gegeben, der für die Anpassung des Rechts an Art. 3 Abs. 2, wonach Männer und Frauen gleichberechtigt sind, eine Frist bis zum 31. März 1953 gesetzt hat. Nach Ablauf dieser Frist hat das Bundesverfassungs-

22 Siehe dazu Zweiter Teil, 1. Kapitel sowie *Peter Badura*, Die Verfassung im Ganzen der Rechtsordnung, in: Handbuch des Staatsrechts, Bd. VII (1992), § 163 Rdnr. 35.
23 *Christian Starck*, Der demokratische Verfassungsstaat, 1995, S. 53 ff. m. w. N.

gericht entschieden,[24] daß das dem Art. 3 Abs. 2 GG entgegenstehende Bürgerliche Recht auf dem Gebiete von Ehe und Familie außer Kraft getreten ist. Es war den zuständigen Gerichten überlassen, die dadurch entstehenden Gesetzeslücken im Einklang mit Art. 3 Abs. 2 zu füllen, bis neue der Verfassung entsprechende gesetzliche Vorschriften erlassen worden sind. Wegen der verfassungsrechtlichen Fristsetzung liegt kein verbotener richterlicher Aktivismus vor.

Der amerikanische Supreme Court hat den Gesichtspunkt der political question angewandt, um über politische Fragen nicht entscheiden zu müssen, und dafür ein judicial self restraint reklamiert. Beide Argumentationsfiguren passen nicht in das deutsche Verfassungsrecht.[25] Self restraint besagt, daß sich das Gericht aus Eigeninitiative zurückhält. Das mag so sein und sich aus einer vergleichenden Urteilsanalyse ergeben, ist aber kein brauchbares Kriterium für die *verfassungsrechtliche* Beurteilung von Entscheidungen durch die Verfassungsrechtswissenschaft. Wenn man weiter bedenkt, daß das Verfassungsrecht einen Rahmen für die politischen Entscheidungen vorgibt, kann der Umstand, daß eine politische Frage vorliegt, nicht dazu führen, daß dem Verfassungsgericht eine Entscheidung verwehrt ist. Vielmehr hat es zu prüfen und zu entscheiden, ob sich die politische Entscheidung im Rahmen der Verfassung hält.

Ein Verfassungsgericht, das nicht nur Normenkontrolle ausübt, sondern auch Gerichtsurteile auf ihre Verfassungsmäßigkeit überprüft, steht in der Gefahr, sich in die Auslegung einfachen Rechts einzumischen. Hierüber ist in Deutschland eine intensive Diskussion geführt worden. Das Verfassungsgericht ist[26] darauf beschränkt zu prüfen, ob das Ergebnis der Gesetzesanwendung – als Norm verallgemeinert – verfassungswidrig wäre. Diese Quasi-Normenkontrolle ermöglicht die Nutzung der Erfahrungen des Verfassungsgerichts auf dem Gebiete der Normenkontrolle. Zugleich wird durch diese Beschränkung des Verfassungsgerichts vermieden, daß es reine Billigkeits- und Einzelfallentscheidungen trifft, für die es nicht ausgestattet ist.

## III. *Verfassungsauslegung*

Ein Verfassungsgericht, das den Vorrang der Verfassung sichert, hat große Verantwortung bei der Interpretation der Verfassung. Das Verfassungsgericht

24 BVerfGE 3, 225, 248.
25 *Klaus Stern*, Staatsrecht, Bd. II, 1980, S. 961 ff.; *Werner Heun,* Funktionell-rechtliche Schranken der Verfassungsgerichtsbarkeit, 1992, S. 11 f. mit weiteren Nachweisen.
26 Siehe dazu ausführlich *Christian Starck*, Freiheit und Institutionen, 2002, S. 333 ff., 349 ff. und in diesem Band Erster Teil, 5. Kapitel.

hat hierbei das letzte Wort. Das kann freilich nicht bedeuten, daß das Verfassungsgericht in der Interpretation der Verfassung frei ist. Damit wäre nämlich der Vorrang der Verfassung hinfällig und es gälte ein Vorrang verfassungsgerichtlicher Dezision. Um dies zu vermeiden, ist das Verfassungsgericht anerkannten Regeln der Gesetzesauslegung unterworfen.[27] Verfassungsrechtsprechung ist Kontrolle anhand vorgegebener Maßstäbe.

Der Sinn einer Verfassungsnorm wird ermittelt auf der Grundlage der Wortbedeutung, der grammatischen Konstruktion des Satzes, der systematischen Stellung der Norm im Regelungsganzen, der Regelungsabsicht des historischen Gesetzgebers und in enger Verbindung mit diesen Kriterien durch objektiv-teleologische Gesichtspunkte. Die Methodendiskussion im Verfassungsrecht neigt in Deutschland zu der Annahme, daß es eine spezielle Methodik des Verfassungsrechts gibt, zumindest aber zusätzliche Auslegungsmittel existieren. Selbst wenn man besondere Gesichtspunkte der Interpretation im Verfassungsrecht heranzieht, kann auf die klassischen Canones nicht verzichtet werden. Denn sie helfen zunächst, »mögliche Sinnvarianten« in dem vom Wortlaut abgesteckten Spielraum zu präzisieren.[28] Die Auslegung der Verfassung als Rechtstext mit normativer Wirkung setzt voraus, daß man Wortbedeutung einschließlich Grammatik und Logik, die systematische Stellung der Norm sowie die historische Regelungsabsicht berücksichtigt.[29] Die Begründung einer problematischen Rechtsentscheidung, die auf diese Gesichtspunkte nicht eingeht, wäre unzureichend und würde als willkürlich und dezisionistisch empfunden.

Für die Verfassungsauslegung geforderte zusätzliche Gesichtspunkte wie »Einheit der Verfassung«, »praktische Konkordanz« und »funktionelle Richtigkeit« unterfallen offensichtlich dem Canon der systematischen Auslegung. Sie verbieten eine isolierende Betrachtung einer einzelnen Verfassungsnorm und verlangen die Berücksichtigung der übrigen Verfassung in ihrer überkommenen verfassungsstaatlichen Funktion. Besondere Probleme der Verfassungsauslegung ergeben sich im Hinblick auf die Grundrechte, die Strukturprinzipien der Verfassung sowie die Organisations-, Kompetenz- und Verfahrensnormen.[30] Über die Verfassungsauslegung nach den anerkannten Regeln hinaus gibt es eine bewußte Fortbildung der Verfassung, die sich als Verfassungswandel auswirkt. Die Entstehung neuer Fakten oder die Entwicklung neuer Vorstellungen ist noch nicht hinreichender Grund für eine Fortbildung der Verfassung. Erst wenn festgestellt und gut begründet werden kann, daß solche Änderungen neuartige Regeln verlangen, um die ordnende und begren-

27 Dazu ausführlich *Christian Starck*, Die Verfassungsauslegung, in: Handbuch des Staatsrechts, Bd. VII, 1992, S. 189 ff.
28 *Konrad Hesse*, Grundzüge des Verfassungsrechts, 20. Aufl. 1995, S. 26.
29 So deutlich BVerfGE 60, 319, 325; 62, 1, 36 ff., 44; 67, 100, 128 ff.; 99, 1, 11, 13 ff.
30 Siehe die einzelnen Kapitel dieses Bandes und allgemein *Starck* (Anm. 27), Rdnr. 33-60.

zende Funktion der Verfassung zu wahren, ist eine Situation für Verfassungsfortbildung gegeben, die ihr Maß an der verfassungsstaatlichen Funktion der Verfassung findet.[31]

31 Vgl. *Christian Starck*, Das Bundesverfassungsgericht in der Verfassungsordnung und im politischen Prozeß, in: Festschrift 50 Jahre Bundesverfassungsgericht, 2001, Bd. I, S. 1, 20 ff.

## Erster Teil

# Grundrechte und Schutzpflichten

1. Kapitel

# Todesschüsse an der innerdeutschen Grenze[1]

## I. *Einführung*

Das sog. Krenz-Urteil des Europäischen Gerichtshofs für Menschenrechte vom 22. März 2001[2] ist politisch und juristisch von großer Bedeutung. *Politisch* ist es bedeutsam, weil ein internationales Gericht mit der Vorstellung aufgeräumt hat, die deutschen Gerichte veranstalteten »Siegerjustiz«. Der Gerichtshof weist darauf hin, daß das 1990 demokratisch gewählte Parlament der DDR den deutschen Gesetzgeber aufgefordert hat, die strafrechtliche Verfolgung des SED-Unrechts sicherzustellen. Wäre es nicht zur Wiedervereinigung gekommen, hätte also auch ein das SED-Regime ablösendes demokratisches Regime unter Anwendung des Strafrechts der DDR die Beschwerdeführer strafrechtlich verfolgt (Nr. 84). Auch in einer Reihe anderer Staaten, die zu einem demokratischen Regime übergegangen seien, seien Personen, die unter einem früheren Regime Verbrechen begangen hätten, entsprechend zu behandeln (Nr. 80).

*Juristisch* ist das Urteil bedeutsam, weil es im Hinblick auf das Grenzregime der DDR zu einer juristisch einleuchtenden Würdigung des DDR-Rechts und der davon zu unterscheidenden Praxis der DDR kommt; damit ist eine klare Grundlage für die Anwendung des in Art. 7 Abs. 1 EMRK verankerten Rechtsgrundsatzes nulla poena sine lege gelegt. Vorgefunden hat der Gerichtshof ein ganzes Spektrum von juristischen Vorgehensweisen, nach denen die Verantwortlichen für die tödlichen Schüsse an der innerdeutschen Grenze und für das Grenzregime zu behandeln sind. Tatbestandlich wird übereinstimmend ein Tötungsdelikt nach §§ 112, 113 StGB-DDR in Täterschaft oder Teilnahme angenommen. Verschieden wird aber die Frage der Rechtfertigung der Tötungen behandelt. Die Antworten kann man grob in folgende Kategorien einteilen:

1 Wiederabdruck aus: Juristenzeitung 1997, S. 147 – 149 (entspricht hier II) und Juristenzeitung 2001, S. 1102 – 1106 (entspricht hier I, III).

2 Abgefaßt in englischer und französischer Sprache, abrufbar unter www.echr.coe.int/Eng/Judgements.htm. Eine vom Gerichtshof veranlaßte amtliche deutsche Übersetzung ist nicht beabsichtigt. Nicht amtliche Übersetzungen von *Wolfgang Strasser* (Straßburg) in: EuGRZ 2001, S. 210 ff, und von *Jens Meyer-Ladewig/Herbert Petzold*, in: NJW 2001, 3035 ff. Die Nummern in Klammern im Text verweisen auf die durchgehenden Nummern des Urteils.

(1) In der damaligen praktischen Handhabung der Grenzvorschriften wird in verschiedenen Wendungen, aber letzten Endes in rechtsrealistischer Weise[3] ein Rechtfertigungsgrund gesehen, der damals die Strafbarkeit ausschloß und heute bewirkt, daß die Taten wegen Art. 103 Abs. 2 GG nicht bestraft werden können. Diese Ansicht, die von einigen Autoren vertreten wird[4], hat die Rechtsprechung nicht aufgegriffen.

(2) Es wird ein Rechtfertigungsgrund im damaligen DDR-Recht angenommen, der auf der extensiven Auslegung des § 27 Grenzgesetz im Sinne der Grenzpraxis beruht. Dieser »Rechtfertigungsgrund« führt aber nicht zum Ausschluß der Strafbarkeit nach Art. 103 Abs. 2 GG, weil er

a) in unerträglichem Widerspruch zur Gerechtigkeit stand und als unrichtiges Recht der Gerechtigkeit zu weichen hat[5] (Radbruchsche Formel[6]) oder/ und

b) die in der Völkergemeinschaft allgemein anerkannten Menschenrechte in schwerwiegender Weise mißachtet[7].

(3) Für Schüsse auf unbewaffnete Flüchtlinge gab es nach dem damaligen DDR-Recht keinen Rechtfertigungsgrund, weil § 27 Grenzgesetz richtigerweise nur in Konformität mit der DDR-Verfassung und mit den völkerrechtlichen Verpflichtungen der DDR galt und demgemäß auszulegen war.[8]

In dem Straßburger Verfahren ging es um die Überprüfung von Strafurteilen deutscher Gerichte gegen drei hohe Amtsträger der DDR, nämlich *Fritz Streletz,* stellvertretender Verteidigungsminister, *Heinz Kessler,* Verteidigungsminister, und *Egon Krenz,* Staatsratsvorsitzender. *Streletz* und *Kessler* wurden

3 *O.W. Holmes*, The Path of the Law, in: Harvard Law Review 10 (1897), S. 457: »The prophecies of what the courts might will do in fact, and nothing more pretentious, are what I mean by law.

4 So *Bodo Pieroth*, Der Rechtsstaat und die Aufarbeitung der vor-rechtsstaatlichen Vergangenheit, in: VVDStRL 51 (1992), S. 102 ff; *Josef Isensee*, ebda. S. 135, *Matthias Herdegen*, ebda. S. 139 f; ferner die Beiträge von *Jacobs* und *Isensee*, in: Isensee (Hrsg.) Vergangenheitsbewältigung durch Recht, 1992, S. 37, 52 ff; 91, 105 ff; *Gerald Grünwald*, Die strafrechtliche Bewertung in der DDR begangener Handlungen, StV 1991, S. 31, 33; *Horst Dreier*, Gustav Radbruch und die Mauerschützen, JZ 1997, S. 421, 432; *Marcus Rau*, Deutsche Vergangenheitsbewältigung vor dem EGMR – Hat der Rechtsstaat gesiegt?, in: NJW 2001, 3008 ff.

5 BVerfGE 95, 96, 134, 136 f; *Robert Alexy*, Mauerschützen. Zum Verhältnis von Recht, Moral und Strafbarkeit (Joachim Jungius-Gesellschaft der Wissenschaften e.V., Hamburg, Jg. 11, 1993, Heft 2), S. 22 ff, 29 ff; *ders.*, Der Beschluß des Bundesverfassungsgerichts zu den Tötungen an der innerdeutschen Grenze vom 24. Oktober 1996 (Joachim Jungius-Gesellschaft der Wissenschaften e.V., Hamburg, Jg. 15, 1997, Heft 3), S. 26 ff.

6 *Gustav Radbruch*, Gesetzliches Unrecht und übergesetzliches Recht, SJZ 1947, S. 105 (107).

7 BGHSt 39, 1, 16 ff; *Stephan Hobe/Christian Tietje*, Schießbefehl an der DDR-Grenze und ius cogens. Zur Nichtigkeit des § 27 Grenzgesetz unter völkerrechtlichen Aspekten, in: AVR 32 (1994), S. 130, 138 ff.

8 LG Berlin v. 20.1.1992, JZ 1992, S. 691 ff; *Christian Starck*, Der Rechtsstaat und die Aufarbeitung der vor-rechtsstaatlichen Vergangenheit, in: VVDStRL 51 (1992), S. 27, 142 f; *Helmut Quaritsch*, ebda. S. 127 ff; *Ralf Dreier*, Gesetzliches Unrecht im SED-Staat? Am Beispiel des DDR-Grenzgesetzes, in: FS für Arthur Kaufmann, 1993, S. 67; *Hans Joachim Hirsch*, Rechtsstaatliches Strafrecht und staatlich gesteuertes Unrecht, Nordrhein-Westfälische Akademie der Wissenschaften, Vorträge G 342, 1996, S. 18 f.

durch Urteil des Landgerichts Berlin vom 16. September 1993 wegen Anstiftung zum Totschlag zu 5 Jahren und 6 Monaten bzw. zu 7 Jahren und 6 Monaten Gefängnis verurteilt. Krenz wurde durch Urteil des Landgerichts Berlin vom 25. August 1997 wegen Totschlags in mittelbarer Täterschaft zu 6 Jahren und 6 Monaten Gefängnis verurteilt. Den Urteilen zugrunde lagen verschiedene Fälle von Tötungen an der innerdeutschen Grenze durch Erdminen, automatische Schußanlagen und gezielte Schüsse der Grenzsoldaten (dargestellt Nrn. 19, 23).

Im Revisionsverfahren hielt der Bundesgerichtshof durch Urteil vom 26. Juli 1994[9] die Urteile des Landgerichts gegen Streletz und Kessler aufrecht, stützte das Urteil aber auf Totschlag in mittelbarer Täterschaft.[10] Im Hinblick auf den Rechtsgrundsatz nulla poena sine lege (Art. 103 Abs. 2 GG) führte der Bundesgerichtshof unter Berufung auf eigene vorangegangene Urteile[11] zusammenfassend aus:[12] »Die Staatspraxis der DDR, die die vorsätzliche Tötung von Flüchtlingen durch Schußwaffen, Selbstschußanlagen oder Minen zur Vermeidung einer Flucht aus der DDR in Kauf nahm, war wegen offensichtlichen, unerträglichen Verstoßes gegen elementare Gebote der Gerechtigkeit und gegen völkerrechtlich geschützte Menschenrechte nicht geeignet, die Täter zu rechtfertigen.« In einem der Präjudizien wird im Hinblick auf das durch das Rückwirkungsverbot geschützte Vertrauen wie folgt argumentiert[13]: » Die Erwartung, das Recht werde, wie in der Staatspraxis zur Tatzeit, auch in Zukunft so angewandt werden, daß ein menschenrechtswidriger Rechtfertigungsgrund anerkannt wird, ist nicht schutzwürdig.« Die Revision gegen das Strafurteil Krenz wurde mit entsprechenden Gründen zurückgewiesen.

## II. *Der Beschluß des Bundesverfassungsgerichts*[14]

Die Verfassungsbeschwerden gegen die Revisionsurteile hatten keinen Erfolg. In dem Beschluß vom 24. Oktober 1996 hat das Bundesverfassungsgericht die strafrechtliche Verantwortlichkeit von Mitgliedern des Nationalen Verteidigungsrates der DDR sowie eines Angehörigen der DDR-Grenztruppe wegen der Tötung von Flüchtlingen an der innerdeutschen Grenze verfas-

9 JZ 1995, 45 ff = BGHSt 40, 218.
10 JZ 1995, 45, 47, dazu Anm. *Roxin*, S. 49 f.
11 BGHSt 39, 1, 15 ff = JZ 1993, 199; BGHSt 39, 168, 183 ff.
12 BGH, JZ 1995, S. 47.
13 BGH v. 3.11.1992 – 5 StR 370/92, BGHSt 39, 1, 29 f = JZ 1993, S. 199, 205.
14 Der Beschluß ist in BVerfGE 95, 96 – 143 abgedruckt. Die eingeklammerten Seitenzahlen beziehen sich auf den Abdruck der Entscheidung in der Entscheidungssammlung des *BVerfG*

sungsrechtlich überprüft. Der Entscheidung liegen vier Verfassungsbeschwerden gegen zwei Urteile des Bundesgerichtshofs[15] zu Grunde.
Zu Recht betont das Bundesverfassungsgericht zunächst die Grenzen seiner Kompetenz, strafgerichtliche Entscheidungen nachzuprüfen, und hält sich im folgenden an diese Grenzen. Das Bundesverfassungsgericht entwickelt keine eigenen unmittelbar aus dem Grundgesetz abgeleiteten Regeln über die strafrechtliche Verantwortlichkeit der genannten Täter, sondern prüft nur, ob die diesbezüglichen Entscheidungen der Strafgerichte in der Tatsacheninstanz und in der Revisionsinstanz sich innerhalb des von der Verfassung gesteckten Rahmens halten. Insbesondere nimmt das Bundesverfassungsgericht keine Gelegenheit, die vom Bundesgerichtshof anerkannte »Organisationsherrschaft« als eine selbständige dritte Erscheinungsform der mittelbaren Täterschaft[16] verfassungsrechtlich in Frage zu stellen. Diese jetzt höchstrichterlich vollzogene Erweiterung der Rechtsfigur der mittelbaren Täterschaft (§ 25 Abs. 1 StGB) ist Auslegung des Strafrechts und seine Anwendung auf den einzelnen Fall, die dem Bundesgerichtshof als Revisionsgericht zusteht. Er hat nämlich auf seinem Gebiet die Einheitlichkeit der Anwendung des Bundesrechts zu sichern und in diesem Rahmen auch die Aufgabe, das Recht fortzubilden (§ 132 Abs. 4 GVG), was durch die Anerkennung der Organisationsherrschaft als Grundlage für mittelbare Täterschaft geschehen ist. Daß solche Fragen nicht der Kognition des Bundesverfassungsgerichts unterliegen, sondern von den Revisionsgerichten letztverbindlich entschieden werden, ist ein Stück notwendige Funktionenteilung zwischen Verfassungsgerichtsbarkeit und Fachgerichten.[17]
Mit kurzen Begründungen weist das Bundesverfassungsgericht später Angriffe der Beschwerdeführer gegen die Beweiswürdigung, gegen die Erwägung der Feststellung der strafrechtlichen Schuld sowie gegen die Strafzumessung zurück (S. 138 – 143). Was die Beweiswürdigung anbelangt, geht es vor allem um Briefe höchster Funktionäre der ehemaligen Sowjetunion, die erst ins Verfassungsbeschwerdeverfahren eingeführt worden sind. Zutreffenderweise läßt das Bundesverfassungsgericht solch neues Vorbringen nicht zu; es verweist auf die ordnungsmäßige Geltendmachung von Beweismitteln in der strafgerichtlichen Tatsacheninstanz und auf die Möglichkeit von Verfahrensrügen in der Revision, wenn Beweismittel ungerechtfertigt abgelehnt

15 Vgl. – drei Verfassungsbeschwerden betreffend – BGHSt, Urt. V. 26.7.1994, JZ 1995, S. 45 mit Anmerkung von *Claus Roxin*, S. 49.

16 Vgl. *Roxin*, JZ 1995, S. 50; Übersicht über den früheren Stand der Meinungen *Dreher/Tröndle*, StGB, 44. Aufl. 1988, § 25 Rn 3.

17 Vgl. dazu eingehend *Christian Starck*, Verfassungsgerichtsbarkeit und Fachgerichte, JZ 1996, S. 1033, 1034, wiederabgedruckt in *Christian Starck*, Freiheit und Institutionen, 2002, S. 333, 336 ff.

worden sind. Auch die Erwägungen des Bundesverfassungsgerichts zu weiteren Rügen gegen die Tatsachenfeststellungen (S. 139 f.) sprechen für sich selbst.

Zur Feststellung der strafrechtlichen Schuld, die unter dem verfassungsrechtlichen Grundsatz »nulla poena sine culpa«[18] steht, verlangt das Bundesverfassungsgericht die Berücksichtigung der besonderen Umstände des einzelnen Falles. Die Einbindung der Täter in ein System von Befehl und Gehorsam stelle einen solchen besonderen Umstand dar, der aber nicht dazu führe, daß von Verfassungs wegen im Wege der Rechtsfortbildung ein genereller Schuldausschließungs- oder Schuldminderungsgrund der »Verstrickung in ein Unrechtssystem« geschaffen werden müsse (S. 140 f.).

Wie nach der Spionageentscheidung[19] nicht anders zu erwarten war, erkennt das Bundesverfassungsgericht keine allgemeine Regel des Völkerrechts (Art. 25 GG), die die Bestrafung wegen Tötungen an der innerdeutschen Grenze verbietet (S. 129). Das Gericht wendet sich dann dem Hauptproblem des Falles zu, d.h. der Frage, ob das Grundrecht ›nulla poena sine lege‹ (Art. 103 Abs. 2 GG) ein Vertrauen der Angehörigen des Nationalen Verteidigungsrates der DDR sowie der Mauerschützen und ihrer Vorgesetzten darauf schützt, wegen der Todesschüsse an der innerdeutschen Grenze unbestraft zu bleiben (S. 130 ff.). Das strafrechtliche Rückwirkungsverbot hat im Einigungsvertrag durch die Einfügung des § 315 EGStGB[20] Ausdruck gefunden, wonach auf Taten, die vor dem Beitritt der DDR zur Bundesrepublik begangen worden sind, das Strafgesetz der DDR angewendet wird (§ 2 Abs. 1 StGB), soweit nicht das Strafrecht der Bundesrepublik milder ist (§ 2 Abs. 3 StGB). Die gesetzliche Bestimmung der Strafbarkeit im Sinne des Art. 103 Abs. 2 GG ergibt sich also in der Regel aus dem zur Tatzeit geltenden DDR-Strafgesetz.

Da Art. 103 Abs. 2 GG davor schützt, daß die Tat nachträglich zum Nachteil des Täters *strafrechtlich* anders als zur Tatzeit gewertet wird, sind für die Aburteilung auch die gesetzlich geregelten Rechtfertigungsgründe maßgebend, wie sie zur Tatzeit galten. Für die Schüsse an der Grenze ist § 27 des Grenzgesetzes vom 25. März 1982 (GrG) bzw. die Vorgängernorm[21] einschlägig. Beide Bestimmungen, die sich im Beschluß des Bundesverfassungsgerichts zitiert finden,[22] sind unter Beachtung des Verhältnismäßigkeitsprinzips formuliert. Die Praxis des Grenzregimes der DDR überschritt die Rechtfertigungsgründe des § 27 GrG aber in eklatanter Weise, wie im Beschluß des

18 V. Mangoldt/Klein/Starck, GG, 3. Aufl. Bd. I, 1985, Art. 2 Rn. 85; in der 5. Aufl. 2005, Rn. 127.
19 *BVerfGE* 92, 277, 320 = JZ 1995, S. 885, 886.
20 Siehe Einigungsvertrag Anlage I Kapitel III Sachgebiet C Abschnitt II Nr. 1 b.
21 § 17 Abs. 2 des Gesetzes über die Aufgaben und Befugnisse der Volkspolizei v. 11. Juni 1968.
22 Vgl. BVerfGE 95, 96, 101 f.

Bundesverfassungsgerichts im einzelnen dargestellt ist.[23] Damit ist die Frage aufgeworfen, wie die Praxis des Grenzregimes im Hinblick auf § 2 StGB zu bewerten ist. Meint Gesetz in § 2 StGB die geschriebene Norm oder die Norm in ihrer damals praktizierten Anwendung? Die Frage verschärft sich, da es auch Rechtfertigungsgründe gibt, die nicht gesetzlich geregelt, sondern gewohnheitsrechtlich oder durch die Rechtsprechung in Geltung gekommen sind. Wenn man das durch Art. 103 Abs. 2 GG geschützte Vertrauen auf die *gesetzliche* Bestimmtheit des Rechtfertigungsgrundes bezieht, so wird man eine Praxis, die selbst bei großzügiger Betrachtung nicht mehr vom Gesetz gedeckt ist, dem Schutz des Art. 103 Abs. 2 GG nicht unterstellen können. »Gesetzlich bestimmt« heißt bei Rechtfertigungsgründen aber auch *rechtlich* bestimmt, was Gewohnheitsrecht und »Richterrecht« einschließt. Freilich handelt es sich dabei um öffentlich bekanntes Recht, das in Gerichtsurteilen mit Begründung nachgewiesen und anerkannt (Gewohnheitsrecht) oder als sog. Richterrecht argumentativ entwickelt wird.

Das Bundesverfassungsgericht löst das Problem der Anwendung des Art. 103 Abs. 2 GG auf ungeschriebene Rechtfertigungsgründe, indem es bei nicht gesetzlich bestimmten Rechtfertigungsgründen Einschränkungen des absoluten Rückwirkungsverbots des Art. 103 Abs. 2 GG dann zuläßt (S. 131 ff.), wenn es an der Vertrauensgrundlage fehle, die Strafgesetze schafften, welche von einem grundrechtlich gebundenen demokratischen Gesetzgeber erlassen worden seien. Die entscheidende Passage des Beschlusses lautet (S. 133): »Diese besondere Vertrauensgrundlage entfällt, wenn der andere Staat (sc. die DDR, deren Recht hier angewendet wird) für den Bereich schwersten kriminellen Unrechts zwar Straftatbestände normiert, aber die Strafbarkeit gleichwohl durch Rechtfertigungsgründe für Teilbereiche ausgeschlossen hatte, indem er über die geschriebenen Normen hinaus zu solchen Unrecht aufforderte, es begünstigte und so die in der Völkerrechtsgemeinschaft allgemein anerkannten Menschenrechte in schwerwiegender Weise mißachtete. Hierdurch setzte der Träger der Staatsmacht extremes staatliches Unrecht, das sich nur solange behaupten kann, wie die hierfür verantwortliche Staatsmacht faktisch besteht.«

Das Verhältnis der in § 27 GrG enthaltenen Rechtfertigungsgründe zu den praktizierten »Rechtfertigungsgründen« zeigt sehr deutlich, daß das Grenzgesetz, das 1982 in Kenntnis der schon lange andauernden Schießpraxis an der innerdeutschen Grenze erlassen worden ist, eine hauptsächlich propagandistische Funktion hatte und die Praxis nicht bestimmen und leiten, sondern bemänteln sollte. Aus dieser Sicht spricht viel für die vom Bundesverfassungsgericht anerkannte Lösung des Bundesgerichtshofs, die Rechtferti-

23 BVerfGE 95, 96, 100 ff.; vgl. die Schilderung der Tatumstände im Urteil des BGH v. 26. 7. 1994, JZ 1995, S. 45 f.

gungspraxis nicht gelten zu lassen, da sie kein Vertrauen begründen konnte.[24] Das ist bezüglich der Mitglieder des Nationalen Verteidigungsrates schon deshalb zwingend, weil diese den »Schießbefehl«, der § 27 GrG überschreitet, selbst erlassen und dafür gesorgt haben, daß er beachtet wird und gleichzeitig geheim bleibt. Von der Spitze, dem Nationalen Verteidigungsrat der DDR, bis hinunter zum Mauerschützen bestand eine Befehlshierarchie, zu der Geheimhaltung, Vergatterung, Überwachung und Sprachregelungen gehörten, die bei den Tätern kein Vertrauen aufkommen lassen konnten, wie es von Art. 103 Abs. 2 GG geschützt wird. Vertrauen konnte nur auf den Fortbestand der Diktatur bestehen. Diejenigen, die den Schießbefehl pauschal als Rechtfertigungsgrund anerkennen,[25] wollen gerade dieses Vertrauen schützen.
Insbesondere schon wegen der Geheimhaltung fehlte es aber für einen über § 27 GrG hinausgehenden gewohnheitsrechtlichen Rechtfertigungsgrund nicht nur an der Rechtsüberzeugung (opinio iuris), sondern auch an der notwendigen Bekanntheit, die jede gewohnheitsrechtliche Norm und jede richterliche Rechtsfortbildung voraussetzen. Norm leitet sich von γνώριμος ab, das »kenntlich«, »bekannt« heißt. Es hat in der DDR keine öffentliche Diskussion über den Schießbefehl und dessen rechtfertigende Kraft gegeben.[26] Gerade weil die Bevölkerung nicht bereit war, die gezielten Todesschüsse auf unbewaffnete Flüchtlinge als gerechtfertigt anzuerkennen, blieben die Anordnungen geheim, wurden Spuren verwischt und fanden keine öffentlichen Gerichtsverfahren statt.[27] Bezüglich der Todesschüsse an der innerdeutschen Grenze kann also nicht von »gelebtem sozialistischen Recht« gesprochen werden. Die Heimlichkeit stellt das fehlende Rechtsbewußtsein und damit das Nichtvorhandensein eines Rechtfertigungsgrundes unter Beweis.
Danach fehlte im DDR-Recht ein über § 27 GrG hinausgehender Rechtfertigungsgrund.[28] Gerechtfertigt können demnach nur Befehle und Taten sein,

24 So schon BGHSt 2, 234, 239; 3, 357, 362 f (1952), nationalsozialistisches Unrecht betreffend.

25 So z.B. *Gerald Grünwald,* Die strafrechtliche Bewertung in der DDR begangener Handlungen, StV 1991, S. 31, 33; *Günther Jakobs* und *Josef Isensee,* in: Isensee (Hrsg.), Vergangenheitsbewältigung durch Recht, 1992, S. 37, 52 ff., 91, 105 ff.; *Bodo Pieroth* und *Horst Dreier*, Der Rechtsstaat und die Aufarbeitung der vor-rechtsstaatlichen Vergangenheit, VVDStRL 51 (1992), S. 102 f., 137, 144 f., 168 f.; früher schon *Rudolf Wiethölter*, Rechtswissenschaft, 1968, S. 163 f.; deutlich anders *Ralf Dreier*, Juristische Vergangenheitsbewältigung (Juristische Studiengesellschaft Hannover, Heft 24), 1995, S. 27: »Das Vertrauen in realsozialistische Rechtsperversionen ist nicht schutzwürdig.«

26 *Ralf Dreier,* Gesetzliches Unrecht im SED-Staat? Am Beispiel des DDR-Grenzgesetzes, in: FS für Arthur Kaufmann, 1993, S. 57, 66 f.

27 In diesem Sinne auch *Hans-Joachim Hirsch*, Rechtsstaatliches Strafrecht und staatlich gesteuertes Unrecht, Nordrhein-Westfälische Akademie der Wissenschaften, Vorträge G 342, 1996, S. 12.

28 So *Christian Starck*, Der Rechtsstaat und die Aufarbeitung der vor-rechtsstatlichen Vergangenheit, VVDStRL 51 (1992), S. 27; wiederabgedruckt in *Starck* (Anm. 17), S. 311 f.; ähnlich wohl auch *Dreier* (Anm. 26), S. 67 ff.; *ders.* (Anm.25), S. 31; *Hirsch* (Anm.27), S. 18 f.; ablehnend für die Mauerschützen *Wilfried Fiedler*, JZ 1993, S. 208.

die von § 27 GrG umfaßt sind. Ungesetzlicher Grenzübertritt (§ 213 DDR-StGB) war ein Straftatbestand, der selbst in der Form des schweren Falles kein Verbrechen im Sinnes des § 1 Abs. 3 DDR-StGB war. Denn die angedrohte Mindeststrafe lag deutlich unter zwei Jahren. Nach § 27 Abs. 2 GrG war die Anwendung der Schußwaffe nur gerechtfertigt, »um die unmittelbare Ausführung oder Fortsetzung einer Straftat zu verhindern, die sich den Umständen nach als Verbrechen darstellt«. Daß später eine Freiheitsstrafe von über zwei Jahren ausgesprochen wird, macht die Tat zwar zu einem Verbrechen (§ 1 Abs. 3 DDR-StGB); da dies aber nicht vorauszusehen ist, kann sich die Straftat nicht gemäß § 27 Abs. 2 GrG den Umständen nach als Verbrechen darstellen. Ein Befehl, bei Fluchtversuchen stets den Versuch eines Verbrechens anzunehmen und demgemäß die Schußwaffe zu benutzen, um den Grenzverletzer in jedem Fall als Gegner zu stellen und wenn notwendig zu vernichten,[29] war offensichtlich vom Gesetz nicht gedeckt.
Der Bundesgerichtshof hingegen sieht in der Praxis des Schießbefehls einen Rechtfertigungsgrund, wendet ihn aber nach der Radbruchschen Formel nicht an.[30] Der Widerspruch des »positiven Gesetzes« zur Gerechtigkeit sei so unerträglich, daß das »Gesetz« als unrichtiges Recht der Gerechtigkeit zu weichen habe. Mit der Anwendung der Radbruchschen Formel wertet der Bundesgerichtshof den stets verheimlichten Schießbefehl unnötigerweise zum positiven Recht auf. Die Nichtanwendung des Rechtfertigungsgrundes stützt der Bundesgerichtshof zusätzlich auf die internationalen Menschenrechtspakte, die als »konkretere Prüfungsmaßstäbe hinzugekommen« seien. Diese »in der Völkerrechtsgemeinschaft allgemein anerkannten Menschenrechte seien in schwerwiegender Weise mißachtet worden«.
Das Bundesverfassungsgericht hat sich nicht positiv für eine der unter (2) aufgeführten Lösungen (siehe oben I) entschieden, sondern nur festgestellt, daß die Nichtanerkennung eines Rechtfertigungsgrundes durch den Bundesgerichtshof dem Grundgesetz entspricht (S. 135 f.). Aber auch die Lösung unter (3) stände im Einklang mit dem Grundgesetz. Sie setzt an der Wurzel des Problems an, indem sie das Vorliegen eines Rechtfertigungsgrundes schon nach DDR-Recht verneint. Das Bundesverfassungsgericht nähert sich sogar dieser Lösung, wenn es bemerkt, daß die Strafbarkeit nicht durch Rückgriff auf überpositive Rechtsgrundsätze begründet, sondern an Wertungen angeknüpft werde, welche die DDR selbst ihren Strafgesetzen zugrunde gelegt habe (S. 136 f.).[31]

Damit zeigt sich auch bei dem Hauptproblem des Falles die oben positiv vermerkte Anerkennung des Rahmencharakters der Verfassung durch das Bun-

29 Vgl. BVerfGE 95, 96, 107 f., 139.
30 So auch *Robert Alexy*, Mauerschützen (Bericht aus den Sitzungen der Joachim-Jungius-Gesellschaft, 11. Jg. Heft 2) 1993, S. 22 ff.
31 Ähnlich BGH, Urt. V. 3.11.1992, JZ 1993, S. 199, 204 f.

desverfassungsgericht. Mit diesem Beschluß liegt also eine Entscheidung vor, die über das Rückwirkungsproblem hinausgehend von großer Bedeutung ist, da sie das Verhältnis von Verfassungsgerichtsbarkeit und Fachgerichten nicht nur in richtige Formeln faßt, sondern auch richtig praktiziert.

## III. *Das Urteil des Europäischen Gerichtshofs für Menschenrechte*

Der Europäische Gerichtshof für Menschenrechte hätte es sich leicht machen und die Menschenrechtsbeschwerden gegen die deutschen Gerichtsentscheidungen unter Hinweis auf Art. 7 Abs. 2 EMRK abweisen können,[32] wonach das in Art. 7 Abs. 1 garantierte Rückwirkungsverbot nicht ausschließt, »daß jemand wegen einer Handlung oder Unterlassung verurteilt oder bestraft wird, die zur Zeit der Begehung nach den von zivilisierten Völkern anerkannten allgemeinen Rechtsgrundsätzen strafbar war.« Diese mit Rücksicht auf die Nürnberger Militärgerichtsverfahren aufgenommene Bestimmung[33] deckt die Anwendung der Radbruchschen Formel ohne Zweifel ab. Deshalb brauchten die deutschen Gerichte nicht zu befürchten, daß ihre Urteile vor dem Europäischen Gerichtshof für Menschenrechte keinen Bestand haben werden.
Es ist bemerkenswert, daß der Europäische Gerichtshof für Menschenrechte am Ende seines Urteils (Nr. 108) ausdrücklich feststellt, daß es sich erübrige zu prüfen, ob die angegriffenen Entscheidungen durch Art. 7 Abs. 2 EMRK gerechtfertigt seien. Vielmehr beschäftigt sich der Europäische Gerichtshof für Menschenrechte gründlich mit dem einschlägigen DDR-Recht[34], um prü-

32 So die Empfehlung von *Rau* (Anm. 4), 3013 f.

33 *Jochen Frowein*, in: Frowein/Peukert, EMRK-Kommentar, 2. Aufl. 1996, Art. 7 Rdnr. 8.

34 **§ 213 StGB-DDR** in der bis 1990 geltenden Fassung sah für ungesetzlichen Grenzübertritt Freiheitsstrafe bis zu zwei Jahren, Verurteilung auf Bewährung oder Geldstrafe vor. Abs. 3 lautete: In schweren Fällen wird der Täter mit Freiheitsstrafe von einem Jahr bis zu acht Jahren bestraft. Ein schwerer Fall liegt insbesondere vor, wenn
1. die Tat Leben oder Gesundheit von Menschen gefährdet;
2. die Tat unter Mitführung von Waffen oder unter Anwendung gefährlicher Mittel oder Methoden erfolgt;
3. die Tat mit besonderer Intensität durchgeführt wird;
4. die Tat durch Urkundenfälschung (§ 240), Falschbeurkundung (§ 242) oder durch Mißbrauch von Urkunden oder unter Ausnutzung eines Verstecks erfolgt;
5. die Tat zusammen mit anderen begangen wird;
6. der Täter wegen ungesetzlichen Grenzübertritts bereits bestraft ist.
**§ 1 Abs. 3 Satz 2 StGB-DDR**: »Verbrechen sind auch andere vorsätzlich begangene gesellschaftsgefährliche Straftaten, für die eine Freiheitsstrafe von mindestens zwei Jahren angedroht ist oder für die innerhalb des vorgesehenen Strafrahmens im Einzelfall eine Freiheitsstrafe von über zwei Jahren ausgesprochen wird.«
**§ 27 Grenzgesetz** regelte den Schußwaffengebrauch und lautete:
(1) Die Anwendung der Schußwaffe ist die äußerste Maßnahme der Gewaltanwendung gegenüber Personen. Die Schußwaffe darf nur in solchen Fällen angewendet werden, wenn

fen zu können, ob die Auslegung dieses Rechts durch die deutschen Gerichte mit Art. 7 Abs. 1 EMRK vereinbar ist. Der Gerichtshof kommt zu dem Ergebnis, daß nach DDR-Recht kein Rechtfertigungsgrund bestanden hat, und zwar auf Grund folgender Argumentation (Nr. 53 ff):

- Die Staatsräson, auf die sich die Kläger beriefen, werde begrenzt durch Rechtsgrundsätze, die in der Verfassung und der Gesetzgebung der DDR zum Ausdruck kämen, wie die Achtung des menschlichen Lebens (Nr. 72).
- Die Erdminen, die automatischen Schußanlagen und der Schießbefehl, »Grenzverletzer zu vernichten und die Grenze unter allen Umständen zu sichern«, verletzten offenkundig Grundrechte der Art. 19 und 30 der DDR-Verfassung,[35] die im Strafgesetzbuch und im Grenzgesetz konkretisiert seien und zu deren Einhaltung sich die DDR völkerrechtlich verpflichtet habe (Nr. 73).
- Die Besonderheit der Strafverfahren gegen Spitzenfunktionäre der DDR liege darin, daß sie sich zu ihrer Rechtfertigung auf einen Schießbefehl beriefen, den sie selbst an die Grenzsoldaten ausgegeben hätten. Sie hätten die gesetzlichen Vorschriften durch *geheime* Befehle und Dienstanweisungen überlagert, hätten also das Auseinanderlaufen der Gesetzgebung der DDR und ihrer Praxis selbst bewirkt. Unkenntnis der Verfassung und der Gesetze, der völkerrechtlichen Verpflichtungen der DDR und der in-

die körperliche Einwirkung ohne oder mit Hilfsmitteln erfolglos blieb oder offensichtlich keinen Erfolg verspricht. Die Anwendung von Schußwaffen gegen Personen ist erst dann zulässig, wenn durch Waffenwirkung gegen Sachen oder Tiere der Zweck nicht erreicht wird.
(2) Die Anwendung der Schußwaffe ist gerechtfertigt, um die unmittelbar bevorstehende Ausführung oder die Fortsetzung einer Straftat zu verhindern, die sich den Umständen nach als ein Verbrechen darstellt. Sie ist auch gerechtfertigt zur Ergreifung von Personen, die eines Verbrechens dringend verdächtig sind.
(3) Die Anwendung der Schußwaffe ist grundsätzlich durch Zuruf oder Abgabe eines Warnschusses anzukündigen, sofern nicht eine unmittelbar bevorstehende Gefahr nur durch die gezielte Anwendung der Schußwaffe verhindert oder beseitigt werden kann.
(4) Die Schußwaffe ist nicht anzuwenden, wenn
a) das Leben oder die Gesundheit Unbeteiligter gefährdet werden können,
b) die Personen dem äußeren Eindruck nach im Kindesalter sind oder
c) das Hoheitsgebiet eines benachbarten Staates beschossen würde.
Gegen Jugendliche und weibliche Personen sind nach Möglichkeit Schußwaffen nicht anzuwenden.
(5) Bei der Anwendung der Schußwaffe ist das Leben von Personen nach Möglichkeit zu schonen. Verletzten ist unter Beachtung der notwendigen Sicherheitsmaßnahmen Erste Hilfe zu erweisen.

35 **Art. 19 Abs. 2 DDR-Verfassung**: »Achtung und Schutz der Würde und Freiheit der Persönlichkeit sind Gebot für alle staatlichen Organe, alle gesellschaftlichen Kräfte und jeden einzelnen Bürger.«
**Art. 30 Abs. 1 und 2**: »(1) Die Persönlichkeit und Freiheit jedes Bürgers der Deutschen Demokratischen Republik sind unantastbar. (2) Einschränkungen sind nur im Zusammenhang mit strafbaren Handlungen oder einer Heilbehandlung zulässig und müssen gesetzlich begründet sein. Dabei dürfen die Rechte solcher Bürger nur insoweit eingeschränkt werden, als dies gesetzlich zulässig und unumgänglich ist.«

ternationalen Kritik[36] an ihrem Grenzsicherungssystem könnten sie nicht geltend machen (Nr. 74, 78, 87, 88, 103).

- Die Verurteilten als führende Politiker der DDR seien es gewesen, die einen Anschein von Rechtmäßigkeit durch die Gesetze der DDR geschaffen, gleichzeitig aber eine Praxis etabliert hätten, die die Grundsätze der Rechtsordnung kraß mißachtet habe. Diese Praxis könne nicht das gesetzte Recht derogieren mit der Folge, daß durch Art. 7 Abs. 1 EMRK eine Bestrafung ausscheide. Das würde dem Sinn und Zweck dieser Vorschrift widerstreiten, willkürliche Strafverfolgungen zu verhindern (Nr. 88).
- Es sei legitim, daß ein Rechtsstaat Strafverfahren gegen Personen durchführe, die unter einem früheren Regime Verbrechen begangen hätten. Dabei dürften die Rechtsvorschriften, »die zur Tatzeit gegolten haben, ausgelegt und angewendet werden »in the light of the principles governing a State subject to the rule of law« (Nr. 81), insbesondere was das Recht auf Leben anbelange (Nr. 85, 86), dem auch internationaler Schutz zukomme (Nr. 92-95). Verwiesen wird auch auf andere Staaten, die zu einem demokratischen Regime übergegangen sind (Nr. 80).

Das Urteil des Europäischen Gerichtshofs für Menschenrechte braucht keine Ausnahme von der Regel des Art. 7 Abs. 1 EMRK zu begründen, weil es anders als der Bundesgerichtshof und das Bundesverfassungsgericht das Recht der DDR der damaligen Verfassung und den völkerrechtlichen Verpflichtungen konform interpretiert und sich insbesondere nicht auf geheime Befehle der damaligen DDR-Führung einläßt, aus deren Kreis die Beschwerdeführer stammen. Stellen die geheimen Befehle keinen Rechtfertigungsgrund dar, dann gilt dasselbe für die Staatspraxis auf Grund der geheimen Befehle. Durch die Staatspraxis konnte auch kein Gewohnheitsrecht entstehen, weil es an der Rechtsüberzeugung (opinio iuris) fehlte, was aus der Geheimhaltung, der Vergatterung der Grenzsoldaten und der Sprachregelung folgt. Gewohnheitsrecht und richterliche Rechtsfortbildung setzen voraus, daß das auf diese Weise neu geformte Recht kenntlich ist. Wo und wie auch immer Recht gesetzt wird, in demokratischen oder in diktatorischen Herrschaftssystemen, und welchen Inhalt es auch immer hat, es setzt begrifflich voraus, daß es bekannt ist (siehe oben S. 35).
Sowohl der Bundesgerichtshof als auch das Bundesverfassungsgericht stehen der Lösung des Europäischen Gerichtshofs für Menschenrechte nahe, wenn sie begründen, warum Art. 103 Abs. 2 GG eine Bestrafung nicht verbietet.

36 Hinzuzufügen wäre die Existenz und die Tätigkeit der Zentralen Erfassungsstelle der Landesjustizverwaltungen in Salzgitter, siehe dazu *Heiner Sauer / Hans-Otto Plumeyer*, Der Salzgitter Report, 1991, passim, dort auch Verzeichnis der Todesfälle an der innerdeutschen Grenze, S. 255 ff.

Der Bundesgerichtshof führt aus,[37] daß »der Richter nicht im Sinne reiner Faktizität an diejenige Interpretation gebunden« ist, die zur Tatzeit in der Staatspraxis Ausdruck gefunden hat. Konnte das Tatzeitrecht bei Beachtung der vom Wortsinn des Gesetzes gegebenen Grenzen im Lichte der Verfassung der DDR so ausgelegt werden, daß den völkerrechtlichen Bindungen der DDR im Hinblick auf Menschenrechte entsprochen wurde, so ist das Tatzeitrecht in dieser menschenrechtsfreundlichen Auslegung als das Recht zu verstehen, daß die Strafbarkeit zur Zeit der Tat im Sinne des Art. 103 Abs. 2 GG ‹gesetzlich bestimmt‹ hat.« – In der Entscheidung des Bundesverfassungsgerichts ist bemerkt,[38] daß die Strafbarkeit der Grenzsoldaten und der führenden Funktionäre der DDR nicht durch Rückgriff auf überpositive Rechtsgrundsätze begründet, sondern an Wertungen angeknüpft werde, welche die DDR selbst ihren Strafvorschriften zugrunde gelegt habe. Damit zeigt sich, daß der Europäischer Gerichtshof für Menschenrechte durchaus an Überlegungen anknüpfen konnte, die schon der Bundesgerichtshof und das Bundesverfassungsgericht angestellt hatten, um von einem anderen Ausgangspunkt aus zu begründen, daß die Strafurteile nicht gegen Art. 103 Abs. 2 verstoßen.
In der Literatur ist gerade diese vom Bundesgerichtshof und vom Bundesverfassungsgericht nur in Erwägung gezogene und vom Landgericht Berlin verfolgte Lösung scharf kritisiert worden. So lehnt *Alexy* »mit Nachdruck« die Grundkonstruktion des Strafurteils ab, nach dem die Tötungen schon gemäß dem damals geltenden Recht strafbar gewesen seien.[39] Damit werde nämlich eine verdeckte Rückwirkung vorgenommen, die schlimmer sei als eine offene. *Alexy* wirft dem Landgericht Berlin vor und wird auch dem Europäischen Gerichtshof für Menschenrechte vorwerfen, daß es/er »eine falsche Vorstellung dessen, was positives Recht ist, zugrunde« legt. Zum Recht gehöre nicht nur der Wortlaut und der mit ihm erhobene Anspruch auf Richtigkeit, sondern auch die jeweilige interpretative Praxis. Richtig an dieser Aussage ist, daß die gerichtliche Praxis, in der die Gesetze ausgelegt werden, letzten Endes bestimmt, was positives Recht ist. Positives Recht ist insofern aber immer öffentlich bekanntes Recht. Sobald aber das Recht durch geheime Befehle oder geheime Machenschaften (Installation von Selbstschußanlagen und Verlegen von Minen[40]) überlagert wird, bildet sich dadurch kein positives Recht. Schon gar nicht können sich diejenigen, die für die Praxis verantwort-

37 BGHSt 36, 1, 29.
38 BVerfGE 95, 96, 136 f.
39 *Alexy* (Anm. 5 [1997]), S. 8; ähnlich schon *ders.* (Anm. 5 [1993]), S. 10 f, 30; *Rau* (Anm. 4), 3010, spricht sogar davon, daß der vom LG Berlin und jetzt vom Europäischer Gerichtshof für Menschenrechte gefundene Weg schon frühzeitig »als Irrweg entlarvt« worden sei.
40 Dazu BVerfGE 95, 96, 100 ff: Befehle und Dienstvorschriften auf Grund von Beschlüssen des Nationalen Verteidigungsrates.

lich sind,[41] indem sie die geheimen Befehle ausgegeben haben, auf die Befehle als positives Recht berufen, wie der Europäischer Gerichtshof für Menschenrechte zutreffend feststellt (Nr. 78).[42]
Zwar hat der Begriff des Rechts im Hinblick auf die Durchsetzung des Rechts eine empirische Dimension.[43] Aber nur, wer diese verabsolutiert und Recht begrifflich ausschließlich unter dem Gesichtspunkt faktischer Handhabung bestimmt,[44] sieht in jeder – auch geheim gehaltenen – Staatspraxis Recht. So wäre auch die geheimgehaltene »Beauftragung« auf der sog. Wannseekonferenz 1942 und die darauf folgende Judenvernichtung als effektive Staatspraxis Recht. Damit wird der Rechtsbegriff nicht nur inhaltlich, sondern auch formell vollständig entleert und vernichtet. Rechtsrealismus wird zum Rechtsnihilismus.[45] Der Begriff des Rechts ist nicht beliebig manipulierbar. Er enthält zumindest einen Maßstab, der die formellen Voraussetzungen für das festlegt, was als Recht bezeichnet werden kann, wozu dessen Öffentlichkeit gehört. Die fehlende Öffentlichkeit der Befehle hängt mit deren das Gesetz und die Verfassung systematisch verletzenden Inhalten zusammen. Die formelle Mangelhaftigkeit der Befehle, die es verbietet, sie und die auf ihnen beruhende Staatspraxis als Recht zu bezeichnen, korrespondiert also mit deren inhaltlicher Mangelhaftigkeit. So war es auch in quantitativ weit schlimmerem Maß bei der Wannseekonferenz.
In seiner Kritik der deutschen Gerichtsurteile zu den tödlichen Schüssen an der Mauer macht *H. Dreier* geltend,[46] daß deren menschenrechtsfreundliche Auslegung des § 27 Grenzgesetz eine »Rechtsstaatschimäre« sei, weil das instrumentelle, von politischen Vorgaben abhängige Rechtsverständnis in totalitären Staaten aller Couleur verkannt werde. Damit wird der Rechtsbegriff ohne Not totalitärer Manipulation anheim gegeben, obwohl gerade in der gesetzlichen Regelung des Grenzregimes der DDR sichtbar ist, daß diese darauf Wert gelegt hat, im (veröffentlichten) Recht bestimmte rechtsstaatliche Minimalstandards einzuhalten, auf die in juristischen Diskussionen mit Ausländern oder Westdeutschen gerne verwiesen und ein Schießbefehl stets in

41 Zur Bestrafung der Grenzsoldaten, für die Entschuldigungsgründe in Frage kommen, wird hier nicht Stellung genommen.
42 In diesem Sinne sehr deutlich die konkurrierende Meinung des Richters Zupančič (Slowenien): »The applicants . . . helped create that very real State practice of impunity. This practice of impunity, however, was not formalised through legislative means, no doubt because to the outside world the GDR wanted to maintain the image of a Rechtsstaat. If the practice of impunity had been legitimated through positive legislation this would have been a different case since it would probably have fallen under Article 7 § 2 of the Convention.«
43 *Karl Engisch*, Auf der Suche nach der Gerechtigkeit, 1971, S. 56 ff.
44 So *Rau* (Anm. 4), 3011.
45 Vgl. dazu *Dietmar v. d. Pfordten*, Rechtsethik, 2001, S. 115 ff.; *Wolfgang Naucke*, Rechtsphilosophische Grundbegriffe, 3. Aufl. 1996, S. 53 ff., 61 ff.
46 *Dreier* (Anm. 4), S. 427; ähnlich *Rau* (Anm. 4), 3009 ff.

Abrede gestellt wurde. Der Europäischer Gerichtshof für Menschenrechte hat diese Umstände zutreffend berücksichtigt, indem er geheime Befehle nicht als Recht behandelt hat und die Staatspraxis am geschriebenen Recht gemessen hat. Das Urteil des Europäischen Gerichtshofs für Menschenrechte, das ohne Radbruchsche Formel auskommt und keine Ausnahmen vom Grundsatz nulla poena sine lege zu begründen braucht, wird eine nicht gering einzuschätzende generalpräventive Wirkung haben.

2. Kapitel

# Zum Verhältnis von positiver und negativer Religionsfreiheit in der Schule[1]

## I. *Negative Religionsfreiheit und ihre Schranken im allgemeinen*

Zur Religions- und Bekenntnisfreiheit (Art. 4 Abs. 1 GG) gehört das Recht, keinem religiösen Bekenntnis anzuhängen, an religiösen Handlungen nicht teilzunehmen und seine vorhandene religiöse Überzeugung zu verschweigen.[2] Negative Religionsfreiheit, die das Recht gewährleistet, keiner Religion anzuhängen, ist zugleich positive Weltanschauungsfreiheit, da areligiöse oder antireligiöse Haltung eine Weltanschauung i. S. des Art. 4 Abs. 1 GG ist. Ein Aspekt dieser negativen Komponente der Religions- und Bekenntnisfreiheit ist in Art. 140 GG i. V. mit Art. 136 Abs. 3 WRV speziell geregelt. Danach ist niemand verpflichtet, seine religiöse Überzeugung zu offenbaren. Die Behörden haben ausnahmsweise nur insoweit das Recht, nach der Zugehörigkeit zu einer Religionsgesellschaft zu fragen, als davon Rechte und Pflichten abhängen oder eine gesetzlich angeordnete statistische Erhebung dies erfordert.[3] Hierin liegt eine verfassungsrechtliche Einschränkung der negativen Bekenntnisfreiheit, wodurch z. B. wegen Art. 140 GG i. V. mit Art. 137 Abs. 6 WRV die Eintragung der Religionszugehörigkeit auf der Lohnsteuerkarte legitimiert wird.[4] Die Frage nach der Religionszugehörigkeit bei Aufnahme in Krankenhäuser, in die Bundeswehr oder in eine Strafanstalt steht ebenfalls im Einklang mit Art. 140 GG i. V. mit Art. 136 Abs. 3 WRV, da in den genannten Einrichtungen durch Art. 141 WRV Seelsorge institutionell gewährleistet ist[5] und die Befragung den Religionsgesellschaften die Erfüllung ihrer Aufgabe erleichtert. Auch die positive Religionsfreiheit derjenigen Patienten, die diese Seelsorge in Anspruch nehmen wollen, stützt die Befragung ab.[6] Es muß jedoch, worauf die Gerichte hingewiesen haben, sichergestellt werden, daß

1 Wiederabdruck aus: Kirche und Recht 1999, S. 131 –136.
2 *Zippelius,* BK, Art. 4 Rdnr. 77 ff.; *Herzog,* in: Maunz/Dürig, GG, Art. 4 Rdnr. 54 ff.
3 BVerfGE 30, 415, 426; 49, 375, 376; 65, 1, 38 f.
4 BFHE 116, 485; BVerfGE 49, 375 f. m. w. N.
5 So für Krankenhäuser BVerwG, NJW 1976, 383 = DÖV 1976, 273 mit Anm. *Listl,* S. 274; BVerfGE 46, 266 ff.
6 *V. Mangoldt/Klein/ v. Campenhausen*, GG, 3. Aufl., Art. 140, Art. 136 WRV Rdnr. 39.

man die Angaben verweigern kann, ohne daraus Nachteile befürchten zu müssen.

Die in Art. 4 Abs. 1 GG enthaltene negative Religions- und Bekenntnisfreiheit gewährt niemandem das Recht, die rechtmäßige Bekenntnisäußerung anderer zu verhindern[7] oder vom Staat vor Konfrontationen mit religiösen oder weltanschaulichen Fakten geschützt zu werden.[8] Entsprechendes gilt für das Recht, nicht an religiösen Handlungen teilnehmen zu müssen (vgl. Art. 140 GG i. V. mit Art. 136 Abs. 4, 141 WRV). »Teilnahme« liegt freilich nicht vor, wenn man nicht umhin kann, eine kirchliche Prozession zu hören oder zu sehen, die an der Wohnung vorbeizieht.

Ebensowenig wird jemandem eine Teilnahme an einer religiösen Handlung oder ein Bekenntnis dadurch zugemutet, daß er an einer Gerichtsverhandlung in einem Raum teilnehmen muß, in dem ein Kruzifix angebracht ist. Das Kruzifix in einem Gerichtssaal verlangt keine Identifikation mit dem christlichen Glauben,[9] solange niemand gezwungen wird, auf das Kreuz zu schwören, oder das Kruzifix in anderer Weise in den Prozeß eingeführt wird. Auch wird die aus der objektiv-rechtlichen Seite der Glaubens- und Bekenntnisfreiheit folgende religiöse Neutralität des Staates durch Kruzifixe im Gerichtssaal nicht verletzt. Der Staat darf das bei der überwiegenden Mehrheit der Bevölkerung bestehende christliche religiöse Interesse zum Anlaß nehmen, ein christliches Symbol im Gerichtssaal zu verwenden – z. B. mit Rücksicht auf zu leistende Eide –, solange durch dieses nach objektiver Betrachtung kein religiöser Zwang ausgeübt wird und solange das Kruzifix nicht eine Form staatlicher Selbstdarstellung ist. Eine Verpflichtung des Staates, Gerichtssäle mit Kreuzen auszustatten, kann aus Art. 4 Abs. 1 und 2 GG nicht hergeleitet werden. Durch ein Kreuz im Gerichtssaal wird der Andersgläubige oder Atheist ebensowenig in seiner negativen Religionsfreiheit verletzt wie durch die Eidesformel, die im Grundgesetz und in den Gesetzen als Regel eine religiöse Beteuerung enthält, die jedoch vom Sprechenden weggelassen werden kann.

7 *Listl,* DÖV 1976, 274.

8 *V. Campenhausen,* Staatskirchenrecht, 3. Aufl. 1996, S. 65 f.

9 BVerfGE 35, 366, 375 f. sprach kein allgemeines Verbot von Kreuzen im Gerichtssaal aus, aber ließ es genügen, daß sich einzelne Prozeßbeteiligte (früher in Deutschland lebende Juden) in ihrem Grundrecht verletzt fühlen können. Insoweit zustimmende Anmerkung von *E. Fischer,* NJW 1974, 1185; abl. Anm. von *Rüfner,* NJW 1974, 491; ähnlich *v. Campenhausen*, HStR VI, § 136 Rdnr. 95, Anm. 318; ausführlich *E.-W. Böckenförde,* ZevKR 20 (1975), 119 ff., der von dem Ausgangspunkt aus, daß das Kruzifix im Gerichtssaal eine Form staatlicher Selbstdarstellung sei, einen Verstoß gegen die staatliche Neutralitätspflicht sieht.

## II. *Das Schulgebet*

Um die negative Religionsfreiheit ging es beim Streit um das Schulgebet. Der Hessische Staatsgerichtshof hatte in einem Urteil 1965 die Behauptung aufgestellt,[10] daß die negative Religionsfreiheit (= Nichtteilnahme an religiösen Übungen und Verschweigen des Bekenntnisses) unbedingt und ausnahmslos gewährleistet sei und nicht eingeschränkt werden dürfe. Daraus hatte das Gericht geschlossen, daß das Schulgebet, das zu Beginn des Schulunterrichts außerhalb der Religionsstunde gesprochen wird, zu unterbleiben habe, wenn dadurch ein Schüler gezwungen würde, entweder gegen seinen Willen das Gebet anzuhören oder seine abweichende Überzeugung täglich offen zu bekennen, indem er erst nach dem Gebet das Klassenzimmer betritt.[11] Diese Entscheidung läßt die positive religiöse Betätigungsfreiheit der Mehrheit der Schüler zurücktreten hinter der Betätigung der negativen Religionsfreiheit nur eines einzigen Kindes oder seiner Eltern.[12] Der Entscheidung kann nicht gefolgt werden. Das Schulgebet wäre nur dann unzulässig, wenn es (1) als eine Veranstaltung des Staates, als ein »obrigkeitliches Schulgebet«[13] oder (2) als Unterstützung eines bestimmten Glaubens oder einer bestimmten Kirche um ihrer selbst willen zu bewerten wäre.

(1) Das Bundesverfassungsgericht[14] hält das Schulgebet nicht für einen Teil des Unterrichts, der im Rahmen des staatlichen Bildungs- und Erziehungsauftrages erteilt wird, sondern für eine gemeinsam mit dem Lehrer ausgeübte religiöse Betätigung, die nur *im Zusammenhang mit* dem Schulunterricht stattfindet. Mit dieser zutreffenden Ansicht paßt freilich nicht die Aussage des Bundesverfassungsgerichts im selben Urteil zusammen, wonach es den Ländern im Rahmen ihrer Schulhoheit freigestellt sei, in nicht bekenntnisfreien Gemeinschaftsschulen ein freiwilliges überkonfessionelles Schulgebet außerhalb des Religionsunterrichts »zuzulassen«.[15] Solch ein Zulassungsvorbehalt paßt nicht zur Konzeption des nichtstaatlichen Schulgebets. Deshalb wird man die Aussage des Bundesverfassungsgerichts so zu deuten haben, daß sie i. S. von »ermöglichen« zu verstehen ist, daß also der Staat in der Schule dem

10 HessStGH, ESVGH 16, 1 = NJW 1966, 31.

11 Zustimmend *v. Zezschwitz,* JZ 1966, 337; ablehnend *Hamel,* NJW 1966, 18; *Böckenförde,* DÖV 1966, 30 ff.

12 Kritisch dazu z. B. *Heckel* u. *Hollerbach,* VVDStRL 26 (1968), 125, 97 f.; *Hesse,* ZevKR 25 (1980), 239, 250 f.; *Herzog,* in: Maunz/Dürig, GG, Art. 4 Rdnr. 121; *v. Münch,* in: v. Münch/Kunig, I, Art. 4 Rdnr. 57.

13 So *Suhr,* NJW 1982, 1065, 1068: der Staat spreche durch den Lehrer das Schulgebet; ähnlich *v. Zezschwitz,* JZ 1966, 338, 339 ff.; *ders.,* JZ 1971, 12 f., 15.

14 BVerfGE 52, 223, 238 f.; vorher schon *Böckenförde,* DÖV 1974, 255; zum Beschluß siehe nochmals *Böckenförde,* DÖV 1980, 323; *Scheuner/Böckenförde,* DÖV 1980, 513, 515.

15 BVerfGE 52, 223, 240, 242; ähnlich *Hesse,* ZevKR 25 (1980), 239, 251.

Schulgebet den organisatorischen Rahmen gibt[16] und dabei die negative Religionsfreiheit der Schüler und Eltern schützt, die gegen ein Schulgebet sind. Diese bloß vermittelnde Aufgabe des Staates[17] betrifft nicht das Ob,[18] sondern das Wie des Schulgebets, das einen Ausgleich zwischen positiver und negativer Religionsfreiheit nach dem Prinzip der Toleranz erfordert.[19]

(2) Das Schulgebet fördert nicht Kirchen oder Religionen um ihrer selbst willen, sondern entspricht dem »Bedürfnis nach geistlicher Daseinsvorsorge«[20] bei der Mehrzahl der Eltern und Kinder. Würde der Staat den Bereich des religiösen Glaubens außerhalb des verfassungsrechtlich garantierten Religionsunterrichts (Art. 7 Abs. 3 GG) unter Hinweis auf seine Neutralitätspflicht und die negative Glaubensfreiheit ganz aus der Schule verbannen, liefe dies letzten Endes auf eine laizistische Schule hinaus, die die Frage aufwürfe, woher der Staat das Recht nimmt, die Kinder in einer bestimmten Weltanschauung, die der Laizismus darstellt, zu erziehen. Wenn der legitimierende Grund für das Schulgebet im religiösen Bedürfnis besteht, wird der Staat das Schulgebet vom Wunsch der überwiegenden Mehrheit der Eltern bzw. der Schüler abhängig machen müssen. D. h. nicht, daß dauernde Befragungen stattfinden müssen. Sollten Indizien ergeben, daß das praktizierte Schulgebet nicht mehr oder daß die Neueinführung des Schulgebetes gewünscht wird, so sind entsprechende Befragungen zu veranstalten.

### III. *Das Kruzifix im Klassenzimmer*

Parallel zum Schulgebet ist das Kruzifix im Klassenzimmer zu betrachten.[21] Der Staat gibt damit der positiven Bekenntnisfreiheit in der Schule Raum, in der religiöse und weltanschauliche Fragen von jeher relevant waren,[22] weil

16 BVerfGE 52, 223, 241.
17 Auf die *Link,* JZ 1980, 564, 565, zutreffend aufmerksam macht.
18 Richtig BVerfGE 52, 223, 239: Anregung der staatlichen Schulverwaltung.
19 BVerwGE 44, 196, 201; *Scheuner,* DÖV 1967, 592; *Listl,* Das Grundrecht der Religionsfreiheit in der Rechtsprechung der Gerichte der Bundesrepublik Deutschland, 1971, S. 13; *Hollerbach,* JZ 1974, 578 f.; *Böckenförde,* DÖV 1974, 253 f.; *v. Campenhausen,* Staatskirchenrecht, 3. Aufl. 1996, S. 77 f.; *Kokott*, in: Sachs, GG, 2. Aufl. 1999, Art. 4 Rdnr. 27.
20 *Meyer-Teschendorf,* Staat und Kirche im pluralistischen Gemeinwesen, 1979, S. 177.
21 VG Regensburg, BayVBl. 1991, 345; BayVGH, NVwZ 1991, 1099; OVG Münster, NVwZ 1994, 597; *Kokott*, in: Sachs, GG, 2. Aufl. 1999, Art. 4 Rdnr. 35 ff.; *Lecheler*, HbStKirchR II, 2. Aufl. 1995, S. 435 f.
22 Dazu und zum folgenden abw. Meinung der Richter Seidl und Söllner und der Richterin Haas, BVerfGE 93, 25, 30 f.

sich dort seit der Übernahme der Schule durch den Staat[23] staatliches Handeln und bürgerliche Freiheit sowie staatliche Schulhoheit und elterliches Erziehungsrecht begegnen. Insoweit unterscheidet sich die Schule vom Gerichtssaal, der räumlicher Ausdruck ursprünglicher staatlicher Hoheitsfunktion ist. Die positive Religionsfreiheit der überwiegenden Mehrheit der Schüler, die einer christlichen Konfession angehören, muß nicht gegenüber der negativen Religionsfreiheit von Kindern und deren Eltern zurückstehen, die sich zu einem anderen oder zu keinem Glauben bekennen. Das Kruzifix im Klassenzimmer als religiöses Symbol der Mehrheit der Bevölkerung verlangt keine Identifikation der Minderheit. Zudem könnte das Kruzifix in säkularer Weise als Symbol für die christlich geprägte abendländische Kultur verstanden werden, die in den christlichen Gemeinschaftsschulen vermittelt wird und von Verfassungs wegen vermittelt werden darf.[24] Die Anbringung eines Kruzifixes in Klassenräumen ist inhaltlich gesehen keine staatliche Veranstaltung.[25] Vielmehr handelt es sich um eine organisatorische Maßnahme im Hinblick auf die Mehrheit der Schüler und ihrer Eltern. Deshalb wäre es dem Staat durch Art. 4 Abs. 1 GG verwehrt, gegen den erklärten oder mutmaßlichen Willen der Mehrheit der Eltern Kreuze in den Klassenzimmern anzubringen.

Entgegen diesen auch in der Rechtsprechung des Bundesverfassungsgerichts gefestigten Grundsätzen[26] hat das Bundesverfassungsgericht 1995 entschieden, daß die Anbringung eines Kruzifixes oder bloßen Kreuzes in den Unterrichtsräumen einer staatlichen Pflichtschule, die keine Bekenntnisschule ist, gegen Art. 4 Abs. 1 GG verstoße.[27] Das Gericht verkennt in dieser Entscheidung[28] die besondere Aufgabe der staatlichen Schule, gemeinsam mit den Eltern die *eine* Persönlichkeit des Kindes zu bilden.[29] Der auf die weltlichen Dinge beschränkte und zur weltanschaulichen und religiösen Neutralität verpflichtete Staat hat es in der Schule mit einer Erziehungsaufgabe zu tun, bei der es um den einzelnen Menschen als einheitliche Persönlichkeit geht. Die Tendenz des Kruzifix-Beschlusses geht auf eine Laizisierung der Schule,[30] die das Grundgesetz nicht fordert. Der vom Bundesverfassungsgericht heran-

23 *Starck*, Freiheitlicher Staat und staatliche Schulhoheit, in: Essener Gespräche 9 (1975), 9, 13 ff. = *ders.*, Freiheit und Institutionen, 2002, S. 376,381 ff.
24 BVerfGE 41, 29, 64; 41, 65, 78 f.
25 Das verkennt *Czermak*, KritJ 1992, 46, 58 ff.
26 BVerfGE 93, 1, 24 (Schulgebet erwähnt).
27 BVerfGE 93, 1, 13; zustimmend *Renck*, ZRP 1996, 16 ff.; *Czermak*, NJW 1995, 3348 ff.; *Goerlich*, NVwZ 1995, 1184; *Neumann*, ZRP 1995, 381 ff.
28 Siehe insbes. BVerfGE 93, 1, 16.
29 BVerfGE 34, 165, 183.
30 Dies seit Jahren immer wieder die Forderung von *Renck*, NVwZ 1994, 544 ff. (vor Erlaß der Kruzifix-Entscheidung).

gezogene Toleranzgedanke[31] darf nicht einseitig gegen die Mehrheit ins Spiel gebracht werden. Toleranz kann auch von der Minderheit verlangt werden.[32] Außerdem gibt es Ausgleichsmechanismen, deren Heranziehung eine pauschale Nichtigerklärung der bayerischen Regelung über Schulkreuze hätte vermeiden können.[33]

## IV. *Staatliche Schulen christlichen Bekenntnisses*

Die negative Religionsfreiheit verbietet ferner nicht, daß der Staat öffentliche Bekenntnisschulen einrichtet, die mangels anderer Schulen bei bekenntnismäßig weitgehend einheitlich zusammengesetzter Bevölkerung auch Kinder anderer Bekenntnisse oder Kinder ohne Glaubensbekenntnis müssen besuchen können.[34] Es muß jedoch sichergestellt werden, daß die religiösen und weltanschaulichen Auffassungen anderer geachtet werden.
Wenn der Staat Schulen einrichtet, in denen der Unterricht auf der Grundlage allgemeiner christlicher (nicht bekenntnisgebundener) Vorstellungen abgehalten wird, wird damit nicht die negative Religionsfreiheit derjenigen verletzt, die sich nicht zum christlichen Glauben bekennen, soweit Toleranz hinreichend gesichert ist.[35] Umgekehrt ist nicht die positive Religionsfreiheit derjenigen Eltern verletzt, die eine bekenntnismäßige Ausrichtung der Kindererziehung wünschen.[36] Art 4 Abs. 1 GG eröffnet dem Schulgesetzgeber Gestaltungsfreiheit bei der Einbeziehung des Religiösen in den Schulunterricht,[37] verlangt aber Achtung und Toleranz gegenüber den verschiedenen Glaubensüberzeugungen und verbietet weltanschauliche und religiöse Zwänge.[38] Damit ist der Gesetzgeber in die Lage versetzt, den traditionellen und neu entstehenden religiösen bzw. weltanschaulichen Hauptströmungen in der Bevölkerung bei der Festlegung des Schulmodells Rechnung zu tragen.

31 BVerfGE 93, 1, 23; 41, 65, 78.
32 Zum Kruzifix-Beschluß ähnlich wie hier: *Pirson*, BayVBl. 1995, 755 ff.; *Badura*, BayVBl. 1996, 33 ff., 71 ff.; *Müller-Volbehr*, JZ 1995, 996 ff.; *Link*, NJW 1995, 1955, 3353 ff.; *Jestaedt*, Journal für Rechtspolitik 1995, 237 ff.; *Isensee*, ZRP 1996, 10 ff.; *v. Campenhausen*, AöR 121 (1996), 448 ff.; *Kästner*, ZevKR 41 (1996), 241 ff.; *Brenner*, ThürVBl. 1996, 145 ff.; eingehend *Heckel*, DVBl. 1996, 453 ff.
33 Zur gesetzlichen Neuregelung in Bayern vgl. *Biletzki*, NJW 1996, 2633 ff.; BayVfGH, EuGRZ 1997, 447 ff. = NJW 1997, 3157 ff. (Verfassungsmäßigkeit nach BayVf bejahend).
34 Der Staat ist jedoch nicht verpflichtet, solche Schulen einzurichten, vgl. *v. Campenhausen*, Erziehungsauftrag und staatliche Schulträgerschaft, 1967, S. 167 ff.; *Zippelius*, BK, Art. 4 Rdnr. 22 ff.
35 BVerfGE 41, 29, 50.
36 BVerfGE 41, 88, 106, 108 ff.
37 BVerfGE 41, 29, 44 ff.
38 BVerfGE 41, 29, 49 ff.

## V. *Religiöse Feiertage und religiöse Kleidung in der Schule*

Eine Berücksichtigung religiöser Interessen durch den Staat liegt auch vor, wenn Kindern jüdischen Glaubens und anderer Religionsgemeinschaften, die die Sabbatheiligung kennen, am Samstag schulfrei gegeben wird.[39] Die gemeinsame Erziehung der Kinder in der Schule verbietet freilich unbeschränkte Anerkennung religiöser Feiertage oder freier Wochentage aus religiösen Gründen. Denn planmäßiger Unterricht verbietet regelmäßiges oder häufiges Fehlen einzelner Schüler. Da der Sonntag wegen Art. 140 GG i. V. mit Art. 139 WRV schulfrei sein muß und es Religionen gibt, die den Samstag, und solche, die den Freitag heiligen, wäre gemeinsamer Unterricht nur noch an vier Tagen der Woche möglich, was die Schüler bei gleichbleibendem Stoff überfordern und darauf hinauslaufen würde, daß Eltern an zwei Tagen der Woche privaten Unterricht für ihre Kinder organisieren müßten. Die Institution Schule setzt also der allgemeinen Anerkennung freier Wochentage für Angehörige bestimmter Religionen Grenzen. In besonders gelagerten Fällen, in denen starker Glaubenszwang mit der erwiesenen Fähigkeit eines Kindes, selbständig zu lernen, einhergeht, gebietet das Verhältnismäßigkeitsprinzip, den religiös geheiligten Wochentag für das betreffende Kind schulfrei zu halten. Hingegen ist bei einzelnen hohen Feiertagen auf Verlangen aus religiösen Gründen stets schulfrei zu geben.

Bei koedukativem Sportunterricht, nicht nur beim Schwimmunterricht, haben Schülerinnen islamischen Glaubens im Hinblick auf die Bekleidungsvorschriften des Korans aus Art. 4 Abs. 1 GG einen Anspruch auf Befreiung.[40] Muslimischen Schülerinnen darf es nicht verwehrt werden, während des Unterrichts einen Schleier oder ein Kopftuch zu tragen, die das Gesicht freilassen.[41] Insoweit müssen die anderen Schüler zur Toleranz angehalten werden. Entsprechende Rechte können auch von Schülern anderer Glaubensbekenntnisse in Anspruch genommen werden, wenn entsprechende religiöse Verpflichtungen bestehen. Für Lehrer gilt dies nicht ohne weiteres. Lehrern ist es verboten, die ihnen anvertrauten Kinder weltanschaulich einseitig zu beeinflussen. Äußerungen des Lehrers, die mit den Erziehungs- und Bildungszielen der staatlichen Schule nicht in Einklang stehen, können nicht auf seine Religions- und Bekenntnisfreiheit gestützt werden. Entsprechendes gilt, wenn die Beeinflussung durch spezifische religiöse Kleidung geschieht, wobei

39 Dazu und zum folgenden vgl. BVerwGE 42, 128.

40 BVerwGE 94, 82; VGH München, NVwZ 1987, 706; VGH Kassel, NVwZ 1988, 951; OVG Lüneburg, DVBl. 1991, 722; OVG Münster, NVwZ 1992, 79 ff.

41 Vgl. dazu mit Frankreich vergleichend und unter Angabe von Rechtsprechung *Spies*, NVwZ 1993, 637, 639 f.

davon auszugehen ist, daß Lehrer als Vorbilder wirken und Schüler sich häufig mit ihnen identifizieren.[42]

## VI. *Das Toleranzprinzip*

Das Fazit zum Problem der negativen Religions- und Bekenntnisfreiheit lautet: Die negative Religionsfreiheit ist kein Obergrundrecht, das die positiven Äußerungen der Religionsfreiheit im Falle des Zusammentreffens verdrängt. Der notwendige Ausgleich zwischen beiden Erscheinungsformen der Religionsfreiheit muß im Wege der Toleranz der Gläubigen und Andersgläubigen bzw. Nichtgläubigen bewerkstelligt werden. Staatliche Regelungen zur Sicherung der Toleranz können erforderlich sein. Die staatliche Neutralität auf religiösem Gebiet hat nicht zur Konsequenz, daß aus allen staatlich beherrschten oder zumindest organisierten Lebensbereichen das religiöse Moment verdrängt ist. Das wäre ein laizistisches Mißverständnis der religiösen Neutralität des Staates, die das Grundgesetz fordert. Der Staat darf in seiner unmittelbar die Gesellschaft berührenden Tätigkeit religiöse Interessen der Bürger[43] berücksichtigen und fördern;[44] dabei muß er sich vom Geist der religiösen Neutralität bestimmen lassen und sich um Organisationsformen bemühen, die die Verwirklichung der Toleranz zwischen den Bürgern garantieren. Staatliche Maßnahmen, die religiöse oder weltanschauliche Interessen berücksichtigen, aber die staatliche Neutralität mißachten oder die Verwirklichung des Toleranzgebotes nicht sicherstellen, verstoßen gegen Art. 4 GG. Auch eine betont laizistische Gesetzgebungspolitik berücksichtigt und fördert weltanschauliche Interessen, nämlich diejenigen des Laizismus, und steht deshalb unter dem Toleranzgebot. Die verbreitete Meinung, daß die Nichtberücksichtigung religiöser Interessen nicht selbst Weltanschauung, sondern Neutralität bedeute und nach Toleranz dann gar nicht mehr zu fragen sei, ist verfehlt und gibt Anlaß zu vielen Mißverständnissen und Fehlern bei der Auslegung des Art. 4 GG.

42 BVerwG, DVBl. 1988, 698; VGH München, NVwZ 1986, 405; OVG Hamburg, NVwZ 1986, 406; zum Kopftuch der muslimischen Lehrerin vgl. v. Mangoldt/Klein/*Starck*, Kommentar zum GG, 5. Aufl. 2005 Bd. I Art. 4, Rdnr. 120 m.w.N.

43 Allgemein hierzu *Mikat,* Zur rechtlichen Bedeutung religiöser Interessen, 1973, S. 13 f., 21 f., 48 f.

44 BVerwGE 38, 76, 78 – Staatsleistungen betreffend, die gemäß Art. 140 i. V. mit Art. 138 Abs. 1 WRV anerkannt sind; vgl. dazu eingehend *Isensee*, HbStKirchR I, 2. Aufl. 1994, S. 1009 ff.

3. Kapitel

# Religionsunterricht in Brandenburg

## I. *Brandenburgische Gesetzgebung*

Die Brandenburgische Gesetzgebung über den Religionsunterricht wirft mehrere verfassungsrechtliche Probleme auf, die eng miteinander zusammenhängen. Dabei geht es vor allem um die beiden Fragen, ob das Land davon absehen darf, Religionsunterricht in öffentlichen Schulen als ordentliches Lehrfach einzurichten, und ob der staatlich verantwortete Religions*kunde*unterricht unter dem Gesichtspunkt der verfassungsrechtlich geforderten religiösen Neutralität des Staates mit dem Grundgesetz zu vereinbaren ist. Hier wird nur die erste Frage, d.h. der Versuch des Landes Brandenburg behandelt, der in Art. 7 Abs. 3 GG festgelegten Pflicht der Länder zu entgehen, Religionsunterricht in den öffentlichen Schulen mit Ausnahme der bekenntnisfreien Schulen als ordentliches Lehrfach zu gewährleisten. Die dazu erlassenen Vorschriften des Gesetzes über die Schulen im Lande Brandenburg vom 12. April 1996 (GVBl. S. 102) sind im selben Jahre in mehreren Anträgen und Beschwerden vor dem Bundesverfassungsgericht angegriffen worden,[1] über die nicht entschieden worden ist. Vielmehr hat das Bundesverfassungsgericht einen Vergleichsvorschlag unterbreitet (BVerfGE 104, 305), der die Bedeutung des Art. 141 GG aussparte. Die folgenden Zeilen sind der Bedeutung des Art. 141, der sogenannten Bremer Klausel, gewidmet, da eine Entscheidung der Verfassungsbeschwerde davon abhängig gewesen wäre.
Zuvor ist aber die gesetzliche Lage kurz darzustellen, um deren verfassungsrechtliche Beurteilung es geht. Im November 1990 vereinbarten SPD, FDP und Bündnis 90/DIE GRÜNEN in ihrem brandenburgischen Koalitionsvertrag: »Es wird angestrebt, an den Schulen einen breit angelegten Unterricht in Religions- und Lebenskunde durchzuführen und die konfessionelle Unterweisung in den Gemeinden zu belassen.«[2] § 26 des Ersten Schulreformgesetzes vom 28. Mai 1991 (GVBl. I, S. 115) verwies bezüglich des Religionsunterrichts auf ein künftiges Landesschulgesetz. Die Brandenburgische Verfassung

1 Wiederabdruck aus: Festschrift für Joseph Listl, 1999, S. 391 –406.
2 Zitiert nach Materialien aus der Diskussion um LER, hrsg. vom Erzbistum Berlin, Stand: 3. November 1995, S. 10. Mit Gemeinden sind die Kirchengemeinden gemeint.

vom 20. August 1992 enthält entgegen allen anderen Verfassungen der neuen deutschen Länder[3] keine Regelungen über den Religionsunterricht.
Unter Federführung des Ministeriums für Bildung, Jugend und Sport wurde ein Modellversuch zu einem neuen Lernbereich und Unterrichtsfach »Lebensgestaltung – Ethik – Religion« mit dem Titel »Gemeinsam leben lernen« entwickelt, zur Diskussion gestellt und während dreier Schuljahre (1992/93, 1993/94 und 1994/95) an 41 brandenburgischen Schulen erprobt.[4] Die katholische Kirche beteiligte sich nicht an dem Projekt. Die evangelische Kirche, die ihre Beteiligung auf der Synode am 16. November 1991 unter bestimmten Voraussetzungen beschlossen hatte,[5] zog sich aus dem Versuch zurück.[6] Nach dem Abschluß des Modellversuchs begannen die eigentlichen Vorbereitungen für die Gesetzesinitiative der Landesregierung.
Im September und Oktober 1995 führte der Ausschuß für Bildung, Jugend und Sport des Landtages Brandenburg eine öffentliche Anhörung zum Thema »Modellversuch LER und Perspektiven von LER und Religionsunterricht« durch.[7] Zum Unterrichtsfach LER (= Lebensgestaltung – Ethik – Religionskunde) war im Gesetzentwurf der Landesregierung vom 25. Oktober 1995[8] vorgesehen, daß das Fach Lebensgestaltung – Ethik – Religionskunde der Vermittlung von Grundlagen für eine wertorientierte Lebensgestaltung, von Wissen über die Grundsätze der philosophischen Ethik sowie über Kirchen, Religions- und Weltanschauungsgemeinschaften diene. In diesen Bereichen sei den unterschiedlichen Wertvorstellungen und Bekenntnissen der Schüler mit Offenheit und Toleranz zu begegnen. Das Fach werde bekenntnisfrei unterrichtet. Vom Unterricht im Fach Lebensgestaltung – Ethik – Religionskunde würden Schüler auf Wunsch befreit, wenn sie regelmäßig an einem von einer Kirche oder Religionsgemeinschaft angebotenen Religionsunterricht teilnähmen.
Den Befreiungstatbestand bezeichnete die Landesregierung in der Begründung[9] ihres Gesetzentwurfs als begrenzte und nachprüfbare Ausnahmeregelung von der Teilnahme am Unterricht im Fach Lebensgestaltung – Ethik – Religionskunde; es entspreche »dem Geist der Verfassung des Landes Brandenburg«, daß es einer religiös gebundenen Minderheit ermöglicht werde, an einem wertorientierten Unterricht und einem Unterricht über ihre Religion in bekenntnisgebundener statt in bekenntnisneutraler Form teilzunehmen.

3 Art. 5 Abs. 3 MVV; Art. 105 SV; Art. 27 Abs. 3 SAV; Art. 25 ThV regeln den Religionsunterricht entsprechend Art. 7 Abs. 3 GG.
4 Vgl. Materialien (Anm. 2), S. 10.
5 Vgl. *Eckart Schwerin*, Die Einrichtung des Religionsunterrichts in den neuen Bundesländern, RdJB 1992, S. 311, 320.
6 Vgl. Bischof *Wolfgang Huber*, DIE ZEIT Nr. 20/10.5.1996, S. 10.
7 Ausschußprotokolle 2/257 und 323.
8 LT-Drucks. 2/1675.
9 LT Drucks. 2/1675, S. 19.

Im Januar 1996 veranstaltete der Ausschuß für Bildung, Jugend und Sport eine weitere Anhörung von Sachverständigen zum Thema »verfassungsrechtliche Fragen künftiger schulgesetzlicher Regelungen zum LER-Unterricht und zum konfessionellen Religions- und Weltanschauungsunterricht im Land Brandenburg«.[10] Nach der Anhörung beantragte die CDU-Fraktion des Landtages in den Ausschußberatungen, neben dem Fach LER Religionsunterricht als alternativ wählbares ordentliches Lehrfach einzuführen. Dieser Antrag wurde von der SPD/PDS-Mehrheit abgelehnt. Auf Antrag der SPD strich der Ausschuß die im Regierungsentwurf vorgesehene Befreiungsmöglichkeit mit den Stimmen von SPD und PDS.[11] Später lenkte die SPD-Fraktion ein, setzte nach ihren eigenen Worten »ein deutliches Zeichen der Toleranz« und räumte eine »für ein Pflichtfach sonst unübliche, auf fünf Jahre befristete Befreiungsmöglichkeit« ein, um Vorbehalte gegen das neue Fach LER zu zerstreuen.[12] Über die Befreiung sollte der Schulleiter auf Antrag der Eltern bzw. der Schüler entscheiden.

Ungeachtet eines Appells des Deutschen Bundestages vom 15. März 1996 auf Antrag der Fraktionen der CDU/CSU und der FDP zur Einhaltung der bundesverfassungsrechtlich dem Land Brandenburg auferlegten Pflichten[13] ist das Schulgesetz am 12. April 1996 vom Landtag verabschiedet worden. Die hier einschlägigen Vorschriften lauten:

§ 11 Abs. 2 bis 4:

> (2) Das Fach Lebensgestaltung – Ethik – Religionskunde soll Schülerinnen und Schüler in besonderem Maße darin unterstützen, ihr Leben selbstbestimmt und verantwortlich zu gestalten und ihnen helfen, sich in einer demokratischen und pluralistischen Gesellschaft mit ihren vielfältigen Wertvorstellungen und Sinnangeboten zunehmend eigenständig und urteilsfähig zu orientieren. Das Fach dient der Vermittlung von Grundlagen für eine wertorientierte Lebensgestaltung, von Wissen über Traditionen philosophischer Ethik und Grundsätzen ethischer Urteilsbildung sowie über Religionen und Weltanschauungen.
>
> (3) Das Fach Lebensgestaltung – Ethik – Religionskunde wird bekenntnisfrei, religiös und weltanschaulich neutral unterrichtet. Die Eltern werden über Ziele, Inhalte und Formen des Unterrichts in Lebensgestaltung – Ethik – Religionskunde rechtzeitig und umfassend informiert. Gegenüber der religiösen oder weltanschaulichen Gebundenheit von Schülerinnen und Schülern ist Offenheit und Toleranz zu wahren.
>
> (4) Das für die Schule zuständige Mitglied der Landesregierung wird ermächtigt, die Ausgestaltung des Faches Lebensgestaltung – Ethik – Religionskunde durch Rechtsverordnung zu regeln. Bezüglich des Stundenvolumens und der Einführung des Faches in den einzelnen Jahrgangsstufen ist rechtzeitig und nach umfassender

10 Ausschußprotokoll 2/360.
11 LT Drucks. 2/2349, S. 33 ff, 237 f.
12 Vgl. LT Drucks. 2/2426.
13 BT Drucks. 13/4073 sowie Sten. Berichte, Plenarprotokoll 13/96, S. 8541 ff, 8569 ff.

> Information das Benehmen mit dem für Schule zuständigen Ausschuß des Landtages herzustellen.

Das Fach LER wird ab Schuljahr 1996/97 schrittweise eingeführt. Die Zuständigkeit zur Befreiung vom Fach LER wurde vom ursprünglich dafür vorgesehenen Schulleiter auf die staatlichen Schulämter verlagert.
Die Verwaltungsvorschriften betreffend die Information der Eltern über Ziele, Inhalte und Formen des Unterrichts in Lebensgestaltung – Ethik – Religionskunde und über die Befreiung vom Unterricht im Fach Lebensgestaltung – Ethik – Religionskunde vom 7. Juni 1996 enthalten folgende hier einschlägige Regelungen:

> »2 (2) Als wichtiger Grund für die Befreiung gilt der Wunsch der Eltern, daß ihr Kind wertorientierten Unterricht zu den Gegenstandsbereichen des Faches Lebensgestaltung – Ethik – Religionskunde nur in Form eines bekenntnisgebundenen Unterrichts erhalten soll. Bei Vollendung des 14. Lebensjahres tritt der eigene Wunsch an die Stelle des Wunsches der Eltern.
> 2 (3) Der Antrag zur Befreiung ist mit Begründung schriftlich über die Schulleitung an das staatliche Schulamt zu stellen, bei neu einsetzendem Unterricht in Lebensgestaltung – Ethik – Religionskunde spätestens vier Wochen nach Schuljahresbeginn und nach erfolgter Elterninformation gemäß Nummer 1, ansonsten in der Regel jeweils zum Schuljahres- oder Halbjahresbeginn.
> 2 (4) Die Befreiung vom Unterricht in Lebensgestaltung – Ethik – Religionskunde wird erteilt, wenn der wichtige Grund gemäß Absatz 2 vorliegt. Wenn die Voraussetzungen für die Befreiung entfallen, besteht für die Schülerin oder den Schüler die Pflicht zur Teilnahme am Unterricht in Lebensgestaltung – Ethik – Religionskunde.
> 3 (1) Für die befreiten Schülerinnen und Schüler soll hinreichender Unterricht oder eine angemessene Förderung gewährleistet werden. Hinreichender Unterricht ist gewährleistet, wenn die Schülerin oder der Schüler an einem von einer Kirche oder einer Religionsgemeinschaft verantworteten Religionsunterricht gemäß § 9 des Brandenburgischen Schulgesetzes teilnimmt.«

## II. *Der Wortlaut des Art. 141 GG und seine Stellung im System des Grundgesetzes*

Die Pflicht des Staates, konfessionellen Religionsunterricht in den öffentlichen Schulen zu gewährleisten, »findet keine Anwendung in einem Lande, in den am 1. Januar 1949 eine andere landesrechtliche Regelung bestand« (Art. 141 GG). Auf diese Regelung beruft sich das Land Brandenburg, indem es auf die Verhältnisse in der ehemaligen Provinz Mark Brandenburg verweist, die am Stichtag ein Teil der Sowjetischen Besatzungszone war.

Art. 141 spricht von einem *Lande*, in dem am 1. Januar 1949 eine andere landesrechtliche Regelung, d.h. eine Regelung galt, die nicht im Einklang mit dem später erlassenen Art. 7 Abs. 3 Satz 1 GG stand. Das Grundgesetz spricht an mehreren Stellen von Land oder Ländern (z.B. Präambel, Art. 23 a.F., Art. 28, Art. 30, Art. 70, Art. 83, Art. 92, Art. 104 a GG). Damit sind immer die den Bundesstaat konstituierenden Teilstaaten gemeint. *Land* ist also ein verfassungsrechtlicher Begriff, der ein staatsrechtliches Rechtssubjekt bezeichnet. Diese im Grundgesetz durchgehaltene Eindeutigkeit der Verwendung der Ausdrücke Land bzw. Länder schließt es aus, Land i.S. des Art. 141 als Gebiet zu begreifen, wie das insbesondere von *Bernhard Schlink* vertreten worden ist.[14]

Die Länder, um die es sich nach Art. 141 GG handeln kann, sind in der Präambel und in Art. 23 Satz 1 GG a.F. aufgezählt. Gemäß Art. 23 Satz 2 GG a.F. konnte nun aber das Grundgesetz in anderen Teilen Deutschlands nach deren Beitritt in Kraft gesetzt werden. Das ist u.a. bezüglich Brandenburg am 3. Oktober 1990 geschehen. Das mit Wirkung vom 3. Oktober 1990 gegründete Land Brandenburg ist aber von vornherein kein möglicher Adressat der Ausnahmeklausel des Art. 141 GG, und zwar aus folgenden Gründen: Eine bis zum heutigen Tag reichende Kontinuität des am 1. Januar 1949 bestehenden Landes »Provinz Mark Brandenburg« ist ausgeschlossen, weil dieses und die anderen Länder der früheren Sowjetischen Besatzungszone und späteren DDR, wenn nicht schon durch die Gesetzgebung der 50er Jahre,[15] so doch ohne Zweifel durch die DDR-Verfassung von 1968, die eine Ländergliederung nicht mehr vorsah, aufgelöst wurden. In dem offiziellen Lehrbuch des Staatsrechts der DDR[16] wird dargelegt, daß »an die Stelle der 5 Länder 14 Bezirke« getreten seien. Es kann kein ernsthafter Zweifel darüber bestehen, daß die – zumindest am westlichen Verfassungsverständnis gemessene – verfassungswidrige gesetzliche Beseitigung der Länder in den 50er Jahren durch die neue Verfassung 1968 »geheilt« worden ist und daß es seit diesem Jahre auch *de jure* keine Länder mehr in der ehemaligen DDR gab.

Ob eine »Wiedergründung« des untergegangenen Landes Provinz Mark Brandenburg unter dem neuen Namen Brandenburg in der Lage gewesen wäre, die Kontinuität zu retten, braucht hier nicht untersucht zu werden, da § 1 Abs. 1 Ländereinführungsgesetz vom 22. Juli 1990 (DDR-GBl. S. 955) das Land Brandenburg und die anderen vier Länder des Beitrittsgebiets »gebildet« hat. Daß es sich um neue Länder handelt, wird durch § 3 Ländereinführungsgesetz bestätigt, der das Ziel eines umfassenden Neubeginns der DDR auf der

14 Vgl. Religionsunterricht in den neuen Ländern, NJW 1992, S. 1008, 1011.

15 Vgl. dazu *Detlef Bayer*, Die Konstituierung der Bundesländer Brandenburg, Mecklenburg-Vorpommern, DVBl. 1991, S. 1014 f; *Michael Frisch*, Die Bremer Klausel und die neuen Bundesländer, DtZ 1992, S. 144, 145.

16 Hrsg. von der Akademie für Staats- und Rechtswissenschaft der DDR, 2. Aufl. 1984, S. 73 f.

Grundlage der Demokratie bezeichnet. Die Länder wurden auf der Grundlage der Bezirksterritorien, die leicht verändert worden sind, ohne jeden rechtlichen Bezug auf die alten Länder gegründet.[17] Davon gehen auch der Einigungsvertrag[18] und die Denkschrift zum Einigungsvertrag[19] aus. Daß von einer Wiedergründung der alten DDR-Länder keine Rede sein konnte, zeigt auch die Verfassunggebung in den neuen Ländern. Nirgendwo ist an die alten Länderverfassungen aus den 40er Jahren angeknüpft worden.[20]
Der Wortlaut des Art. 141 GG und das System, in dem er steht, verlangen also ein Land, das am Stichtag existierte. Ein solches Land ist das 1990 neu gegründete Land Brandenburg nicht. Wörtliche und systematische Auslegung des Art. 141 GG schließen es wie dargelegt aus, mangels Kontinuität des Landes von dem *Gebiet* auszugehen, das für das alte, spätestens 1968 untergegangene Land Provinz Mark Brandenburg und das 1990 neu gegründete Land Brandenburg weitgehend identisch ist.[21]

## III. *Entstehungsgeschichte des Art. 141 GG*

Das Ergebnis der Interpretation nach Wortlaut und System läßt sich durch die Entstehungsgeschichte des Art. 141 GG bestätigen. Diese weist über die

17 Vgl. § 1 Ländereinführungsgesetz sowie Anlage zu diesem Gesetz.
18 Vgl. Anlage II, Kap. II, Sachgebiet A, Abschn. II.
19 BT Drucks. 11/7766, S. 357.
20 Vgl. *Christian Starck*, Die Verfassungen der neuen Länder, HStR IX, 1997, S. 353, 355 f, 258 ff.
21 Dieses hier gefundene Ergebnis der Interpretation des Wortlautes des Art. 141 GG wird u.a. von folgenden Autoren geteilt: *Axel v. Campenhausen*, in: v. Mangoldt/Klein/v. Campenhausen, GG, Bd. 14, 3. Aufl. 1991, Art. 141 Rn. 7; *Hans v. Mangoldt*, Die Entfaltung staatskirchenrechtlicher Elemente im Verfassungsrecht der fünf neuen Bundesländer, in: Puza/ Kustermann (Hrsg.), Die Kirchen und die deutsche Einheit, 1991, S. 55, 64, 79; *Jörg Winter*, Zur Anwendung des Art. 7 III GG in den neuen Ländern der Bundesrepublik Deutschland, NVwZ 1991, S. 753 f; *Michael Frisch*, Die Bremer Klausel und die neuen Bundesländer, DtZ 1992, S. 144 f; *Rupert Scholz, Joseph Listl u. Wolfgang Rüfner*, in: Essener Gespräche, Bd. 26, 1992, S. 15 f, 41 f, 69 f; *Dieter Hömig*, in: Seifert/Hömig (Hrsg.), Grundgesetz für die Bundesrepublik Deutschland, 5. Aufl. 1995, Art. 141 Rn. 2; *Christoph Link*, Religionsunterricht, in: HbdStKirchR Bd. II, 2. Aufl. 1996, S. 443; *Holger Kremser*, Das Verhältnis von Art. 7 Abs. 3 Satz 1 GG und Art. 141 GG im Gebiet der neuen Bundesländer, JZ 1995, S. 928, 929 f; *Stefan Mückl*, Staatskirchenrechtliche Regelungen zum Religionsunterricht, AöR 122 (1997), S. 513, 541 f; *Karl-Hermann Kästner*, Religiöse Bildung und Erziehung in der öffentlichen Schule, in: Essener Gespräche, Bd. 32, 1998, S. 61, 87 f. Anderer Ansicht, stillschweigend Kontinuität voraussetzend oder auf das Gebiet abstellend, sind, *Hermann Weber*, Die rechtliche Stellung der Kirchen im modernen demokratischen Staat, in: ZevKR 1991, S. 253, 268 ff; *Leistikow/Krzyweck*, Der Religionsunterricht in den neuen Bundesländern, RdJB 1991, S. 308 ff; *Schlink*, NJW 1992, S. 1011; *Jarass/Pieroth*, GG, 3. Aufl. 1995, Art. 141 Rn. 1; *Schmitt-Kammler*, in: Sachs, GG, 2. Aufl. 1999, Art. 141 Rn. 9 ff.; *Sighart Lörler*, Verfassungsrechtliche Maßgaben für den Religionsunterricht in Brandenburg, ZfR 1996, S. 121, 123; *Helmut Goerlich*, NVwZ 1998, S. 819 ff.

Motive, die zur Entstehung des jetzigen Art. 141 GG führten, folgendes aus: Auslöser für die Ausnahmeregelung von den allgemeinen Vorschriften über den Status und die Gestaltung des Religionsunterrichts war Art. 32 Abs. 1 der am 21. Oktober 1947 in Kraft getretenen Bremischen Verfassung, wonach die allgemeinbildenden öffentlichen Schulen Gemeinschaftsschulen sind »mit bekenntnismäßig nicht gebundenem Unterricht in Biblischer Geschichte auf allgemein christlicher Grundlage«. Der Abg. Ehlers hat in der 43. Sitzung des Hauptausschusses des Parlamentarischen Rates vom 18. Januar 1949[22] die in die Anfänge des 19. Jahrhunderts zurückreichende Geschichte des Unterrichts in biblischer Geschichte in Bremen auf Grund der besonderen Verhältnisse zwischen den protestantischen Konfessionen dargelegt und gesagt, daß dies der Zustand sei, der 1947 durch die Bremische Verfassung gesichert worden sei, weil er sich bewährt habe. Entsprechendes wurde für Hamburg und Hessen geltend gemacht, was sich später jedoch als nicht zutreffend erweisen sollte. In beiden Ländern war nämlich am 1.1.1949 Religion ordentliches Lehrfach, das in der inhaltlichen Verantwortung der Kirchen stand.[23] Der Hinweis auf Hamburg und Hessen und später auf Berlin war jedoch Veranlassung, die Ausnahmeregelung nicht auf Bremen beschränkt, sondern allgemein zu formulieren. Auf die Länder der Sowjetischen Besatzungszone ist im Zusammenhang dieser Beratungen im Hauptausschuß nur ganz am Rande hingewiesen worden.

Die im Verfahren vor dem Bundesverfassungsgericht angeführten Stellungnahmen aus Beratungen im Umfeld des Parlamentarischen Rates, in denen auf die Länder der »Ostzone« Bezug genommen wird, beweisen nichts für eine Auslegung des Art. 141 GG dahin, daß sich dieser auch auf diese Länder erstreckt. Die im Hinblick auf die genannten westdeutschen Länder für erforderlich gehaltenen Ausnahmen von Art. 7 Abs. 3 Satz 1 GG sind niemals mit Regelungen begründet worden, die dort erst nach Kriegsende eingeführt worden sind. Es ging immer um die Bewahrung einer Tradition, die längere Zeit zurückreicht. Die von Seiten einiger CDU-Abgeordneter während der Beratungen mehrfach zum Ausdruck gebrachte Besorgnis im Hinblick auf die »Ostzone« sollte bewirken, die Klausel ausdrücklich auf Bremen zu beschränken. Die Mitglieder des für die endgültige Redaktion des Art. 141 GG eingesetzten Fünfer-Ausschusses, die über die dort stattgehabten Beratungen berichteten, haben immer nur auf Bremen, Hamburg und Hessen und auf die Berufsschulen in anderen westdeutschen Ländern hingewiesen; die Besorgnisse der CDU bezüglich einer Geltung des Art. 141 GG in der »Ostzone« sind von Abgeordneten der SPD nie bestätigend aufgenommen worden.

22 Sten. Prot., S. 557.

23 Vgl. *Paul Westhoff*, Die Bedeutung der sog. »Bremer Klausel« im Bonner Grundgesetz für die Stellung des Religionsunterrichts in den Ländern der deutschen Bundesrepublik, in: Archiv für katholisches Kirchenrecht 126 (1954), S. 113, 119 f.

Ein Änderungsvorschlag der CDU, durch den Art. 141 GG ausdrücklich auf das Bundesgebiet beschränkt werden sollte, ist im Parlamentarischen Rat nicht beraten worden. Daraus läßt sich nicht schließen, daß der Parlamentarische Rat beabsichtigte, Art. 141 GG auch auf die damaligen Ostzonenländer zu erstrecken. Im Gegenteil, als im Parlamentarischen Rat kurz vor der Verabschiedung des Grundgesetzes noch einmal Argumente gegen Art. 141 GG geltend gemacht worden sind, ist immer nur beklagt worden, daß er sich auf »einen großen Teil des Bundesgebietes« erstrecke.[24] Ähnlich sprach ein Abgeordneter des Zentrums von den Schulen aller »deutschen Länder, auf die dieses Grundgesetz Bezug nimmt«. Auch hier können nur die westdeutschen Länder gemeint sein, die in Art. 23 Satz 1 a.F. GG aufgezählt waren.

Diese in den entscheidenden Protokollen zum Ausdruck kommenden Ansichten relativieren früher ausgedrückte Befürchtungen über eine mögliche Geltung dieser Bestimmung in der »Ostzone« deutlich. Zudem muß berücksichtigt werden, daß diese Äußerungen bezüglich der »Ostzone«, von wenigen Ausnahmen abgesehen, zumeist gar nicht in Protokollen des Hauptausschusses des Parlamentarischen Rates oder des Parlamentarischen Rates selber nachzuweisen sind, sondern in Schriftstücken, die für die Auslegung des Grundgesetzes nur eine relativ geringe Bedeutung haben können, wie die im Bundesarchiv in Koblenz befindlichen Sitzungsprotokolle der CDU/CSU-Fraktion und Berichte von *G. Leisewitz* an das Büro der Ministerpräsidenten der westlichen Besatzungszonen.

Die Heranziehung der Entstehungsgeschichte zur Auslegung einer Norm gehört zu den anerkannten Regeln juristischer Interpretation, die auch für das Verfassungsrecht gelten. Freilich müssen die einzelnen Aussagen richtig gewichtet werden. Wenn im Plenum oder in einem Ausschuß beantragt wird, etwas zu ändern oder eine Ausnahmevorschrift einzuführen, so sind bei Erfolg dieses Antrages die dafür geltend gemachten Motive selbstverständlich von großer Bedeutung. Entsprechendes gilt für Ausschußberichte, in denen (zumeist schriftlich) das Ergebnis der Beratungen mit den wesentlichen Gründen dargelegt wird. Der Bericht beruht bereits auf Objektivierungen, die sich im Laufe der Beratungen ergeben haben. Weniger bedeutsam sind Äußerungen einzelner Abgeordneter, die Hypothesen bilden, etwas zuspitzen, um es besser bekämpfen zu können. Erst wenn solche Äußerungen von der Gegenseite ausdrücklich bestätigt werden, kann ein Konsens über das Gemeinte daraus hergeleitet werden. Von geringer Bedeutung sind Fraktionsprotokolle; ihnen kann nur etwas für die Auslegung entnommen werden, wenn ein Bezug zu Plenar- oder Ausschußberatungen hergestellt werden kann. Berichte von Beobachtern können nur zur Bestärkung von Ergebnissen herangezogen werden, die sich aus der Entstehungsgeschichte selbst ergeben.

24 Abg. Dr. Seebohm, 9. Sitzung des Parl. Rates am 9. 5. 1949.

Daß Art. 141 GG nur auf die Situation der westdeutschen Länder, nicht aber auf die der fünf ostdeutschen Länder bezogen ist, ergibt sich ferner aus der dem Parlamentarischen Rat bekannten Situation der Verfassunggebung und Gesetzgebung in den Ländern der Sowjetischen Besatzungszone. Die Vorschriften über den Religionsunterricht in der Verfassung des Landes Provinz Mark Brandenburg vom 6. Februar 1947 sind nicht in einem demokratischen Gesetzgebungsprozeß entstanden. Es mag sein, daß über einzelne Bestimmungen der Verfassung des Landes Provinz Mark Brandenburg im dortigen Landtag oder in den Beratungen des sogenannten Zentralen Blocks diskutiert werden konnte.[25] Auf diese Diskussionen wirkte aber ein erheblicher Druck der sowjetischen Besatzungsmacht. Da es sich insoweit um ein totalitäres System handelte, kann dieser Druck nicht mit Einflüssen verglichen werden, die die westlichen Besatzungsmächte auf die Verfassunggebung in den westlichen Ländern ausübten. *Gerhard Braas* hat deutlich beschrieben, wie intensiv und vielseitig Druck von Seiten der sowjetischen Besatzungsmacht ausgeübt wurde:[26]

> »Formelle Einsprüche der sowjetischen Behörden gegen die beschlossenen Verfassungen sind nicht bekannt geworden; möglicherweise waren sie nicht notwendig, weil sie bereits im Laufe der Beratungen antizipiert und so vermieden wurden. Zu dieser Vermutung gibt weniger der formal-prozedurale Rahmen der Verfassungsberatungen als vielmehr die generelle Praxis der Landtagsarbeit in ihrem Verhältnis zu den Besatzungsbehörden Anlaß: Die SMA's wurden nicht nur über Diskussionen des Plenums, sondern auch der Ausschüsse regelmäßig unterrichtet; zudem waren Besatzungsoffiziere in der Regel bei den Verhandlungen aller Landtagsgremien anwesend, manchmal sogar in Fraktionssitzungen. Gelegentlich ergriffen sie auch das Wort zu offiziellen Erklärungen vor den Abgeordneten oder signalisierten, daß ein Antrag oder eine Initiative nicht ihre Zustimmung finden würden und verhinderten so deren Plenarberatung. Immer wieder wurden einzelne Abgeordnete zu Gesprächen in die Kommandanturen geladen – Vorgänge, die in den Erinnerungen ehemaliger SBZ-Politiker besonders starkes Gewicht erhielten und vielleicht am ehesten verdeutlichen, wie die sowjetische Kontrolle als Druck und Zwang empfunden wurde.«

Diese Aussagen sind im einzelnen belegt.[27] *Braas* bringt auch einzelne Beispiele für das Verhalten der sowjetischen Behörden in der Zeit der Verfassungsdiskussionen. So wird von der Verhaftung einer LDP-Abgeordneten berichtet, die erst wieder freigelassen worden sei, nachdem sie sich verpflich-

25 *Gerhard Braas*, Die Entstehung der Länderverfassungen in der Sowjetischen Besatzungszone Deutschlands 1946/47, 1987, S. 235 ff.

26 *Braas* (Anm. 25), S. 90 f.

27 Vgl. auch zu den folgenden Beispielen *Braas* (Anm. 25), S. 91, 328, Anm. 7 – 12; siehe auch *A. Zieger/G. Zieger*, Die Verfassungsentwicklung in der Sowjetischen Besatzungszone Deutschlands/DDR von 1945 bis zum Sommer 1952, in: Zieger (Hrsg.), Schriften zur Rechtslage Deutschlands, 1990, S. 106; *Kremser* (Anm. 21), S. 931 f.

tet habe, in die SED-Fraktion einzutreten. In ihren Begrüßungsansprachen hätten die sowjetischen Offiziere die Abgeordneten vor »reaktionären Bestrebungen« gewarnt und aufgefordert, »auf der Seite der wahren Demokratie« zu stehen. In Thüringen habe die CDU den Einfluß der Besatzungsbehörden als Druck empfunden, woraufhin sie sich bereit fand, die Landesverfassung entgegen der Haltung der zentralen Parteiführung und der Vereinbarungen im Zentralen Block vorzeitig zu verabschieden. Insbesondere auf die bürgerlichen Parteien hätten die sowjetischen Instanzen massiven Einfluß zu nehmen versucht. Dies passe ins Bild, das insbesondere die DDR-Geschichtsschreibung von der generell engen Kooperation zwischen SED und der Besatzungsmacht gezeichnet habe.

Diese Vorgänge, die sich auf die übrige Gesetzgebung in den unter sowjetischer Besatzung stehenden Länder erstreckten, waren, wenn auch nicht in allen Einzelheiten, so doch allgemein den Mitgliedern des Parlamentarischen Rates bekannt.[28] Auch aus diesem Grunde erscheint es ausgeschlossen, daß der Art. 141 GG so aufgefaßt worden ist, daß er sich auch auf die Verfassung- und Gesetzgebung der Länder in der Sowjetischen Besatzungszone erstrecken könnte. Die religionsfeindlichen Maßnahmen des kommunistischen Systems haben nicht erst mit der Gründung der DDR begonnen.

Während der Schlußberatungen im Plenum des Parlamentarischen Rates hat der Abg. v. Brentano in seinem schriftlichen Bericht Überlegungen angestellt[29], die insbesondere *Schlink*[30] dazu benutzt, *Land* i.S. des Art. 141 GG als Gebiet zu interpretieren. Worum ging es dem Abg. v. Brentano? Er wollte im Hinblick auf mögliche Gebietsreformen im Rahmen der Neugliederung des Bundesgebietes nach Art. 29 GG den Fall unter Art. 141 GG fassen, daß ein Land mit einer dem Art. 7 Abs. 3 Satz 1 GG widersprechenden Tradition mit einem anderen Land fusioniert wird. In solch einem Fall sollte dem Sinn des Art. 141 GG entsprechend die Ausnahme des Art. 141 nur für das Gebiet des ehemaligen Landes gelten, in dem die Voraussetzungen am 1. Januar 1949 vorlagen. Das ergibt sich daraus, daß das durch Fusion neu entstandene Land Funktionsnachfolger der in ihm aufgegangenen alten Länder ist. Die »andere landesrechtliche Regelung« i.S. von Art. 141 GG bezieht sich demnach nur auf das Gebiet des eingegliederten, vormals selbständigen Landes. Wäre das Land Bremen irgendwann in das Land Niedersachsen eingegliedert worden, so hätte Art. 141 GG für das Gebiet des ehemaligen Landes Bremen weiterhin Geltung. Mit dieser Lage ist der Untergang der Länder der ehemaligen DDR nicht zu vergleichen.

28 Der Abg. Kaiser machte warnend Besorgnis geltend, »die wir um die Ostzone haben« (51. Sitzung des Hauptausschusses des Parl. Rates, Sten. Prot., S. 684).
29 Parl. Rat, Schriftl. Bericht, Drucks. 850, 854, S. 77 f.
30 NJW 1992, S. 1011.

## IV. *Sinn und Zweck der Ausnahmeklausel des Art. 141 GG*

Die Darstellung der Entstehungsgeschichte des Art. 141 GG zeigt deutlich dessen Sinn und Zweck. Es sollte eine historisch bewährte Sonderform christlicher Erziehung gesichert werden. Der Abg. Heuss erklärte in diesem Sinne:[31] »Wir wollen in dieser Richtung den föderativen Anspruch der Gestaltung des Schulwesens in seiner geschichtlichen Entwicklung akzeptieren. Soweit Bremen in Frage kommt, handelt es sich nicht lediglich um die verfassungsrechtliche Formulierung, sondern Bremen hat – geistesgeschichtlich sehr interessant – eine für sich geschaffene Tradition.« Über den bremischen Ausgangsfall hinaus ist jedoch Art. 141 GG allgemein formuliert, so daß auch Länder darunterfallen, die erst nach dem 2. Weltkrieg bis zum 1.1.1949 ein anderes als das herkömmliche deutsche Regime des Religionsunterrichts (vgl. dazu Art. 149 Abs. 1 WRV: ordentliches Lehrfach und Erteilung in Übereinstimmung mit den Grundsätzen der betr. Religionsgemeinschaft) eingeführt haben. Damit wurde Rücksicht auf die Länder genommen, die die Gesetzgebungszuständigkeit für Schul- und Religionsrecht haben.
Man kann den Sinn der Ausnahmevorschrift des Art. 141 GG, durch die das Grundgesetz unter den genannten Voraussetzungen »Toleranz« gewährt, nur verstehen, wenn man sich den historisch tief verankerten Sinn und Zweck des Art. 7 Abs. 3 Satz 1 GG und seiner Vorgängernorm in der Weimarer Reichsverfassung vor Augen hält. Art. 7 Abs. 3 Satz 1 GG hat entwicklungsgeschichtlich zwei Voraussetzungen:

- Die Trennung von Staat und Kirche und von weltlichen und geistlichen Angelegenheiten, die in Deutschland erst nach dem 1. Weltkrieg zum Abschluß kam.
- Die staatliche Schule als Regel; das deutsche Schulsystem ist, anders als das der romanischen Länder, nicht von konfessionellen Privatschulen beherrscht.

Mit Art. 7 GG ist ein bundesverfassungsrechtlicher Rahmen für die Schulgesetzgebung der Länder geschaffen worden. Dies ist kein Eingriff in eine »kulturverfassungsrechtliche Neutralität« eines »vorgrundgesetzlichen« Föderalismus, sondern die verfassungsrechtliche Ausprägung bundesstaatlicher Kompetenzverteilung, die im übrigen, auch was die Vorschriften über die Beziehungen zwischen Staat und Kirchen anbelangt, durch Art. 140 GG die Weimarer Verfassungsrechtslage widerspiegelt. Man mag diese Ausprägung

31 51. Sitzung des Hauptausschusses des Parlamentarischen Rates am 10. Februar 1949 (Sten. Prot., S. 683).

des bundesstaatlichen Systems verfassungspolitisch begrüßen oder nicht, jedenfalls kann dies keinen Einfluß auf die Verfassungsinterpretation haben. Art. 7 GG und Art. 140 GG bewirken, daß das Grundgesetz kulturverfassungsrechtlich nicht neutral und insbesondere nicht laizistisch ist. Damit wird im Bundesgebiet ein gewisses Maß an Einheitlichkeit garantiert, die nicht nur Länderkompetenzen beschränkt, sondern auch Garantiefunktion zugunsten der Bürger hat. Art. 141 GG wäre daher nicht richtig begriffen, wenn man ihn dahin gehend auslegen würde, daß er die kulturverfassungsrechtliche Neutralität des Grundgesetzes wiederherstellt, also gewissermaßen Art. 141 GG die Regel und Art. 7 Abs. 3 Satz 1 GG die Ausnahme ist, die möglichst eng ausgelegt werden muß. Die Vorstellung vom Regelcharakter des Art. 141 GG beruht auf einem laizistischen Mißverständnis des Grundgesetzes. Wenn davon die Rede ist, daß der Staat den Religionsgesellschaften als gesellschaftlichen Kräften Zugang zur Schule verschafft habe und damit der Trennungsgrundsatz durchbrochen werde, geht das an dem Sinn der Garantie konfessionellen Religionsunterrichts als ordentliches Lehrfach in staatlichen Schulen vorbei, und zwar aus folgenden Gründen

Da es in der staatlichen Schule um die Erziehung der ganzen Persönlichkeit des Kindes geht und da die staatliche Schule deshalb die weltlichen Angelegenheiten überschreiten muß, ist eine Regelung über den Religionsunterricht *in* der Schule getroffen worden. Diese Regelung muß einerseits die religiöse Neutralität des Staates sicherstellen und andererseits vermeiden, daß daraus die Folgerung gezogen wird, in der staatlichen Schule dürfe kein Religionsunterricht stattfinden. Denn das Angebot konfessionell gebundenen Religionsunterrichts als ordentliches Lehrfach gehört zur Schule, die die ganze Persönlichkeit des Kindes heranbilden und fördern soll, und zwar ganz besonders in einem Land wie Deutschland, in dem es herkömmlich kein von den Kirchen getragenes, quantitativ beachtliches konfessionelles Schulsystem gibt. In der staatlichen Schule soll sich nicht der religiös neutrale Staat verwirklichen, indem er den Schülern ein laizistisches und a-religiöses Weltbild vermittelt. Sinn und Zweck der Schule werden von den Bedürfnissen und Ansprüchen der Kinder und ihrer Eltern (Art. 6 Abs. 2 GG) bestimmt, soweit diese im Zusammenhang der schulischen Wissensvermittlung auch religiöse Orientierung verlangen. Die Lösung dieses Problems ist in Art. 149 Abs. 1 WRV, dem Art. 7 Abs. 3 Satz 1 GG folgt, dahin getroffen worden, daß der Staat die äußere Verantwortung dafür trägt, daß in der Schule konfessionell geprägter Religionsunterricht als ordentliches Lehrfach angeboten wird, für den die Kirchen die inhaltliche Verantwortung tragen.[32] Damit anerkennt der Staat einerseits das Bedürfnis nach konfessionell geprägtem Religionsunterricht, wahrt aber andererseits sowohl seine religiös-weltanschauliche Neutra-

32 Grundlegend BVerfGE 74, 244, 252 f m.w.N.

lität als auch die Freiheit derjenigen, die keinen konfessionellen Religionsunterricht wünschen (Art. 7 Abs. 2 GG) bzw. erteilen möchten (Art. 7 Abs. 3 Satz 3 GG).
Aus dieser Konzeption des Religionsunterrichts an staatlichen Schulen erhellt der Ausnahmecharakter der »Toleranzbestimmung« des Art. 141 GG, der in einer bestimmten historischen Situation mit Stichtagregelung Ausnahmen von der historisch und anthropologisch tief verankerten Konzeption des Religionsunterrichts in Art. 7 Abs. 3 Satz 1 GG zuläßt. Diese Toleranz kann sich nur auf Länder erstrecken, die am Stichtag auf Grund von Herkommen oder auf Grund freier demokratischer Entscheidung eine abweichende Konzeption des Religionsunterrichts hatten.
Vor dem Hintergrund von Sinn und Zweck des Grundgesetzartikels über Religionsunterricht in der Schule und des Toleranzdispenses des Art. 141 GG ist es unvorstellbar, diesen auf Brandenburg anzuwenden, wo eine weltanschaulich atheistisch ausgerichtete kommunistische Diktatur die von der gemeindeutschen Tradition abweichenden Bestimmungen über den Religionsunterricht erlassen hat. In Brandenburg gelten seit 1919 die Grundsätze über den Religionsunterricht, wie sie in Art. 149 WRV niedergelegt und in den Art. 21, 22 des Reichskonkordats vom 20. Juli 1933 (RGBl. II, S. 679) bestärkt waren. Erst im Laufe der nationalsozialistischen Diktatur geriet der Religionsunterricht in Bedrängnis,[33] die unmittelbar nach Kriegsende von der neuen Diktatur fortgesetzt wurde. Damit liegt weder eine Tradition noch eine rechtliche Regelung vor, denen gegenüber das Grundgesetz in Art. 141 Toleranz gewähren wollte.

## V. *Bedeutung des Einigungsvertrages für den Religionsunterricht*

Die bisherigen Darlegungen haben ergeben, daß die anerkannten Interpretationsregeln keine Anhaltspunkte für eine Anwendung des Art. 141 GG auf das Land Brandenburg liefern.
Das Problem des Religionsunterrichts ist während der Verhandlungen über den Einigungsvertrag bekannt gewesen. Der Erzbischof von Paderborn ist mit Schreiben vom 30. Juli 1990 an den damaligen Bundesinnenminister Dr. Schäuble herangetreten, der die Verhandlungen auf westlicher Seite führte. Die katholische Kirche wollte die Anwendung des Art. 7 Abs. 3 Satz 1 GG in den beitretenden neuen Ländern sichergestellt sehen. Da der Bundesinnenminister in seinem Antwortschreiben vom 5. September 1990 die Anwendbar-

33 Vgl. *Reinhard Schmoeckel*, Der Religionsunterricht, 1964, S. 18 f m.w.N.

keit des Art. 141 GG auf die neuen Länder für ausgeschlossen hielt, wurde die Sache nicht weiterbehandelt.[34] Der entscheidende Passus des Antwortbriefes lautet:

»Stillschweigende Voraussetzung des Artikel 141 GG ist wohl, daß ein Land, dessen Recht Art. 7 Abs. 3 Satz 1 GG durchbrechen soll, in dem Zeitraum zwischen dem Erlaß der fraglichen Norm (vor dem 1. Januar 1949) und dem Inkrafttreten des Grundgesetzes innerhalb seines Territoriums ununterbrochen als Rechtssubjekt existiert haben muß. Diese Voraussetzung erfüllen die Länder Brandenburg, ... aber gerade nicht, da sie durch die Entwicklung der Deutschen Demokratischen Republik zum sozialistischen Zentralstaat und die damit verbundene Zerschlagung sämtlicher Länderstrukturen faktisch und deshalb auch rechtlich untergegangen, nunmehr mithin gänzlich neu zu gründen sind. Daher erscheint es mir nicht erfolgversprechend, daß sich die in Rede stehenden Länder für länderrechtliche Ausnahmeregelungen i.S. des Art. 141 GG auf die Landesverfassungen aus den Jahren 1946 und 1947 berufen können. Ich sehe keine Notwendigkeit, die Frage der grundrechtlichen Verbürgung des Religionsunterrichts in diesen Ländern gegenüber den Vertretern der Regierung der Deutschen Demokratischen Republik zum Gegenstand besonderer Verhandlungen zu machen.«

Der Erzbischof von Berlin verfolgte mit Schreiben vom 31. Juli 1990 an den Ministerpräsidenten der DDR, Lothar de Maizière, dasselbe Ziel wie der Erzbischof von Paderborn. Der Bund der Evangelischen Kirchen in der DDR wandte sich mit entgegengesetztem Ziel am 30. Juli 1990 an den Ministerpräsidenten de Maizière und schrieb:

»Der Bund der Evangelischen Kirchen in der DDR sieht es als erforderlich an, in den Verhandlungen mit der Bundesregierung zu Festlegungen zu kommen, daß die Regelung des Religionsunterrichts den künftigen Ländern und den Kirchen überlassen bleibt. Art. 7 Abs. 3 des Grundgesetzes der Bundesrepublik Deutschland kann deshalb für die Länder in der DDR nicht zur Anwendung kommen. Er müßte für diesen Bereich ausgesetzt werden.«

Nach Eingang dieser Schreiben fand im Ministerium für Bildung und Wissenschaft ein Grundsatzgespräch über Fragen des Religionsunterrichts an Schulen am 31. August 1990 in Gegenwart des Ministers Professor Dr. Meyer statt, an dem der Vorsitzende der Berliner Bischofskonferenz, Bischof Sterzinsky, der Vorsitzende der Konferenz der Evangelischen Kirchenleitungen, Bischof Dr. Demke, und der Vertreter der Arbeitsgemeinschaft christlicher Kirchen, Präsident Schmidt, teilnahmen. In der Presserklärung nach diesem Gespräch vom 5. September 1990 heißt es:

34 Vgl. *Leistikow/Krzyweck* (Anm. 21), S. 308, 309.

> »Das Gespräch ging von der Tatsache aus, daß nach dem Beitritt der DDR zum Geltungsbereich des Grundgesetzes das Recht auf Religionsunterricht an öffentlichen Schulen gemäß Art. 7.3 gewährleistet ist.«

Weder der Ministerpräsident noch die Verhandlungsdelegation der DDR hat sich die Ansicht des Bundes der Evangelischen Kirchen zu eigen gemacht oder auch nur dieses Anliegen in den Verhandlungen zur Sprache gebracht. Folglich enthält der Einigungsvertrag auch keine Regelung über den Religionsunterricht. D.h., daß wegen der Nichtanwendbarkeit des Art. 141 die allgemeine Regel des Art. 7 Abs. 3 GG gilt.

## VI. *Verfassungswandel angesichts der konfessionellen Verhältnisse in Brandenburg?*

Verfassungen sind auf die gesellschaftliche Wirklichkeit bezogen. Institute wie der konfessionelle Religionsunterricht als ordentliches Lehrfach werden garantiert, weil die Menschen Religionsgemeinschaften angehören und das Bedürfnis haben, ihre Kinder im Sinne der Lehren der Religionsgemeinschaften zu erziehen. Hinzu kommt, daß es dem religiös und weltanschaulich neutralen Staat verwehrt ist, den Religionsunterricht oder einen ähnlichen weltanschaulichen Unterricht selbst inhaltlich zu verantworten. In Brandenburg gehört nur noch knapp ein Drittel der Bevölkerung christlichen Religionsgemeinschaften an. Insoweit hat die atheistische und kirchenfeindliche Politik der SED-Diktatur beachtlichen Erfolg gehabt. Ist deshalb Art. 7 Abs. 3 Satz 1 GG in den neuen Ländern, insbesondere in Brandenburg, unanwendbar oder außer Geltung? Können Fakten die Geltung oder die Anwendbarkeit von Verfassungsnormen des Bundes allgemein oder in bestimmten Ländern ausschließen?

Wenn es überhaupt keine Kirchenangehörigen mehr gibt, dann wird es auch keine Kirchen mehr geben. Religionsunterricht als ordentliches Lehrfach in Verantwortung der Kirchen kann dann nicht mehr stattfinden. Auch ist vorstellbar, daß die übrig gebliebene geringe Zahl von Kirchenangehörigen keinen Wert auf konfessionellen Religionsunterricht in der staatlichen Schule legt und ihre Kinder vom Religionsunterricht abmeldet. Der allgemein fortgeltende Art. 7 Abs. 3 Satz 1 GG könnte dann mangels tatsächlichen Substrats in solch einem Land nicht mehr Anwendung finden; er könnte allenfalls in seiner normativen Bedeutung wieder aufleben, wenn die Menschen wieder der Kirche beitreten und sie dadurch wiederbeleben bzw. wieder konfessionellen Religionsunterricht in der Schule wünschen.

Die Situation in Brandenburg ist eine andere. Es gibt weiter Kirchenangehörige und Kinder, die Religionsunterricht erhalten sollen, wie die dem Bundesverfassungsgericht seit 1996 vorliegenden Verfassungsbeschwerden von Eltern gegen die Vorschriften des Brandenburgischen Schulgesetzes über Religionsunterricht zeigen. Auch wollen die Kirchen Religionsunterricht als ordentliches Lehrfach veranstalten, wie ihre Verfassungsbeschwerden aus dem gleichen Jahr zum Ausdruck bringen. Art. 7 Abs. 3 Satz 1 GG kann also im Lande Brandenburg Anwendung finden.
Die Vorstellung vom Verfassungswandel[35] bezieht sich auf die Geltung von Verfassungsnormen. Entweder ändert sich danach der Inhalt der Norm[36] – es gilt dann etwas anderes – oder die Geltung der Norm entfällt ganz. Im vorliegenden Fall ist schlecht vorstellbar, daß eine Norm, die noch anwendbar ist, ja, um deren Anwendung vor dem Verfassungsgericht gekämpft wird, nicht mehr gelten soll, weil deren Geltung davon abhängig sein soll, wie hoch der Prozentsatz derjenigen ist, die die durch die Verfassungsnorm geschützte Institution in Anspruch nehmen wollen. Mit Rücksicht darauf, daß niemand gezwungen ist, am Religionsunterricht teilzunehmen (Art. 7 Abs. 2 GG) oder diesen zu erteilen (Art. 7 Abs. 3 Satz 3 GG), kann die Geltung des Art. 7 Abs. 3 Satz 1 und 2 GG auch unter brandenburgischen Verhältnissen nicht in Frage stehen. Die Verfassungsinterpretation ist, wie dargelegt, eindeutig; eine Änderung des Art. 7 Abs. 3 Satz 1 GG oder eine Erstreckung des Art. 141 GG auf die neuen Länder hat im Rahmen des Einigungsvertrages nicht stattgefunden. Für einen Verfassungswandel bleibt kein Raum, weil Sinn und Zweck des Art. 7 Abs. 3 Satz 1 GG auch auf die Verhältnisse in Brandenburg passen. So gibt es Möglichkeiten, den Art. 7 Abs. 3 GG gesetzlich umzusetzen, die den brandenburgischen konfessionellen Verhältnissen gerecht werden, wie die für die Länder Mecklenburg-Vorpommern, Sachsen, Sachsen-Anhalt und Thüringen gefundenen Lösungen zeigen,[37] in denen ähnliche konfessionelle Verhältnisse obwalten wie in Brandenburg. Es würde dem Art. 7 Abs. 3 GG genügen, wenn – wie in den genannten Ländern – konfessioneller Religionsunterricht als ordentliches Lehrfach *neben* einem allgemeinen inhaltlich vom Staat verantworteten Werte vermittelnden Ethikunterricht angeboten wird,[38]

35 Zum Begriff vgl. *Peter Badura*, Verfassungsänderung, Verfassungswandel, Verfassungsgewohnheitsrecht, in: HStR VII, 1992, § 160 Rn. 13.

36 *Goerlich*, NVwZ 1998, S. 819, 821: »Die Veränderung der gesellschaftlichen Verhältnisse bewirkt eine Verpflichtung zu einer anderen als der bisher gängigen Deutung des Art. 141 GG. Zwar ist kein Bedeutungswandel eingetreten, aber eine andere Deutung des Art. 141 GG ist zwingend veranlaßt.« Hier wird offenbar ein Verfassungswandel angenommen, dieser aber durch die Unterscheidung von Bedeutungswandel, der nicht eingetreten sei, und anderer Deutung, die zwingend veranlaßt sei, sprachlich zu verbergen versucht.

37 Vgl. *Kremser* (Anm. 21), S. 933.

38 So ausdrücklich verfassungsrechtlich vorgesehen in Art.105 Abs. 1 SV, Art. 27 Abs. 3 SAV, Art. 25 Abs. 1 ThV. Eine entsprechende gesetzliche Regelung gilt in Mecklenburg-Vorpommern.

so daß die Eltern bzw. Schüler zwischen diesen Angeboten wählen können. Bedenkt man, daß nach § 9 des Brandenburgischen Schulgesetzes die Kirchen das Recht haben, den Religionsunterricht in den Räumen der Schule zu erteilen, fehlt im Grunde nur der von Art. 7 Abs. 3 GG geforderte Status des Religionsunterrichts als ordentliches Lehrfach und damit sein Regelcharakter, der alternativ zum staatlich veranstalteten und inhaltlich verantworteten LER-Unterricht[39] hergestellt werden müßte. Damit entfiele auch die mit Art. 7 Abs. 3 GG nicht vereinbare diskriminierende Abmeldungsprozedur für diejenigen, die anstelle des LER-Unterrichts konfessionellen Religionsunterricht wünschen.

39 Soweit dieser nicht verkappter Weltanschauungsunterricht ist, den zu veranstalten dem Staat untersagt ist. Vgl. die einleitenden Bemerkungen zu diesem Kapitel.

4. Kapitel

# Verfassungsrechtliche Probleme der deutschen Abtreibungsgesetzgebung*

## I. *Die verfassungsrechtlichen Vorgaben*

### 1. *Verfassung als Rahmen*

In seinem Zweiten Abtreibungsurteil vom 28. Mai 1993[1] hält das Bundesverfassungsgericht das vom Gesetzgeber nach der Wiedervereinigung[2] neu geschaffene Beratungs- und Fristenmodell[3] als solches im Prinzip für verfassungsmäßig, obwohl das Modell zum Verzicht auf eine strafrechtliche Sanktion nicht therapeutisch indizierter Schwangerschaftsabbrüche führt. Die mit diesem Modell praktisch verbundene Letztverantwortung der schwangeren Frau akzeptiert das Bundesverfassungsgericht also, allerdings unter strengen Vorgaben bezüglich der Ernsthaftigkeit des Beratungsverfahrens.
Die vom Bundesverfassungsgericht formulierten Vorgaben für eine Neuregelung im Rahmen des Beratungs- und Fristenmodells müssen als Mindestanforderungen für den Schutz des ungeborenen menschlichen Lebens betrachtet werden, die nicht unterschritten werden dürfen. Da nämlich das Bundesverfassungsgericht vom Gesetzgeber keine optimalen Lösungen fordern, sondern nur kontrollieren darf, ob der Rahmen der Verfassung eingehalten ist – was in der Abtreibungsgesetzgebung Mindestschutz für das ungeborene menschliche Leben bedeutet –, sind diese den Mindestschutz kennzeichnenden Vorgaben hartes, nicht zu unterschreitendes Verfassungsrecht für jedes Beratungs- und Fristenmodell. Das heißt, der Gesetzgeber darf zwar mehr schützen, aber nicht weniger. Soweit der Gesetzgeber Mindestforderungen des Bundesverfassungsgerichts, die insbesondere in den Vollstreckungsanordnungen gemäß § 35 BVerfGG sichtbar werden,[4] nicht ausdrücklich nachgekommen ist, ist zu

* Wiederabdruck aus: Festschrift für Hartmut Schiedermair, 2001, S. 377 – 389.

1 BVerfGE 88, 203 – 337. Die in Klammern hinzugefügten Seitenzahlen beziehen sich auf diesen Urteisabdruck.

2 Die Gesetzgebung war wegen der zeitlich begrenzten Weitergeltung der Schwangerschaftsgesetzgebung der DDR (Kap. III Sachgebiet C Abschnitt I Nr. 4 der Anlage II zum EV) notwendig geworden (Art. 143 Abs. 1 GG).

3 Vgl. Schwangeren- und Familienhilfegesetz v. 27. Juli 1992 (BGBl. I S. 1398).

4 BVerfGE 88, 203, 209 – 213.

prüfen, ob er andere mindestens gleichwertig schützende Regelungen erlassen hat.

## 2. *Grundsätze über die staatliche Pflicht, menschliches Leben zu schützen*

Die verfassungsrechtlichen Grundlagen der Abtreibungsgesetzgebung werden im Zweiten Abtreibungsurteil[5] zusammengefaßt so umschrieben[6]: Das Grundgesetz verpflichte den Staat, menschliches Leben, wozu auch das ungeborene Leben gehöre, zu schützen. Nicht nur unmittelbare staatliche Eingriffe in das ungeborene Leben seien untersagt; vielmehr müsse sich der Staat auch schützend und fördernd vor dieses Leben stellen und es vor rechtswidrigen Angriffen von seiten anderer bewahren (Art. 1 Abs. 1 und Art. 2 Abs. 2 Satz 1 GG). Auch dem ungeborenen menschlichen Leben komme Menschenwürde zu (S. 251). Die verfassungsrechtliche Garantie der Menschenwürde ist also nicht abhängig von der aktuellen Fähigkeit zum geistig-seelischen Werterlebnis, von einem reflektierten Überlebensinteresse, von der Eigenschaft, Person zu sein mit Ich- und Selbstbewußtsein. Damit ist jeder Versuch zurückgewiesen, menschlichem Leben Würde erst von einer bestimmten Entwicklungsstufe an zuzuerkennen, die die parlamentarische Mehrheit festlegt. Angesichts des Zieles der Menschenwürdegarantie kann es nicht das Amt des Menschen und damit auch nicht des Gesetzes sein, Würde per definitionem zu versagen.[7]

Vor dem Hintergrund dieses dem Ungeborenen schon aufgrund seiner Existenz zustehenden Würdeschutzes und Lebensrechtes (S. 252) und der darauf bezogenen Schutzpflicht sei der Staat auch zum Schutz des Ungeborenen gegenüber seiner eigenen Mutter verpflichtet (S. 252 f.). Dieser Pflicht könne nur durch ein *grundsätzliches Verbot des Schwangerschaftsabbruchs* und die *grundsätzliche Pflicht der Mutter zum Austragen des Kindes* Genüge getan werden (S. 253). In diesem Zusammenhang sei die Strafandrohung ob ihrer präventiven und repressiven Wirkung sowie wegen ihrer auf das Rechtsbewußtsein der Bevölkerung einwirkenden Kraft von besonderer Bedeutung (S. 253).

Bei der Bestimmung von Art und Umfang des Schutzes seien die Schutzbedürftigkeit des ungeborenen Lebens einerseits und die mit ihm kollidierenden Rechtsgüter andererseits zu berücksichtigen. Dazu zählten – ausgehend vom Anspruch der schwangeren Frau auf Schutz und Achtung ihrer Menschen-

5 Dieses knüpft an das erste Abtreibungsurteil vom 25. Februar 1975 (BVerfGE 39, 1 – 68) an.
6 BVerfGE 88, 203, 251 ff.; im folgenden werden die Nachweise im Text in Klammern beigefügt.
7 *Christian Starck*, in: v. Mangoldt/Klein/Starck, Bonner Grundgesetz, 4. Aufl. 1999, Bd. I, Art. 1 Rdnr. 17, in der 5. Aufl. 2005, Rdnr. 18.

würde (Art. 1 Abs. 1 GG) – vor allem ihr Recht auf Leben und körperliche Unversehrtheit (Art. 2 Abs. 2 GG) sowie ihr Persönlichkeitsrecht (Art. 2 Abs. 1 GG) (S. 254), nicht aber ihr Recht auf freie Gewissensentscheidung gemäß Art. 4 Abs. 1 GG, da die Entscheidung zum Schwangerschaftsabbruch nicht durch dieses Grundrecht geschützt sei (S. 308).[8] Art und Umfang des Schutzes müsse der Gesetzgeber bestimmen, wobei er das *Untermaßverbot* zu beachten habe. Dieses verpflichte ihn dazu, Vorkehrungen zu treffen, die für einen *angemessenen und wirksamen Schutz ausreichend* seien und zudem auf sorgfältigen Tatsachenermittlungen und vertretbaren Einschätzungen beruhten (S. 254). Die Intensität des zu gewährenden Schutzes sei dabei unabhängig vom Alter der Schwangerschaft, so daß zeitliche Abstufungen des Lebensrechtes und seines Schutzes ausgeschlossen seien (S. 254, 267).

### 3. *Elf Folgerungen für die Regelung des Schwangerschaftsabbruchs*

Aus diesen verfassungsrechtlichen Grundsätzen über die staatliche Pflicht, ungeborenes menschliches Leben wirksam zu schützen, werden in dem Urteil elf Folgerungen für die Regelung des Schwangerschaftsabbruchs gezogen, die hier noch einmal zusammengestellt werden, um die Maßstäbe für die Gesetzgebung deutlich in Erinnerung zu rufen.

(1) Der Schwangerschaftsabbruch müsse für die gesamte Dauer der Schwangerschaft grundsätzlich als Unrecht angesehen werden und demgemäß rechtlich verboten sein (S. 255).

(2) Die Grundrechtspositionen der Frau änderten nichts an ihrer grundsätzlichen Pflicht zum Austragen des Kindes, führten allerdings dazu, daß es in Ausnahmelagen zulässig, in manchen dieser Fälle womöglich geboten sei, eine solche Rechtspflicht nicht aufzuerlegen. Das Gericht erwähnt hier eine ernste Gefahr für das Leben der Mutter oder eine schwerwiegende Beeinträchtigung ihrer Gesundheit, d. h. die sog. medizinische Indikation (S. 256 f).

(3) Das Kriterium für die Anerkennung solcher Ausnahmelagen sei das der Unzumutbarkeit (S. 256); Unzumutbarkeit könne nicht aus Umständen herrühren, die im Rahmen der Normalsituation einer Schwangerschaft verblieben, sondern setze Belastungen voraus, die ein solches Maß an Aufopferung eigener Lebenswerte verlangten, das von der Frau nicht erwartet werden könne (S. 257).

(4) Als Ausnahmetatbestände vor der Verfassung Bestand haben könnten insofern über die bereits erwähnte medizinische Indikation hinaus die kriminologische (= ethische) und – ihre hinreichend genaue Umgrenzung vorausge-

8 Zum Problem vgl. *Christian Starck*, Abtreibung auf Grund Gewissensentscheidung? JZ 1993, S. 31 f.

setzt – die embryopathische (= eugenische) Indikation. Für andere Notlagen gelte dies nur dann, wenn die Kongruenz mit den genannten Indikationsfällen gewahrt bleibe (S. 257, 299).

(5) Auch im Falle einer Ausnahme im vorstehenden Sinne sei die Schutzpflicht des Staates insofern von Bedeutung, als der Staat der Schwangeren durch Rat und Hilfe beizustehen habe, wodurch er sie gegebenenfalls zum Austragen des Kindes bewegen könne (S. 257).

(6) Das Untermaßverbot lasse es im Hinblick auf den Schutz des menschlichen Lebens vor seiner Tötung nicht zu, »auf den Einsatz auch des Strafrechts und die davon ausgehende Schutzwirkung frei zu verzichten« (S. 257). Nur sofern wegen verfassungsrechtlich ausreichender Schutzmaßnahmen anderer Art von einer Strafdrohung für nicht gerechtfertigte Schwangerschaftsabbrüche in begrenztem Umfang abgesehen werden dürfe, könne es auch genügen, das Verbot für diese Fallgruppe auf andere Weise in der Rechtsordnung unterhalb der Verfassung klar zum Ausdruck zu bringen (S. 258).

(7) Die Schutzpflicht gegenüber dem ungeborenen Leben verpflichte auch im Hinblick auf Art. 6 Abs. 1 und 4 GG die staatliche Gewalt, Problemen und Schwierigkeiten nachzugehen, die der Mutter während und nach der Schwangerschaft erwachsen könnten. Auch bestehe eine Pflicht des Gesetzgebers zu weiteren Maßnahmen präventiven Lebensschutzes (S. 258 ff).

(8) Kraft des Schutzauftrages sei der Staat auch verpflichtet, den rechtlichen Schutzanspruch des ungeborenen Lebens im allgemeinen Bewußtsein zu erhalten und zu beleben. Deshalb müßten die Organe des Staates in Bund und Ländern erkennbar für den Schutz des Lebens eintreten (S. 261).

(9) Um seiner Schutzpflicht in den genannten Beziehungen zu genügen, müsse der Staat ein Schutzkonzept entwickeln, das Maßnahmen normativer und tatsächlicher Art und Elemente des präventiven wie des repressiven Schutzes miteinander verbinde und dadurch einen angemessenen und wirksamen Schutz gewährleiste (S. 261).

(10) Der Gesetzgeber könne entscheiden, wie er das grundsätzliche Verbot des Schwangerschaftsabbruchs in den verschiedenen Bereichen der Rechtsordnung zur Wirkung bringe. Jedenfalls dürfe das Schutzkonzept nicht in eine zeitlich begrenzte rechtliche Freigabe des Schwangerschaftsabbruchs übergehen oder als solche wirken (S. 261 f).

(11) Bei der Wahl und Ausgestaltung des Schutzkonzeptes seien Einschätzungen und Prognosen des Gesetzgebers erforderlich. Diesbezüglich komme ihm ein Einschätzungs-, Wertungs- und Gestaltungsspielraum zu, was dazu führe, daß das Bundesverfassungsgericht die entsprechenden Entscheidungen des Gesetzgebers nur eingeschränkt überprüfe. In jedem Falle werde aber überprüft, ob der Gesetzgeber seinen Einschätzungsspielraum in vertretbarer Weise gehandhabt habe (S. 262).

## 4. *Grenzen des Gestaltungsspielraums bei der Beratungslösung*

Dem Gesetzgeber ist es nach dem Urteil des Bundesverfassungsgerichts verfassungsrechtlich grundsätzlich nicht verwehrt, für den Schutz des ungeborenen Lebens zu einem Schutzkonzept überzugehen, das in der Frühphase der Schwangerschaft in Schwangerschaftskonflikten *den Schwerpunkt auf die Beratung der schwangeren Frau* legt, um sie für das Austragen des Kindes zu gewinnen. Dabei dürfe im Blick auf die notwendige Offenheit und Wirkung der Beratung auf eine indikationsbestimmte Strafdrohung und die Feststellung von Indikationstatbeständen durch einen Dritten verzichtet werden. Der Gesetzgeber des Schwangeren- und Familienhilfegesetzes habe den Wechsel im Schutzkonzept durch Übergang von der Indikations- zu einer Beratungslösung aus folgenden Gründen mit vertretbaren Einschätzungen vollzogen:

- Die Einschätzung des Gesetzgebers, daß der Staat eine bessere Chance zum Schutz des ungeborenen Lebens habe, wenn er mit der Mutter zusammenwirke und ihr mit präventiven Mitteln des Rechts bei der Bewältigung ihres Konflikts zu helfen suche, als dann, wenn er diesen Schutz vermittels Strafandrohung und damit letztlich gegen die Mutter realisieren wolle, sei nicht zu beanstanden (S. 265 ff).
- Zwar sei nicht gewährleistet, daß nach fachkundiger und individueller Beratung nur verfassungsrechtlich gerechtfertigte Schwangerschaftsabbrüche erfolgten. Jedoch dürfe der Gesetzgeber annehmen, daß auch eine Indikationsregelung im ersten Stadium der Schwangerschaft nicht zu einem besseren Schutz des ungeborenen Lebens führe als eine Beratungsregelung (S. 267 f).

Die Ausführungen des Bundesverfassungsgerichts über den Gestaltungs- und Wertungsspielraum des Gesetzgebers laufen auf die Akzeptanz des Beratungsmodells hinaus, bei dem es sich in Wirklichkeit um ein *Beratungs- und Fristenmodell* handelt. Denn die Schwangere kann sich nach der Beratung aus beliebigen Gründen für die Abtreibung entscheiden, ohne strafrechtliche Sanktionen befürchten zu müssen.[9] Darin ist eine erhebliche Schwächung des

9 In diesem Zusammenhang sind folgende Zahlen bedeutsam. Das Statistische Bundesamt weist für 1998 fast unverändert gegenüber dem Vorjahr insgesamt 131.795 gemeldete Abtreibungen in Deutschland aus. Das bedeutet auf 1.000 Geburten 168 statistisch erfaßte Abtreibungen. Es besteht ein starkes West-Ost-Gefälle bei den Zahlen. Abgenommen haben die Zahlen in den Stadtstaaten, zugenommen in Bayern, das aber immer noch mit 125 Abtreibungen auf 1.000 Geburten am unteren Ende der Abbruchzahlen steht. Die höchste Quote weist Brandenburg mit 370 zu 1.000 aus. Alter, Familienstand und Kinderzahl der Frauen, die eine Abtreibung vornehmen lassen, sind gleichfalls unverändert. Obwohl die Regelungen der Meldepflicht 1996 geändert worden sind, wird die tatsächliche Zahl der Abtreibungen von Fachleuten weiterhin wesentlich höher eingeschätzt (vgl. Statistisches Bundesamt, Gesundheitswesen, Fachserie 12, Reihe 3, Schwangerschaftsabbrüche 1997, veröffentl. 1998, und 1998, veröffentl. 1999).

Lebensschutzes zu sehen.[10] Denn letzten Endes ist das ungeborene Leben allein der Verantwortung der Schwangeren anheimgegeben. Um so wichtiger ist deshalb die Beratung der Schwangeren, weil in Konfliktfällen allein dadurch Lebensschutz bewirkt werden kann (S. 270 ff).

## II. *Verfassungsrechtliche Mängel der aktuellen Abtreibungsgesetzgebung*

Die aktuelle deutsche Gesetzgebung über Abtreibung ergibt sich aus dem Schwangeren- und Familienhilfe-Änderungsgesetz vom 21. August 1995.[11] Bei diesem Gesetz handelt es sich um ein sogenanntes Artikelgesetz, d. h. um ein Gesetz, das in Artikel gegliedert ist und jeweils mit einem Artikel ein neues Gesetz einführt oder ein schon bestehendes Gesetz ändert. Das Schwangeren- und Familienhilfe-Änderungsgesetz besteht im wesentlichen aus dem Gesetz zur Vermeidung und Bewältigung von Schwangerschaftskonflikten (Schwangerschaftskonfliktgesetz – SchKG) (Art. 1) und der Änderung des Strafgesetzbuches, insbesondere der Strafbestimmungen über den Schwangerschaftsabbruch – §§ 218 – 219 b (Art. 8); darüber hinaus werden das Arztrecht (Art. 2 und 3), das Sozialrecht (Art. 4 und 5) und weitere Gesetze (Art. 6, 7 und 9) geändert.
Eine Analyse zeigt, daß diese Gesetzgebung über Schwangerschaft und Abtreibung in den folgenden Punkten den verfassungsrechtlichen Vorgaben des Bundesverfassungsgerichts nicht gerecht wird.
(1) Die Vorschriften über die Beratung der Schwangeren in einer Not- und Konfliktlage in § 219 StGB und im Schwangerschaftskonfliktgesetz versäumen es, beispielhaft auf die Fälle eines rechtmäßigen Schwangerschaftsabbruchs zu verweisen, die klare Ausnahmesituationen verdeutlichen, in denen der Frau durch das Austragen des Kindes eine Belastung erwächst, die so schwer und außergewöhnlich ist, daß sie die zumutbare Opfergrenze übersteigt. Wegen dieses Mangels bieten die gesetzlichen Vorschriften einen geringeren rechtlichen Schutz des ungeborenen menschlichen Lebens, als ihn das Bundesverfassungsgericht als Voraussetzung für die Verfassungsmäßigkeit des Beratungskonzeptes für notwendig erklärt (S. 306) und folgerichtig in seiner Anordnung für die Übergangszeit ausdrücklich vorgesehen hatte (vgl. Nr. 3 (1), S. 210).
(2) Das Schwangerschaftskonfliktgesetz enthält in § 5 Abs. 2 Nr. 1 die ausdrückliche Feststellung, daß die Gesprächs- und Mitwirkungsbereitschaft der

10 So deutlich *Christian Starck,* Praxis der Verfassungsauslegung, 1994, S. 85, 94 ff = JZ 1993, S. 816, 819.
11 BGBl. I S. 1050.

Schwangeren nicht erzwungen werden könne, und läßt somit den Eindruck aufkommen, die Schwangere habe einen Anspruch auf Ausstellung des Beratungsscheins auch ohne Mitwirkung, was sich ungünstig auf die Konfliktberatung auswirkt. Darin ist eine Minderung des vom Bundesverfassungsgericht geforderten Mindestschutzes im Rahmen der gesetzlichen Beratungs- und Fristenlösung zu sehen. Denn das Bundesverfassungsgericht vermerkt in diesem Zusammenhang immerhin, daß die Beratungsbescheinigung nicht ausgestellt werden dürfe, solange der Beraterin die Möglichkeiten einer Konfliktlösung – gegebenenfalls unter Einbeziehung dritter Personen – nicht ausgeschöpft erscheinen (S. 307).

(3) Die vom Bundesverfassungsgericht geforderte personelle und institutionelle Trennung von beratender und abtreibender Stelle (S. 287) ist im Gesetz nicht strikt genug durchgeführt, da der die Abtreibung vornehmende Arzt der Beratungsstelle angehören darf; er darf nur nicht selbst beraten haben (§ 219 Abs. 2 S. 3 StGB). Damit wird eine Mindestvoraussetzung verfehlt, die das Bundesverfassungsgericht für die Verfassungsmäßigkeit des Beratungskonzepts aus der Verfassung abgeleitet hat.

(4) Die Vorgaben des Bundesverfassungsgerichts über das Minimum notwendiger Strafbarkeit des die Abtreibung vornehmenden Arztes im Rahmen des Beratungskonzeptes sind in dreifacher Weise nicht erfüllt. Es fehlen vom Bundesverfassungsgericht deutlich geforderte strafrechtliche Sanktionen dahin (S. 293),

- daß sich der Arzt die Gründe der Frau für das Abbruchverlangen darlegen läßt,
- daß die Aufklärungs- und Beratungspflicht des Arztes in einer dem Lebensschutz dienlichen Weise ausgeübt wird,
- daß das Geschlecht des Kindes nicht bereits in der Frühphase der Schwangerschaft vom Arzt mitgeteilt wird.

(5) Da Einrichtungen entstehen werden, wie das Bundesverfassungsgericht zutreffend voraussah, die sich auf die Durchführung von Abtreibungen spezialisieren und ihre Tätigkeit im wesentlichen darauf ausrichten, besteht die Gefahr, daß die dort tätigen Ärzte ihre Aufgabe beim Schutz des ungeborenen Lebens vernachlässigen. Dem ist in der französischen Gesetzgebung durch Begrenzung der Zahl der Abtreibungen im Vergleich zu den sonstigen ärztlichen Verrichtungen innerhalb einer Klinik begegnet worden. Da der Bundesgesetzgeber darauf verzichtet hat, das Entstehen reiner Abtreibungskliniken dadurch zu verhindern, daß die Höhe der Einnahmen einer Klinik aus Schwangerschaftsabbrüchen prozentual begrenzt wird oder sonst dahingehend Vorsoge getroffen hat, ist er dem vom Bundesverfassungsgericht für das Beratungskonzept aus der Verfassung abgeleiteten Mindestvoraussetzungen

für den Schutz des ungeborenen menschlichen Lebens (S. 294 f) nicht gerecht geworden.[12]

(6) Den Anforderungen des Bundesverfassungsgerichts hinsichtlich notwendiger Strafvorschriften für Personen des familiären und sozialen Umfeldes der Schwangeren zur Sicherung der Effektivität des Beratungskonzepts (S. 271, 298) ist der Gesetzgeber nicht in ausreichendem Maße nachgekommen, und zwar insbesondere wegen des Fehlens strafbewährter Verhaltensgebote oder Verbote unterhalb der Schwelle der ohnehin strafbaren Nötigung.

(7) Das Bundesverfassungsgericht hat ausdrücklich ausgeschlossen, daß rechtswidrige Schwangerschaftsabbrüche aus Mitteln der gesetzlichen Krankenversicherung finanziert werden, weil deutlich werden müsse, daß die Versichertengemeinschaft nicht durch rechtswidrige Schwangerschaftsabbrüche finanziell belastet wird (S. 315 ff). Die Regelung des Gesetzes zur Hilfe für Frauen bei Schwangerschaftsabbrüchen in besonderen Fällen,[13] daß Leistungen für rechtswidrige Schwangerschaftsabbrüche durch die gesetzliche Krankenversicherung erbracht werden, falls die Aufbringung der Mittel der Schwangeren nicht zumutbar ist, bewirkt, daß der einzige nach außen deutlich erkennbare Anhaltspunkt dafür in Wegfall kommt, daß die Rechtsordnung den Schwangerschaftsabbruch nicht billigt (S. 319). Daß die gesetzliche Krankenversicherung die Kosten aus dem Landeshaushalt erstattet bekommt, wird nach außen nicht sichtbar und ändert nichts an der Tatsache, daß durch den Anschein rechtmäßigen Verhaltens das Rechtsbewußtsein der Bevölkerung weiter ausgehöhlt wird.

Das Ergebnis der Überprüfung der deutschen Abtreibungsgesetzgebung am Maßstab der Vorgaben des Bundesverfassungsgericht ist, daß die angesichts des verfassungsrechtlichen Würde- und Lebensschutzes ohnehin schwachen Vorgaben des Bundesverfassungsgericht nicht erfüllt werden, und zwar in mehrfacher Hinsicht unterschritten sind. Da es sich bei diesen Vorgaben um Mindestvoraussetzungen für die Verfassungsmäßigkeit des Beratungs- und Fristenmodells handelt, schützt die gesetzliche Regelung das ungeborene menschliche Leben nicht genügend und ist daher verfassungswidrig.

12 Die entsprechende bayerische Regelung ist durch BVerfGE 98, 265, 312 ff wegen angeblichen Kompetenzmangels für verfassungswidrig und nichtig erklärt worden. Siehe dazu unten das 3. Kapitel im Zweiten Teil.

13 = Art. 5 des Schwangeren- und Familienhilfeänderungsgesetzes.

## III. *Mifegyne und die deutsche Abtreibungsgesetzgebung*

Die Verfassungswidrigkeit der deutschen Abtreibungsgesetzgebung hat sich durch die Zulassung von Mifegyne noch verschärft.

### 1. *Die Eigenart von Mifegyne*

Am 6. Juli 1999 hat das Bundesinstitut für Arzneimittel und Medizinprodukte das Abtreibungsmittel Mifegyne (früher RU 486) zugelassen, das seit Ende 1999 auf dem Markt ist. Die Einnahme dieses Mittels durch die Schwangere – eventuell zusammen mit Prostaglandine - führt zum Ausfall der biologischen Wirkung des Progesteron im Bereich der Einnistungsstelle des Embryos. Progesteron ist ein für die Aufrechterhaltung der Schwangerschaft notwendiges Hormon, dessen Unterdrückung eine künstliche Fehlgeburt auslöst. Mit der Einnahme der Mifegyne-Tabletten ist der beschriebene Vorgang unwiderruflich in Gang gesetzt.
Das Abtreibungsmittel Mifegyne darf nach den Vorschriften des Bundesinstituts für Arzneimittel und Medizinprodukte nur bis zum Ende der 7. Schwangerschaftswoche angewendet werden, das ist der 49. Tag nach dem ersten Tag der letzten Menstruation (= p. m.). Die zeitliche Begrenzung des Einsatzes des Abtreibungsmittels Mifegyne beruht auf dem Umstand, daß dessen Wirkung mit dem Alter der Schwangerschaft abnimmt, was dessen Einsatz aus rein medizinischen Gründen verbietet.
Als Voraussetzung für die Anwendung von Mifegyne verlangte das Bundesinstitut für Arzneimittel und Medizinprodukte in Zusammenarbeit mit der Deutschen Gesellschaft für Gynäkologie und Geburtshilfe den Nachweis einer intakten Schwangerschaft. Trotz Widerspruchs der Herstellerfirma bestand das Bundesinstitut auf der Einhaltung dieses ärztlichen Qualitätsstandards. Die Verabreichung von Mifegyne ohne vorherige sichere Diagnose einer intakten Schwangerschaft gilt als ärztlich verantwortungsloses und fehlerhaftes Vorgehen.[14] Warum?
Vom 35. Tag p. m. sind Herzaktionen des Embryos mit empfindlichen Methoden noch unsicher nachweisbar. Ein sicherer Nachweis kann vom 42. Tag an durch Vaginalsonographie erbracht werden.[15] Nicht jede Schwangerschaft führt von Natur aus zur Geburt. Bei einer alsbald nach Ausbleiben der Menstruation festgestellten Schwangerschaft ist nach entsprechenden Unter-

14 *Kindermann*, in: Frauenarzt 40 (1999), S. 999.
15 Stellungnahme der Ad-hoc-Kommission der Deutschen Gesellschaft für Gynäkologie und Geburtshilfe zu Mifegyne und Mifepriston, in: Frauenarzt 40 (1999), S. 1000 f.

suchungen mit einer spontanen Abortrate von 30 – 40 % zu rechnen.[16] Bei einer sonographisch bestätigten Schwangerschaft beträgt das Abortrisiko immer noch 15 %. In je früherem Stadium der Schwangerschaft Mifegyne eingenommen wird, um so häufiger werden künstlich Fehlgeburten auch dort ausgelöst, wo eine natürliche Fehlgeburt eintreten würde. Darin ist ein ärztliches Fehlverhalten zu sehen. Dieses Urteil wird durch die folgenden Beobachtungen noch bestärkt.

Als rein körperliche Nebenwirkungen der Abtreibung durch Mifegyne sind beschrieben worden Unterleibsschmerzen, Übelkeit und Erbrechen. In Frankreich hat die Kombination von Mifegyne und Prostaglandine bei einer Frau zu einem Herz-Kreislauf-Versagen mit Todesfolge geführt, woraufhin Frauen über 35 Jahren und Raucherinnen von der Behandlung mit Mifegyne ausgeschlossen wurden.

Eine weitere hier besonders hervorzuhebende Nebenwirkung ergibt sich daraus, daß bei der medikamentösen im Unterschied zur chirurgischen Abtreibung die Schwangere selbst die Tötung des Embryos vornimmt, indem sie mit der Einnahme von Mifegyne den Prozeß des Absterbens einleitet, und zwar unwiderruflich. Hieraus können sich anders als bei der Absaugmethode, die regelmäßig nach einer längeren Überlegungsfrist eingesetzt und vom Arzt vollzogen wird, ganz erhebliche psychische Belastungen und dauerhafte psychische Schäden ergeben. Diese Belastungen muß man auch im Zusammenhang mit der geschilderten natürlichen Abortrate sehen.

## 2. *Mifegyne und das gesetzliche Beratungskonzept*

Da Mifegyne nur vom 42. bis zum 49. Tag p. m. verabreicht werden darf, verkürzt sich die Beratungsfrist auf eine Woche. Normalerweise stehen 8 Wochen zur Verfügung, wenn man von der sicheren Feststellung der Schwangerschaft, d. h. von der 6. Woche p. m., an bis zum Ablauf der Frist nach § 218 a Abs. 1 Nr. 3 StGB, d. h. bis zur 12. Woche nach Empfängnis (= 14. Woche p. m.), rechnet.

Nach der sicheren Feststellung der Schwangerschaft steht also nur der kurze Zeitraum von einer Woche zur Verfügung, in dem eine Entscheidung für eine medikamentöse Abtreibung getroffen werden müßte. Damit ist die Anwendung von Mifegyne auf den Zeitraum unmittelbar nach der sicheren Feststellung der Schwangerschaft begrenzt, in dem die Gefahr einer übereilten oder unter Druck des sozialen und familiären Umfeldes erfolgten Entscheidung der

16 Vgl. Stellungnahme (Anm. 15), S. 1001, auch zum folgenden; *F. Louwen/H. P. G. Schneider*, in: H. P. G. Schneider (Hrsg.), Endokrinologie und Reproduktionsmedizin II, 3. Aufl. 1996, S. 356 f.

Schwangeren gegen das Kind besonders groß ist.[17] Die Einsatzmöglichkeiten und Chancen der Beratung werden erheblich reduziert, wenn man berücksichtigt, daß 70 – 80 % aller Konfliktschwangerschaften Ausdruck eines vorhandenen Partnerschaftskonflikts sind. Aber auch wenn ein solcher Konflikt mit entsprechenden ungünstigen Einflüssen auf die Frau nicht besteht, kann man sich innerhalb einer Woche kaum eine den Anforderungen des Bundesverfassungsgerichts entsprechende Beratung vorstellen, die einen Überlegungsprozeß bei der Frau auslösen soll. Verfolgt die Schwangere den Plan, die Schwangerschaft medikamentös zu beenden, wird sie – allein aus Zeitgründen – in eine besinnende Überlegung gar nicht eintreten wollen. Hinzu kommt die verharmlosende Propagierung von Mifegyne als milde, die Frau schonende Methode der Abtreibung, die die Aufmerksamkeit der Frauen für die Beratung und die Vermittlung von Hilfe vermindert. Die Hemmschwelle wird herabgesetzt und die Beratung pro forma durchlaufen.

Die Kürze der Zeit von der zuverlässigen Feststellung der Schwangerschaft bis zum Einsatz von Mifegyne untergräbt systematisch eine Beratung i. S. der Vorgaben des Bundesverfassungsgerichts und damit das Ziel der Beratung, ungeborenes Leben zu retten. Das Bundesverfassungsgericht hat in aller Deutlichkeit ein wirksames Beratungsmodell gefordert[18] und sich über Folgerungen in den Gründen seines Urteils[19] und in der Vollstreckungsanordnung gemäß § 35 BVerfGG ausgesprochen.[20] Die Beratung müsse nach Inhalt, Durchführung und Organisation geeignet sein, der Frau die Einsichten und Informationen zu vermitteln, deren sie für eine verantwortliche Entscheidung über die Fortsetzung oder den Abbruch der Schwangerschaft bedürfe. Die entsprechenden Regelungen müßten wirksam und ausreichend sein, um eine Frau, die einen Schwangerschaftsabbruch erwäge, für das Austragen des Kindes gewinnen zu können. Nur auf dieser Basis sei die Einschätzung des Gesetzgebers vertretbar, ein Beratungs- und Fristenmodell sei vor dem Hintergrund der Schutzpflicht ausreichend (S. 281 f).

Was das Bundesverfassungsgericht über den *Beratungsinhalt*

- Bewußtmachen des Rechts des Ungeborenen auf Leben (S. 283, 307),
- Anwendung der Methoden der Konfliktberatung (S. 307 f),
- Hinweis auf Fördermaßnahmen (S. 285, 308),
- Hinzuziehen weiterer Personen (S. 285 f)

ausgeführt hat, verlangt Zeit und ist orientiert an dem gesetzlich festgelegten Zeitrahmen der zwölf Wochen nach der Empfängnis, in dem die Abtreibung

17 Dieses Problem blendet die Bundesministerin Fischer aus, vgl. BT 14. Wp., 47. Sitzung, S. 4010 B.

18 BVerfGE 88, 203, 309.

19 BVerfGE 88, 203, 270 ff.

20 BVerfGE 88, 203, 209 – 213; im folgenden stehen die Belege aus dieser Entscheidung als Seitenzahlen im Text in Klammern.

nach Beratung, soll sie straflos sein, stattfinden muß (§ 218 a Abs. 1 Nr. 3 StGB). Dieser Zeitraum entspricht den ersten 14 Wochen p. m. und bedeutet eine Beratungs- und Überlegungszeit von 8 Wochen, wenn in der 6. Woche p. m. die Schwangerschaft sicher nachgewiesen ist.

Noch deutlicher geht das Bundesverfassungsgericht dort auf die Zeitvorgaben ein, wo es sich mit den Mindestvoraussetzungen des *Beratungsverfahrens* beschäftigt. Es müsse vorgeschrieben werden, »daß die Beratungsstelle die Bescheinigung erst ausstellt, wenn sie die Beratung als abgeschlossen ansieht«. Der Beratungsschein dürfe allerdings nicht solange vorenthalten werden, daß die Zwölf-Wochen-Frist nicht mehr eingehalten werden könne. In dieser Frist müsse die Frau nach Ausstellung des Scheines auch noch Zeit finden können, mit einer ihr vertrauten Person über die Entscheidung zu sprechen (S. 286). Das Gericht geht hierbei also realistisch davon aus, daß das Beratungs- und Fristenmodell, soll es die verfassungsrechtlich geforderte Wirkung entfalten, in der Praxis regelmäßig zur Ausschöpfung der gesetzlichen Frist führt.

Stellt sich nach hinreichender Beobachtungszeit heraus, daß das Gesetz das von der Verfassung geforderte Maß an Schutz für das ungeborene menschliche Leben nicht zu gewährleisten vermag, so ist die Gesetzgebung nach dem Urteil des Bundesverfassungsgerichts verpflichtet, durch Änderung oder Ergänzung der geltenden Vorschriften auf die Beseitigung der Mängel und die Sicherstellung eines dem Untermaßverbot genügenden Schutzes hinzuwirken.[21] Aus diesen Ausführungen läßt sich zweifelsfrei entnehmen, daß Gesetzgeber und staatliche Behörden, hier das Bundesinstitut für Arzneimittel und Medizinprodukte, erst recht nicht ihrerseits die Schutzwirkung der Gesetzesbestimmungen unterminieren dürfen, wie das durch die Zulassung des Abtreibungsmittels Mifegyne geschehen ist.

Die Novellierung des Arzneimittelgesetzes im Sommer 1999, um das Abtreibungsmittel Mifegyne zulassen zu können, zeigt besonders kraß, daß das Zweite Abtreibungsurteil des Bundesverfassungsgerichts nicht mehr ernst genommen wird. Dazu paßt, daß eine Bundesministerin den Sinn der Schwangerschaftskonfliktberatung nicht mehr im Schutz des ungeborenen Lebens sieht, sondern darin nur noch eine Forderung des gesellschaftlichen Konsenses zu erkennen vermag. Dieser Forderung kann eine Schwangere freilich auch durch eine pro-forma-Beratung nachkommen, für die ein Zeitraum von einer Woche ausreicht. Genau genommen ist der Konsens freilich auf eine Beratungsfrist von acht Wochen gegründet. Mit der Verkürzung dieser Frist auf eine Woche bis zehn Tage ist eine neue Tatsachenlage geschaffen und damit die Grundlage des Konsenses weggespült worden.

21 BVerfGE 88, 203, 310 ff.

Weil sich die Bundesregierung und die Mehrheit des Bundestages nicht mehr des vom Bundesverfassungsgericht so deutlich herausgearbeiteten Sinnes der Schwangerschaftskonfliktberatung bewußt waren, konnte das Abtreibungsmittel Mifegyne, das zu dem zeitaufwendigen Beratungsverfahren nicht paßt, ohne Problembewußtsein zugelassen werden.[22] Die Berufung in der Gesetzesbegründung auf die Benutzung von Mifegyne in Frankreich, England und Schweden geht nicht auf die dortigen andersartigen verfassungsrechtlichen und gesetzlichen Regelungen über Abtreibung ein.

### 3. *Verstärkung der Verfassungswidrigkeit der Abtreibungsgesetzgebung*

Die im II. Abschnitt unter 1 - 4, 6, 7 beschriebenen Mängel der deutschen Abtreibungsgesetzgebung unter dem Gesichtspunkt des verfassungsrechtlich geforderten Lebensschutzes werden durch die Zulassung des Abtreibungsmittels Mifegyne in einer Weise verstärkt, daß die vom Bundesverfassungsgericht aufgestellten Mindestvoraussetzungen für die Verfassungsmäßigkeit des Beratungs- und Fristenmodells nun ganz offensichtlich mangels ausreichender Beratungszeit unerfüllt bleiben. Durch die Zulassung des Abtreibungsmittels Mifegyne ist die deutsche Abtreibungsgesetzgebung als ganze verfassungswidrig geworden.

In seinem zweiten Abtreibungsurteil hat sich das Bundesverfassungsgericht über die Zukunft der Abtreibungsgesetzgebung wie folgt geäußert (S. 269, 309 f): Der Gesetzgeber sei aufgrund der Ungewißheit im Hinblick auf die Wirksamkeit der Beratungslösung verpflichtet, die Auswirkungen seines neuen Schutzkonzepts im Auge zu behalten (Beobachtungspflicht). Stelle sich nach hinreichender Beobachtungszeit heraus, daß das Gesetz das von der Verfassung geforderte Maß an Schutz des ungeborenen menschlichen Lebens nicht zu gewährleisten vermöge, so sei der Gesetzgeber verpflichtet, die bestehenden Vorschriften zu ändern oder zu ergänzen, um genügenden Schutz sicherzustellen (Korrektur- und Nachbesserungspflicht).

Da der Gesetzgeber die Voraussetzungen für die Zulassung von Mifegyne geschaffen hat, hat er selbst die Schutzwirkung des Beratungsmodells für das ungeborene Leben aufgehoben. Die Abtreibungsgesetzgebung ist unter dem Gesichtspunkt wirksamen Schutzes des ungeborenen Lebens zu novellieren.

22 Eine Ausnahme stellt der Antrag des Freistaates Bayern im Bundesrat dar (BR-Drs. 356/1/99): Die verkürzte Bedenkzeit führe zu einer starken Reduzierung der Wirkungsmöglichkeiten und Chancen einer Schwangerschaftskonfliktberatung und zu einer Verstärkung der auf Abtreibung drängenden Kräfte im Umfeld der Schwangeren.

5. Kapitel

# Das Recht auf Kenntnis seiner Abstammung*

## I. *Allgemeines Persönlichkeitsrecht*

Das Bundesverfassungsgericht hat 1989 aus dem allgemeinen Persönlichkeitsrecht (Art. 2 Abs. 1 i.V.m. Art. 1 Abs. 1 GG) das Recht auf Kenntnis der eigenen Abstammung als Grundrecht abgeleitet.[1] Als Individualisierungsmerkmal gehöre die Abstammung zur Persönlichkeit, und die Kenntnis der Herkunft biete dem Einzelnen unabhängig vom Stand des biologischen Wissens über die Erbanlagen wichtige Anknüpfungspunkte für das Verständnis und die Entfaltung der eigenen Individualität. Wichtig für die grundrechtsdogmatische Ableitung und Umgrenzung des Grundrechts auf Kenntnis der eigenen Abstammung ist, daß das allgemeine Persönlichkeitsrecht kein Recht auf Verschaffung von Kenntnissen der eigenen Abstammung verleihe, sondern nur davor schütze, daß erlangbare Informationen durch staatliches Recht vorenthalten würden.[2] Deshalb war der Entscheidung keine Drittwirkung des Grundrechts gegen die Mutter zu entnehmen.[3] Der Beschluß des Bundesverfassungsgerichts vom 6.5.1997 hält an dem Grundrecht des Kindes auf Kenntnis seiner Abstammung und auch daran fest, daß diesem Recht keine Drittwirkung gegen die Mutter zukommt.[4]
Das der verfassungsgerichtlichen Kontrolle unterworfene zivilrechtliche Urteil bejahte einen Anspruch der 1959 unehelich[5] geborenen Klägerin gegen ihre Mutter, Namen und Adressen derjenigen Männer zu erfahren, die ihr während der Empfängniszeit vor der Geburt der Klägerin beigewohnt haben. Diesen Anspruch stützt das Landgericht auf die Generalklausel des § 1618 a BGB, wonach Eltern und Kinder einander Beistand und Rücksicht schuldig sind. Diese »Schuldigkeit« präzisierte das Landgericht als Anspruch[6] unter

* Wiederabdruck aus: Juristenzeitung 1997, S. 779 f.

1 BVerfGE 79, 256, 268.
2 BVerfGE 79, 256, 269.
3 *Christian Starck*, Anmerkung, JZ 1989, S. 338, wiederabgedruckt *Christian Starck*, Praxis der Verfassungsauslegung, 1994, S. 153 f.
4 BVerfGE 96, 56, 63, im folgenden sind die Fundstellen aus dieser Entscheidung im Text in Klammern gesetzt.
5 So der Verfassungsbegriff in Art. 6 Abs. 5 GG.
6 Zum Problem der Vollstreckbarkeit vgl. *Hilger*, FamRZ 1989, S. 147.

Heranziehung des Gleichstellungsauftrages des Art. 6 Abs. 5 GG und speziell des Art. 14 Abs. 1 GG im Hinblick auf einen damals vorgesehenen Erbersatzanspruch nach § 1934 a Abs. 1 BGB. Mit diesen Interessen der Klägerin wurden die Interessen ihrer Mutter abgewogen (S. 58 f.). Dabei kamen – getreu dem § 1618 a BGB – auch die Gründe für die Rücksichtnahme der Tochter gegenüber der Mutter zur Sprache, die das Gericht im Schutz von deren Intimsphäre (Art. 2 Abs. 1 i.V.m. Art. 1 Abs. 1 GG) sah. Diese Gründe wurden im Ergebnis für zu leicht befunden. Die Argumentation des Landgrichts und die im Beschluß ebenfalls wiedergegebenen Gründe des Amtsgerichts (S. 57 f.)[7] versteht der Leser als gelehrsame Anwendung der Rechtsprechung des Bundesverfassungsgerichts, wonach bei der Auslegung zivilrechtlicher Generalklauseln grundrechtliche Wertentscheidungen Einfluß nehmen müßten,[8] die als objektives Recht auf das bürgerliche Recht ausstrahlten.[9]
Zudem konnte sich das Landgericht auf eine im Entstehen begriffene Rechtsprechung zu § 1618 a BGB stützen,[10] die von einer Kammer des Bundesverfassungsgerichts 1989 verfassungsrechtlich geprüft und nicht beanstandet worden ist,[11] obgleich diese Rechtsprechung zivilrechtlich nicht unbestritten ist.[12] Sie stellt Rechtsfortbildung dar, die auf folgenden zivilrechtlichen Rechtssatz hinausläuft: »Das volljährige uneheliche Kind hat Anspruch gegen seine Mutter auf Auskunft über seinen Vater bzw. die als Väter in Frage kommenden Männer, wenn nicht beachtliche Interessen der Mutter entgegenstehen.« Im vorliegenden Beschluß bestätigt das Bundesverfassungsgericht ausdrücklich, daß »mit der Herleitung eines Auskunftsanspruchs gegen die Mutter aus § 1618 a BGB...das Landgericht nicht die Grenzen unzulässiger Rechtsfortbildung überschritten« habe (S.62). Damit ist zugleich gesagt, daß der Gesetzgeber selbst den von der Rechtsprechung aus § 1618 a BGB abgeleiteten Anspruch auf Auskunft des volljährigen unehelichen Kindes gegen seine Mutter regeln könnte. Was der Richter im Wege der Rechtsfortbildung tun darf, darf erst recht der Gesetzgeber normieren.

7 Zu beachten ist die starke Anlehnung an den in Anmerkung 11 zitierten Kammerbeschluß, wo es auch heißt, daß die Eltern die Existenz des unehelichen Kindes zu vertreten hätten.
8 BVerfGE 7, 198, 205 f.
9 BVerfGE 7, 198, 207.
10 Vgl. außer dem Zitat BVerfGE 96, 62 die Angaben zur Rechtsprechung bei *Gernhuber/Coester-Waltjen*, Lehrbuch des Familienrechts, 4. Aufl. 1994, S. 842 Anm. 7; *Uwe Diederichsen*, in: Palandt, BGB, 56. Aufl. 1997, Einf.v. § 1591 Rdnr. 2.
11 Beschl. Der 1. Kammer des Ersten Senats v. 18.1.1988, FamRZ 1989, S. 147 = NJW 1988, S. 3010.
12 Vgl. *Ralph Weber*, FamRZ 1996, S. 1254, 1255 f., AG Rastatt, FamRZ 1996, S. 1299, 1300.

## II. *Abwägungsprobleme*

Aber so meint es das Bundesverfassungsgericht nun doch nicht. Vielmehr beanstandet es, daß das Landgericht den Spielraum seiner Abwägung zu eng bemessen habe. Durch Art. 6 Abs. 5 und Art. 14 GG sei zu Gunsten der Tochter kein bestimmtes Ergebnis vorgegeben, weil es um eine staatliche Schutzpflicht gehe, die sich aus der objektiven Bedeutung der Grundrechte ergäbe. Dagegen könne sich die Mutter auf ein subjektives Abwehrrecht gegen staatliche Eingriffe berufen, das in Zielrichtung und Inhalt ein bestimmtes staatliches Verhalten fordere.

Nun hat aber die Rechtsprechung durch Rechtsfortbildung aus § 1618 a BGB einen bestimmten Anspruch entwickelt, und zwar in generalisierender Weise, wie es zur Rechtsfortbildung gehört. Damit gilt auf zivilrechtlicher Ebene ein Anspruch des volljährigen unehelichen Kindes gegen seine Mutter auf Verschaffung der Kenntnis über die eigene Abstammung. Dadurch ist die verfassungsrechtlich noch unbestimmte staatliche Schutzpflicht zivilrechtlich bestimmt. Die Frage kann nach der vom Bundesverfassungsgericht anerkannten Rechtsfortbildung im konkreten Fall nur noch sein, ob besondere Gründe erkennbar sind, die von der Tochter Rücksicht erfordern, ob also ein Abwehrgrundrecht die Realisierung einer zivilrechtlich konkretisierten staatlichen Schutzpflicht und damit den Anspruch der Tochter ausnahmsweise ausschließt. Solche Gründe sind vom Amtsgericht und vom Landgericht erwogen, aber nicht als durchgreifend anerkannt worden.

Indem das Bundesverfassungsgericht auf den weiten Spielraum der Abwägung verweist, der nicht beachtet worden sei, macht es die Anerkennung der Rechtsfortbildung wieder rückgängig und verlangt vom Landgericht, den Fall unabhängig von Strukturen des einfachen Rechts, wie sie sich aus der Rechtsfortbildung ergeben, in den luftigen Höhen der Abwägung von Grundrechtspositionen zu entscheiden. Dabei soll dem verfassungsrechtlich bestimmten Abwehrrecht der Mutter eine stärkere Position zukommen als der verfassungsrechtlich unbestimmten staatlichen Schutzpflicht gegenüber der Tochter. Die zivilrechtliche Anerkennung und nähere Bestimmung der Schutzpflicht durch Rechtsfortbildung wird also entgegen den Ausführungen auf S. 62 letzten Endes nicht anerkannt.

Damit befinden wir uns mitten in der unbewältigten Problematik »Verfassungsgerichtsbarkeit und Fachgerichte.«[13] Auch der vorliegende Beschluß

13 Vgl. *Christian Starck*, JZ 1996, S. 1033 ff., wiederabgedruckt *Christian Starck*, Freiheit und Institutionen, 2002, S. 333 ff.; *Wolfgang Roth*, Die Überprüfung fachgerichtlicher Urteile durch das Bundsverfassungsgericht und die Entscheidung über die Annahme einer Verfassungsbeschwerde, AöR 121 (1996), S. 544 ff.

zeigt wieder, wie sehr sich das Bundesverfassungsgericht in die Einzelabwägung der Fachgebiete einmischt und unverhofft Beanstandungen ausspricht, obwohl die Begründung der fachgerichtlichen Entscheidung ausführliche und konkrete Erwägungen unter Heranziehung der einschlägigen Grundrechte enthält. Das Bundesverfassungsgericht beansprucht die volle Abwägungskontrolle im Einzelfall, ungeachtet zivilrechtlicher Strukturen. Nun hat das Bundesverfassungsgericht den Fall nicht selbst entschieden, sondern die Sache an das Landgericht zurückverwiesen. Was soll das Landgericht aber anderes tun, als der abwehrrechtlichen Position der Mutter den Vorrang zuzugestehen und die Klage der Tochter abzuweisen?

Der vorliegende Senatsbeschluß wird Grundlage sein für die Kammerrechtsprechung. Da ein weiter Abwägungsspielraum für die Zivilgerichte festgestellt worden ist und konkrete Abwägungen verlangt werden, kann die zuständige Kammer stets eingreifen, wenn sie den Fall anders entscheiden möchte, als ihn die zuständigen Zivilgerichte entschieden haben. Sie prüft alle Einzelheiten, stellt Abwägungsdefizite fest und gibt der Verfassungsbeschwerde nach § 93 c BVerfGG statt. Wenn sie die angegriffene Entscheidung billigt, lehnt sie die Annahme der Verfassungsbeschwerde nach § 93 b BVerfGG. Diese Art von verfassungsgerichtlicher Einzelfalljustiz, wie sie nun auch für das Auskunftsrecht volljähriger unehelicher Kinder durch die vorliegende Senatsentscheidung ausdrücklich etabliert worden ist, fordert geradezu jede unterlegene Partei heraus, ihr Glück noch einmal in Karlsruhe zu versuchen, so daß die zuständige Kammer des Ersten Senats zur regulären dritten Instanz für Auskunftsansprüche volljähriger unehelicher Kinder gegen ihre Mütter werden wird.

6. Kapitel

# Das Caroline-Urteil des Europäischen Gerichtshofs für Menschenrechte und seine rechtlichen Konsequenzen*

## I. *Der sukzessive Erfolg der Prinzessin Caroline von Monaco im Kampf gegen die Presse*

»Angesichts all dieser Umstände und trotz des dem Staat in diesem Bereich zustehenden Beurteilungsspielraums ist der Gerichtshof der Auffassung, daß die deutschen Gerichte keinen gerechten Ausgleich zwischen den widerstreitenden Interessen hergestellt haben«[1], also – so kann man verdeutlichen – ungerecht entschieden haben. Der Gerichtshof, von dem dieses Zitat stammt, ist die kleine Kammer des Europäischen Gerichtshofs mit sieben Richtern (Art. 27 Abs. 1 EMRK), die einstimmig entschieden haben.[2]

In der Zeit von 1993 bis 1997 sind in »Freizeit Revue«, in »Neue Post« und in der Illustrierten »Bunte« zahlreiche Bilder der Prinzessin Caroline von Monaco, jetzt von Hannover, mit Textbeiträgen dazu veröffentlicht worden.[3] Die Prinzessin, die durch diese Veröffentlichungen ihr Persönlichkeitsrecht verletzt sieht, hat die Zeitschriften gerichtlich auf Unterlassung weiterer Veröffentlichungen in Anspruch genommen und dabei sukzessiv Erfolg gehabt, und zwar erstmalig beim BGH. Er hat eine Güter- und Interessenabwägung vorgenommen, aus der sich ergibt, »daß die Beklagte mit der Veröffentlichung der in einem Gartenlokal aufgenommenen und in der Zeitschrift F. R. Nr. 30 zu der Überschrift ›Diese Fotos sind der Beweis für die zärtlichste Romanze unserer Zeit‹ abgedruckten Bilder in unzulässiger Weise in die geschützte Privatsphäre der Klägerin eingegriffen hat«.

Auf Verfassungsbeschwerde hat das Bundesverfassungsgericht das Urteil des BGH überprüft und den Ausgleich zwischen Pressefreiheit und Persönlichkeitsrecht im Grunde nicht beanstandet; es hat jedoch das Urteil aufgehoben, soweit dem Umstand keine Beachtung geschenkt worden ist, daß »die persön-

* Wiederabdruck aus: Juristenzeitung 2006, S.76 – 81.

1 Urteil des EGMR (3. Sektion) vom 24.6.2004 – 59320/00, JZ 2004, S.1015, 1018 (Nr. 79), deutsche Übersetzung von *Jens Meyer-Ladewig* und *Herbert Petzold*, in: NJW 2004, S. 2647, 2651 (Nr. 79). Im folgenden werden nur die Nummern im Text oder in den Fußnoten als Nachweisungen angegeben.

2 NJW 2004, S. 2647 »Zum Sachverhalt«.

3 Siehe dazu die Darstellung durch BGH v. 19.12.1995, JZ 1997, S. 40 (dort auch das im Text folgende Zitat) und BVerfGE 101, 361, 362 – 364.

lichkeitsrechtliche Schutzposition der Beschwerdeführerin im Fall des familiären Umgangs mit Kindern durch Art. 6 GG verstärkt wird«.[4]
Die Prinzessin war auch mit diesem Urteil nicht zufrieden, sie wandte sich an den Europäischen Gerichtshof für Menschenrechte und rügte die Verletzung ihres Rechts auf Achtung ihres Privatlebens (Art. 8 Abs. 1 EMRK), weil überhaupt Bilder von ihr gemacht und veröffentlicht worden seien, die aus ihrer Privatsphäre stammten. Dabei ging es noch um die folgenden mit Texten versehenen Abbildungen (Urteil Nr. 49): Die Prinzessin in einer Pferdekoppel auf einem Pferde reitend, auf einem Feldweg radfahrend, auf einem Markte einkaufend mit Leibwächterin, im Restaurant mit einem Schauspieler sitzend. Hinzu kommen weitere Abbildungen, über die das Bundesverfassungsgericht in dem erwähnten Urteil nicht entschieden hatte: Die Prinzessin während ihres Skiurlaubs in Österreich, die Prinzessin, die allein oder in Begleitung ihre Wohnung bei Paris verläßt, die Prinzessin beim Tennisspiel und beim Abstellen von Fahrrädern mit Prinz Ernst August von Hannover, die Prinzessin im Badeanzug im »Beach Club« von Monte Carlo über einen Gegenstand stolpernd und stürzend.
So viel zum Verfahren und zum Sachverhalt. Nun sollen das Urteil des Europäischen Gerichtshofs für Menschenrechte und seine verfassungsrechtlichen Konsequenzen gewürdigt werden. Zunächst werden die Caroline-Urteile des Bundesverfassungsgerichts und des Europäischen Gerichtshofs für Menschenrechte analysiert und verglichen (II) sowie die Unterschiede der beiden Urteile in der Abwägung zwischen Persönlichkeitsrecht und Pressefreiheit herausarbeitet (III). Danach ist zu prüfen, welche völkerrechtlichen und verfassungsrechtlichen Konsequenzen zu ziehen sind und wieweit die Konsequenzen reichen (IV).

## II. *Die Urteile des Bundesverfassungsgerichts und des Europäischen Gerichtshofs für Menschenrechte im Vergleich*

Die Argumentationsschritte beider Gerichte entsprechen einander: Zunächst wird das Recht der Beschwerdeführerin bezeichnet als Recht am eigenen Bild, das dem allgemeinen Persönlichkeitsrecht entstammt (S. 380) und das beeinträchtigt worden ist (S. 386), bzw. als Recht auf Schutz des Privatlebens, unter das auch die Fotos aus unterschiedlichen Alltagssituationen der Beschwerdeführerin fallen (Nr. 50, 53). Sodann werden die gegenüberstehenden Rechte

4 BVerfGE 101, 361, 395, 396. Im folgenden werden nur die betreffenden Seitenzahlen im Text oder in den Fußnoten als Nachweisungen angegeben.

benannt: hier die Pressefreiheit, dort die Meinungsfreiheit, die beide hoch eingestuft werden, nicht nur als Individualrechte, sondern als konstituierend für eine »demokratische Gesellschaft« (S. 389, Nr. 58). Zum Schluß findet die Abwägung zwischen Persönlichkeitsrecht und Pressefreiheit statt, deren Ergebnis jeweils durch die vorangegangenen Argumente vorgezeichnet ist. In sieben Punkten zusammengefaßt, lassen sich die Gemeinsamkeiten und Unterschiede der beiden Urteile wie folgt kennzeichnen:

1. Beide Urteile nehmen eine *Pflicht des Staates* an, das Recht auf Privatsphäre/Privatleben im Verhältnis zwischen Privatpersonen *zu schützen.*[5]
2. Die Meinungs- bzw. Pressefreiheit wird von beiden Gerichten als wesentliche Grundlage einer *demokratischen Gesellschaft* bezeichnet.[6]
3. Einigkeit besteht auch darin, daß *Fotoaufnahmen* von der Freiheit der Meinungsäußerung bzw. der Pressefreiheit umfaßt werden.[7]
4. Fotoaufnahmen von Personen dürfen nach deutschem Recht (§ 22 KUG) nur mit Einwilligung des Abgebildeten verbreitet werden. Davon gibt es vier Ausnahmen (§ 23 Abs. 1 KUG), wovon das Bundesverfassungsgericht die erste – Bildnisse aus dem Bereich der Zeitgeschichte – hier für einschlägig hielt, indem es die Prinzessin zur *absoluten Person der Zeitgeschichte* erklärte (S. 392), und zwar auch außerhalb offizieller Funktionen für das monegassische Fürstenhaus. Eigentlich erklärt das Bundesverfassungsgericht nicht selbst die Prinzessin zur absoluten Person der Zeitgeschichte, sondern meint, daß dies »vom Informationsinteresse der Öffentlichkeit her bestimmt« werde. Und diese Bestimmung trifft dann die Presse. Wörtlich (S. 392): »Zum Kern der Presse- und der Meinungsbildungsfreiheit gehört es, daß die Presse innerhalb der gesetzlichen Grenzen einen ausreichenden Spielraum besitzt, in dem sie nach ihren publizistischen Kriterien entscheiden kann, was öffentliches Interesse beansprucht, und daß sich im Meinungsbildungsprozeß herausstellt, was eine Angelegenheit von öffentlichem Interesse ist.« Damit werde der Presse kein schrankenloser Zugriff auf Bilder von Personen der Zeitgeschichte eröffnet. Denn § 23 Abs. 2 KUG gebe den Gerichten ausreichende Möglichkeit, die Schutzanforderungen des Persönlichkeitsrechts zur Geltung zu bringen (S. 393)
   Der Europäische Gerichtshof für Menschenrechte geht nicht auf die systematische Ordnung der §§ 22, 23 Abs. 1 und 23 Abs. 2 KUG ein, sondern bemängelt die Bildung und Anwendung des Begriffs »absolute Person der Zeitgeschichte« durch die deutschen Gerichte. Eine solche Einordnung mit der Folge eines beschränkten Schutzes des Privatlebens und des

5 EGMR Nr. 57 mit Nachweisen aus der Rspr. BVerfGE 7, 198, 205 f.; 42, 143, 148.
6 EGMR Nr. 58; BVerfGE 7, 198, 208.
7 EGMR Nr. 59; BVerfGE 101, 361, 389.

Rechts am eigenen Bild komme für Personen des politischen Lebens in Frage, die amtliche Funktionen wahrnähmen. Wörtlich weiter (Nr. 72): »Für eine Privatperson aber wie die Beschwerdeführerin, bei der das Interesse des breiten Publikums und der Presse einzig auf ihre Zugehörigkeit zu einem regierenden Haus beruht, während sie selbst keine amtlichen Funktionen hat, läßt sich eine solche Einordnung nicht rechtfertigen.« Der Europäische Gerichtshof für Menschenrechte fordert eine andere Auslegung des Kunsturhebergesetzes, und zwar dergestalt, daß der Staat seiner positiven Verpflichtung zum Schutz des Privatlebens und des Rechts am eigenen Bild nachkommen könne (siehe oben unter 1).

Im Hinblick auf die Zeitgeschichte könnte der Unterschied zwischen den beiden Gerichten größer nicht sein. Das Bundesverfassungsgericht überläßt es weitgehend der Presse, in einem vorgegebenen weiten Rahmen Personen der Zeitgeschichte zu kreieren, die dann nach § 23 Abs. 2 KUG im Wege der Feststellung eines berechtigten Interesses durchaus flexibel geschützt werden können. Dagegen behandelt der Europäische Gerichtshof für Menschenrechte den Begriff der Person der Zeitgeschichte als normativen Begriff, den die Gerichte für die Presse verbindlich auslegen und dabei bereits den Schutz der betreffenden Person zu berücksichtigen haben. Der Schutz setzt also schon vor jeder Abwägung ein. Denn, wenn der Betroffene nicht Person der Zeitgeschichte ist oder nicht als solche handelt, dürfen Bilder von ihm nur mit seiner Zustimmung veröffentlicht werden.

5. Das Bundesverfassungsgericht legt ausführlich dar, daß der Schutz der *Illustriertenpresse nicht vom Niveau der Zeitschrift* abhängig und nicht auf politische Meinungsbildung beschränkt sei, vielmehr die Unterhaltung mit umfasse (S. 389 f., auch zum folgenden). Es wird geradezu als »Zentrum der grundrechtlichen Gewährleistung« angesehen, Art und Ausrichtung, Inhalt und Form eines Publikationsorgans frei zu bestimmen. Die Presse müsse nach publizistischen Kriterien entscheiden dürfen, was sie des öffentlichen Interesses für wert hält und was nicht. Zwar komme der politischen Meinungsbildung im Interesse einer funktionierenden Demokratie besondere Bedeutung zu. Das Bundesverfassungsgericht betont aber, daß auch durch unterhaltende Beiträge Meinungsbildung stattfinde und weist auf die heute vorherrschende Vermischung von Unterhaltung und Meinungsbildung hin. Unterhaltung könne Realitätsbilder vermitteln, stelle Gesprächsgegenstände zur Verfügung, an die sich Diskussionsprozesse und Integrationsvorgänge anschließen könnten, die sich auf Lebenseinstellungen, Werthaltungen und Verhaltensmuster bezögen, und insofern wichtige gesellschaftliche Funktionen erfüllten. Berichterstattung über Personen sieht das Bundesverfassungsgericht als wichtiges publizistisches Mittel zur Erregung von Aufmerksamkeit an. Personalisierung wecke

vielfach erst das Interesse an Problemen und begründe den Wunsch nach Sachinformationen. Prominente Personen stünden überdies für bestimmte Wertvorstellungen und Lebenshaltungen. Vielen böten sie deshalb Orientierung bei eigenen Lebensentwürfen. Sie würden zu Kristallisationspunkten für Zustimmung oder Ablehnung und erfüllten Leitbild- oder Kontrastfunktion. Darauf gründe das öffentliche Interesse an den verschiedenen Lebensbezügen solcher Personen.

Demgegenüber weist der Europäische Gerichtshof für Menschenrechte auf seine Rechtsprechung hin, in der stets darauf abgestellt werde, ob Fotoaufnahmen zu einer öffentlichen Diskussion über eine Frage allgemeinen Interesses beitrügen (Nr. 60). Im Fall der österreichischen Kronenzeitung hatte der Gerichtshof dem Umstand besondere Bedeutung beigemessen, daß das behandelte Thema aktuelle Bedeutung gehabt habe sowie von außerordentlichem Interesse für die Öffentlichkeit gewesen sei und daß die veröffentlichten Fotos nicht Einzelheiten des Privatlebens des Betroffenen gezeigt hätten.[8] Vorher wurde schon festgestellt, daß Fotos, die in der Sensationspresse erscheinen, unter ständigen Belästigungen entstünden, was vom Betroffenen als schwerwiegendes Eindringen in sein Privatleben oder sogar als Verfolgung empfunden werde (Nr. 59).

Vergleicht man die beiden Stellungnahmen zur Veröffentlichung von Fotos, kann man schon das Ergebnis der Abwägung voraussehen. Beide Gerichte stellen zwar für den Schutz durch die Pressefreiheit nicht auf die Qualität des Presseerzeugnisses oder den Inhalt der Publikation ab. Während aber das Bundesverfassungsgericht diese Gleichstellung durchhält und auch bei der Abwägung zwischen Persönlichkeitsrecht und Pressefreiheit zugrunde legt, schlägt der Inhalt der Publikation beim Europäischen Gerichtshof auf die Abwägung durch. Danach wird die Verbreitung von Ideen anders behandelt als die Verbreitung von Bildern mit persönlichen Informationen über eine Person oder wie es an einer anderen Stelle heißt: Abbildungen von Einzelheiten aus dem Privatleben (Nr. 76, 77).

6. Zur *schützenswerten Privatsphäre*, die auch absolute Personen der Zeitgeschichte haben, gehört nach dem Urteil des Bundesverfassungsgerichts über den häuslichen Bereich (S. 383 f.) hinaus »eine örtliche Abgeschiedenheit«, »in die sich jemand zurückgezogen hat, um dort objektiv erkennbar für sich allein zu sein«, wie auch immer er sich in dieser Situation verhält (S. 393 f.).

Demgegenüber hält der Europäische Gerichtshof für Menschenrechte das Kriterium der öffentlichen Abgeschiedenheit für praktisch zu unbestimmt und für den Betroffenen zu schwer zu handhaben (Nr. 75), zumal es ihm auch noch gelingen müsse, die örtliche Abgeschiedenheit – wenn es sich

8 EGMR v. 26.2.2002, Beschw. Nr. 34315/96 (Nr. 37) – Krone-Verlag.

nicht um sein eigenes Besitztum handelt – zu beweisen. Der Gerichtshof weist auf die Konsequenzen hin: Fehle es an der »örtlichen Abgeschiedenheit«, müsse die absolute Person der Zeitgeschichte hinnehmen, »daß man sie fast zu jeder Zeit systematisch fotografiert und die Aufnahmen anschließend weiterverbreitet, selbst wenn sich die Fotos und die Begleittexte . . . ausschließlich auf Einzelheiten ihres Privatlebens beziehen« (Nr. 74). Der Europäische Gerichtshof für Menschenrechte will auch berücksichtigen, daß die Fotos ohne Wissen, z. T. heimlich mit Teleobjektiv, oder belästigend gemacht worden sind (Nr. 68). Dagegen äußert das Bundesverfassungsgericht Zweifel, »ob allein durch heimliche oder überrumpelnde Aufnahmen die außerhäusliche Privatsphäre verletzt werden kann« (S. 394 f.).

7. Auffällig ist die gegenläufige Argumentation der beiden Gerichte zur *Kommerzialisierung*. Bei den abstrakten Darlegungen über den Schutz der Privatsphäre vor der Anwendung auf den Sachverhalt heißt es im Urteil des Bundesverfassungsgerichts (S. 385), daß der Schutz der Privatsphäre entfalle, wenn man durch Exklusivverträge seine Privatsphäre vermarkte. Denn deren verfassungsrechtlicher Schutz sei nicht im Interesse der Kommerzialisierung der eigenen Person gewährleistet. Darauf wird später bei der Anwendung auf den Sachverhalt nicht zurückgegriffen. Allerdings wird im Tatbestand des Urteils aus dem Schriftsatz der beklagten Zeitschrift folgende Passage wiedergegeben (S. 377): »Die Beschwerdeführerin . . . sei kein ›Opfer‹ der Presse. Sie habe von Geburt an mit im Mittelpunkt der vom Hause Monaco betriebenen Vermarktung gestanden. So seien die Fotos der neu geborenen Caroline für 7 Mio. Francs an die Presse versteigert worden.«
   Die zitierte Passage im Zusammenhang mit den abstrakten Ausführungen wird bei der Abwägung – ausdrücklich oder wenigstens für den Leser erkennbar – nicht aufgenommen. Vorbeugend ist dazu freilich zu bemerken, daß man der Prinzessin nach einem knappen halben Jahrhundert nicht vorhalten kann, daß ihr Vater ihre Bilder als Baby an die Presse verkauft hat. Wenn das Argument der Kommerzialisierung eine Berechtigung haben soll, müßte es sich auf ein entsprechendes Verhalten der Prinzessin beziehen. Freilich müßte auch dann geprüft werden, ob eine Öffnung der Privatsphäre in Teilbereichen es rechtfertigen kann, die Person in Zukunft in ihrem täglichen Verhalten in der Öffentlichkeit umfassend zum Gegenstand der Bildberichterstattung zu machen.
   Der Europäische Gerichtshof für Menschenrechte geht auf das Kommerzialisierungsargument des Bundesverfassungsgerichts zu Recht nicht ein, da es einen erkennbaren Einfluß auf die Entscheidung nicht gehabt hat. Der Gerichtshof kehrt das Kommerzialisierungsargument aber um, indem

er bei der Abwägung dem Persönlichkeitsrecht der Prinzessin den Vorrang einräumt vor einem Interesse der Öffentlichkeit, über das Privatleben der Prinzessin informiert zu werden, und vor dem wirtschaftlichen Interesse der Zeitschriften, die Fotoaufnahmen und Artikel zu veröffentlichen, um den Absatz zu steigern (Nr. 77).

## III. *Abwägung zwischen Persönlichkeitsrecht und Pressefreiheit*

Die Unterschiede der beiden Urteile (Nr. 4 – 7) werden deutlich in den Hauptbeanstandungen des Europäischen Gerichtshofs für Menschenrechte:

- Absolute Person der Zeitgeschichte werde man nicht dadurch, daß Öffentlichkeit und Presse an einer Person wegen ihrer bloßen Zugehörigkeit zu einer Herrscherfamilie Interesse hätten.
- Bei der Abwägung zwischen Presse- bzw. Meinungsfreiheit und Persönlichkeitsrecht bzw. Recht auf Privatleben müsse zum einen der Inhalt der Publikation mit berücksichtigt und zum anderen zwischen Abbildungen und Wortbeiträgen unterschieden werden.
- Die schützenswerte Privatsphäre könne nicht räumlich auf den häuslichen Bereich und eine Sphäre örtlicher Abgeschiedenheit beschränkt werden.

Damit hat der Europäische Gerichtshof für Menschenrechte das Urteil des Bundesverfassungsgerichts und die gesamte deutsche Rechtsprechung, die das Bundesverfassungsgericht auf seine Linie gebracht und gehalten hat, umfassend beanstandet, was zu dem eingangs zitierten Verdikt geführt hat. Die drei Punkte der Beanstandung laufen letzten Endes alle auf eine anders gewichtete Abwägung hinaus. Dies ist in den ersten Stellungnahmen zu dem Urteil des Europäischen Gerichtshofs für Menschenrechte auch durchweg gesehen worden.[9] Auch der ehemalige Verfassungsrichter *Professor Grimm*, der Berichterstatter im Caroline-Fall, hat das gesehen und hervorgehoben, als er das Urteil des Europäischen Gerichtshofs für Menschenrechte kurz nach dessen Erlaß in der FAZ vom 14. Juli 2004/Nr. 161, S. 34 kritisiert hat. Das Bundesverfassungsgericht sieht sich nach dem Caroline-Urteil des Europäischen Gerichtshofs für Menschenrechte plötzlich in eine dem BGH vergleichbare Lage versetzt, dem das Bundesverfassungsgericht mehrfach Abwägungsfehler vorgehalten hat.

9 *Andreas Heldrich*, Persönlichkeitsschutz und Pressefreiheit nach der Europäischen Menschenrechtskonvention, in: NJW 2004, S. 2634 ff.; *Rolf Stürner*, Anmerkung, in: JZ 2004, S. 1018 ff.

*Grimm* wirft dem Europäischen Gerichtshof für Menschenrechte vor, daß dessen Urteil, verglichen mit dem des Bundesverfassungsgerichts, ärmer an abwägungsrelevanten Faktoren sei. Es scheint sich nicht um Armut oder Reichtum von Gesichtspunkten zu handeln, sondern um deren prinzipielle Gewichtung. So hält der Europäische Gerichtshof für Menschenrechte die *mediensoziologischen* Ausführungen des Bundesverfassungsgerichts über »Infotainment« und über Verhaltensmuster »prominenter« Zeitgenossen (S. 390) für irrelevant unter dem Gesichtspunkt des *normativ* gebotenen Schutzes des Privatlebens. Auch die Ausführungen zur Umgrenzung der Privatsphäre sind nicht ärmer, sondern eher reicher an Gesichtspunkten als im Urteil des Bundesverfassungsgerichts.

## IV. *Konsequenzen*

### 1. *Völkerrechtliche Konsequenzen*

Das Caroline-Urteil des Europäischen Gerichtshofs für Menschenrechte ist ein inter partes wirkendes Feststellungsurteil. Der Gerichtshof kann das Urteil des Bundesverfassungsgerichts und die ihm zugrunde liegenden Urteile der ordentlichen Gerichte nicht aufheben. Völkerrechtlich hat sich aber die Bundesrepublik verpflichtet, in allen Rechtssachen, in denen sie Partei ist, das endgültige Urteil des Europäischen Gerichts für Menschenrechte zu befolgen (Art. 46 EMRK). Inzwischen ist das Caroline-Urteil gemäß Art. 44 Abs. 2 lit. b EMRK endgültig, da die Bundesregierung die Verweisung der Rechtssache an die Große Kammer nicht beantragt hat. Das Urteil des BGH ist, soweit es nicht durch das Bundesverfassungsgericht aufgehoben worden ist, in materieller Rechtskraft erwachsen. Damit hat es für die Vergangenheit sein Bewenden, wenigstens vorläufig, denn der Europäische Gerichtshof für Menschenrechte hat die Frage der Anwendung des Art. 41 EMRK nicht für entscheidungsreif gehalten. Er behielt sich die Entscheidung über eine gerechte Entschädigung vor und wollte das weitere Verfahren unter Berücksichtigung der Möglichkeit einer Einigung zwischen der Bundesregierung und der Beschwerdeführerin über die Entschädigung bestimmen (Nr. 85).[10]
Angestrebt war ein Verbot, die beanstandeten Bilder in Zukunft zu veröffentlichen. Für die Zukunft hat das Urteil des Europäischen Gerichtshofs für Menschenrechte durchaus Bedeutung, obwohl es in der Europäischen Menschen-

10 Presseberichten ist zu entnehmen, daß sich die Bundesrepublik Deutschland in einer gütlichen Einigung verpflichtet hat, an die Prinzessin 115.000 Euro zu zahlen.

rechtskonvention keine dem § 31 Abs. 1 BVerfGG vergleichbare Vorschrift gibt, wonach alle Verfassungsorgane, Behörden und Gerichte an die Entscheidungen des Bundesverfassungsgerichts gebunden sind.[11]

Nach den Worten des Bundesverfassungsgerichts[12] sind bei der Auslegung des Grundgesetzes auch Inhalt und Entwicklungsstand der Europäischen Menschenrechtskonvention in Betracht zu ziehen, sofern dies nicht zu einer Einschränkung oder Minderung des Grundrechtsschutzes nach dem Grundgesetz führt, eine Wirkung, die die Konvention indes selbst ausgeschlossen sehen will (Art. 53). Was den Entwicklungsstand der Europäischen Menschenrechtskonvention anbelangt, »dient insoweit auch die Rechtsprechung des Europäischen Gerichtshofs für Menschenrechte als *Auslegungshilfe* für die Bestimmung von Inhalt und Reichweite von Grundrechten und rechtsstaatlichen Grundsätzen des Grundgesetzes,« wie es das Bundesverfassungsgericht ausgedrückt hat. Eine Einschränkung oder Minderung des Grundrechtsschutzes nach dem Grundgesetz, die ausgeschlossen sein soll, liegt hier nicht vor, da es sich um die Abwägung miteinander konkurrierender Grundrechtspositionen handelt. Dabei ist das Recht auf Privatsphäre sogar gestärkt worden.

Die meisten Menschenrechte, wie sie in der Europäischen Menschenrechtskonvention niedergelegt sind, stellen allgemeine Regeln des Völkerrechts dar, die Bestandteile des Bundesrechts sind und den Gesetzen vorgehen (Art. 25 GG).[13] Ob freilich Art. 25 GG auch die Rechtsprechung des Europäischen Gerichtshofs für Menschenrechte umschließt, ist zweifelhaft und eher zu verneinen.[14] Da sich aber Deutschland nicht nur verpflichtet hat, die einzelnen Urteile des Europäischen Gerichtshofs für Menschenrechte zu befolgen, in denen es Partei ist, sondern auch ein wirksames Beschwerderecht (Art. 13 EMRK) und die wirksame Anwendung aller Bestimmungen der Konvention (Art. 52) zu gewährleisten hat, werden sich die deutschen Gerichte unter Einschluß des Bundesverfassungsgerichts nicht der Pflicht entziehen können, die Grundsätze der Rechtsprechung beim Erlaß künftiger Entscheidungen zu beachten.

11 Vgl. *Christine Langenfeld*, Pressefreiheit versus Schutz der Privatsphäre – zum Urteil des Europäischen Gerichtshofs für Menschenrechte im Fall Caroline von Hannover, in: Festschrift für Volkmar Götz, 2005, S. 259, 272 ff.

12 BVerfGE 74, 358, 370, auch zum folgenden Zitat; vgl. zum Problem allgemein *Volker Schlette*, Les interactions entre les jurisprudences de la Cour européenne des droits de l'homme et de la Cour constitutionnelle fédérale allemande, in: Revue française de Droit constitutionnel, 28, 1996, S. 747 ff., 758 ff.; *Christoph Grabenwarter*, Europäisches und nationales Verfassungsrecht, in: VVDStRL 60 (2001), S. 305 f.; *Christian Starck*, in: Mangoldt/Klein/Starck, Kommentar zum Grundgesetz, Bd. 1, 5. Aufl. 2005, Art. 1 Rdnr. 215 m.w.N.

13 *Christian Koenig*, in: v. Mangoldt/Klein/Starck, Kommentar zum Grundgesetz, Bd. 2, 5. Aufl. 2005, Art. 25 Rdnr. 59, 66.

14 So LG Mainz, NJW 1999, S. 1271, 1272.

Am 24. Oktober 2004 hat das Bundesverfassungsgericht über seine bisherige Rechtsprechung (sc. Auslegungshilfe) hinaus entschieden, daß die deutschen Gerichte einer Pflicht zur Berücksichtigung der Entscheidungen des Europäischen Gerichtshofs für Menschenrechte unterliegen.[15] Was Berücksichtigung heißt, wird angesichts des Caroline-Urteils wie folgt beschrieben:[16]

> »Bei der Berücksichtigung von Entscheidungen des Gerichtshofs haben die staatlichen Organe die Auswirkungen auf die nationale Rechtsordnung in ihre Rechtsanwendung einzubeziehen. . . .
> Das Individualbeschwerdeverfahren nach Art. 34 EMRK vor dem Europäischen Gerichtshof für Menschenrechte ist darauf ausgerichtet, konkrete Einzelfälle am Maßstab der Europäischen Menschenrechtskonvention und ihrer Zusatzprotokolle im zweiseitigen Verhältnis zwischen Beschwerdeführer und Vertragspartei zu entscheiden. Die Entscheidungen des Gerichtshofs können auf durch eine differenzierte Kasuistik geformte nationale Teilrechtssysteme treffen. In der deutschen Rechtsordnung kann dies . . . . im Recht zum Schutz der Persönlichkeit eintreten (es folgt ein Verweis auf das Caroline-Urteil des EGMR), in denen widerstreitende Grundrechtspositionen durch die Bildung von Fallgruppen und abgestuften Rechtsfolgen zu einem Ausgleich gebracht werden. Es ist die Aufgabe der nationalen Gerichte, eine Entscheidung des Europäischen Gerichtshofs für Menschenrechte in den betroffenen Teilrechtsbereich der nationalen Rechtsordnung einzupassen, . . . .
> Bei der insoweit erforderlichen wertenden Berücksichtigung durch die nationalen Gerichte kann auch dem Umstand Rechnung getragen werden, dass das Individualbeschwerdeverfahren vor dem Gerichtshof, insbesondere bei zivilrechtlichen Ausgangsverfahren, die beteiligten Rechtspositionen und Interessen möglicherweise nicht vollständig abbildet. Verfahrensbeteiligte vor dem Gerichtshof ist neben dem Beschwerdeführer nur die betroffene Vertragspartei; die Möglichkeit einer Beteiligung Dritter an dem Beschwerdeverfahren (vgl. Art. 36 Abs. 2 EMRK) ist kein institutionelles Äquivalent für die Rechte und Pflichten als Prozesspartei oder weiterer Beteiligter im nationalen Ausgangsverfahren.«

Das Bundesverfassungsgericht – es ist der Zweite Senat, während das Caroline-Urteil vom Ersten Senat stammt – verweist hier auf die mangelnde Verfahrensbeteiligung der anderen Partei des zivilrechtlichen Ausgangsverfahrens. Die Möglichkeit einer Beteiligung Dritter gemäß Art. 36 Abs. 2 EMRK sieht es nicht als institutionelles Äquivalent an. Die gleiche Situation besteht indes aber doch auch bei den entsprechenden Verfassungsbeschwerdeverfahren vor dem Bundesverfassungsgericht. So wie das Bundesverfassungsgericht in seinem Caroline-Urteil die Beklagte des Ausgangsverfahrens angehört hat

15 BVerfGE 111, 307, 323 f., JZ 2004, S. 1171, 1174; dazu *Peter J. Tettinger*, Steine aus dem Glashaus, JZ 2004, S. 1144 ff.; *Eckart Klein*, Anmerkung, JZ 2004, S. 1176 ff.; *Jochen Abr. Frowein*, Die traurigen Missverständnisse. Bundesverfassungsgericht und Europäischer Gerichtshof für Menschenrechte, in: Liber amicorum Jost Delbrück, 2005, S. 279 ff.; *Langenfeld* (Anm. 11), S. 276 ff.

16 BVerfGE 111, 307, 327, JZ 2004, S. 1171, 1175.

(S. 376 – 379), hat dies auch der Europäische Gerichtshof getan (Nr. 47) und dazu noch den Verband Deutscher Zeitungsverleger (Nr.46).

## 2. *Verfassungsrechtliche Konsequenzen*

Im folgenden ist zu prüfen, ob sich die Abwägungsgrundsätze des Caroline-Urteils ins deutsche Verfassungsrecht »einpassen« lassen. Es geht dabei um die diesem Urteil zugrunde liegenden Wertungen, die darauf zu überprüfen sind, ob sie dem Grundgesetz widersprechen. Dann könnten sie in der Tat in der zukünftigen deutschen Rechtsprechung keine Beachtung finden.
Geht man die einzelnen Wertungen des Europäischen Gerichtshofs für Menschenrechte durch und überprüft sie auf ihre Vereinbarkeit mit dem Grundgesetz, so ergibt sich folgendes:

- Der stärkere Schutz des Persönlichkeitsrechts von Prominenten, die nicht in offizieller Funktion tätig sind oder öffentlich auftreten, verstößt nicht gegen die Meinungs- und Pressefreiheit auch in ihrer objektiv-rechtlichen demokratiestaatlichen Bedeutung. Denn die bloße Unterhaltung des Publikums und die Absatzsteigerung wiegt Eingriffe ins Persönlichkeitsrecht besonders durch bildliche Darstellungen nicht auf.
- Die mediensoziologisch erwiesene Unterscheidung zwischen der Verbreitung von Abbildungen von Personen und Wortberichterstattung über Personen, die weniger stark in die Privatsphäre eingreift als Abbildungen, erscheint sogar als ein wichtiger weiterer Abwägungsgesichtspunkt, der als Ausdruck des Verhältnismäßigkeitsprinzips ohne Zweifel im Einklang mit dem Grundgesetz steht.[17]
- Die Kritik am Begriff der absoluten Person der Zeitgeschichte und den daraus gezogenen begrifflichen Ableitungen im Hinblick auf deren Schutz der Privatsphäre erscheint geradezu als eine fruchtbare Anregung, eine gewisse begriffsjuristische Verhärtung aufzuweichen, worauf im übrigen der mit einer konkurrierenden Meinung hervorgetretene Richter *Zupančič* hinweist.
- Wenn der Pressebegriff und damit der Schutz der Pressefreiheit zutreffenderweise nicht vom Inhalt oder der Qualität der Veröffentlichung, sondern von der Herstellungs- und Vervielfältigungsmethode bestimmt wird[18], bedeutet das nicht, daß bei der Abwägung zwischen Pressefreiheit und Schutz der Privatsphäre der Inhalt der Presseveröffentlichung nicht berücksichtigt werden darf. Der Europäische Gerichtshof für Menschenrechte unterscheidet zwischen Abbildungen, die die politische und öffent-

17 Vgl. *Stürner* (Anm. 9), S. 1019.
18 *Starck* (Anm. 12), Art. 5 Rdnr. 59 f., m.w.N.

liche Diskussion betreffen, und Abbildungen von Einzelheiten aus dem Privatleben, die keinen Bezug »zu irgendeiner Diskussion von allgemeinem Interesse für die Gesellschaft« (Nr. 65) haben. Ansatzpunkte für diese Auffassung lassen sich schon in der Rechtsprechung des BGH entdecken, der kürzlich[19] folgende Abwägungsformel verwendet hat: Der Schutz der Persönlichkeit des Betroffenen wiege um so schwerer, je geringer der Informationswert für die Allgemeinheit sei. Und das Bundesverfassungsgericht muß nur zu seiner früheren Rechtsprechung zurückkehren. Eine Passage aus dem Jahre 1973[20], die genau dem Caroline-Urteil des Europäischen Gerichtshofs für Menschenrechte entsprechen dürfte, lautet: »Bei der Abwägung zwischen der Pressefreiheit und anderen verfassungsrechtlich geschützten Rechtsgütern kann berücksichtigt werden, ob die Presse im konkreten Fall eine Angelegenheit von öffentlichem Interesse ernsthaft und sachbezogen erörtert, damit den Informationsanspruch des Publikums erfüllt und zur Bildung der öffentlichen Meinung beiträgt oder ob sie lediglich das Bedürfnis einer mehr oder minder breiten Leserschicht nach oberflächlicher Unterhaltung befriedigt.«[21] Dieses Urteil ist im Caroline-Urteil des Bundesverfassungsgerichts zitiert (S. 391).

Es sind also keine verfassungsrechtlichen Schwierigkeiten zu erkennen, das Caroline-Urteil des Europäischen Gerichtshofs für Menschenrechte in das deutsche Verfassungsrecht »einzupassen«. Deshalb werden die Zivilgerichte, die ja zunächst mit entsprechenden Klagen von Prominenten befaßt werden, dem Caroline-Urteil des Europäischen Gerichtshofs für Menschenrechte folgen und alle vorgelegten Streitfälle zwischen prominenten Zeitgenossen und Presse entsprechend entscheiden können und müssen. In Frage kommen außer Angehörigen des Hochadels auch Schauspieler, Fernsehmoderatoren, Spitzensportler und Wirtschaftsführer. Inzwischen hat das Kammergericht Berlin[22] im Fall der Lebensgefährtin eines in Deutschland bekannten Sängers und Schauspielers im Lichte der »im Kern überzeugenden Erwägungen des EGMR« die Bindungswirkung des Caroline Urteils des Bundesverfassungsgerichts v. 15.12.1999 im Hinblick auf die Völkerrechtsfreundlichkeit des Grundgesetzes als gelockert angesehen und entschieden, daß sich das Recht Prominenter und ihrer vertrauten Begleiter auf Achtung ihres Privatlebens über Orte der Abgeschiedenheit hinaus erstrecke, sofern der Betroffene nicht selbst ein Informationsinteresse der Öffentlichkeit an entsprechenden Fotos geweckt habe.

19 BGH, NJW 2004, S. 762, 764.
20 BVerfGE 34, 269, 283; vgl. auch BVerfGE 50, 234, 240.
21 Ähnlich auf den Rundfunk bezogen BVerfGE 35, 202, 223 – Lebach;
22 KG v. 29.10.2004, AfP 2004, S. 564 ff.

Die Befürchtung von *Grimm*, daß nicht mehr über einen in der Disco andere Gäste anpöbelnden Fußballstar in Bild und Wort berichtet werden dürfe[23], verkennt die Aussagen des Urteils des Europäischen Gerichtshofs für Menschenrechte. Auch über einen prügelnden Prinzen darf weiterhin in Bild und Wort berichtet werden. In beiden Fällen besteht eine deutliche Beziehung zu der die Prominenz begründenden öffentlichen Stellung. Die Folge des Caroline Urteils des Europäischen Gerichtshofs für Menschenrechte wird allerdings sein, daß im übrigen Fotos aus dem Privatleben Prominenter der genannten Kategorie nicht mehr gemacht werden, da sie ohne deren Zustimmung nicht mehr veröffentlicht werden dürfen.
Es bestehen also keine verfassungsrechtlichen Hindernisse für die Zivilgerichte, den Grundsätzen zu folgen, die im Caroline-Urteil des Europäischen Gerichtshofs für Menschenrechte zum Ausdruck gebracht worden sind. § 31 Abs. 1 BVerfGG, wonach die Entscheidungen des Bundesverfassungsgerichts alle Gerichte binden, könnte entgegenstehen. Die Autorität des Europäischen Gerichtshofs für Menschenrechte und die völkerrechtliche Bindung Deutschlands ermächtigen aber die Zivilgerichte, eine Neuinterpretation des § 23 Abs. 1 Nr. 1 KUG und die Abwägung zwischen Pressefreiheit und Persönlichkeitsrecht nach den Grundsätzen des Europäischen Gerichtshofs vorzunehmen. Man wird dann abzuwarten haben, wie sich das Bundesverfassungsgericht verhält, wenn ein entsprechender Fall – dann auf Verfassungsbeschwerde des Zeitungsverlages – zu entscheiden ist. Selbstverständlich könnte es sich dem Europäischen Gerichtshof für Menschenrechte anpassen. Möchte es dies vermeiden, müßte es Gründe anführen, warum dies entgegen der hier vertretenen Ansicht nach deutschem Verfassungsrecht nicht möglich sein soll, und auf diese Weise in ein Rechtsgespräch mit dem Europäischen Gerichtshof eintreten, bei dem ein von dessen Rechtsprechung abweichendes Urteil des Bundesverfassungsgerichts auf jeden Fall landen würde.

### 3. *Weiterungen auf dem Gebiet des Ehrenschutzes*

Der Erfolg der Prinzessin Caroline beim Europäischen Gerichtshof für Menschenrechte wird möglicherweise weitere Beschwerden zur Folge haben, und zwar auf dem Gebiet des Ehrenschutzes. So wie die in Art. 5 Abs. 1 GG garantierten Kommunikationsgrundrechte ihre Schranken im Recht der persönlichen Ehre finden (Art. 5 Abs. 2 GG), sieht Art. 10 Abs. 2 EMRK vor, daß die Freiheit der Meinungsäußerung Einschränkungen unterworfen werden kann, die in einer demokratischen Gesellschaft notwendig sind, u.a. zum Schutze des guten Rufes. In Verfassungsbeschwerdeverfahren, in denen es um den

23 FAZ v. 14.7.2004/Nr. 161, S. 34.

Schutz der persönlichen Ehre geht, betont das Bundesverfassungsgericht die hohe Bedeutung der Meinungsäußerungsfreiheit für den demokratischen Staat, ignoriert die besondere positivierte Schranke des Rechts der persönlichen Ehre und arbeitet mit der Schranke der allgemeinen Gesetze und der Wechselwirkungstheorie.[24] Dabei beruft sich das Bundesverfassungsgericht auf »die Vermutung zugunsten der freien Rede« im politischen Meinungskampf und beschwört die Gefahr einer Lähmung oder Verengung des Meinungsbildungsprozesses.[25]

Hiergegen ist insbesondere in den letzten Jahren auf breiter Front massiv Kritik geübt worden[26], die – sieht man von Überspitzungen ab – einmütig darauf hinausläuft, daß demokratische Meinungsbildung substantiell nicht dadurch eingeschränkt wird, daß der verfassungsrechtlich gewährleistete Ehrenschutz zum Zuge kommt. Denn Ehrenschutz bedeutet niemals eine substantielle, d. h. eine inhaltliche Beschränkung in der Äußerung der Meinung, sondern immer nur Beschränkung in der Form der Darlegung. Jedermann kann sagen, daß er ein Gegner der Bundeswehr ist, daß er Pazifist ist, ohne die Soldaten[27] oder einen einzelnen Soldaten[28] zu beleidigen. Das Bundesverfassungsgericht ist in seinen Entscheidungen niemals auf diese Kritik eingegangen. Es pflegt unter Verwendung immer derselben allgemeinen Formeln seine Rechtsprechung und fällt auf diesem Gebiet auch stattgebende Kammerentscheidungen, weil »die für die Beurteilung der Verfassungsbeschwerde maßgebliche verfassungsrechtliche Frage durch das Bundesverfassungsgericht bereits entschieden« sei (§ 93 c Abs. 1 Satz 1 BVerfGG).

Es ist nicht abzusehen, wie der Europäische Gerichtshof für Menschenrechte diese Rechtsprechung unter dem Gesichtspunkt des Persönlichkeitsrechts, das aus dem Schutz des Privatlebens in Art. 8 EMRK abgeleitet wird[29], und der

24 BVerfGE 42, 143, 150; 47, 130, 141; 69, 257, 269 f.; 82, 272, 280; dazu kritisch *Starck* (Anm. 12), Art. 5 Rdnr. 209 ff.

25 Vgl. vorangehende Anmerkung und BVerfGE 93, 266, 294.

26 Aus der Fülle der Literatur vgl. z. B. *Georg v. d. Decken*, Meinungsäußerungsfreiheit und Ehrenschutz in der politischen Auseinandersetzung, Diss. Göttingen 1980, S. 150; *Walter Schmitt Glaeser*, Meinungsfreiheit und Ehrenschutz, JZ 1983, S. 95, 98; *Rudolf Mackeprang*, Ehrenschutz im Verfassungsstaat, 1990, S. 131 ff.; *Manfred Kiesel*, Die Liquidierung des Ehrenschutzes durch das Bundesverfassungsgericht, NVwZ 1992, S. 1129 ff.; *Rudolf Wendt*, in: v. Münch/Kunig (Hrsg.), Grundgesetz-Kommentar, Bd. I, 4. Aufl. 1992, Art. 5 Rdnr. 83; *Martin Kriele*, Ehrenschutz und Meinungsfreiheit, NJW 1994, S. 1897 ff.; *Rolf Stürner*, Die verlorene Ehre des Bundesbürgers, JZ 1994, S. 865, 867 ff.; *Horst Sendler*, Kann man Liberalität übertreiben?, ZRP 1994, S. 343, 344 ff.; *Peter J. Tettinger*, Die Ehre – ein ungeschütztes Verfassungsgut?, 1995, S. 25 ff.; *Ralf Stark*, Die Rechtsprechung des Bundesverfassungsgerichts zum Spannungsfeld von Meinungsfreiheit und Ehrenschutz, JuS 1995, S. 689 ff.; *Fritz Ossenbühl*, Medien zwischen Macht und Recht, JZ 1995, S. 633, 640; *Herbert Tröndle*, Das Bundesverfassungsgericht und sein Umgang mit dem »einfachen Recht«, in: Festschrift für Walter Odersky, 1996, S. 261 ff.; *Rüdiger Zuck*, Anmerkung, JZ 1996, S. 364, 365.

27 BVerfGE 93, 266, 294.

28 BVerfGE 86, 1, 9 ff.

29 *Robert Uerpmann*, in: Dirk Ehlers (Hrsg.), Europäische Grundrechte und Grundfreiheiten, 2003, § 3 Rdnr. 3.

besonderen Schranke des Schutzes des guten Rufes in Art. 10 Abs. 2 EMRK beurteilt. Der Gerichtshof hat unter demokratisch-funktionalen Gesichtspunkten die Grenzen einer Kritik an Politikern erheblich erweitert[30], verglichen mit der Kritik an Privatpersonen.[31] Die Begründungen des Europäischen Gerichtshofs lassen es durchaus möglich erscheinen, daß auch insoweit das Bundesverfassungsgericht – wiederum im Rahmen des Grundgesetzes – zu einer Kursänderung veranlaßt wird.

30 Vgl. EuGRZ 1986, S. 424, 428 (Nr. 42) – Lingens; EuGRZ 1991, S. 216 (Nr. 59) – Oberschlick.
31 Diesen Unterschied stellt *Frowein*, in: Frowein/Peukert, EMRK-Kommentar, 2. Aufl. 1996, Art. 10 Rdnr. 25, deutlich heraus.

7. Kapitel

# Staatliche Rundfunkaufsicht und interne Programmkontrolle in öffentlich-rechtlichen Systemen

## I. *Beschränkte Staatsaufsicht*[1]

### 1. *Zur gerichtlichen Verfahrensdauer*

Das rechtskräftig gewordene Urteil des Verwaltungsgerichts Mainz zur Frage der Beschränkung der staatlichen Rechtsaufsicht über Rundfunkanstalten schließt einen Rechtsstreit ab, der durch eine Sendung des ZDF vom 26.1.1972 und eine daraufhin ergangene Aufsichtsverfügung der Hessischen Landesregierung vom 6.12.1972 ausgelöst worden ist. Gegen die Aufsichtsverfügung hatte das ZDF am 7.11.1973 Klage erhoben, über die fünf Jahre später durch Urteil vom 19.12.1978 entschiednen worden ist[2]. Selbst wenn man dem Verwaltungsgericht zugute hält, daß dem Rechtsstreit eine nicht alltägliche Rechtsfrage zugrunde lag, ja daß solch eine Klage einer Rundfunkanstalt gegen eine Aufsichtsverfügung erstmalig in der Bundesrepublik erhoben worden ist, kann damit die verzögerliche Behandlung des Rechtsstreites nicht gerechtfertigt werden, zumal der Sachverhalt klar war und die zur Entscheidung stehende Rechtsfrage in einer umfassenden Monographie aus neuerer Zeit (siehe Anm. 9) und in zwei ausführlichen Rechtsgutachten aus den Jahren 1973 (Leibholz) und 1974 (Mallmann) behandelt war. Auch die allgemein bekannte Überlastung der Verwaltungsgerichte rechtfertigt nicht, eine Entscheidung bis zu fünf Jahren zu verschleppen. Art. 19 Abs. 4 GG garantiert nicht nur die Beschreitung des Rechtsweges, sondern auch eine Entscheidung des angerufenen Gerichts in angemessener Zeit;[3] anderenfalls liefe die Rechtsweggarantie leer. Diesen verfassungsrechtlichen Maßstab müssen die zur Entscheidung berufenen Gerichte beachten, indem sie eigene Entschlußlosigkeit überwinden und Verschleppung durch eine Prozeßpartei zu verhindern wissen.

1 Wiederabdruck aus: Juristenzeitung 1979, S. 305-307.
2 JZ 1979, S. 303 ff.
3 Vgl. *Michael Kloepfer*, Verfahrensdauer und Verfassungsrecht, JZ 1979, S. 209, 212.

## 2. *Staatsaufsicht und anstaltsinterne Programmkontrolle*

Das Urteil enthält zunächst prozessuale Aussagen über die örtliche Zuständigkeit des Gerichts und über den richtigen Beklagten, die hier auf sich beruhen sollen. In der Sache selbst geht das Gericht davon aus, daß staatliche Rechtsaufsicht über das Programm des ZDF verfassungsrechtlich zulässig ist,[4] beurteilt sie jedoch als subsidiär gegenüber der anstaltsinternen Programmkontrolle durch den Fernsehrat. Die Subsidiarität wird aus verfassungsrechtlichen Gründen als zwingend angesehen. Die Subsidiarität der staatlichen Rechtsaufsicht steht im Einklang mit der Ansicht des Bundesverfassungsgerichts, wonach die Rundfunkanstalten nur einer „beschränkten staatlichen Rechtsaufsicht unterworfen sind".[5] Beschränkung der Rechtsaufsicht liegt in der Subsidiarität. – Das Verwaltungsgericht legt dann im einzelnen dar, wie die Aufsichtsbehörde zu verfahren habe, wenn die anstaltsinterne Kontrolle fehlerhaft oder gar nicht ausgeübt wird.
Gegen die Susidiarität der staatlichen Programmaufsicht sind vor allem von *Mallmann*[6] Bedenken geltende gemacht worden. *Mallmann* hält unter Berufung auf *Herzog*[7] den Fernsehrat wegen seiner Größe (66 Mitglieder) und der Pluralität seiner Zusammensetzung für ungeeignet, „eine effektive Rechtsmäßigkeitskontrolle der Programmgestaltung auszuüben". Die auf Zusammensetzung und Größe des Fernsehrates gestützte Argumentation von Mallmann läßt sich mit § 13 Abs. 1 ZDF-Vertrag nicht in Einklang bringen, in welchem dem Fernsehrat die Aufgabe zugewiesen wird, die Einhaltung der Programmrichtlinien und der in §§ 2 bis 6 und 10 ZDF-Vertrag aufgestellten Programmgrundsätze zu überwachen. Diese Überwachungsfunktion kommt dem Fernsehrat als einem Organ der Anstalt zu. Diese inneranstaltliche Kompetenzverteilung führt den Gedanken der Vergesellschaftung des Rundfunks organisatorisch durch. Programmkontrolle durch den Fernsehrat ist keine Außenkontrolle und bedeutet für sich gesehen keinen Einfluß des Staates auf das Fernsehprogramm. Die derzeitige anstaltliche Rundunkorganisation in der Bundesrepublik verlangt zwingend Programmkontrolle durch ein Organ, das eine besondere vom Staat unabhängige Repräsentation der Gesellschaft darstellt. Die Programmkontrolle durch ein inneranstaltliches pluralistisch zusammengesetztes Gremium ist eine verfassungsrechtlich zwingende Kompensation dafür, daß ein subjektives Recht, Rundfunk zu veranstalten, in der derzeitigen Rundfunkorganisation durch „Vergesellschaftung" des Rund-

4 A.A. *Gerhard Leibholz*, Rechtsgutachten zur staatlichen Rechtsaufsicht über die Programmgestaltung, Schriftenreihe des ZDF 11, 1973, S. 34 ff.

5 *BVerfGE* 12, 205, 261.

6 *Walter Mallmann*, Zur Rechtsaufsicht über das Zweite Deutsche Fernsehen, hrsg. von der Hessischen Landesregierung, 1975, S. 78 ff., 116 ff.

7 *Roman Herzog*, in: Maunz/Dürig, Grundgesetz, Art. 5 (1978) Rdnr. 228.

funks verdrängt ist. Ein weiteres (heute noch geltendes) Argument für den Vorrang des Fernsehrates bei der Programmkontrolle ergibt sich daraus, daß der Fernsehrat als Verbindungsglied der Rundfunkanstalt zur Gesellschaft nicht auf Rechtsaufsicht beschränkt ist, sondern darüber hinaus gehen darf und insbesondere die nicht auf eine Rechtsfrage reduzierbare Ausgewogenheit des Programms zu überwachen hat.[8]
Freilich sind die Argumente *Mallmanns* im Hinblick auf die tatsächliche Zusammensetzung der Aufsichtsgremien in den deutschen Rundfunkanstalten nicht einfach wegzuwischen.[9] Programmkontrolle durch den Fernsehrat und die sonstigen Aufsichtsgremien der deutschen Rundfunkanstalten funktioniert nur, wen zweierlei gewährleistet ist: Zunächst müssen Rundfunkgesetze und Wahlorgane eine pluralistische Zusammensetzung der Gremien sicherstellen; denn nur solche Gremien dürfen Kontrollkompetenz ausüben. Ist jedoch das Aufsichtsgremium so zusammengesetzt, daß den Vertretern des Staates ein ausschlaggebendes Gewicht zukommt, so liegt nur noch dem Scheine nach eine anstaltsinterne, gesellschaftlich-pluralistische Programmkontrolle, in Wirklichkeit jedoch verdeckte Staatsaufsicht vor.[10] Eine einseitige Auslieferung der Gremien an den Staat, an die mit dem Staat eng verbundenen Parteien oder an eine gesellschaftliche Kraft macht eine Programmaufsicht verfassungswidrig. Freilich widerspricht auch das Fehlen jeglicher Programmaufsicht der Verfassung, weil der anstaltlich betriebene Rundfunk eine effektive Rückbindung an die Gesellschaft braucht. Weiterhin müssen die inneranstaltlichen Aufsichtsorgane, hier der Fernsehrat, sicherstellen, daß Programmüberwachung stattfindet und in Beanstandungsfällen zügig abgewickelt wird. Zu diesem Zweck hat der Fernsehrat des ZDF seit 1976 dem Richtlinien- und Koordinierungsausschuß die Vorprüfung von Richtlinienverletzungen zur Aufgabe gemacht.[11] Im vorliegenden Fall liegt jedoch ein offensichtliches Versäumnis des Fernsehrates vor, da er in der Beanstandungssache keine Entscheidung getroffen und sich – soweit aus dem Urteil ersichtlich – noch nicht einmal mit der Sache befaßt hat. Freilich hätte die Niedersächsische Landesregierung, die mit der Berichterstattung unzufrieden war, den Fernsehrat in dieser Angelegenheit anrufen müssen. Offenbar versprach sich die damalige Niedersächsische Landesregierung mehr von der Tätigkeit der parteipolitisch

8 *Christian Starck*, Staatliche Organisation und staatliche Finanzierung als Hilfen zu Grundrechtsverwirklichungen?, in: Starck (Hrsg.), Bundesverfassungsgericht und Grundgesetz, Bd. II, 1976, S. 492 = *Starck,* Freiheit und Institutionen, 2002, S. 169.
9 Vgl. auch *Berendes*, Die Staatsaufsicht über den Rundfunk, 1973, S. 75 ff.
10 Vgl. zur Zusammensetzung des zur Programmaufsicht zuständigen WDR-Verwaltungsrates *Christian Starck*, Rundfunkfreiheit als Organisationsproblem, 1973, S. 25 f.; und des NDR-Verwaltungsrates *VG Hamburg* vom 16.3.1979 unter Berufung auf *OVG Lüneburg* JZ 1979, S. 24 ff.
11 Vgl. Anlage 2 zur Geschäftsordnung des Fernsehrates in der Fassung vom 9.6.1978.

befreundeten Hessischen Landesregierung als vom pluralistisch zusammengesetzten Fernsehrat. Darauf kann es aber nicht ankommen. Denn zunächst ist der inneranstaltliche Kontrollmechanismus durchzuführen.
Gegen die Kontrolle durch den Fernsehrat ist das Argument der langen Dauer nicht ins Feld zu führen, bedenkt man, daß die Hessische Landesregierung über zehn Monate benötigte, um die Aufsichtsverfügung zu erlassen. Der Fernsehrat könnte nach Vorbereitung durch den Richtlinien- und Koordinierungsausschuß in einer seiner Sitzungen, die mindestens alle Vierteljahre stattfinden, in einer Aufsichtssache abschließend tätig werden.

### 3. *Konsequenzen des Urteils des Verwaltungsgerichts Mainz*

Das Urteil des Verwaltungsgerichts Mainz verlangt einige Konsequenzen für die Überwachung des Programms durch den Fernsehrat, die hier noch kurz angedeutet werden sollen.

a) Es wird ein Verfahren zu entwickeln sein, in dem zunächst der vorbereitende Richtlinien- und Koordinierungsausschuß auf ernstzunehmende Beanstandungen das Programm zügig auf die Vereinbarkeit mit den Richtlinien und mit den gesetzlichen Grundsätzen überprüft. Das schriftlich festgelegte Ergebnis dieser Prüfung ist dem Fernsehrat vorzulegen, der darüber Beschluß zu fassen hat.

b) Kommt der Fernsehrat zu dem Ergebnis, daß ein Verstoß gegen die Richtlinien oder die gesetzlich festgelegten Programmgrundsätze vorliegt, so hat er einen Beanstandungsbeschluß zu fassen, in dem kurz darzulegen ist, worin die Verletzung der Richtlinien usw. zu sehen ist. Der ZDF-Vertrag sieht keinerlei Sanktionsmöglichkeiten bei Verletzung von Richtlinien und Grundsätzen vor. Das bedeutet freilich nicht, daß es bei einem internen Beanstandungsbeschluß sein Bewenden haben muß. Es böte sich an, daß ein Beanstandungsbeschluß mit Gründen öffentlich bekanntgemacht, insbesondere im Programm des ZDF ausgestrahlt wird. Diese Minimalsanktion, die mit der Überwachungsbefugnis mitgegeben ist, hätte die vorteilhafte Wirkung, daß die Tätigkeit des Fernsehrates, der im Namen der Gesellschaft das Programm des ZDF zu überwachen hat, nach außen hin deutlich dokumentiert wird.

c) Es bleibt die Frage, ob sich die Kontrolle des Fernsehrates nur auf ausgestrahlte Sendungen bezieht oder auch Sendungen vor der Ausstrahlung kontrolliert werden dürfen. Hinsichtlich dieser Frage ist zunächst festzustellen, daß eine Vorwegkontrolle von Sendungen durch den Fernsehrat niemals unter das Zensurverbot des Art. 5 Abs. 2 Satz 3 GG fallen würde.[12] Denn die in Art. 5 verbotene Zensur ist staatliche Zensur, während inneranstaltliche Kontrollkompetenzen vor jeder Zensur stehen. Wenn jedoch die Aufsichtsgremien vom Staat beherrscht sind, wäre Programmkontrolle vor Ausstrahlung verdeckte Zensur. Gegen eine beschränkte Vorwegkontrolle von Sendungen spricht allerdings die Stellung des Intendanten, der für die Tätigkeit der Anstalt dem Fernsehrat gegenüber verantwortlich ist.[13] Es wäre unzweckmäßig, diese Verantwortung durch eine Vorwegkontrolle von Sendungen praktisch aufzuheben.[14] Diese Überlegungen verbieten aber nicht, daß in Ausnahmefällen bei konkreten Anhaltspunkten der Fernsehrat bzw. der vorbereitete Ausschuß sich noch nicht ausgestrahlte Sendungen vorführen läßt, um sie auf ihre Vereinbarkeit mit den Grundsätzen und Richtlinien zu überprüfen. Bei Serien wird der Fernsehrat in Beanstandungsfällen auch auf noch nicht gesendete Teile der Serien zurückgreifen müssen, um sich ein Urteil bilden zu können. Bei der Vorwegkontrolle stellt sich die Frage nach der Sanktion im Falle eines drohenden Verstoßes gegen die Programmgrundsätze und –richtlinien. Ein Beanstandungsbeschluß paßt seinem Wesen nach auf ausgestrahlte Sendungen, erscheint aber ungeeignet, bevorstehende Verstöße zu verhindern. Bindende Weisungen des Fernsehrates an den Intendanten sieht der ZDF-Vertrag anders als § 14 Abs. 3 NDR-Vertrag und § 14 Abs. 4 WDR-Gesetz nicht vor. Somit kann der Fernsehrat nicht mit bindender Wirkung die Ausstrahlung einer vorweg geprüften oder beanstandeten Sendung verhindern. Hiermit korrespondiert die im Staatsvertrag vorgesehene starke Stellung des Intendanten. Kompensiert wird die fehlende Weisungsbefugnis des Fernsehrates nur durch die Befugnis des Verwaltungsrates, den Intendanten mit Zustimmung des Fernsehrates zu entlassen. Entsprechende Beschlüsse beider Organe bedürfen der Mehrheit der Mitglieder.[15] Im Extremfall oder bei Häufung von Beanstandungen könnte der Intendant entlassen werden. Zeigt der Fernsehrat Entschlossenheit und weiß er sich im Einklang mit dem Verwaltungsrat, so könnte seiner Aufforderung, eine beanstandete Sendung nicht zu senden, faktisch die gleiche Wirkung haben, wie eine rechtlich verbindliche Weisung.

d) Die geschilderten Einwirkungsmöglichkeiten des Fernsehrates werfen Rechtsschutzprobleme auf: Im vorliegenden Fall ging es um eine Klage der Anstalt gegen die Aufsichtsbehörde, die zu Unrecht Aufsichtsmaßnahmen getroffen hat. Falls der Fernsehrat oder das zuständige Aufsichtsgremium einer anderen Rundfunkanstalt im Wege der Programmüberwachung eine Aufsichtsmaßnahme trifft, hat der Intendant die Möglichkeit, gegen solch eine

12 Unklar *Fuhr*, ZDF-Staatsvertrag, 1972, S. 110.
13 § 20 Abs. 1 Satz 2 ZDF-Vertrag.
14 Insoweit zutreffend *Fuhr* (Anm. 12.), S. 110.
15 § 19 Abs. 2 ZDF-Vertrag.

Beanstandung oder Aufforderung, eine Sendung abzusetzen, die Verwaltungsgerichte anzurufen.[16] Freilich wird die Rechtskontrolle durch die Verwaltungsgerichte den Aufsichtsgremien einen weiten Beurteilungsspielraum lassen müssen, um der pluralistischen Zusammensetzung der Gremien gerecht zu werden.

## II. *Kompetenzen des Programmbeirats von ARTE*[17]

§ 12.2 des Gesellschaftsvertrages der ARTE Deutschland TV GmbH (im folgenden ARTE-Vertrag) lautet: „Der Programmbeirat berät die Geschäftsführung und die Gesellschafterversammlung in Programmfragen". Damit sind folgende Fragen aufgeworfen. Was bedeutet Beratung? Welches sind die Maßstäbe der Beratung? Wer sind die Adressaten der Beratung?

### 1. *Das Beratungsrecht*

a) Der rechtliche Gehalt des Begriffs Beratung erschließt sich aus dem verfassungsrechtlich festgelegten System der öffentlich-rechtlichen Rundfunkanstalten: Öffentlich-rechtlicher Rundfunk ist in Deutschland nur zulässig, wenn er durch ein pluralistisch zusammengesetztes Gremium effektiv kontrolliert wird. Nach der Rechtsprechung des Bundesverfassungsgerichts[18] müssen die gesellschaftlich relevanten Kräfte auf die Tätigkeit des Rundfunks Einfluß haben. Das Gericht verlangt für binnenpluralistisch strukturierte Veranstalter[19] die Sicherstellung eines effektiven Einflusses der Gremien; in der zitierten Entscheidung geht es zwar um binnenpluralistisch organisierte private Veranstalter, doch ist die Forderung wegen der gleichen internen Struktur öffentlich-rechtlicher Anstalten ohne weiteres auf diese übertragbar. Die Forderung nach Effizienz der Kontrolle der Gremien wird im Schrifttum geteilt.[20] Hinsichtlich öffentlich-rechtlicher Programme ist daher eine effiziente Überwachung und Kontrolle im Hinblick auf die Einhaltung der Programmgrundsätze durch die Gremien erforderlich.[21] Bezüglich der Programmkontrolle

16 Dazu ausführlich *Stern/Bethge*, Die Rechtsstellung des Intendanten der öffentlich-rechtlichen Rundfunkanstalten, 1972, S. 82 ff.
17 Unveröffentlichtes Gutachten vom 5.10.1992 für den Programmbeirat ARTE Deutschland.
18 BVerfGE 31, 314, 326.
19 BVerfGE 57, 295, 325.
20 Vgl. *Christian Starck*, in: v. Mangoldt/Klein/Starck, Das Bonner Grundgesetz, Bd. 1, 3. Aufl. 1985, Art. 5, Rdnr. 78, in der 5. Aufl. 2005, Rdnr. 129; *Christoph Degenhart*, in: BK Art. 5 Abs. 1, Rdnr. 542 f., 561, 563, 586 f.

binnenpluralistischer Veranstalter hat das Bundesverfassungsgericht[22] ausdrücklich betont, die Möglichkeit der Gremien zu unverbindlicher Beratung, Erörterung und Empfehlung reiche zu einer wirksamen Kontrolle nicht aus. Aus diesem Grunde haben die Gremien des öffentlich-rechtlichen Rundfunks nicht nur die Aufgabe, den Intendanten zu beraten, sondern auch die Aufgabe, die Einhaltung der gesetzlichen Programmgrundsätze und die von ihnen aufgestellten Richtlinien zu überwachen.[23]

b) Die ARTE Deutschland ist zwar eine Gesellschaft privaten Rechts, ihre Gesellschafter sind jedoch ausschließlich deutsche Rundfunkanstalten des öffentlichen Rechts. Diese Anstalten können nur im Rahmen der ihnen jeweils gesetzlich zugewiesenen Aufgaben handeln. Sie bedienen sich im vorliegenden Fall zur Erfüllung ihrer Aufgaben (§ 18 Abs. 4 Satz 2 Rundfunkstaatsvertrag) einer privatrechtlichen Gesellschaft. Die ARTE Deutschland veranstaltet selbst keinen Rundfunk, sie hat im Hinblick auf den Europäischen Kulturkanal insbesondere die Aufgabe, die deutschen Programme zu beschaffen, zu koordinieren und zuzuliefern.[24] Damit die Aktivitäten der ARTE nicht aus der Kontrolle herausfallen, denen die öffentlich-rechtlichen Rundfunkanstalten unterliegen, ist ein Beirat eingesetzt worden. Insoweit gelten dieselben Grundsätze, die in Bezug auf die Tätigkeit der öffentlich-rechtlichen Anstalten selbst anwendbar sind.[25] Überwachungsbefugnisse der für die Kontrolle privater Veranstalter zuständigen Landesrundfunkanstalten sind durch Art. 1 Abs. 1 Staatsvertrag zum Europäischen Kulturkanal (im folgenden EKK-Staatsvertrag) ausgeschlossen.

c) Das Handlungsinstrument des Beirates im Bereich seines programmlichen Beratungsrechts sieht wie folgt aus:
- Informationsanspruch,
- Diskussion über die gewonnenen Erkenntnisse,
- Abgabe unverbindlicher Stellungnahmen,
- Ausspruch von Empfehlungen.

Darüber hinausgehende eigenständige Kontrollmittel hat der Beirat nicht. Diese stehen vielmehr den Rundfunkgremien der an der ARTE –Deutschland beteiligten Rundfunkanstalten zu. Gemäß § 12.1 des ARTE-Vertrages werden die Beiratsmitglieder von den Rundfunkräten der ARD-Anstalten und dem

21 *Christian Starck* (Anm. 20), Rdnr. 86, in der 5. Aufl. Rdnr. 143 ff., *Degenhart* (Anm. 20), Rdnr. 563, 586 f.; *Wolfgang Hoffmann-Riem*, in: AK GG, Bd. 1, 2. Aufl., Art. 5 Abs. 1, 2, Rdnr. 177.
22 BVerfGE 57, 295, 331.
23 Vgl. z.B. § 20 Abs. 1 ZDF-StV.
24 § 2.1 ARTE-Vertrag.
25 Vgl. § 18 Abs. 5 Rundfunkstaatsvertrag.

Fernsehrat des ZDF benannt. Der Beirat fungiert aber gewissermaßen als gemeinsamer Programmausschuß der genannten Gremien. In dieser Eigenschaft kommt dem Beirat der ARTE-Deutschland die Funktion zu,

- die Programme auf Verstöße gegen Programmgrundsätze zu überprüfen sowie
- über festgestellte Verstöße die Rundfunkräte der ARD-Anstalten sowie den ZDF-Fernsehrat zu benachrichtigen.

Dem Rundfunkgremium derjenigen Rundfunkanstalt, die die beanstandete Sendung zugeliefert hat, obliegt dann die Entscheidung, ob und welche Sanktionsmittel[26] eingesetzt werden. Infrage kommen:

- Feststellung von Verstößen gegen Programmgrundsätze,
- Mißbilligung einer Sendung,
- Verlangen, Verstöße gegen die Programmgrundsätze zu unterlassen,[27]
- Veröffentlichung von Feststellungen, Mißbilligungen und Unterlassungsverlangen.

d) Auf dem unter c) geschriebenen Wege ist sichergestellt, daß die Aktivitäten der ARTE-Deutschland nicht aus der effektiven Kontrolle der öffentlich-rechtlichen Rundfunkanstalten herausfallen.

## 2. *Die Maßstäbe*

Der ARTE-Vertrag enthält keine Bestimmungen über Programmgrundsätze. Die ARTE hat allerdings die in Art. 19.1 Gründungsvertrag ARTE G.E.I.E. (im folgenden EKK-Staatsvertrag) niedergelegten Grundsätze, die in 19.2 EKK-Staatsvertrag enthaltenen Verpflichtungen sowie die von der Programmkonferenz des EKK zu erstellenden Programmgrundsätze[28] zu beachten. Denn die ARTE-Deutschland ist Gesellschafterin des EKK, und ihr Zweck besteht in der Zulieferung von Programmanteilen an den EKK (§ 2.1 ARTE -Vertrag), der wiederum für das ausgestrahlte Programm des EKK die alleinige Verantwortung trägt.[29]
Zudem ergibt sich die Bindung der Geschäftsführung an die im EKK- Staatsvertrag enthaltenen Programmgrundsätze unmittelbar aus § 7.5 ARTE-Vertrag. Demnach sind auch für die Überprüfungstätigkeit des ARTE-Beirats die

26 *Cromme*, NJW 1985, S. 351, 356, 359.
27 Nach *Degenhart* (Anm. 21), Rdnr. 587, ist auch die Befugnis, Unterlassung von Verstößen gegen Programmgrundsätze verlangen zu können, zwingend durch die verfassungsrechtlich vorausgesetzten Kompetenzen der Gremien gefordert; dem ist im Hinblick auf die zur Sicherung der Rundfunkfreiheit erforderliche Effizienz der Programmüberwachung zuzustimmen.
28 Vgl. Art. 19.3.3 EKK-Vertrag.
29 Art. 1 Abs. 1 EKK-Staatsvertrag.

folgenden Grundsätze für die Beurteilung des von ARTE zu erstellenden Programmanteils am EKK maßgeblich:
- Unabhängigkeit, Pluralismus und Ausgewogenheit der angebotenen Sendungen. Die Sendungen dürfen keine einseitige Unterstützung vor allem einer Regierung, von Parteien oder anderen Akteuren des sozialen, wirtschaftlichen oder politischen Lebens enthalten;
- Achtung des Prinzips der Völkerverständigung, der Würde des Menschen, moralischer, weltanschaulicher oder religiöser Überzeugungen;
- Übereinstimmung der Informationssendungen mit anerkannten journalistischen Prinzipien, insbesondere mit Fairneß, Objektivität, Trennung von Information und Kommentar;
- Gegendarstellungsrecht, konform mit den Bestimmungen aus Art. 8 der Konvention des Europarates über grenzüberschreitendes Fernsehen;
- Übereinstimmung der Sendungen mit den in Art. 7 der Konvention des Europarates über grenzüberschreitendes Fernsehen festgesetzten Grundsätzen;
- Ausstrahlung von Sendungen, welche die physische, psychische und moralische Entfaltung von Kindern oder Jugendlichen beeinträchtigen können, zu Zeiten, zu denen diese normalerweise nicht fernsehen;
- Verzicht auf Webeeinblendungen und/oder Werbeunterbrechungen.

### 3. *Die Adressaten*

Als Adressaten des Beratungsrechts des Beirates kommen gemäß § 12.2 ARTE-Vertrag die Gesellschafterversammlung und die Geschäftsführer in Betracht. Diese Regelung ist im Zusammenhang mit den Bestimmungen hinsichtlich des Verhältnisses von Gesellschafterversammlung und Geschäftsführung zu sehen. Nach § 11.1 ARTE-Vertrag
- beschließt die Gesellschafterversammlung über die Grundsätze der Geschäftsführung und
- überwacht die Einhaltung der Geschäftsordnung,
- ist zu personellen Maßnahmen hinsichtlich des/der Geschäftsführer(s) berechtigt,
- vertritt die Gesellschaft gegenüber dem/den Geschäftsführer(n),
- genehmigt Maßnahmen der Geschäftsführung hinsichtlich der ökonomischen Führung der ARTE.

Diese umfassenden Kontroll- und Personalbefugnisse der Gesellschafterversammlung gegenüber dem/den Geschäftsführer/n darf der Beirat durch seine Kompetenz nicht unterlaufen oder umgehen.

Daraus ergibt sich folgendes: Informations-, Diskussions-, Beratungsbefugnisse und solche auf Abgabe einer unverbindlichen Stellungnahme wird der Beirat sowohl gegenüber der Gesellschafterversammlung als auch gegenüber der Geschäftsführung geltend machen dürfen; letzteres beeinträchtigt nicht die Befugnisse der Gesellschafterversammlung gegenüber der Geschäftsführung.

Das Überprüfungsrecht wird der Beirat ausschließlich gegenüber der Gesellschafterversammlung geltend machen können, damit deren Befugnisse nach § 11.1 ARTE-Vertrag unangetastet bleiben. Adressaten der Benachrichtigung sind die Rundfunkräte der ARD-Anstalten und der ZDF-Fernsehrat.

8. Kapitel

# Der Schutz der Grundrechte durch den Verfassungsrat in Frankreich[1]

## I. *Der 16. Juli 1971 – ein großer Tag*

In Frankreich werden die Grundrechte (libertés publiques) herkömmlicherweise getrennt vom Verfassungsrecht (droit constitutionnel et institutions politiques) in umfangreichen Lehrbüchern behandelt, in denen auch die historische und rechtsphilosophische Dimension der Grundrechte ausführlich erörtert wird. Die Systematik der Grundrechte unterscheidet sich bei den einzelnen Autoren. Immer werden die klassischen Freiheiten der Person, die Freiheit des Denkens und Redens sowie die wirtschaftlichen und sozialen Rechte unter Einschluß des Eigentums dargestellt; manchmal werden Rechte der Gruppen und gruppenmäßige Betätigung besonders behandelt. Die Gleichheit wird als übergreifender Gesichtspunkt erörtert. Am bekanntesten dürften die Werke über (les) libertés publiques von *Georges Burdeau* (4. Aufl. 1972), *Claude-Albert Colliard* (5. Aufl. 1975), *Jean Rivero* (Bd. I, 4. Aufl. 1984 und Bd. II, 3. Aufl. 1983) und *Jacques Robert* (3. Aufl. 1982) sein, die in je besonderer Weise zur dogmatischen Weiterentwicklung und Festigung der Grundrechte beigetragen haben. Die Autoren gehen bei der Analyse der einzelnen Grundrechte ins Detail, indem sie die Gesetzeslage und die Entscheidungen des Staatsrats (Conseil d'Etat), der als oberstes Verwaltungsgericht tätig ist, behandeln.

Der 1958 durch die Verfassung der V. Republik geschaffene und seit 1974 auch von einer Minderheit von Abgeordneten der Nationalversammlung bzw. des Senats anrufbare Verfassungsrat (Conseil constitutionnel) hat durch die ihm aufgegebene präventive Normenkontrolle einen zunächst nicht für möglich gehaltenen Einfluß auf die Sicherung der Grundrechte gegenüber der Majorität der gesetzgebenden Körperschaften genommen.

*Burdeau* wendet sich in seinem erwähnten Buch über die Grundrechte (S. 75 ff.) noch mit grundsätzlichen Erwägungen gegen die gerichtliche Kontrolle von Gesetzen, weil diese Kontrolle nicht nur juristische Fragen stelle, weil die Verfassung interpretiert werden müsse und weil die Kontrolle das Risiko in sich

1 Wiederabdruck aus AöR 113 (1988), S. 632 – 650 ; es handelt sich um die Besprechung des Werkes von *François Luchaire,* La protection constitutionnelle des droits et des libertés, Paris 1987, 501 S.

berge, die Macht auf den zu übertragen, der die Kontrolle ausübe. *Burdeau* konnte sich 1972 noch damit beruhigen, daß der Verfassungsrat nur vom Präsidenten der Republik, vom Premierminister und von den Präsidenten der Nationalversammlung und des Senats angerufen werden konnte. Um effektiv wirken zu können, argumentierte er, hätte man die Individualbeschwerde oder Anträge einer Parlamentsminderheit zulassen müssen. Außerdem bezweifelt *Burdeau* wegen der Ernennungsmodalitäten – je drei Mitglieder werden vom Präsidenten der Republik und den Präsidenten der Nationalversammlung und des Senats ernannt – die Unabhängigkeit der Mitglieder des Verfassungsrates. Er schließt jedoch mit einer wichtigen in die Zukunft weisenden Bemerkung: Die Kritik dürfe nicht übertrieben werden. Indem nämlich der Verfassungsrat am 16. Juli 1971 den Entwurf eines Vereinsgesetzes unter Hinweis auf die Erklärung der Menschen- und Bürgerrechte von 1789 für verfassungswidrig erklärt habe, habe er bewiesen, daß er die Grundrechte schützen könne.

*Colliard* schildert in seinem Buch über die Grundrechte (S. 39 f., 146 ff.) den traditionell verankerten Mangel an gerichtlicher Kontrolle der Gesetzgebung in Frankreich, hebt die entsprechenden Ansätze in der Verfassung von 1958 hervor, würdigt den »großen Tag« (16. Juli 1971), an dem sich der Verfassungsrat zum ersten Mal auf die Grundrechte der Präambel von 1789 berufen habe, und erwähnt die Verfassungsänderung von 1974, wonach 60 Abgeordnete oder Senatoren den Verfassungsrat anrufen können. In dieser Garantie für die Opposition sieht er eine »Liberalisierung«, betrachtet aber den Verfassungsrat wegen seiner Zusammensetzung nicht als ein Organ, das einem Verfassungsgericht gleichkomme.

*Jacques Robert* registriert die Entwicklung der Rechtsprechung des Verfassungsrates zur Verteidigung der Freiheit positiv, beklagt aber die Unvollkommenheit des Systems, die er vor allem in der Zusammensetzung des Verfassungsrates und in dem fehlenden Zusammenspiel mit dem Staatsrat und dem Kassationsgerichtshof sieht.

*Jean Rivero* betont in deutlichem Gegensatz zu den bisher erwähnten Stellungnahmen die personellen Bedingungen für die Abkehr vom französischen Dogma der Parlamentssouveränität, indem er fragt: Hätten hohe Richter oder hohe Verwaltungsbeamte, ausgebildet im Respekt vor dem souveränen Gesetz, die Tradition, in der sie genährt worden sind, brechen können? Oder hätten reine Juristen die Kühnheit gehabt, entgegen den Materialien zur Verfassung von 1958 deren Präambel und damit der Menschenrechtserklärung von 1789 und der Präambel der Verfassung von 1946 vollen verfassungsrechtlichen Rang zuzuerkennen? Vielleicht sei es das Übergewicht der Nichtjuristen im Verfassungsrat gewesen, das diesen rechtsstaatlichen Fortschritt ermöglicht habe, wonach das Gesetz der Verfassung unterworfen sei[2].

2 *Jean Rivero,* Le Conseil constitutionnel et les libertés, 2<sup>e</sup> ed., Paris 1987, S. 2.

Seit 1971 hat der Verfassungsrat vielfältig Gelegenheit gehabt, seine Bedeutung für eine Gesetzeskontrolle am Maßstab der Grundrechte unter Beweis zu stellen[3]. Die Entscheidungen des Verfassungsrates finden in der französischen juristischen Literatur eine außergewöhnliche Resonanz[4] und haben selbstverständlich auch Eingang in die Lehrbücher über die Grundrechte gefunden.

## II. *La loi n'exprime la volonté générale que dans le respect de la constitution*

In dem Ende 1987 erschienenen Werk von *François Luchaire* geht es um diesen Schutz der Grundrechte durch den Verfassungsrat. *Luchaire,* Professor an der Universität Paris I (Pantheon-Sorbonne), war 1965–1974 Mitglied des Verfassungsrates. Das Buch beginnt mit der Feststellung (S. 1), daß Frankreich das Land der Freiheit sei, das mit seiner Erklärung von 1789 der ganzen Welt ein Beispiel gegeben habe, daß aber erst die Verfassung von 1958 ein Verfahren geschaffen habe, in dem der Gesetzgeber gezwungen werden könne, die Rechte und Freiheiten zu respektieren. Gegenstand des Buches sind Entwicklung und heutiger Stand des Grundrechtsschutzes gegenüber dem Gesetzgeber in Frankreich (S. 1). Dem Verfasser geht es darum, durch Analyse der einzelnen Entscheidungen des Verfassungsrates die allgemeine Linie der Rechtsprechung herauszuarbeiten, sie auf ihre innere Folgerichtigkeit zu überprüfen und die gefundenen Linien weiterzuzeichnen. Die Maßstäbe für den Grundrechtsschutz findet *Luchaire* im Anschluß an die am 16. Juli 1971 während seiner Mitgliedschaft begründeten Rechtsprechung des Verfassungsrats[5] in der und über die Präambel der Verfassung von 1958, in der es heißt: »Das französische Volk verkündet feierlich seine Bindung an die Menschenrechte und an die Grundsätze der Volkssouveränität, wie sie in der Erklärung von 1789 niedergelegt sind und durch die Präambel der Verfassung von 1946 bestätigt und ergänzt worden sind.« Diese Präambel hatte ihrerseits die Rechte der Erklärung von 1789 und die durch die Gesetze der Republik anerkannten

3 Ausführlichere Begründung der Bindung der Gesetzgebung an die Grundrechte in der Entscheidung vom 16.1.1982, Receuil des décisions du Conseil constitutionnel 1982, S. 18, 22.

4 Vgl. dazu insbesondere das für die Unterweisung der Studenten wichtige Werk von *Louis Favoreu/Loic Philip,* Les grandes décisions du Conseil constitutionnel, 4[e] éd. Paris 1986 (1[er] éd. 1975); ferner *François Luchaire,* Le Conseil constitutionnel, Paris 1980; *Jean Rivero* (Anm. 2), es handelt sich um eine Sammlung von neun tiefgreifenden Entscheidungsrezensionen und von fünf zusammenfassenden Stellungnahmen des Verfassers zum Thema Gesetz und Grundrechte. Neuestens *Bruno Genevois,* La jurisprudence du Conseil constitutionnel, Paris 1988.

5 Receuil, aaO. 1971, S. 29.

principes fondamentaux bekräftigt und den Rechtekatalog um die Gleichberechtigung der Frau, das Asylrecht und die Rechte der Arbeiter sowie um soziale Rechte ergänzt.
Die Anwendung der Menschen- und Bürgerrechte aus dem Jahre 1789 und der 1946 zusätzlich aufgenommenen Rechte, insbesondere der Sozialrechte, wirft unter mehreren Gesichtspunkten schwierige Probleme auf, von denen zwei besonders hervorgehoben werden sollen.

(1) Zunächst wird ein Abschied von der in Frankreich mit der Revolution und der Menschenrechtserklärung eng verbundenen Vorstellung vom Gesetz als Ausdruck des allgemeinen Willens (vgl. Art. 6 der Erklärung) verlangt. Dieser Abschied ist gar nicht so einfach zu begründen, wenn man wie *Luchaire* die Vorgänge der Verfassungsgebung im Jahre 1946 so deutet (S. 6, 23), daß die Franzosen einen *neuen* Grundrechtskatalog nicht einführen, sondern die Erklärung der Rechte von 1789 bestätigen wollten. Wie kann man nun begründen, daß die alte Gesetzesideologie[6], die in der Erklärung von 1789 so deutlichen Ausdruck gefunden hat, nicht mit bekräftigt worden ist und die Menschen- und Bürgerrechte im Kontext der modernen Verfassung Maßstäbe für die Gesetze sind? Die Interpreten der Präambel von 1958 werden geltend machen können, daß die im 19. Jahrhundert in ganz Europa vorherrschende Idee, wonach die Freiheit durch das allgemeine Gesetz geschützt wird (S. 83), nicht mehr als durchgehend überzeugend angesehen wird. Die Konzeption vom Vorrang der Verfassung, in den USA zuerst in die Praxis umgesetzt[7], scheint sich nach und nach allgemein durchzusetzen und führt konsequenterweise zur Einrichtung der Normenkontrolle. Diese Tradition, der sich die Franzosen jetzt offenbar anzuschließen im Begriffe sind, hat schon früh Spuren im französischen Rechts- und Verfassungsdenken hinterlassen. Denn zur Zeit der Befestigung des Dogmas vom souveränen Gesetz, das unkritisierbar sei und von keinem Richter kontrolliert werden dürfe, ist die Sicherung des Vorrangs der Verfassung in Frankreich intensiv erörtert worden. Dazu führte *Emmanuel de Sieyès* in einer Stellungnahme für den Nationalkonvent 1795 aus[8]: »Eine Verfassung ist eine Einheit verpflichtender Gesetze oder sie ist nichts. Wenn sie eine Einheit von Gesetzen ist, so fragt man, wo ist der Wächter, wo ist die Richterschaft für diesen Kodex? Darauf muß an eine Antwort finden können. Ein Versäumnis auf diesem Gebiet wäre im bürgerlichen

6 Vgl. dazu *Volker Schlette,* Die Konzeption des Gesetzes im französischen Verfassungsrecht, JöR 33 (1984), S. 279 ff.
7 Zur komplexen europäisch-nordamerikanischen Geschichte des Vorrangs der Verfassung vgl. *Christian Starck,* Vorrang der Verfassung und Verfassungsgerichtsbarkeit, in: Starck/Weber (Hrsg.), Verfassungsgerichtsbarkeit in Westeuropa, Teilband I, 1986, S. 13 ff., wiederabgedruckt in: *Starck,* Der demokratische Verfassungsstaat, 1995, S. 33 ff.
8 Nachweis und französischer Text bei *Starck* (Anm. 7), S. 29 Anm. 74; *Paul Bastid,* L'idée de constitution, Paris 1985, S. 135 ff.

Leben ebenso unbegreiflich wie lächerlich, warum duldet ihr es im politischen Leben? Gesetze, um welche es sich auch immer handelt, schließen die Möglichkeit ihrer Mißachtung ein, weshalb das Bedürfnis besteht, ihre Einhaltung zu bewirken.«
Diese Fragen *Sieyès'* sind von den Franzosen in der letzten Zeit Schritt für Schritt beantwortet worden: 1958 mit der Einführung des Conseil constitutionnel, am 16. Juli 1971 mit dessen Entscheidung, daß der Erklärung von 1789 Verfassungsrang zukomme – »depuis la prise de la Bastille, le peuple français aime faire ses révolutions au mois de juillet« *(Jean Rivero)* – und 1974 mit der Erstreckung der Anrufungsbefugnis auf eine Minderheit von 60 Mitgliedern der Nationalversammlung oder des Senats. In der Entscheidung vom Juli 1971 wird der Rückgriff auf die Erklärung von 1789 nicht begründet. In der 1 1/2 Druckseiten umfassenden Entscheidung wird einleitend die Präambel der Verfassung von 1958 als Maßstab genannt («Vu la constitution, et notamment son préambule«) und die Versammlungsfreiheit als eines der grundlegenden Prinzipien bezeichnet, die durch die Präambel der Verfassung feierlich bestätigt worden seien. Hieraus folgert *Luchaire* (S. 76), daß die traditionelle französische Konzeption des Gesetzes durch die Verfassung von 1958 beseitigt worden sei; er zitiert dazu die Entscheidung des Verfassungsrates vom 23.8.1985, in der vom parlamentarisch beschlossenen Gesetz gesagt wird, qu'elle »n'exprime la volonté générale que dans le respect de la Constitution«[9]. Damit wird der Vorrang der Verfassung vor dem einfachen Gesetz bestätigt[10].

(2) Die zweite Schwierigkeit, die die Bewertung der Präambel von 1958 durch den Verfassungsrat mit sich bringt, liegt in der nicht unbeträchtlichen Erweiterung der Rechte durch soziale Rechte, wie sie sich in der in Bezug genommenen Präambel der Verfassung von 1946 finden. *Luchaire* stellt zunächst fest (S. 25, 28 f.), daß der sozialstaatliche Charakter der Republik (Art. 2) sowie die sozialen Rechte einerseits und der in den Menschenrechten zum Ausdruck kommende Individualismus andererseits dem Richter ein weites Interpretationsermessen gäben (vgl. auch S. 41 f.), das noch dadurch erweitert werde, daß auch die principes fondamentaux, die durch die Gesetze der Republik anerkannt seien, Verfassungsrang hätten (vgl. S. 31 ff.)[11]. Angesichts der Unmöglichkeit, daß sich heute die politischen Kräfte auf einen neuen Grundrechtskatalog einigten, hält es *Luchaire* für besser, den Verfassungsrat arbeiten zu lassen, der durch seine Rechtsprechung Schritt für Schritt die Erklä-

9 Recueil, aaO. 1985, S. 70, 76.
10 Die Entwicklung wird – auch mit ihren verschiedenen Konsequenzen – hervorragend dargestellt bei *Schlette* (Anm. 6), S. 279, 304 ff.
11 Zur Verfassungsauslegung, die in Frankreich nur selten behandelt wird, vgl. *François Luchaire,* De la méthode en droit constitutionnel, Revue du droit public 1981, S. 275-329.

rung von 1789 den Realitäten unserer Zeit anpassen werde. Was der verfassunggebende Gesetzgeber nicht tun könne, tue der Verfassungsrat (S. 26). *Luchaires* Charakterisierung des Verhältnisses von klassischen Freiheitsrechten und neuen Sozialrechten läßt an Deutlichkeit nicht zu wünschen übrig (S. 27, auch S. 75 f.): Die Freiheit sei das Prinzip; sie bedürfe keines Gesetzes, um begründet zu werden; um ihr Respekt zu verschaffen, genüge es, daß der Verfassungsrat ein Gesetz, das ihr widerspricht, für verfassungswidrig erkläre. Im Gegensatz dazu fordere ein Recht auf positive Leistungen ein Gesetz, damit die Begünstigten davon profitieren könnten; der Verfassungsrat könne aber dem Gesetzgeber nicht einen Befehl erteilen, dieses oder jenes Gesetz zu erlassen. Der verfassungsrechtliche Schutz des Rechts auf eine Leistung sei also schwächer als derjenige der Freiheit. Dem Verfassungsrat bleibe aber auf dem Gebiete der Sozialrechte die Möglichkeit, den einmal erreichten Stand sozialer Sicherungen zu bewahren, indem er Gesetze, die soziale Sicherungen abbauten, nur dann für verfassungsmäßig erkläre, wenn sie einen gleichwerten Ersatz schüfen (S. 468 f.). Im Hinblick auf verfassungsrechtliche Zielbestimmungen, die der Gesetzgeber erreichen wolle, prüfe der Verfassungsrat, ob das Ziel effektiv erreicht werde (S. 27 f.). Für beide Fallgestaltungen zitierte *Luchaire* Entscheidungen des Verfassungsrats, für die zweite die Rundfunk-Entscheidung vom 18. September 1986[12], in der es um den Pluralismus als Bedingung der Demokratie ging. Was die erste Fallgestaltung anbelangt, ist das Prüfungsrecht des Verfassungsrates wohl zu weit gezogen, zumindest aber mißverständlich formuliert, wenn man berücksichtigt, daß der Gesetzgeber von der Gewährung (eventuell zu großzügig bemessener) sozialer Leistungen Abstriche machen muß oder im Hinblick auf andere Staatsaufgaben machen will und demgemäß den Empfängern notwendigerweise keine »avantages équivalents« gewähren wird. Bei dem in Frankreich herrschenden Sinn für die Notwendigkeit realistischer Politik besteht kein Zweifel, wie der Verfassungsrat entscheiden wird.

Verfassungsrechtliche Ziele sieht *Luchaire* auch in den Grundrechten und kommt zu der Aussage (S. 2), daß die Grundrechte nicht nur Grenzen für die Gesetzgebung darstellten, sondern auch Zielvorgaben enthielten, die gesetzliche Regelungen rechtfertigten: Um den Genuß gewisser Rechte zu garantieren, könne es notwendig sein, die Ausübung gewisser anderer Rechte zu beschränken. Denkt man an die Sozialrechte, so ist mit dieser Aussage mehr gemeint als der bloße Hinweis auf die Rechte anderer[13], die schon immer als Schranken der Menschenrechte erkannt und ausdrücklich genannt worden sind, wie uns der klassische Text in Art. 4 der französischen Erklärung zeigt: La liberté consiste à pouvoir faire tout ce qui ne nuit pas à autrui. Vielmehr sind z.B. Schranken

12 Recueil, aaO. 1986, S. 141, 144 (considérant Nr. 11).
13 Vgl. *von Mangoldt/Klein/Starck,* Das Bonner Grundgesetz, 3. Aufl. 1985, Bd. I, Art. 2 Rdnr. 21, in der 5. Aufl. 2005, Rdnr. 33.

des Eigentums gemeint, um Gewerkschaftsrechte und Mitbestimmung in Unternehmen (Präambel von 1946 Abschnitt 8) zu rechtfertigen (vgl. S. 276, 326-329); oder die Sicherung des Pluralismus verlangt eine Beschränkung der Freiheit desjenigen, der über Kommunikationsmittel verfügt (S. 126).
In einem Abschnitt über »die Verfahren« (S. 45-71) wird erläutert, auf welchem Wege die Gesetze und sonstige Staatsakte dem verfassungsrätlichen Examen unterworfen werden. Es handelt sich regelmäßig um präventive Kontrollen, die vor der Promulgation der Staatsakte kraft Verfassung oder auf Antrag durchgeführt werden. *Luchaire* zeigt, wie sich der Verfassungsrat (noch) weigert, ein verkündetes Gesetz zu überprüfen, daß er aber bereits entschieden hat, daß anläßlich einer Gesetzesänderung vor deren Promulgation die davon berührten Normen überprüft werden (S. 61). Ferner wird gezeigt, inwieweit der Verfassungsrat ausnahmsweise Ordonnancen und Dekrete (S. 63 ff.) auf ihre Vereinbarkeit mit den Grundrechten überprüft.

## III. *Die einzelnen Rechte und Freiheiten*

Die Darstellung des Schutzes der einzelnen Rechte und Freiheiten ist in den Titeln II – VII des Buches wie folgt aufgebaut: Zunächst wird das Recht auf Freiheit (Art. 2, 4, 5, 10, 11 der Erklärung von 1789) erörtert unter Einschluß der lokalen und territorialen Selbstverwaltung, gefolgt von dem Recht auf Gleichheit (Art. 1 aaO.), dem Eigentumsrecht (Art. 2, 17 aaO.) und dem Recht auf Würde. Unter dem Recht auf Sicherheit werden dessen klassische Elemente wie Rechtsschutz und Rückwirkungsverbot (Art. 2, 7, 8, 9, 12 aaO.), aber auch moderne Ansprüche auf materielle Sicherheit behandelt. Zum Schluß wird das Recht auf Demokratie dargestellt; darunter fallen die staatsbürgerlichen Rechte des status activus, die Gewaltenteilung (vgl. Art. 16 aaO.) und das Widerstandsrecht gegen Unterdrückung (vgl. Art. 2 aaO.). Die Darstellung gibt eine vollständige und kritische Übersicht über die Rechtsprechung des Verfassungsrats vor dem Hintergrund der Lehre und übrigen Rechtsprechung. Im folgenden werden aus den sechs Titeln Probleme herausgegriffen, die für die Art und Weise der Darstellung charakteristisch und unter rechtsvergleichenden Gesichtspunkten von Interesse sind.

### 1. *Freiheit*

Die Freiheit sei allgemein; deshalb seien vom Staat eingeräumte Handlungsmöglichkeiten, die nur einer kleinen Zahl zuständen, keine Freiheit. *Luchaire* beanstandet daher den Sprachgebrauch des Gesetzes vom 22. Juli 1982 über die audiovisuelle Kommunikation, in dem diese als frei bezeichnet werde, obgleich sie einem präventiven Autorisations- bzw. Konzessionssystem unterworfen sei (S. 77 f.). Die Klassifikation der im einzelnen gewährleisteten Freiheiten nimmt *Luchaire* anhand der Verfassung vor, die in Art. 66 der rechtsprechenden Gewalt (autorité judiciaire) den Schutz der *individuellen* Freiheit aufgibt und in Art. 34 Abschnitt l einen Gesetzesvorbehalt für alle Regelungen aufstellt, die die *öffentlichen* Freiheiten (libertés publiques) betreffen. Da in Art. 72 Abs. 2 und Art. 77 Abs. 2 davon die Rede ist, daß die Territorialkörperschaften und die Gemeinden ihre Angelegenheiten selbst verwalten (s'administrent *démocratiquement* et *librement),* werden die libertés locales et territoriales unter dem Freiheitsbegriff abgehandelt (S. 141-214), obgleich von Freiheit in dem von *Luchaire* definierten Sinne nicht die Rede sein kann. Deshalb hätte sich angeboten, diese Selbstverwaltungsgarantien im Rahmen des Abschnittes über die Demokratie zu behandeln. Territoriale und lokale Selbstverwaltung kann nur grundrechtlich begriffen werden, wenn der Staat selbst nicht demokratisch organisiert ist. Dann ist gemeindliche Selbstverwaltung ein Grundrecht auf partielle Demokratie gegenüber etwa einer monarchischen Obrigkeit. In einem demokratisch und parlamentarisch aufgebauten Staat hingegen kann man die Selbstverwaltung der Gemeinden nur als Organisationsprinzip verstehen, das die parlamentarische Regierungsform des demokratischen Staates ergänzt und das die öffentliche Gewalt, die territoriale und lokale Körperschaften ausüben, ebenso wie die staatliche Gewalt vom Volk ableitet. Selbstverwaltung bedeutet ein Mehr an Demokratie. Das stellt auch *Luchaire* fest (S. 155): »La décentralisation se réalise dans le cadre du principe démocratique«.

Die in der Verfassung getroffene Unterscheidung von liberté individuelle und libertés publiques, die zu zahlreichen eher verwirrenden Definitionsversuchen geführt hat, relativiert *Luchaire* zutreffend, weil das Individuum auch Träger der libertés publiques sei (S. 79). Die *individuelle Freiheit* versteht *Luchaire* in einem weiten Sinne als das Recht des Einzelnen, sein privates Leben so zu führen, wie es ihm gefällt (S. 87): Freizügigkeit, Privatsphäre, Familienleben, Vermögensdisposition. Hingegen schützten die öffentlichen Freiheiten das Recht des Einzelnen, sich in die Öffentlichkeit hinein zu äußern (S. 109): Gewissensfreiheit, Vereinsfreiheit, Versammlungsfreiheit, Freiheit der Religionsausübung, Unterrichtsfreiheit, Unternehmerfreiheit, Kommunikationsfreiheiten. Die beiden Aufzählungen zeigen, daß die Grenzen fließend sind: Unternehmerfreiheit einerseits und Freiheit, über sein Vermögen zu verfügen, andererseits bzw. Kommunikationsfreiheiten aus der Sicht einerseits des Veranstalters und andererseits des Rezipienten (dazu *Luchaire* S. 79, 124). Gleichwohl eignet sich die Unterscheidung, um den Stoff für die Darstellung zu gliedern.

Die Rechtsprechung des Verfassungsrates zur individuellen Freiheit zeigt schon deutliche Konturen, wie sich aus der übersichtlichen und informativen Dar-

stellung ergibt (S. 87-107). Damit ist der Verfassungsrat in die bisher hauptsächlich von den Justizgerichten und vom Staatsrat beherrschten Gefilde eingedrungen und hat für deren Rechtsprechung z. T. neue Maßstäbe gesetzt. Für den Grundrechtsschutz durch den Verfassungsrat kommt es jeweils darauf an nachzuweisen, daß ein entsprechendes Recht mit Verfassungsrang gilt, was entweder dessen Herleitung aus der Erklärung von 1789 oder dessen Anerkennung in einem Gesetz der Republik vor dem 29.10.1946 verlangt (vgl. dazu allgemein und zu den drei Republiken vom 22.9.1792 bis 18.5.1804, vom 26.2.1848 bis 7.11.1852 und vom 4.9.1870 bis 28.10.1946 mit Unterbrechung während der Besetzung S. 31 ff.).
Die Behandlung der *öffentlichen Freiheiten* beginnt mit der Gewissensfreiheit (S. 111), die als principe fondamental durch ein Gesetz der Republik anerkannt sei. *Luchaire* hält die Gewissensfreiheit für ein Faktum, das vom Gesetz weder zuerkannt noch unterdrückt, noch eingeschränkt werden könne. Wirke das Gewissen über das forum internum hinaus, so verbiete der Gleichheitssatz jede Diskriminierung zwischen den Individuen im Hinblick auf deren Glauben. Gesetzliche Regelungen zugunsten von Gewissensentscheidungen seien erlaubt, regelmäßig aber verfassungsrechtlich nicht geboten. Schließlich seien Äußerungen aufgrund des Gewissens durch die Meinungsfreiheit geschützt (Art. 11 Erklärung von 1789). *Luchaire* sieht in der Gewissensfreiheit keine selbständige öffentliche Freiheit, sondern einen Ursprung vieler öffentlicher Freiheiten.
Was die Versammlungsfreiheit anbelangt, so wird die private Versammlung von der indivduellen Freiheit als geschützt angesehen (S. 114). Öffentliche Versammlungen genössen Grundrechtsschutz aufgrund eines Gesetzes der Republik von 1881; die Franzosen können insoweit nicht auf den berühmten Text ihrer Verfassung von 1794 zurückgreifen («la liberté aux citoyens de s'assembler paisiblement et sans armes«), der Vorbild für viele ausländische Verfassungen (vgl. Art. 8 Abs. 1 GG) geworden ist. Eine berühmte Entscheidung des Staatsrats aus dem Jahre 1933, die behördliche Maßnahmen zur Aufrechterhaltung der Ordnung gegen Versammlungen zulasse, diese aber unter das Verhältnismäßigkeitsprinzip stelle (der Schwere der Bedrohung entsprechende Maßnahmen), bezeichnet *Luchaire* (S. 114 f.) als für den Verfassungsrat akzeptabel.
Die Privatschulfreiheit (liberté de l'enseignement) wird auf republikanische Gesetze zurückgeführt und erhält damit Verfassungsrang. *Luchaire* stellt ausdrücklich fest (S. 117), daß das verfassungsrechtliche Prinzip der Laïzität der öffentlichen Schulen die Subventionierung konfessioneller Privatschulen nicht verbiete; mehr noch: der Verfassungsrat hat entschieden[14], daß die wesentlichen Bedingungen für die Schulen im ganzen Land dieselben sein

14 Entscheidung vom 18.1.1985, Recueil, aaO. 1985, S. 36, 40 f.

müßten; deshalb seien auch die Träger der Selbstverwaltung verpflichtet, sich an den Kosten privater Erziehungsanstalten zu beteiligen. Die Träger privater Schulen hätten jedoch die Gewissensfreiheit ihrer Lehrer zu achten, die ihrerseits gezwungen seien, den besonderen Charakter der Schule zu respektieren. Die Parallele zur Rechtsprechung des Bundesverfassungsgerichts ist auffällig[15].

Gewisse inhaltliche Parallelen zur deutschen Verfassungsrechtsprechung zeigen sich auch bei der verfassungsrechtlichen Beurteilung der Unternehmerfreiheit, deren Verfassungsrang vom Verfassungsrat anerkannt worden ist[16], die aber stärker eingeschränkt werden könne als die anderen Freiheiten: auf dem Gebiete der Wirtschaft seien Beschränkungen zulässig, die die öffentliche Gewalt für notwendig erachte (S. 119 f.)[17]. Im Hinblick auf die Rundfunkfreiheit verlangt *Luchaire* (S. 124) einen Ausgleich zwischen der beschränkten Macht des Staates, die Verbreitung von Ideen zu reglementieren und der weiterreichenden Macht des Staates, die Unternehmerfreiheit einzuschränken. Da der Pluralismus im Bereich der Massenkommunikation eine Bedingung der Demokratie sei, die der Gesetzgeber schützen müsse, ergäben sich ganz erhebliche Möglichkeiten des Gesetzgebers, die Freiheit des Rundfunkunternehmers einzuschränken (S. 126). Im Hinblick auf die Presse geht *Luchaire* zwar von einem sich extern herstellenden Pluralismus aus, erwägt aber finanzielle Hilfen und die Pflicht zu internem Pluralismus (S. 131 f.). Die deutsche Diskussion zu solchen Vorschlägen war sehr ausgiebig und hat eher Zurückhaltung auferlegt; die bei uns geltend gemachten Argumente[18] dürften auch in Frankreich gelten. Der Verfassungsrang der Lehrfreiheit an den Universitäten beruhe ebenfalls auf einem republikanischen Gesetz; er ist vom Verfassungsrat bestätigt worden. *Luchaire* betont, daß diese Freiheit Universitätsgremien gegenüber wirke; die Unterrichtsfreiheit könne auch nicht als unter den Professoren vergesellschaftet angesehen werden und unterliege folglich keinen Mehrheitsbeschlüssen auch solcher Gremien, die nur aus Professoren zusammengesetzt seien (S. 140).

## 2. *Gleichheit*

Das Recht auf Gleichheit ist in der neueren französischen Verfassungstradition stets auch als Anspruch an die Gesetzgebung formuliert worden.

Vor aller Gesetzgebung werden die Menschen in der Erklärung von 1789 als

15 BVerfGE 75, 40, 61 ff.
16 Entscheidungen vom 16.1.1982 und vom 27.7.1982, Recueil, aaO. 1982, S. 18, 22 und 48, 50 f.
17 Vergleichbar BVerfGE 50, 290, 333.
18 Vgl. die Darstellung bei *v. Mangoldt/Klein/Starck* (Anm. 13), Art. 5 Rdnr. 55-61, in der 5. Aufl. 2005, Rdnr. 84 – 93.

von Geburt an frei und gleich bezeichnet. Daneben bedeutet das Recht auf Gleichheit Anspruch auf gleichmäßige Anwendung des Gesetzes durch die Gerichte und die Verwaltungsbehörden (égalité devant la loi). In der Verfassung von 1793 heißt es in der vorangestellten Menschenrechtserklärung, daß alle Menschen von Natur und vor dem Gesetz gleich sind. Aus dem Buch von *Luchaire* wird deutlich, daß das an den Gesetzgeber gerichtete Gleichheitsgebot (égalité *dans* la loi) erst durch die Möglichkeit der Gesetzeskontrolle realisiert werden konnte. Der grundlegende und für den Verfassungsrat maßgebende Text des Gleichheitssatzes wird in Art. 6 der Erklärung von 1789 gesehen, wo es heißt, daß das Gesetz das gleiche für alle sein muß, sei es, daß es schützt, sei es, daß es straft. Alle Bürger, gleich in seinen Augen, sind gleichermaßen . . .

Was die Bindung der Gesetzgebung an den Gleichheitssatz anbelangt, stellt sich auch in Frankreich das Problem, die erlaubten Unterscheidungen von den verbotenen Diskriminierungen abzugrenzen. Zu diesem Zweck bringt *Luchaire* den Aspekt der faktischen Gleichheit ins Spiel, die die formelle Gleichheit verdrängen könne (S. 218). Man versteht nicht recht, ob der Gleichheitssatz selbst diesen materiellen Aspekt enthält und damit in sich kontradiktorisch ist (vgl. S. 229: l'ambiguité du principe d'égalité) oder ob faktische Gleichheit als Staatsziel (vgl. S. 264: contradiction entre l'égalité en droit et le caractère social de la République) die Erlaubnis gibt, ungleiche Regelungen zu treffen.

*Luchaire* rollt das allgemeine Gleichheitsprinzip von allgemeinen und besonderen Unterscheidungsverboten her auf (S. 221 ff.), die regelmäßig klare verfassungsrechtliche Aussagen zur Gleichheitsfrage erlauben. In einem zweiten Anlauf geht er der Frage nach, inwieweit Unterscheidungen erlaubt seien (S. 228 ff.). *Luchaire* zeigt hier, daß der Verfassungsrat allein auf die Situationsunterschiede abstelle, die er oft ohne weiteres als Grundlage für eine spezielle Regelung anerkenne, während er in anderen Fällen eine Beziehung zwischen dem Situationsunterschied, der besonderen Regelung und dem Ziel des Gesetzes herstelle (S. 238). Am Beispiel des Gesetzes über das Wahlrecht für das paritätische Arbeitsgericht wird gezeigt, daß eine Sonderregelung mit dem Ziel des Gesetzes im Einklang stehen müsse. Das Gesetz teilte jedem Arbeitgeber so viele Stimmen zu, wie er Arbeiter beschäftigt. Der Situationsunterschied liegt darin, daß nicht alle Arbeitgeber die gleiche Zahl von Beschäftigten haben; je mehr Beschäftigte ein Arbeitgeber hat, um so größer ist sein soziales Gewicht. So besteht also eine Beziehung zwischen der Situationsdifferenz und der Sonderregelung. Erst wenn man nach dem Ziel des Gesetzes fragt, zeigt sich der Gleichheitsverstoß. Denn die Wahl der Richter der Arbeitsgerichtsbarkeit verlangt keine Differenzierung nach dem sozialen Gewicht der Arbeitgeber[19]. – Das Willkürverbot, mit dem man bei uns den Fall des Wahlgesetzes

19 Vgl. Entscheidung des Verfassungsrates vom 17.1.1979, Recueil, aaO. 1979, S. 23, 24.

für die Arbeitsgerichtsbarkeit mit dem gleichen Ergebnis gelöst hätte, kommt auch in der Rechtsprechung des Verfassungsrates vor. *Luchaire* legt an Hand von Zitaten dar (S. 245 f.), daß der Verfassungsrat »objektive und vernünftige Kriterien« verlange und »willkürliche und ungerechte Unterscheidungen« verurteile.

Spezielle Anwendungen der Gleichheit vor dem Gesetz, die vom Verfassungsrat auch im Sinne der Gleichheit im Gesetz verstanden werde (S. 251), sind (S. 251-264): die Gleichheit vor den öffentlichen Dienstposten (Art. 6 der Erklärung von 1789 entspricht Art. 33 Abs. 2 GG), die Gleichheit vor den öffentlichen Lasten, woraus insbesondere ein Anspruch auf gerechten Ausgleich für Schäden und Inanspruchnahmen durch die öffentliche Gewalt abgeleitet wird, ferner die Gleichheit vor der Steuer nach Maßgabe der Leistungsfähigkeit des einzelnen Bürgers (Art. 13 der Erklärung von 1789), die Gleichheit im Arbeitsrecht und schließlich die Gleichheit vor der Justiz.

In seinen abschließenden Bemerkungen zur Gleichheit unter der Überschrift »das Recht auf den Unterschied« (S. 264) greift *Luchaire* noch einmal auf den eingangs geäußerten Gedanken zurück, daß die Gleichheit zwei Gesichter habe: »das erste verurteilt alle Unterschiede, die durch die Verfassung verboten sind, die willkürlich oder ohne Beziehung zu dem Ziel des Gesetzes sind, das sie festlegt; das zweite strebt danach, mit der notwendigen Klugheit das zu korrigieren, was es noch an Anstößigem in der Ungleichheit der menschlichen Verhältnisse gibt«. Während das erste Gesicht der Gleichheit demnach ein strenges rechtliches *Differenzierungsverbot* enthält und, wie man ergänzen sollte, auch Gebote enthalten kann, soweit aus der Verfassung *Differenzierungspflichten* folgen (z.B. besonderer Schutz des Kindes und der Mutter gemäß Abschnitt 11 der Präambel von 1946), folgt aus dem zweiten Gesicht nur eine verfassungsrechtliche Zielbestimmung, schlimmste faktische Ungleichheiten zu beseitigen. Ohne die Gleichheit mit diesem Januskopf zu belasten, heißt es wenige Zeilen vorher, daß ein Gegensatz bestehe zwischen der Gleichheit im Recht und dem sozialen Charakter der Republik. Diese Formulierung bringt klar und unmißverständlich zum Ausdruck, worum es geht, und faßt auch am besten zusammen, was *Luchaire* zu diesem Problem ausführt: Der Sozialstaatsgarantie können im Hinblick auf die Gleichheit *Differenzierungserlaubnisse* entnommen werden[20].

### 3. *Eigentum*

Was den Eigentumsschutz anbelangt, kritisiert *Luchaire* zunächst einige Ungereimtheiten der Eigentumsgarantien in Art. 2 und 17 der Erklärung von

20 Zum Problem Sozialstaat und verfassungsrechtliche Gleichheitsgarantie vgl. *v. Mangoldt/Klein/Starck* (Anm. 13), Art. 3 Rdnr. 22-27, in der 5. Aufl. 2005, Rdnr. 27 – 32.

1789, zeigt die Entwicklung des Eigentumsschutzes seither auf und definiert mit dem Verfassungsrat[21] das Grundrecht des Eigentums als das Recht, alle körperlichen und unkörperlichen Elemente des Vermögens zu nutzen und darüber zu disponieren (S. 273). Ähnlich sieht das Bundesverfassungsgericht die Funktion der Eigentumsgarantie darin, den Bestand der durch die Rechtsordnung anerkannten einzelnen Vermögensrechte gegenüber Maßnahmen der öffentlichen Gewalt zu bewahren[22]. Das Feld der Anwendung der Eigentumsgarantie sei, verglichen mit 1789, ausgedehnt worden; dazu kann man feststellen, daß dieser Ausdehnungsprozeß in der Bundesrepublik mit der Einbeziehung sozialversicherungsrechtlicher Positionen, die auf nicht unerheblichen Eigenleistungen des Versicherten beruhen und die zudem der Sicherung der Existenz dienen[23], schon weiter fortgeschrieben ist und daß der französische Verfassungsrat gewiß in nicht allzu ferner Zeit sich über dieselbe Frage wird aussprechen müssen.
Die Schranken des Eigentums sind ähnlich zahlreich wie in der Bundesrepublik, sie werden u. a. aus der französischen Sozialstaatsklausel (Art. 2 der Verfassung von 1958: La France est une République . . . sociale), wenn auch (noch?) schwächer als bei uns, hergeleitet (S. 379)[24]. Der Verfassungsrat neigt dazu, Belastungen des Eigentums aus Gründen des öffentlichen Interesses nicht als Enteignung anzusehen und dies selbst in Fallkonstellationen, in denen eine Entschädigung »au nom du principe d'egalite devant les charges publiques« zugesprochen wird[25]. Dies kritisiert *Luchaire* (S. 278 f.).

### 4. *Würde*

Das Recht auf Würde, das *Luchaire* in einem besonderen Titel seines Werkes behandelt (S. 301-338), kommt in keinem Text vor, der nach der Präambel von 1958 Verfassungsrang hat. *Luchaire* greift auf die »Würde« in der Bedeutung zurück, die sie in dem Entwurf der Verfassung vom 19.4.1946 hat. Dort ist in Art. 22 im Hinblick auf die Entwicklung des einzelnen Menschen von der »dignité de sa personne« und in Art. 27 im Hinblick auf die Dauer und die Bedingungen der Arbeit u. a. vom Schutz der Würde des Arbeiters[26] die Rede.

21 Entscheidung vom 16.1.1982, Recueil, aaO. 1982, S. 18, 22.
22 BVerfGE 72, 175, 195; 75, 108, 154.
23 BVerfGE 69, 272, 299-304.
24 Zum Unterschied vgl. *Michel Fromont,* Le droit de propriété et la constitution en Allemagne et en France, in: Etudes en l'honneur du Doyen Georges Péquignot, 1984, Bd. l, S. 267, 270 ff: modernisme de la jurisprudence allemande et traditionalisme de la jurisprudence française, jeweils bezogen auf die Interpretationsmethoden.
25 Entscheidung vom 13.12.1985, Recueil, aaO. 1985, S. 78, 81.
26 Vgl. auch Art. 41 der italienischen Verfassung von 1947: die privatwirtschaftliche Initiative ist frei. Sie darf nicht . . . in einer Weise ausgeübt werden, die . . . der Würde des Menschen schadet.

Hieraus zeigt sich bereits, daß die Erörterung des Würdeschutzes im französischen Recht andere Problemkreise erfaßt als im deutschen Recht, daß es im wesentlichen um soziale und kulturelle Rechte geht, die gesetzliche Regelungen und evtl. entsprechende Haushaltsansätze voraussetzen; dagegen bedeutet Würdeschutz nach Art. 1 Abs. 1 GG kein Sozialprogramm, sondern Schutz elementarster Belange des einzelnen Menschen[27]. *Luchaire* widmet sich zunächst der Würde des Lebens und zeigt, wie in der Gesetzgebung und in der Rechtsprechung des Verfassungsrates die menschliche Gesundheit, die Entwicklung der Persönlichkeit und die Solidarität vor den Risiken des Lebens geschützt und gefördert werden. Als Voraussetzung für die Entwicklung der Persönlichkeit werden ein Recht auf Zugang zur Erziehung und zur Kultur (einschließlich Regionalkultur!) sowie ein Recht auf Ruhe und Muße angesehen, soziale Rechte, die sich in der Präambel der französischen Verfassung von 1946 (Abschnitt 11, 13) finden.

Im Kapitel über die »Würde der Arbeit« geht es um die auf die Arbeit bezogenen Sozialrechte, um die Mitbestimmung, um Gleichheitsfragen, Drittwirkungsprobleme und um die Gewerkschaftsfreiheit sowie das Streikrecht. Das Recht auf Arbeit (Präambel von 1946 Abschnitt 5) stellt *Luchaire* (S. 323) dem Recht jedes Menschen auf Unterstützung gegenüber, der aus gesundheitlichen oder ökonomischen Gründen arbeitslos ist, und schließt daraus, daß die Schaffung von Arbeitsplätzen ein verfassungsrechtlich festgelegtes Ziel sei, das mit den anderen verfassungsrechtlichen Prinzipien und Zielen zum Ausgleich gebracht werden müsse, nicht aber ein vor Gerichten einklagbarer Anspruch sein könne. Auf die verfassungsrechtliche Zielbestimmung könnten aber gesetzliche Regelungen gestützt werden, die die Häufung von Arbeitsplätzen beschränkten, die Altersgrenzen festlegten[28] usf., Regelungen, die anderen Personen gegenüber als Beschränkungen der Grundrechte wirken. *Luchaire* postuliert eine Gleichheit vor dem Arbeitsplatz, dem öffentlichen wie dem privaten, nach Fähigkeit, Tüchtigkeit und Talent. Er sieht aber Schwierigkeiten, einen Gleichheitsverstoß nachzuweisen, wenn die Besetzung vom Auswahlermessen des Arbeitgebers abhänge.

Zur Mitbestimmung der Arbeiter (Präambel 1946, Abschnitt 8) wird ausgeführt, daß auch Beamte unter den Begriff Arbeiter fielen (S. 325) und daß der Gesetzgeber das Ausmaß der Mitbestimmung festlege (S. 326, 327).

Der Streik wird vom Verfassungsrat im Anschluß an den Kassationshof als ein Mittel zum Schutz beruflicher Interessen definiert; das schließt den politischen Streik aus. Die Definition des Streiks im einzelnen und damit dessen Beschränkung ist dem Gesetzgeber vorbehalten (Präambel 1946, Abschnitt 7).

27 Vgl. *v. Mangoldt/Klein/Starck* (Anm. 13), Art. 1 Rdnr. 1 ff., 22 ff., in der 5. Aufl. 2005, Rdnr. 1 ff., 37 ff.

28 So Verfassungsrat, Entscheidung vom 28.5.1983, Recueil, aaO. 1983, S. 41,42.

Wie *Luchaire* berichtet, hat der Verfassungsrat den Gesetzgeber mehrfach an diese Pflicht erinnert[29]. Der Gesetzgeber habe diese aber -wohl aus den gleichen Gründen wie bei uns – bisher nicht erfüllt. *Luchaire* sieht Schwierigkeiten zuzulassen, daß dies der Richter an Stelle des Gesetzgebers tue. Der Richter dürfe nur Lücken des Gesetzes füllen, aber gewiß nicht verfassungsrechtlich anerkannte Freiheiten beschränken (S. 334). Für die Beschränkung des Streiks hat der Verfassungsrat Grundsätze formuliert, die in Zukunft gewiß das fehlende Gesetz ersetzen und den Gerichten als Maßstab dienen werden. Diese Grundsätze sind: »Der notwendige Ausgleich zwischen der Verteidigung der beruflichen Interessen, wofür der Streik das Instrument ist, und dem Schutz der Allgemeininteressen, die der Streik seiner Natur nach beeinträchtigen kann«[30]. Verfassungsprinzipien und -ziele, die den Streik einschränken können, seien: »die Kontinuität des öffentlichen Dienstes«, »der Schutz der Gesundheit und der Sicherheit von Personen und Sachen«. Was den öffentlichen Dienst anbelange, könne der Ausgleich »bis zum Verbot des Streiks für Mitarbeiter gehen, deren Präsenz unverzichtbar ist, um diejenigen Bereiche des öffentlichen Dienstes sicherzustellen, deren Unterbrechung eine Beeinträchtigung wesentlicher Bedürfnisse des Landes darstellen«.

### 5. *Sicherheit*

Das Recht auf Sicherheit (sûreté) gehört zum alten Bestand der Menschenrechte (Art. 2 der Erklärung von 1789)[31]. *Luchaire* legt zutreffend dar, daß das Recht auf Sicherheit aus dem alten Staatsziel, den inneren Frieden zu sichern, fließe, das zugleich Grundlage des Staates sei (S. 341). Die Darstellung beginnt konsequent mit dem Recht auf Justiz, das den freien Zugang zur Justiz, das Recht auf einen unabhängigen und auf einen unparteilichen Richter sowie das Recht auf einen französischen Richter umfaßt. An zweiter Stelle steht die materielle Sicherheit (sécurité matérielle) aus der Präambel von 1946 (Abschnitt 11); es geht hierbei hauptsächlich um Pflichten des Staates, die zu Grundrechtseinschränkungen führen können. Diese Fragen werden bei uns unter dem Gesichtspunkt von Schutzpflichten erörtert, die aus der Menschenwürde sowie dem verfassungsrechtlichen Lebens- und Eigentumsschutz fließen. Unter der Kapitelüberschrift »La sécurité juridique des personnes« werden behandelt (S. 377 ff.): der Schutz der individuellen Freiheit, insbesondere durch die Justiz und die Verwaltungsgerichtsbarkeit, das Verbot der Rückwir-

29 Vgl. Entscheidungen vom 25.7.1979, Recueil, aaO. 1979, S. 33, 34 und vom 22.7.1980, Recueil, aaO. 1980, S. 42, 43.

30 Dieses und die folgenden Zitate aus Entscheidung vom 25.7.1979, Recueil, aaO. 1979, S. 33, 34 und Entscheidung vom 22.7.1980, Recueil, aaO. 1980, S. 42, 43 f.

31 Vgl. dazu *Gerhard Robbers,* Sicherheit als Menschenrecht, Baden-Baden 1987.

kung von Gesetzen, die Unschuldsvermutung, das Recht, sich vor Gericht zu verteidigen, die Sicherungen im Strafrecht wie nulla poena sine lege usf. sowie das Asylrecht. Es folgt ein Kapitel über die »sécurité juridique des droits« (S. 409 ff.).

Aus den umfangreichen Darlegungen zur Sicherheit soll hier nur auf die Kompetenzverteilung zwischen der ordentlichen Gerichtsbarkeit (juridictions judiciaires) und der Verwaltungsgerichtsbarkeit (juridictions administratives) eingegangen werden (S. 353 ff., 387 f.). Der Titel VII der Verfassung von 1958 über die richterliche Gewalt erstreckt sich nur auf die autorité judiciaire, zu der die Verwaltungsgerichtsbarkeit nicht gehört. Deshalb gilt die Verfassungsgarantie der Unabsetzbarkeit und Unversetzbarkeit der Richter (Art. 64) nicht für die Verwaltungsrichter. Die Rechtslage ist eindeutig. Wenn die Verfassung nämlich ordentliche und Verwaltungsrichter zusammen meint, spricht sie vom juge juridictionnel bzw. von der autorité juridictionnelle (Art. 62 Abs. 2 Satz 2). Die Unabsetzbarkeit der Verwaltungsrichter ist, wie *Luchaire* darlegt, seit 1986 gesetzlich geregelt (S. 360). Nach Art. 66 der Verfassung ist die autorite judiciaire gardienne de la liberté individuelle. Hieraus haben sich Kompetenzstreitigkeiten ergeben, weil der Staatsrat in seiner Eigenschaft als oberstes Verwaltungsgericht und die unteren Verwaltungsgerichte Verwaltungsakte kontrollieren und somit über die dabei vorkommenden Verletzungen der individuellen Freiheit entscheiden. *Luchaire* schildert die sich entwickelnde und divergierende Rechtsprechung des Kassationshofs, des Staatsrats und des Kompetenzkonfliktgerichts. Der Verfassungsrat habe sich angewöhnt, von tribunaux compétents zu sprechen, um sich aus der Zuständigkeitsfrage heraushalten zu können (S. 387 f., 459).

## 6. *Demokratie*

In dem Recht auf Demokratie, wie es *Luchaire* zusammenfaßt (S. 421 ff.), sind alle aktiven Bürgerrechte enthalten, die aktive Freiheit der politischen Gestaltung, das Recht auf Teilnahme (nach *Luchaire* auch Merkmal der Selbstverwaltung, S. 141); das sind die nationale Souveränität, das aktive und passive Wahlrecht, sonstige Mitwirkungsrechte, das Recht auf Widerstand und die Gewaltenteilung. Die Gewaltenteilung, die nicht zu allen Demokratiekonzeptionen gehört, sichert, daß die Demokratie eine freiheitliche ist, d. h. daß die »demokratische« Freiheit nicht die grundrechtliche individuelle Freiheit der Menschen untergräbt[32]. Über die Gewaltenteilung finden die die individuelle

32 Vgl. *Christian Starck,* Grundrechtliche und demokratische Freiheit, in: Isensee/ Kirchhof (Hrsg.), Handbuch des Staatsrechts. Bd. II, 1987, S. 3 ff., wiederabgedruckt in: *Starck,* Der demokratische Verfassungsstaat, 1995, S.161 ff.,

Freiheit und die öffentlichen Freiheiten schützenden Richter Eingang in die demokratischen Rechte, woraus sich ergibt, daß die gewaltenteilige Organisation des Staates in unmittelbarer Beziehung zu den Grundrechten steht, organisatorische Voraussetzung effektiver Grundrechte ist. Die Demokratie als Staatsform wirke ihrerseits auf die Regelung der Massenkommunikation, wie *Luchaire* im Anschluß an seine Ausführungen zur Kommunikationsfreiheit (S. 123 ff.) feststellt (S. 423), worauf schon oben (III 1) hingewiesen worden ist. Als Schranken der nationalen Souveränität werden das Völkerrecht (vgl. dessen Quellen in Art. 38 des Statuts des IGH) und insbesondere jeder vertraglich vereinbarte Souveränitätsverzicht angesehen. Während also nach innen die Menschenrechte Schranken der Staatsgewalt sind, ist das Völkerrecht Schranke der staatlichen Tätigkeit nach außen. Das Wahlrecht wird auf Franzosen beschränkt, soweit die Wahlen die Volkssouveränität zum Ausdruck brächten, was bis hinunter zu den lokalen Vertreterversammlungen gelte (S. 156), da deren Mitglieder an der Wahl der Senatoren teilhätten (S. 440). Was die Wahl zum europäischen Parlament anbelangt, vertritt *Luchaire* konsequenterweise die Ansicht, daß es möglich wäre, allen EG-Bürgern die in Frankreich leben, dort das Wahlrecht zu geben.
*Luchaire* arbeitet sodann die wesentliche Wandlung der Gewaltenteilungskonzeption in Frankreich heraus. Durch Gesetz von 1790 war dem Richter verboten, die Ausführung der Gesetze zu hindern oder die Tätigkeit der Verwaltung zu stören; auch durfte er nicht über Gesetze zu Gericht sitzen (vgl. Titel III Kap. 5 Art. 3 der Verfassung von 1791). Seit dem 19. Jhd. habe sich zum einen die Verwaltung geteilt in die aktive Verwaltung und die Verwaltungsrechtsprechung; Verfassungsrang habe die Verwaltungsgerichtsbarkeit aber nur, soweit sie 1946 schon bestanden habe. Zum anderen hätten Gesetze und Rechtsprechung der ordentlichen Gerichtsbarkeit Schritt für Schritt Möglichkeiten eingeräumt, die Verwaltung zu kontrollieren (S. 458); zuletzt hat Art. 66 der Verfassung von 1958 die ordentliche Gerichtsbarkeit zur Wächterin über die Beachtung der individuellen Freiheit erklärt. Daß nun auch die Gesetzgebung im Verfassungsrat einen »Richter« über sich hat, ist oben (II) schon als erheblicher Eingriff in das klassische französische Dogma vom Gesetz gewürdigt worden und stellt eine wesentliche Erweiterung der Gewaltenteilung dar.
Unter III 1 ist schon darauf hingewiesen worden, daß die Selbstverwaltungsautonomie keine Freiheit im liberalen Sinne ist: es handelt sich um Kompetenzen, die im Zusammenhang mit der Organisation des demokratischen Staates stehen, wie *Luchaire* selbst ausführt (S. 155 f.). Die Träger dieser Selbstverwaltung – libre administration –, z. T. verfassungsrechtlich garantiert (Art. 24, 34, 72), stünden unter staatlicher Aufsicht (S. 141), seien in ihrer geographischen Gestalt nicht garantiert (S. 150) und unterlägen in ihren Kompetenzen sowie ihrer Finanzausstattung dem staatlichen Gesetz (Art. 34 Verfassung von 1958). Sie seien als Träger öffentlicher Verwaltung an den Gleich-

heitssatz gebunden. Alles das spricht gegen die Annahme einer »Freiheit«, die der Freiheit privater Individuen und deren Zusammenschlüssen vergleichbar wäre.

Unter den von *Luchaire* erörterten Grenzen der Selbstverwaltung findet sich das Prinzip der Gleichheit der Staatsbürger (S. 202 f.). Daß die Selbstverwaltungskörperschaften im Rahmen ihrer Zuständigkeit eigenes Recht schaffen können und dadurch von Ort zu Ort über die tatsächlich bestehenden Ungleichheiten hinaus rechtliche Ungleichheiten schaffen, wird als unvermeidbare Konsequenz jeder echten Selbstverwaltung anerkannt (S. 202). Die Gleichheit als Grenze ist im Zusammenhang mit einem Gesetz über die Förderung der Privatschulen aktuell geworden. Der Verfassungsrat hat eine Regelung für unvereinbar mit der Verfassung erklärt, wonach ein Vertrag zwischen Schulträger und Staat der Zustimmung der Gemeinde bedürftig sein sollte, die daraus folgende finanzielle Lasten zu tragen hat. Soweit also staatliche Gesetze durch Selbstverwaltungskörperschaften ausgeführt werden, müssen nach dieser Entscheidung des Verfassungsrates[33] die wesentlichen Bedingungen der Ausübung einer öffentlichen Freiheit im ganzen Land dieselben sein; im übrigen sei Rechtsanwendung aufgrund konkreter Einschätzung und Wertung erlaubt[34] (S. 203).

## IV. *Die präventive Normenkontrolle als Bedingung für die Rationalität der Gesetzgebung*

In seinen Schlußbemerkungen greift *Luchaire* einige grundsätzliche Fragen der richterlichen Gesetzeskontrolle auf, die sich auch der Leser des Buches stellt. So wird zunächst hervorgehoben, daß die Gesetzeskontrolle durch den Verfassungsrat strukturell der Kontrolle der Verordnungen durch den Staatsrat entspreche, der vorgearbeitet habe, was der Verfassungsrat jetzt vervollkommne (S. 468, 471).

Der Stil der Begründung der Entscheidungen des Verfassungsrates sei detaillierter geworden; Punkt für Punkt würden die Motivationen der Gesetze abgehandelt. Der aufmerksame Leser merkt in der Tat, daß die Anzahl der »considérants« erheblich zunimmt und die lakonische Kürze der Entscheidungen nicht mehr zu beobachten ist. Seit 1986 werden die »considérants« numeriert; die Entscheidung vom 18.9.1986 über das Gesetz zur Freiheit der Kommunikation enthält 99 »considérants«.

33 Vom 18.1.1985, Recueil, aaO. 1985, S. 36, 40.
34 Vgl. Entscheidung des Verfassungsrates vom 17.7.1985, Recueil, aaO. 1985, S. 49, 52.

*Luchaire* hält die Bedingungen für die Anrufung des Verfassungsrates für ausreichend, er lehnt insbesondere die Individualbeschwerde und die konkrete Gesetzeskontrolle a posteriori ab, weil sie für lange Zeit Unsicherheit über die Geltung der Gesetze verbreiten würden. Er erwägt aber, Menschenrechtsorganisationen ein Anrufungsrecht zuzubilligen, um eine präventive Kontrolle auszulösen, weil nicht sicher sei, daß die Parlamentarier bei ihren Anträgen den Schutz der Grundrechte genügend berücksichtigten. Dem Vorwurf, die Tätigkeit des Verfassungsrates führe zur Herrschaft der Richter über die Gesetzgebung, entgegnet *Luchaire* mit dem Hinweis auf die anderen westlichen Demokratien mit Verfassungsgerichtsbarkeit und auf den notwendigen Schutz der Menschenrechte, für den sich Frankreich in der Welt einsetze, dem es auf europäischem Niveau unterworfen sei und den es deshalb in seinem eigenen Territorium mit den modernen Mitteln richterlicher Kontrolle verbürgen müsse (S. 475 f.). Die präventive Kontrolle der Gesetze durch den Verfassungsrat sei heute Teil der französischen Institutionen, durch die die Rationalität der Gesetzgebung gefördert, die politischen Leidenschaften gemäßigt und eine gewisse Kontinuität der sozialen Beziehungen gesichert würden.
Dies ist in der Tat der Eindruck, den der Leser des hier vorgestellten Werkes hat, in dem in so vorzüglicher Weise der Rationalitätsgewinn der Gesetzgebung durch die Rechtsprechung des Verfassungsrates dargestellt und durch die Herausarbeitung allgemeiner Gesichtspunkte sowie durch weiterführende Gedanken zugleich gefördert wird. Der deutsche Leser ist beeindruckt von der unerwarteten Fülle des in dem Buch ausgebreiteten verfassungsrechtlichen Stoffes; *Luchaire* greift häufig über die bisher vom Verfassungsrat entschiedenen Fragen hinaus, weswegen das Buch eine systematische Darstellung der Grundrechte als Maßstäbe der französischen Gesetzgebung ist.

# Zweiter Teil

# Kompetenzen und Verfahren

1. Kapitel

# Gewaltenteilung und Verfassungsgerichtsbarkeit*

## I. *Gewaltenteilung und Vorrang der Verfassung*

Gewaltenteilung ist ein Grundsatz für die Organisation der Staatsgewalt, der Machtmißbrauch bei deren Ausübung verhindern und die Freiheit der Bürger sichern soll. Die Gewaltenteilung hat wichtige Wurzeln in der Konzeption der gemischten Verfassung, die in der Antike in verschiedenen Variationen entwickelt, über das Mittelalter bis in die Neuzeit erörtert worden ist und praktische Bedeutung hatte.[1]

Die Idee der Teilung der Herrschaftsgewalt kommt in zwei verschiedenen Ausprägungen vor. Teilung und Gliederung der Staatsgewalt können auf der Basis realer, sozialer und politischer Mächte stattfinden, deren verschiedene Herrschaftsrechte in gegenseitige gewaltenhemmende Balance gebracht werden. Von dieser vor allem von Montesquieu vertretenen materiellen Konzeption der Gewaltenteilung ist die funktionelle Gliederung einer einheitlichen Staatsgewalt zu unterscheiden. Damit haben wir es heute regelmäßig zu tun. Die auf die Volkssouveränität gegründete einheitlich gedachte Staatsgewalt (vgl. Art. 20 Abs. 2 Satz 1 GG; Präambel der Verfassung der USA usw.) wird in die klassischen Funktionen aufgeteilt ausgeübt: Gesetzgebung, ausführende Gewalt (Exekutive) und Rechtsprechung (Art. 20 Abs. 2 Satz 2 GG; Art. I, II, III Verfassung der USA). Die konkrete Verteilung der Staatsfunktionen findet sich in der jeweiligen Verfassung.

Schon in Art. 16 der französischen Erklärung der Menschen- und Bürgerrechte von 1789 heißt es: »Jede Gesellschaft, in der weder die Garantie der Rechte gesichert noch die Trennung der Gewalten festgelegt ist, hat keine Verfassung.« Durch die Garantie der Rechte werden der Staatsgewalt zugleich Grenzen gezogen. Die Verfassung, die auf die verfassunggebende Gewalt des Volkes zurückzuführen ist, ist also das grundlegende Organisationsstatut des Staates, an das die Funktionsträger gebunden sind: Die dem Souverän zustehende verfassunggebende Gewalt begründet und begrenzt die

* Wiederabdruck aus: Festschrift für Thomas Fleiner, 2003, S. 451 – 467.

1 *Christian Starck*, Der demokratische Verfassungsstaat, 1995, S. 11 ff.; *Werner Heun*, Das Konzept der Gewaltenteilung in seiner verfassungsgeschichtlichen Entwicklung, in: Starck (Hrsg.), Staat und Individuum im Kultur- und Rechtsvergleich, 1999, S. 95 ff.

Staatsgewalt, organisiert sie, verleiht Kompetenzen und bestimmt die Verfahren, in denen die Staatsgewalt ausgeübt wird.
Die durch die Verfassung eingerichtete Staatsgewalt ist an die Verfassung gebunden. Davon macht die Gesetzgebung als Zweig der Staatsgewalt keine Ausnahme, auch sie steht unterhalb der Verfassung. Die Verfassung als lex fundamentalis[2] nimmt den schon älteren Vorranggedanken auf und wendet ihn auf die gesamte rechtliche Grundordnung des Staates an.[3] Diese besteht darin, »daß der Staat auf seine Bürger nur nach Maßgabe im voraus aufgestellter Regeln einwirken darf. Die Verfassung begrenzt die Formen und Bedingungen der Ausübung staatlicher Macht; sie schließt alle Macht aus, die außerhalb dieser Bedingungen und Formen ausgeübt wird.«[4] Gewaltenteilung setzt den Vorrang der Verfassung voraus; anderenfalls stände die Gewaltenteilung zur Disposition des in praxi stärksten Staatsorgans. So müssen in jedem Bundesstaat, der diesen Namen verdient, die Kompetenzen zwischen Bund und Ländern verteilt und eine entsprechende Finanzverteilung sichergestellt werden. Beides geschieht durch die Bundesverfassung. Diese vertikale Gewaltenteilung muß durch höheres Recht gesichert sein, wenn nicht die bundesstaatliche Ordnung zur freien Disposition des Bundesgesetzgebers stehen soll.[5] Die Bundesstaaten haben sich als wesentliche Förderer der Idee des Vorrangs der Verfassung erwiesen. Denn die Inhaber staatlicher Funktionen in den Ländern haben ein elementares Interesse am Vorrang des Bundesverfassungsrechts, damit nicht die einfache Mehrheit der Bundesgesetzgebung ihnen ihre verfassungsrechtlich festgelegten Kompetenzen entziehen kann.[6]
Das Problem ist nun, wie die Gewaltenteilung, die die Verfassung festlegt, gesichert werden kann. Die Hoffnung auf eine automatische Sicherung durch das verfassungsrechtlich geregelte Zusammenspiel der Staatsorgane erweist sich oft als trügerisch. Deshalb ist erstmalig 1803 in den USA die Gerichtsbarkeit als Garantin der verfassungsrechtlich festgelegten Gewaltenteilung tätig geworden, indem der Oberste Gerichtshof ein Gesetz daraufhin überprüft hat, ob die verfassungsrechtliche Kompetenzverteilung zwischen Bund und Staaten beachtet worden ist.[7] Obgleich die Gerichtsbarkeit selbst ein Faktor der

2 Im 18. Jhd. wird das, was eine Verfassung ist, mit dem Begriff der lex fundamentalis erklärt, vgl. *Alexander Hamilton*, The Federalist (Nr. 78), 1788; *Emmanuel Sieyès*, Qu'est-ce que le Tiers Etat?, Ausgabe Zapperi, Genf, 1970, S. 180 f.

3 *Thomas Fleiner-Gerster*, Allgemeine Staatslehre, 1980, S. 338 ff.

4 So *Raymond Carré de Malberg*, Contribution à la théorie générale de l'Etat, Bd. I, 1920, S. 232; entsprechend *Georges Burdeau*, Traité de science politique Bd. IV, 3. Aufl. 1984, S. 179 ff.

5 *Carl J. Friedrich*, Der Verfassungsstaat der Neuzeit, 1953, S. 258; *Karl Loewenstein*, Verfassungslehre, 3. Aufl. 1975, S. 249 f.

6 Vgl. *Starck* (Anm. 1), S. 41 f. mit weiteren Nachweisen.

7 Siehe insbesondere die Entscheidung von 1819 McCulloch vs. Maryland et al., 4 Law Ed. U.S. 579, 601 ff.

Gewaltenteilung ist, kann sie dazu eingesetzt werden, in besonderen *Verfahren* und mit juristisch-rationaler *Begründung* die Einhaltung der Gewaltenteilung zu überwachen und damit zu sichern (II). Diese Sicherungsfunktion kann jedoch in eine Gefährdung der Gewalteilung umschlagen, wenn die Gerichtsbarkeit, die bei der Auslegung der Verfassung das letzte Wort hat, den Rahmencharakter der Verfassung mißachtet und dadurch die politische Funktion der Gesetzgebung einschnürt (III).

## II. *Sicherung der Gewaltenteilung durch Verfassungsgerichte*

### 1. *Unterschiede in der historischen Entwicklung der Gerichtskompetenzen*

Bei der Gliederung der Staatsgewalt kommt der Unabhängigkeit der Rechtsprechung eine große Bedeutung zu. Was die Kompetenz der Gerichte anbelangt, zeigen sich wichtige Unterschiede.

In *Frankreich* ist die richterliche Gewalt gegenüber der Gesetzgebung und Verwaltung scharf beschränkt gewesen.[8] Eine gerichtliche Kontrolle der Gesetze am Maßstab der Verfassung konnte sich daher zunächst nicht entwikkeln. Das französische Dogma vom Gesetz als Ausdruck des Allgemeinen Willens[9] war dem Gedanken des Vorrangs der Verfassung ungünstig. Denn in diesem Dogma wird die absolutistische Gesetzeskonzeption, wonach alles Recht aus dem Willen des Monarchen fließt, auf die Republik in dem Sinne angewandt, daß alles Recht aus dem Willen der Mehrheit der Nationalversammlung fließt. Versuche des *Abbé Sieyès*, doch eine quasi-richterliche Gesetzeskontrolle durch eine jury constitutionnaire einzuführen, scheiterten.[10]

Ganz anders verlief die Entwicklung in den *USA*: Art. III Sektion 2 der Bundesverfassung bestimmt: »The judical power shall extend to all cases, in law and equity, arising under this constitution.« Die richterliche Gewalt – »vested in one Supreme Court . . .« (Art. III Sektion 1) – wird im III. Artikel nach der gesetzgebenden Gewalt (Art. I) und der Exekutive (Art. II) diesen quasi ebenbürtig geregelt. Daraus ergab sich eine institutionelle Potenz der Rechtsprechung, den Vorrang der Verfassung zu sichern, und zwar auch gegenüber der Gesetzgebung. Es war der amerikanische Oberste Gerichtshof, der diese Potenz realisierte und damit ein Vorbild setzte, das in Europa im 19. Jhd.

8 Vgl. Titel III Kapitel V Art. 3 der Verfassung von 1791; siehe oben Erster Teil 8. Kapitel (S. 112 f.).
9 Art. 6 der Erklärung der Menschen- und Bürgerrechte (1789).
10 *Paul Bastide*, L'idée de Constitution, 1985, S. 167 ff.

jedoch nicht übernommen wurde. In England blieb es bei der Parlamentssouveränität. Frankreich hielt am Gesetzesdogma fest und unterschied nicht zwischen Verfassungsgesetzen und einfachen Gesetzen.
In *Deutschland* wurden in den einzelnen Territorien Verfassungen gegeben oder vereinbart, die die »ursprüngliche Herrschaftsgewalt« der Kronen durch Volksvertretungen einschränkten.[11] In diesem Verfassungssystem funktionierten die Volksvertretungen als Organe zur Wahrung der Freiheit, weil alle Gesetze übereinstimmender Beschlüsse des Fürsten und der Volksvertretung bedurften. Die Verfassungen waren ein Kompromiß zwischen den Kronen und dem Bürgertum. Dieser Kompromiß konnte nur Bestand haben, solange die beiden Mächte im Gleichgewicht blieben, was trotz einiger Krisen[12] 100 Jahre währte. Dieses auf Gleichgewicht und auf Vermeidung der Souveränitätsfrage aufgebaute konstitutionelle System in Deutschland bot einer verfassungsgerichtlichen Kontrolle von Staatsakten, einschließlich Gesetzen, keinen Raum.[13] Gleichwohl wurde in Deutschland die Frage der Verfassungsgerichtsbarkeit am Beispiel der Vereinigten Staaten von Amerika erörtert.
Sehr interessant sind die Stellungnahmen von *Robert v. Mohl*, weil er zunächst die gegebene Lage bestätigte und später die Notwendigkeit einer Verfassungsgerichtsbarkeit erkannte, um die verfassungsrechtlich geregelte Gewaltenteilung und die Garantie der Rechte zu sichern. *Robert v. Mohl* hat 1824 als junger Mann ein Werk über »Das Bundesstaatsrecht der Vereinigten Staaten von Nordamerika« veröffentlicht. Er unterscheidet sehr scharfsichtig zwischen Verfassungen, die auf der Volkssouveränität beruhen, und Verfassungen, die in einer Monarchie gegeben oder vereinbart worden sind (S. 138 f. Note 1): In diesen sog. repräsentativen Erbmonarchien seien der Fürst und die Volksvertretung zusammen allmächtig trotz einer geschriebenen Verfassungsurkunde. Man ging in den deutschen Staaten ebenso wie in Frankreich und England davon aus, daß die Volksvertretung die Verfassungsmäßigkeit der Gesetze wahre. Der Richter, der dem Gesetz unterworfen war, wurde als ungeeignet angesehen, das Gesetz auf seine Verfassungsmäßigkeit zu überprüfen. In einer späteren Schrift über die rechtliche Bedeutung verfassungs-

11 *Ernst Rudolf Huber*, Deutsche Verfassungsgeschichte seit 1789, Bd. I, 2. Aufl. 1967, S. 318 f.

12 z. B. der Hannoversche Verfassungskonflikt von 1837 und der preußische Budgetkonflikt von 1862-1866; vgl. dazu *E. R. Huber* (Anm. 11), Bd. II, 2. Aufl. 1968, S. 92 ff., Bd. III, 1963, S. 305 ff.

13 *E. R. Huber (Anm. 11)*, Bd. II, 2. Aufl. 1968, S. 910 f.; *Jörn Ipsen*, Rechtsfolgen der Verfassungswidrigkeit von Norm und Einzelakt, 1980, S. 28 ff.; *Franz Josef Peine*, Normenkontrolle und konstitutionelles System, in: Der Staat 22 (1983), S. 521 ff.; *Ernst Wolfgang Böckenförde*, Geschichtliche Entwicklung und Bedeutungswandel der Verfassung, in: Festschrift für Gmür, 1983, S. 7, 10 ff.; *Rudolf Hoke*, Verfassungsgerichtsbarkeit in den deutschen Ländern in der Tradition der deutschen Staatsgerichtsbarkeit, in: Starck/Stern (Hrsg.), Landesverfassungsgerichtsbarkeit, Bd. I, 1983, S. 25, 70 ff.; *Rainer Wahl*, Der Vorrang der Verfassung, in: Der Staat 20 (1981), S. 485, 494 f.

widriger Gesetze[14] stellt *v. Mohl* auf den Vorrang der Verfassung ab und sagt in Abweichung von seiner früheren Auffassung: Das Recht der Richter, Gesetze auf ihre Verfassungsmäßigkeit zu überprüfen, beruhe lediglich auf dem Satz, daß Vorschriften der Verfassungsurkunde eine höhere Gattung von Normen seien als ein gewöhnliches Gesetz. Dieses dürfe die Verfassung weder ausdrücklich noch stillschweigend ändern. Hier spürt man die Kenntnis der amerikanischen Praxis.

In Deutschland war aber ebenso wenig wie in den anderen europäischen Staaten die Zeit reif für die Schaffung einer Verfassungsgerichtsbarkeit, die Akte der Regierung und des Parlaments auf ihre Verfassungsmäßigkeit überprüft. Im Zeitalter des Positivismus ab 1860 war man wenig geneigt, Gesetze an »unbestimmten« Verfassungsnormen zu überprüfen, galt doch der parlamentarische Gesetzgeber als der geborene Interpret der Verfassung.

### 2. *Die Situation der Verfassungsgerichtsbarkeit nach dem Zweiten Weltkrieg*

Die Zeit nach dem Zweiten Weltkrieg hat – wie schon in der Einleitung (S. 22 ff.) hervorgehoben – den entscheidenden Wandel in der Konzeption der Gewaltenteilung gebracht und die Wächterfunktion von Gerichten über die Beachtung des Verfassungsrechts durch die obersten Staatsorgane etabliert. Dies ist in besonders systematischer Weise 1949 im Grundgesetz geregelt worden, das auf viele später erlassene Verfassungen Einfluß gehabt hat.[15] Die Wächterfunktion des Bundesverfassungsgerichts sichert insbesondere[16]

- die Kompetenzverteilung zwischen den obersten Bundesorganen und Organteilen, die mit eigenen Rechten ausgestattet sind, im Verfahren des Organstreits (Art. 93 Abs. 1 Nr. 1 GG),
- die Kompetenzverteilung zwischen Bund und Ländern im Verfahren des Bund-Länder-Streits (Art. 93 Abs. 1 Nr. 3 GG) und anderen Verfahren (Art. 93 Abs. 1 Nrn. 2a, 4 GG) sowie
- die Vereinbarkeit von Gesetzen mit dem Grundgesetz in den Verfahren der abstrakten Normenkontrolle (Art. 93 Abs. 1 Nr. 2 GG), der konkreten Normenkontrolle auf Vorlage eines Gerichts (Art. 100 Abs. 1 GG) und der Verfassungsbeschwerde (Art. 93 Abs. 1 Nr. 4a und b GG).

14 Abgedruckt in: *Robert v. Mohl*, Staatsrecht, Völkerrecht und Politik, Bd. I, 1860, S. 66, 81 ff.

15 Vgl. den Generalbericht von *Albrecht Weber*, in: Starck/Weber (Hrsg.), Verfassungsgerichtsbarkeit in Westeuropa, Bd. I, 1986, S. 41, 62-92; *Christian Starck*, Rechtsvergleichender Generalbericht, in: Starck (Hrsg.), Grundgesetz und deutsche Verfassungsrechtsprechung im Spiegel ausländischer Verfassungsentwicklung, 1990, S. 13, 22 ff.

16 Siehe dazu insbesondere die Abhandlungen von *Jost Pietzcker*, *Peter Selmer*, *Werner Heun* und *Christoph Gusy* in: Badura/Dreier (Hrsg.), Festschrift 50 Jahre Bundesverfassungsgericht, I. Bd., 2001, S. 563 ff., 587 ff., 615 ff., 641 ff.

Mit dem Organstreit wird die horizontale, mit dem Bund-Länder-Streit die vertikale Gewaltenteilung geschützt. Die Normenkontrolle kann auch den Schutz der Gewaltenteilung bewirken, wenn geltend gemacht wird, daß ein Bundes- oder Landesgesetz gegen die verfassungsrechtliche Kompetenzordnung verstößt oder daß die Verfahrensregeln der Gesetzgebung nicht eingehalten worden sind. Im übrigen sichert die Normenkontrolle hauptsächlich die Beachtung der Grundrechte und der institutionellen Garantien durch die Gesetzgebung.

Auch Länder, die keine voll ausgebaute Verfassungsgerichtsbarkeit haben, kennen Ansätze von Organstreitverfahren, wie z.B. das französische Verfassungsrecht. Nach Art. 41 der französischen Verfassung entscheidet der Verfassungsrat bei Meinungsverschiedenheiten zwischen Regierung und Parlament über die Abgrenzung zwischen den Gegenständen der Gesetzgebung (Art. 34) und des Verordnungsweges (Art. 37). Im übrigen hat der französische Verfassungsrat 1971 eine allgemeine präventive Normenkontrolle auch am Maßstab der Grundrechte eingeführt, die durch die Erklärung der Menschenrechte von 1789 und in den Gesetzen der Republik verbürgt sind.[17]

In der Schweiz, die eine nur auf kantonale Gesetze beschränkte Normenkontrolle des Bundesgerichts kennt, wird auf Grund einer Botschaft des Bundesrates vom 14. November 2001 zur Neugestaltung des Finanzausgleichs und der Aufgaben zwischen Bund und Kantonen[18] eine Erweiterung der Verfassungsgerichtsbarkeit erörtert. Danach soll das Bundesgericht auf Beschwerde eines Kantons prüfen, ob der Bundesgesetzgeber eine verfassungsmäßige Kompetenz eines Kantons verletzt hat. Dazu schreibt *Jörg Paul Müller*:[19]

»Darin kann man eine an sich erfreuliche Wiederbelebung der Diskussion um eine Verfassungsgerichtsbarkeit auf Bundesebene sehen. Insofern ist der Vorschlag zu begrüßen. Unverständlich bleibt jedoch der Ausschluss der Grundrechte von der Verfassungsgerichtsbarkeit. Es wird also weiterhin im wesentlichen Straßburg – das heißt den dort aus allen Gebieten des Europarates stammenden 40 vollamtlichen Richtern – überlassen bleiben, für die schweizerische Rechtsordnung die Grundrechte . . . auch gegenüber Bundesgesetzen durchzusetzen. Das ist auf die Dauer nicht haltbar.«

Dieses Zitat zeigt sehr schön, wie sehr in Europa die Internationalisierung des Grundrechtsschutzes durch den Europäischen Gerichtshof für Menschenrechte Druck auf die Länder ohne verfassungsgerichtliche Normenkontrolle ausübt, diese einzurichten. Denn nur so kann vermieden werden, daß das

17 Vgl.das 8. Kapitel des Ersten Teis dieses Buches und das diesem Kapitel zugrundeliegende Werk von *François Luchaire*, La protection constitutionnelle des droits et des libertés, 1987; *Francis Hamon/Michel Troper/Georges Burdeau*, Droit constitutionnel, 27e éd. 2001, S. 734 ff.

18 Bundesblatt 2002, S. 2291 ff.

19 Vgl. dazu *Jörg Paul Müller*, Verfassungsgerichtsbarkeit in Bewegung, in: Neue Zürcher Zeitung vom 29. Mai 2002/Nr. 121, S. 27 der internationalen Ausgabe.

betreffende Land wegen Verletzung der Menschenrechte durch Gesetze vom Europäischen Gerichtshof für Menschenrechte verurteilt wird.
In den Niederlanden ist dem alten französischen Dogma zufolge den Richtern durch Art. 120 der Verfassung ausdrücklich verboten, die Verfassungsmäßigkeit von Gesetzen zu beurteilen. Die Grundrechte der niederländischen Verfassung (Art. 1 bis 23) haben demnach keinen Vorrang vor dem Gesetz, durch das sie authentisch interpretiert werden. Die niederländischen Richter prüfen aber, ob ein Gesetz mit der Europäischen Menschenrechtskonvention übereinstimmt; falls sie dies verneinen, wenden sie das Gesetz nicht an. Inzwischen gibt es auch in den Niederlanden Bestrebungen, die gerichtliche Normenkontrolle am Maßstab der verfassungsrechtlich verbürgten Grundrechte einzuführen, was schon zu einer parlamentarischen Initiative geführt hat, über die der Staatsrat berät.[20]

### 3. *Die Steigerung der Rationalität des Verfassungsrechts*

Die Praxis der Verfassungsgerichtsbarkeit und die Argumente für die Verfassungsgerichtsbarkeit in Ländern, die über eine solche nicht verfügen, lehren uns folgendes: Die verfassungsgerichtliche Kontrolle von Rechtsakten und Maßnahmen der Staatspraxis vermag zu verhindern, daß jedes Staatsorgan nach eigenem Gutdünken und ohne jede Begründungspflicht mit der Verfassung umgeht und im Falle des Konflikts sich immer der Mächtigere durchsetzt. D.h. der Bund gegenüber den Ländern oder die Parlamentsmehrheit gegenüber der Parlamentsminderheit oder einem einzelnen Abgeordneten, wenn es um deren verfassungsrechtlich verbürgte Rechte geht. Da das Verfassungsgericht seine Entscheidungen begründen muß, gewinnt die Handhabung des Verfassungsrechts eine sonst nicht zu erreichende Rationalität und damit Verläßlichkeit.[21] Die institutionalisierte Kontrolle durch ein Verfassungsgericht erzeugt bei den kontrollierten Organen selbst einen Zwang zur Rationalität und garantiert ferner Einheitlichkeit bei Auslegung und Anwendung der Verfassung. Da das Verfassungsgericht bei Entscheidung ihm vorgelegter Streitfragen auch die Konsequenz hinsichtlich anderer Rechtsfragen berücksichtigt und auf Grund einer Gesamtsicht der Verfassung entscheidet, wird der Gedanke der Einheit und Konsistenz der Verfassung gefördert.
Entwicklungen in Verständnis einzelner Verfassungsnormen und die Entwicklung des Verfassungsverständnisses überhaupt, die es geradezu zwangsläufig in jedem Staatswesen im Laufe der Zeit gibt, werden nicht von einem

20 Twede Kamer der Staten – Generaal 2001 – 2002, Kamerstukken 28331, nr. 3 unter Gliederungsziffer 3; Kamerstukken 28355, nr. 2.
21 So schon *Christian Starck*, Das Bundesverfassungsgericht im politischen Prozeß der Bundesrepublik, 1976, S. 11 f.

Staatsorgan allein beherrscht, sondern gelangen in der Regel als Streitfrage vor das Verfassungsgericht. So enthält die Fortbildung des Verfassungsrechts durch die Begründung der Verfassungsgerichtsentscheidung ein rationales Element, das auf den Gesetzgeber vorwirkt.[22]

## 4. *Verfassungsgerichtsbarkeit und Staatsrechtslehre*

Die Rationalisierung des Verfassungsrechts durch ein Verfassungsgericht beeinflußt auch die Arbeit und den Stil der Wissenschaft vom Verfassungsrecht (Staatsrechtslehre).[23] Die Verfassungsgerichtsbarkeit ist nämlich ein Umschlagplatz, auf dem begründete Ergebnisse der Wissenschaft vom Verfassungsrecht Einfluß auf die Staatspraxis nehmen können. Das Gerichtsverfahren ist dafür geeignet, rechtswissenschaftliche Überlegungen zu verarbeiten. Dazu sind die politischen Instanzen im Staat wegen des bestehenden Problem- und Entscheidungsdrucks und der anders gearteten Verfahren regelmäßig nicht oder nur unter Schwierigkeiten in der Lage. So haben wissenschaftliche Arbeiten über die Dogmatik der Grundrechte erst dann einen praktischen Sinn, wenn der Gesetzgeber nicht mehr frei nach politischem Ermessen die Grundrechte beschränken kann. Dasselbe gilt für die wissenschaftliche Beschäftigung mit der verfassungsrechtlichen Kompetenzordnung, in der die Gewaltenteilung zum Ausdruck kommt.

Die durch die Verfassungsgerichtsbarkeit angelegte Rationalisierung des Verfassungsrechts wird durch die Wissenschaft verstärkt. Diese profitiert insofern von der Verfassungsgerichtsbarkeit, als keine Luftschlösser gebaut und begriffliche Verkrustungen und spitzfindige Verwirrungen eher zurückgedrängt werden. Eine wichtige Aufgabe ist es, die Entscheidungen des Verfassungsgerichts rechtsdogmatisch zu verarbeiten und auf eventuelle Widersprüche hinzuweisen. Je mehr Entscheidungen vorliegen, um so größer wird das Bedürfnis nach wissenschaftlich begründeten Aussagen darüber, was bindendes Verfassungsrecht ist. Die dafür erforderliche Sichtung und Würdigung der Entscheidungen muß die Gestaltungsfreiheit und politische Verantwortung der Gesetzgeber berücksichtigen.

Die Bedeutung der Rechtswissenschaft für die Rechtsprechung des Bundesverfassungsgerichts kommt institutionell dadurch zum Ausdruck, daß § 3

22 *Christian Starck*, Das Bundesverfassungsgericht in der Verfassungsordnung und im politischen Prozeß, in: Badura/Dreier (Anm. 16), I. Band, 2001, S. 1, 20 ff. mit zwei Beispielen: BVerfGE 90, 286, 381 ff (Parlamentsvorbehalt beim Einsatz von Streitkräften als Friedenstruppen), BVerfGE 101, 158, 218 ff (Maßstäbe-Gesetz für Finanzausgleich).

23 Vgl. *Thomas Oppermann*, Das Bundesverfassungsgericht und die Staatsrechtslehre, in: Badura/Dreier (Anm. 16), I. Bd., 2001, S. 421 ff. mit zahlreichen Nachweisen; *Peter Lerche*, Rechtswissenschaft und Verfassungsgerichtsbarkeit, in: Bayerische Verwaltungsblätter 2002, S. 649 ff.

Abs. 4 BVerfGG die berufliche Tätigkeit eines Lehrers des Rechts an einer deutschen Hochschule als einzige Berufstätigkeit mit dem Amt eines Bundesverfassungsrichters für vereinbar erklärt. Zur Zeit sind 8 der 16 Richter Rechtsprofessoren, 4 in jedem Senat, worunter sich der Präsident und der Vizepräsident befinden. Sehr häufig treten Rechtsprofessoren in großen Verfahren als Prozeßvertreter auf.
Entsprechendes gilt z.B. nicht für Japan. In dem 2001 von *Yoichi Higuchi* herausgegebenen Werk »Five Decades of Constitutionalism in Japanese Society« schreibt *Prof. Kuriki*: »Trotz der zähen Bemühungen und der verschiedenen Versuche ist der Einfluß der japanischen Staatsrechtslehre auf die Staatspraxis einschließlich der Rechtsprechung im Vergleich zur deutschen Staatsrechtslehre sehr schwach. Die Ursache dafür scheint sowohl in der Staatspraxis als auch in der Staatsrechtslehre zu liegen.«

## III. *Gefährdungen der Gewaltenteilung durch Verfassungsgerichte*

Die bisherigen Überlegungen haben gezeigt, daß die Verfassungsgerichtsbarkeit den Vorrang der Verfassung schützt, ja überhaupt erst realisiert, indem die Normen über die Gewaltenteilung und die Garantie der Rechte Maßstäbe für die Überprüfung der Staatsakte sind. Diese positive Bilanz ist einseitig. Denn es besteht die Gefahr, daß die Art und Weise der Verfassungsauslegung durch das Verfassungsgericht die Gewaltenteilung gefährdet. Insbesondere die Normenkontrolle durch das Verfassungsgericht erzeugt ein schwieriges Spannungsverhältnis zwischen der demokratisch legitimierten parlamentarischen Mehrheit und dem kontrollierenden Verfassungsgericht,[24] d.h. zwischen politischer und richterlicher Sphäre. Genauer formuliert, ist das Spannungsverhältnis zu sehen zwischen dem politischen Gestaltungswillen der demokratisch legitimierten einfachen Mehrheit der Gesetzgebung und der verfassungsrichterlichen Auslegung der demokratisch höher legitimierten Verfassung.

### 1. *Der Rahmencharakter der Verfassung*

Somit gewinnt die Verfassungsauslegung durch das Verfassungsgericht eine entscheidende Rolle bei der Wahrung des Vorrangs der Verfassung und bei

24 *Fritz Ossenbühl*, Bundesverfassungsgericht und Gesetzgebung, in: Badura/Dreier (Anm. 16), I. Bd., 2001, S. 33, 39 ff.

der Abmessung des politischen Gestaltungsspielraums des parlamentarischen Gesetzgebers.[25] Verfassungsinterpretation ist vor allen methologischen Überlegungen mit dem Verfassungsbegriff verknüpft, der die Normativität als Wesensmerkmal enthält.[26] Die Normativität der Verfassung als höheres Recht setzt bestimmte Faktoren voraus. Zunächst muß die Gewaltenteilung gesichert sein.[27] Ferner verlangt die Normativität eine Verfassungsstruktur, die Bewegungsspielraum für die politisch verantwortlichen Organe, insbesondere für die Gesetzgebung gewährleistet.[28] Denn es ist Aufgabe dieser Verfassungsorgane die gesellschaftlichen Sachverhalte einzuschätzen und zu regeln. Die dafür notwendigerweise von der Verfassung gelassene politische Gestaltungsfreiheit darf nicht durch eine verfehlte Ausübung verfassungsgerichtlicher Normenkontrolle zunichte gemacht werden. Verfehlt wäre es z.B., verschiedene Verfassungsprinzipien (einschließlich Grundrechte) und Staatsziele zu optimieren und darin eine für ein Regelungsproblem vorgegebene Konkretisierung der Verfassung geltend zu machen.[29] Das Verfassungsgericht darf vielmehr nur prüfen, ob sich die politischen Verfassungsorgane im Rahmen der Verfassung gehalten haben. Diese Aussage gegen eine Optimierungspflicht des Gesetzgebers findet sich in vielen Entscheidungen des Bundesverfassungsgerichts. So heißt es in der Entscheidung v. 29.10.1987 zur Lagerung chemischer Waffen auf dem Gebiet der Bundesrepublik Deutschland:[30]

»Dem Gesetzgeber wie der vollziehenden Gewalt kommt bei der Erfüllung dieser Schutzpflichten (sc. für Leben und körperliche Unversehrtheit aus Art. 2 Abs. 2 Satz 1 GG) ein weiter Einschätzungs-, Wertungs- und Gestaltungsbereich zu, der auch Raum läßt, etwa konkurrierende öffentliche und private Interessen zu berücksichtigen. Diese weite Gestaltungsfreiheit kann von den Gerichten je nach Eigenart des in Rede stehenden Sachbereichs, den Möglichkeiten, sich ein hinreichend sicheres Urteil zu bilden und der Bedeutung der auf dem Spiele stehenden Rechtsgüter nur in begrenztem Umfang überprüft werden (BVerfGE 50, 290, 332f.)«.

In einer anderen Entscheidung, in der es um die aus der Garantie der Berufsfreiheit (Art. 12 Abs. 1 GG) folgenden Schutzpflichten ging, führt das Bunderfassungsgericht aus:[31]

25 *Peter Badura*, Die Verfassung im Ganzen der Rechtordnung, HStR Bd. VII, 1992, S. 170 ff.

26 Vgl. die Art. 1 Abs. 3 und 20 Abs. 3 GG, die die Bindung der Staatsorgane an die Verfassung vorschreiben.

27 *Christian Starck*, Die Verfassungsauslegung, HStR Bd. VII, 1992, S. 190 f.

28 *Christian Starck*, Der demokratische Verfassungsstaat, 1995, S. 53 ff. m.w.N.

29 Dazu kritisch *Peter Lerche*, Die Verfassung als Quelle von Optimierungsgeboten?, in: Festschrift für K. Stern, 1997, S. 197 ff; *Karl-Eberhard Hain*, Die Grundsätze des Grundgesetzes, 1999, S. 114 ff.

30 BVerfGE 77, 170, 214 f.

31 BVerfGE 92, 26, 46.

»Bestimmte Anforderungen an die Art und das Maß des Schutzes lassen sich der Verfassung aber grundsätzlich nicht entnehmen. Die staatlichen Organe, denen die Wahrung des Grundgesetzes als Ganzes anvertraut ist, haben bei der Erfüllung von Schutzpflichten einen weiten Gestaltungsspielraum. Oft geht es darum, gegensätzliche Grundrechtspositionen auszugleichen und jeder angemessene Geltung zu verschaffen. Dafür gibt das Grundgesetz nur den Rahmen, nicht aber bestimmte Lösungen vor.«
In Japan kann man eine extreme Zurückhaltung des Obersten Gerichts bei der Normenkontrolle feststellen. In 50 Jahren sind erst fünfmal gesetzliche Regelungen für verfassungswidrig erklärt worden.[32] Dazu schreibt *Prof. Kamata*:[33]
»The Supreme Court is extremely reluctant to interfere with matters of legislative discretion except when legislative judgment is grossly unreasonable.«
In Japan ist also eine Beeinträchtigung der politischen Funktion der Gesetzgebung durch die Normenkontrolle nicht zu befürchten, freilich auch keine effektive Normenkontrolle feststellbar.

## 2. *Abgrenzung der politischen von der richterlichen Funktion*

Sachverhalte, die der Gesetzgeber regelt, unterscheiden sich dadurch von Sachverhalten, über die normalerweise der Richter entscheidet, daß sie nicht abgeschlossen sind und deshalb nicht mit den anerkannten Beweismitteln festgestellt werden können. Oder anders ausgedrückt: Gesetzlichen Regelungen liegen, ähnlich wie Planungsentscheidungen der Verwaltung, komplexe Sachverhalte zugrunde, die nur durch wertende Tatsachenfeststellungen und Prognosen erfaßt werden können. Wegen der Unsicherheit der Tatsachenfeststellungen und Prognosen hat das Bundesverfassungsgericht dem Gesetzgeber »eine angemessene Zeit zur Sammlung von Erkenntnissen und Erfahrungen« zugebilligt, während derer er sich bei seiner Regelung »mit größeren Typisierungen und Generalisierungen begnügen« darf.[34] Der Gesetzgeber muß sich aber weiter um die Tatsachen kümmern, Kenntnisse und Erfahrungen sammeln und das Gesetz gegebenenfalls ändern.[35] Die dem Gesetzgeber zugebilligte Einschätzungsprärogative ist abgestuft, je nach der Eigenart des geregelten Sachbereichs, den Möglichkeiten, sich ein hinreichend sicheres Urteil zu bilden, und der Bedeutung der auf dem Spiel stehenden Rechtsgü-

32 *Hidenori Tomatsu*, Judicial Review in Japan: An Overview of Efforts to Introduce U.S. Theories, in: Y. Higuchi (ed.), Five Decades of Constitutionalism in Japanese Society, 2001, S. 269; die ersten drei Fälle sind genauer beschreiben bei *Tadakazu Fukase/Yoichi Higuchi*, Le constitutionalisme et les problèmes au Japon, Paris 1984, S. 308 f.
33 In: Percy R. Luney Jr./Kazuyuki Takahashi (ed.), Japanese Constitutional Law, 1993, S. 168.
34 BVerfGE 100, 59, 101 unter Hinweis auf frühere Entscheidungen.
35 BVerfGE 74, 297, 339.

ter.[36] Die Abstufung reicht von einer bloßen Evidenzkontrolle, vor allem im Bereich der Wirtschaftspolitik,[37] über eine Vertretbarkeitskontrolle bis zu einer intensiven inhaltlichen Kontrolle, die angewandt wird, wenn das menschliche Leben,[38] die Freiheit der Person oder andere Grundrechte betroffen sind, soweit es dabei um weitreichende Einschränkungen geht. Die Abgrenzung zwischen den Kontrollstufen ist zugleich eine Entscheidung über das Ausmaß der politischen Gestaltungsfreiheit des Gesetzgebers oder über Weite oder Enge des Rahmens, den die Verfassung dem Gesetzgeber zieht.

Unpassend für die Abgrenzung zwischen politischer und richterlicher Sphäre sind in Deutschland die aus der Rechtsprechung des Obersten Gerichtshofs der Vereinigten Staaten bekannten Gesichtspunkte der *political question*, über die das Gericht nicht entscheidet, und des *judicial self restraint. »Self restraint«* besagt, daß sich das Gericht aus Eigeninitiative zurückhält. Das mag in der Praxis vorkommen, ist aber kein brauchbares Kriterium für die verfassungsrechtliche Beurteilung von Entscheidungen durch die Verfassungsrechtslehre. Wenn das Verfassungsrecht einen Rahmen für politische Entscheidungen vorgibt, kann der Umstand, daß eine politische Frage vorliegt, nicht dazu führen, daß dem Verfassungsgericht eine Entscheidung verwehrt ist. Vielmehr hat es zu prüfen und zu entscheiden, ob sich die politische Entscheidung im Rahmen der Verfassung hält.[39] Nur wenn mit der *political-question*-Doktrin gemeint ist, daß das Verfassungsgericht nicht selbst politische Fragen entscheidet, sondern nur prüft, ob sich die vom Gesetzgeber entschiedenen politischen Fragen im Rahmen der Verfassung halten, würde diese Doktrin in das deutsche Verfassungssystem passen.

In Japan könnte ein Fortschritt bei der verfassungsgerichtlichen Normenkontrolle erreicht werden, wenn die Formel »political question« in der dargestellten Weise begriffen und die Berufung auf self-restraint von der Staatsrechtslehre einmal genauer daraufhin untersucht würde, ob sich die Gesetzgebung im Rahmen der Verfassung gehalten hat, worauf es allein ankommt. Die Einrichtung eines speziellen Verfassungsgerichts mit der ausdrücklichen Kompetenz, verfassungswidrige Gesetze für nichtig zu erklären, könnte den Vorrang der Verfassung vor dem Gesetz stärken, ohne daß Japan zu einem Richterstaat wird, der die gesetzgeberische Gestaltungsfreiheit gering achtet.

Verfassungsrechtliche Kontrolle von Gesetzen hat funktionell etwas mit Gesetzgebung zu tun. Sie wirkt als negative Gesetzgebung, und zwar soweit

36 BVerfGE 50, 290, 333.
37 BVerfGE 40, 196, 223.
38 BVerfGE 39, 1 51 ff.; 88, 203, 262 f.
39 Ähnlich *Klaus Stern*, Staatsrecht, Bd. II, 1980, S. 961 f.; *Werner Heun*, Funktionell-rechtliche Grenzen der Verfassungsgerichtsbarkeit, 1992, S. 11 f; *Klaus Schlaich*, Das Bundesverfassungsgericht, 4. Aufl. 1997, S. 341 f.

das Verfassungsgericht ein Gesetz für nichtig erklärt.[40] Etwas mehr als negative Gesetzgebung, aber keine positive Gestaltung findet statt, wenn das Verfassungsgericht ein Unterlassen des Gesetzgebers für verfassungswidrig erklärt[41] oder an den Gesetzgeber appelliert, einen bestimmten Verfassungsauftrag zu erfüllen.[42] Ein Beispiel dafür ist Art. 6 Abs. 5 GG, der den Gesetzgeber beauftragt, den unehelichen Kindern die gleichen Bedingungen für ihre leibliche und seelische Entwicklung und ihre Stellung in der Gesellschaft wie den ehelichen Kindern zu schaffen. Erst 1969, im zwanzigsten Jahr nach Inkrafttreten des Grundgesetzes hat das Bundesverfassungsgericht festgestellt, »daß der Verfassungsauftrag des Art. 6 Abs. 5 GG unmittelbar durch die Gerichte verwirklicht werden kann und muß, sofern der Gesetzgeber ihn nicht binnen angemessener Frist erfüllt.«[43] Wenn man den sehr konkret gefaßten Verfassungsauftrag des Art. 6 Abs. 5 GG ernst nimmt[44] – wofür im Rahmen einer streng normativen Verfassung alles spricht –, so muß eine 20jährige Untätigkeit des Gesetzgebers durch den Richter kompensiert werden. Unter dem Gesichtspunkt der Gewaltenteilung erscheint es unproblematisch, wenn der Richter durch die Entscheidung von Einzelfällen hilfsweise einen verfassungsrechtlichen Gesetzgebungsauftrag erfüllt. Der Gesetzgeber könnte jederzeit seinem Auftrag nachkommen und damit für die Zukunft die richterliche Gestaltung überholen.

In Fällen, in denen dem Gesetzgeber eine verfassungsrechtliche Pflicht auferlegt ist, ein Rechtsgut zu schützen, und er dieser Pflicht nicht hinreichend nachkommt, muß das Bundesverfassungsgericht in den Gründen seiner Entscheidung darlegen, weshalb der Schutz nicht ausreicht und wie man sich einen ausreichenden Schutz vorzustellen hat.[45] Diese über die bloße Negation hinausgehenden Darlegungen sind für den Gesetzgeber nicht bindend. Er kann auch ein anderes Schutzkonzept wählen, wenn dieses nur das erforderliche Mindestmaß erreicht. Zur Vermeidung des Risikos, erneut verfassungswidrig zu handeln, wird der Gesetzgeber zumeist den sicheren und einfachsten Weg wählen und den Vorschlägen des Bundesverfassungsgerichts folgen.

Außer den genannten Wirkungen des Verfassungsgerichts auf die Funktion der Gesetzgebung ist eine allgemeine Vorwirkung seiner Entscheidungen

40 *Alexander v. Brünneck*, Verfassungsgerichtsbarkeit in den westlichen Demokratien, 1992, S. 152 ff.
41 *Klaus Schlaich/Stefan Korioth*, Das Bundesverfassungsgericht, 5. Aufl. 2001, S. 277 ff.
42 *Ernst Benda/Eckart Klein*, Verfassungsprozeßrecht, 2. Aufl. 2001, S. 529 ff.
43 BVerfGE 25, 167, 188.
44 Art. 6 Abs. 5 GG lautet: »Den unehelichen Kindern sind durch die Gesetzgebung die gleichen Bedingungen für ihre leibliche und seelische Entwicklung und ihre Stellung in der Gesellschaft zu schaffen wie den ehelichen Kindern.«
45 Vgl. BVerfGE 56, 54, 81; 77, 170, 214 f.; 77, 381, 405; 79, 174, 202; 88, 203, 252 ff, vgl. ferner zum Problem *Christian Starck*, Praxis der Verfassungsauslegung, 1994, S. 46, 68 ff.

festzustellen.[46] So werden in Deutschland alle Gesetze im Initiativstadium und während der Parlamentsberatungen auf ihre Vereinbarkeit mit der Rechtsprechung des Bundesverfassungsgerichts überprüft. Diese Vorwirkung fördert die Rationalität der Gesetzgebung, weil im Hinblick auf den der Gesetzgebung von der Verfassung gezogenen Rahmen juristisch argumentiert werden muß. Freilich darf nicht übersehen werden, daß die Vorwirkung der Rechtsprechung des Bundesverfassungsgerichts auf die Gesetzgebung sich ungünstig auf die politische Phantasie des Gesetzgebers auswirkt, eine Materie nach ganz neuartigen Gesichtspunkten zu regeln, was durchaus im Rahmen der Verfassung möglich sein kann.
Zur Abgrenzung der Funktionen der Gesetzgebung und der Verfassungsgerichtsbarkeit gehört schließlich noch das Thema der verfassungskonformen Gesetzesauslegung, zu der besonders die Fachgerichte berechtigt und verpflichtet sind. Das Gebot der Verfassungskonformität der Gesetzesauslegung kann sich nur durchsetzen, wenn die anerkannten Auslegungsregeln (canones) eine entsprechende Auslegung ermöglichen.[47] Nur wenn dies beachtet wird, wird vermieden, daß die verfassungskonforme Auslegung zu einer neuartigen, von der Gesetzgebung nicht gedeckten gesetzespolitischen Entscheidung führt, der Richter dadurch das Gesetz überspielt und selbst gesetzgebend tätig wird.

### 3. *Verfassungsauslegung*

So wie die Gesetzesauslegung selbst nicht zur Rettung des Gesetzes als verfassungskonform beliebig sein darf, so sind auch die Regeln der Auslegung zu beachten, wenn das Verfassungsgericht die Verfassung auslegt. Beliebigkeit der Auslegung würde einen Eingriff in die Gewaltenteilung, hier in die Trennung von politischer und richterlicher Funktion bewirken. Deshalb sind einige Bemerkungen über die Verfassungsauslegung notwendig.[48] Das Verfassungsgericht, dem die Sicherung des Vorrangs der Verfassung aufgegeben ist, hat große Verantwortung für die Interpretation der Verfassung. Es hat nämlich das letzte Wort bei der Interpretation der Verfassung, d.h. es bestimmt den Rahmen, den die Verfassung dem politischen Prozeß zieht. Geltungsvorrang der Verfassung heißt aber nicht Vorrang der verfassungsgerichtlichen Dezision. Deshalb ist das Verfassungsgericht den anerkannten Regeln der Gesetzesauslegung unterworfen. Nur auf diese Weise ist sichergestellt, daß Verfassungsrechtsprechung Kontrolle an Hand vorgegebener Maßstäbe ist.[49]

46 Dazu *Starck* (Anm. 21), S. 16 f.
47 Das betonen BVerfGE 49, 148, 157; 51, 304, 323; 54, 277, 293 ff.; 69, 1, 55.
48 Vgl. ausführlich *Christian Starck*, Die Verfassungsauslegung, HStR Bd. VII, 1992, S. 189 ff.

Der Sinn einer Verfassungsnorm wird ermittelt auf der Grundlage ihrer Wortbedeutung, der grammatischen Konstruktion, der systematischen Stellung der Norm im Regelungszusammenhang, der Motive des historischen Gesetzgebers und in Verbindung mit den genannten Kriterien durch objektiv-teleologische Gesichtspunkte, die jedoch nicht zu Agenten des Zeitgeistes verselbständigt werden dürfen.

Die Methodendiskussion im Verfassungsrecht nicht nur in Deutschland neigt zu der Annahme, daß es eine spezielle Methodik des Verfassungsrechts gebe,[50] zumindest aber zusätzliche Auslegungsmittel existierten.[51] Selbst wenn man besondere Gesichtspunkte der Verfassungsinterpretation heranzieht, kann auf die klassischen Canones nicht verzichtet werden. Denn sie helfen zunächst, »mögliche Sinnvarianten in dem vom Wortlaut abgesteckten Spielraum zu präzisieren.«[52] Die Auslegung der Verfassung als Rechtstext mit normativer Wirkung setzt voraus, daß man Wortbedeutung einschließlich Grammatik und Logik, die systematische Verortung sowie die historische Regelungsabsicht berücksichtigt.[53] Die Begründung einer problematischen Rechtsentscheidung, die auf die genannten Gesichtspunkte nicht eingeht, wäre unzureichend und würde als willkürlich und dezisionistisch empfunden.

Für die Verfassungsauslegung zusätzlich angeführte Gesichtspunkte[54] wie »Einheit der Verfassung«, »praktische Konkordanz« und »funktionelle Richtigkeit« unterfallen dem Canon der systematischen Auslegung. Sie verbieten eine isolierende Betrachtung der einzelnen Verfassungsnormen und verlangen die Berücksichtigung der übrigen Verfassung in ihrer überkommenen, verfassungsstaatlichen Funktion.[55] *Hans-Peter Schneider* hat wieder[56] darauf hingewiesen,[57] daß die historische Auslegung eine unverzichtbare Erkenntnisquelle und Entscheidungshilfe ist, die den Blick für die Bedeutung des Wortlauts ebenso wie für den Sinnzusammenhang schärft, in dem eine Verfassungsnorm steht und vor allem ihren konkreten Normzweck verdeutlicht.

Je besondere Probleme der Verfassungsauslegung ergeben sich im Hinblick auf die einzelnen Regelungsmaterien der Verfassung: die Grundrechte, die Strukturprinzipien, sowie die Organisations-, Kompetenz- und Verfahrens-

49 *Fritz Ossenbühl*, in: Verfassungsgerichtsbarkeit und Gesetzgebung. Symposion aus Anlaß des 70. Geburtstags von Peter Lerche, 1998, S. 91; ähnlich *Peter Badura* und *Ernst Gottfried Mahrenholz*, ebda, S. 47.

50 So spricht *Friedrich Müller* von »Arbeitsmethoden des Verfassungsrechts«; vgl. seinen gleichnamigen Artikel in: M. Thiel (Hrsg.), Enzyklopädie der geisteswissenschaftlichen Arbeitsmethoden, 1972.

51 *Peter Häberle*, Die offene Gesellschaft der Verfassungsinterpreten, JZ 1975, S. 297 ff.

52 *Konrad Hesse*, Gründzüge des Verfassungsrechts, 20. Aufl. 1995, S. 26.

53 BVerfGE 60, 319, 325; 62, 1, 36 f., 44; 67, 100, 128 ff; 99, 1, 11, 13.

54 Diese nennt *Hesse* (Anm. 52), S. 24, 27, 28.

55 Dazu *Martin Kriele*, Theorie der Rechtsgewinnung, 2. Aufl. 1976, S. 338 ff.; *Ernst Wolfgang Böckenförde*, Die Methoden der Verfassungsinterpretation, NJW 1976, S. 2089, 2097 f.

56 Siehe schon BVerfGE 79, 127, 143 ff.

57 *Hans-Peter Schneider*, Der Wille des Verfassungsgebers, in: FS für Stern, 1997, S. 903, 922.

normen. Die hierzu im Rahmen der klassischen Canones entwickelten speziellen Leitlinien[58] sichern den Bedeutungsbestand der Grundrechte, die gerade wegen ihrer unmittelbaren Verbindlichkeit (Art. 1 Abs. 3 GG) nur in gut begründeten Ausnahmefällen als Leistungsrechte interpretiert werden können. Das Demokratieprinzip als Strukturprinzip der Verfassung ist in steter Rücksicht auf seine in der Verfassung geschriebenen Konkretisierungen und auf die anderen Strukturprinzipien (Rechtsstaat, Sozialstaat) zu interpretieren. Was die Auslegung der Organisations-, Kompetenz- und Verfahrensnormen der Verfassung anbelangt, spielt regelmäßig die historische Auslegung auch wegen der Rezeption von Begriffen aus Vorgängerverfassungen eine große Rolle.[59]

### 4. *Schlussbemerkung*

Eine Verbindung zwischen den beiden Abschnitten über die Sicherung und die Gefährdungen der Gewaltenteilung durch Verfassungsgerichte erlaubt eine positive Bilanz. Denn die Verfassungsgerichte sind sich der Gefährdungen bewußt. Sie und die Staatsrechtslehre haben Kriterien entwickelt, den Gefährdungen zu entgehen. Wenn gleichwohl anläßlich einzelner Entscheidungen Grenzüberschreitungen mancher Verfassungsgerichte in den Raum freier Gesetzesgestaltung vorkommen, so überwiegen insgesamt gesehen doch die Vorteile der Verfassungsgerichtsbarkeit, die die Normativität des Verfassungsrechts und damit den Vorrang der Verfassung zur Geltung bringt. Die in der Verfassung normierten Rechtsformen und Rechtsregeln sowie die in ihr verankerten Rechtsprinzipien sind hohe Güter der Rechtskultur, die Schutz verdienen.

58 *Starck* (Anm. 48), S. 211-228.
59 Z.B. BVerfGE 3, 407, 414f.; 33, 52, 61; 71, 1, 45, 49 ff.

2. Kapitel

# Aspekte deutscher Bundesstaatlichkeit in Rechtsprechung und Reformplänen*

## I. *Verfassungsgerichte als Hüter des Föderalismus*

In jedem föderalistischen Staat, der diesen Namen zu Recht trägt, müssen die Staatsaufgaben zwischen dem Bund und den Einzelstaaten aufgeteilt werden. Darüber hinaus muß gesichert sein, daß die Verteilung der Staatsfinanzen der Aufgabenverteilung entspricht. Beides sind die wichtigsten Regelungsaufgaben der föderalen Verfassung. Denn diese vertikale Gewaltenteilung, soll sie dauerhaft bestehen, muß durch höherrangiges Recht garantiert werden, so daß die föderale Struktur nicht der freien Verfügung der normalen Bundesgesetzgebung preisgegeben ist.[1] Die Bundesstaaten sind ganz wesentliche Förderer der Idee des Vorrangs der Verfassung. Denn schon für die Funktionsträger in den Einzelstaaten ist es offensichtlich, daß die Kompetenz- und Finanzverteilung höherrangiges Recht sein muß, welches nicht von einer einfachen Mehrheit der Bundesgesetzgebung geändert werden kann.
Wie sichert man nun die Eigenschaft der Verfassung als höherrangiges Recht? Gemäß Art. 3 Abs. 2 der Amerikanischen Verfassung erstreckt sich die richterliche Gewalt auf alle Fälle nach dem Gesetzes- und dem Billigkeitsrecht, die sich aus dieser Verfassung, den Gesetzen der Vereinigten Staaten ... ergeben.[2] Zur selben Zeit, als die Amerikanische Verfassung entworfen und verabschiedet wurde, schrieb *Alexander Hamilton* (Federalist N° 78): »Die eigentliche Aufgabe der Gerichte besteht in der Auslegung der Gesetze. Eine Verfassung ist ihrem Wesen nach ein grundlegendes Gesetz und muß von den Richtern als solches angesehen werden. Es obliegt ihnen daher, dessen Sinn

* Wiederabdruck aus: Festschrift für Theo Öhlinger, 2004, s. 254 – 271.

1 So *Charles McIlwain*, The High Court of Parliament, 1910, S. 3 ff., unter Berufung auf *A. V. Dicey*; *Carl J. Friedrich*, Der Verfassungsstaat der Neuzeit, 1953, S. 257 f.; *Karl Loewenstein*, Verfassungslehre, 3. Aufl. 1975, S. 249 f.; *Georges Burdeau*, Traité de Science politique, Bd. IV, 3. Aufl. 1984, S. 373 f. ; *Theo Öhlinger*, Der Ursprung und die Entwicklung des europäischen Modells der Verfassungsgerichtsbarkeit in Österreich, in: F. Fernández Segado (editor), The Spanish Constitution in the European Constitutional Context, 2003, S. 1097, 1102 f.

2 »The judicial power shall extend to all cases, in law and equity, arising under this Constitution, the laws of the United States . . . .«

zu ermitteln, ebenso wie sie den Sinn aller von der Legislative erlassenen Gesetze zu ermitteln haben.«[3]
Ganz in diesem Sinne heißt es im Vorwort der Festgabe zum 25jährigen Bestehen des Bundesverfassungsgerichts (1976): »Das Bundesverfassungsgericht hat sich als der wichtigste Garant für die Einhaltung des Verfassungsrechts durch die anderen Staatsorgane erwiesen. Die damit verbundene Zurückdrängung politischer Macht zugunsten der Normativität der Verfassung hat die maßgebende Bedeutung des Grundgesetzes im Bewußtsein der Öffentlichkeit verwurzelt und an der Konsolidierung der neuen staatlichen Grundordnung wesentlichen Anteil gehabt. So vermochte die Verfassungsgerichtsbarkeit besonders die Geltung der Grundrechte zu festigen, die rechtliche Gestalt des Parteienstaats zu entwickeln und die zentralistische Aushöhlung des Föderalismus zu hemmen.«
Der institutionelle Schutz des Föderalismus durch das Bundesverfassungsgericht war schon ein Anliegen der Mitglieder des Parlamentarischen Rates, der das Grundgesetz entworfen und verabschiedet hat. In Art. 93 Abs. 1 Nr. 3 GG ist das besondere Verfahren des Bund-Länder-Streits vorgesehen, in dem das Bundesverfassungsgericht bei Meinungsverschiedenheiten über Rechte und Pflichten des Bundes und der Länder auf Antrag der Bundesregierung oder einer Landesregierung[4] entscheidet. Art. 94 GG ordnet an, daß die eine Hälfte der Mitglieder des Bundesverfassungsgerichts durch den Bundestag und die andere Hälfte durch den Bundesrat, welcher aus Mitgliedern der Landesregierungen besteht, gewählt wird. Dieser Einfluß des Bundesrates auf die Zusammensetzung des Bundesverfassungsgerichts garantiert in der Regel eine föderal ausbalancierte Zusammensetzung des Bundesverfassungsgerichts.[5] Durch die Analyse wichtiger Urteile des Bundesverfassungsgerichts soll gezeigt werden, wie das Bundesverfassungsgericht mit den Vorschriften über Kompetenz- und Finanzverteilung umgeht (III.-VI.). Zunächst sind einige Informationen über die Hauptmerkmale der Kompetenzverteilung zwischen Bund und Ländern im Grundgesetz vorauszuschicken (II.).

3 The interpretation of the laws is the proper and peculiar province of the courts. A constitution is in fact, and must be, regarded by the judges as a fundamental law. It therefore belongs to them to ascertain its meaning as well as the meaning of any particular act proceeding from the legislative body.
4 Art. 93 Abs. 1 Nr. 3 GG, § 68 BVerfGG.
5 Die Zusammensetzung des Gerichts folgt darüber hinaus parteipolitischen Kriterien, vgl. *Wilhelm Karl Geck*, Wahl und Amtsrecht der Bundesverfassungsrichter, 1986, S. 31 ff.; *Stefan Ulrich Pieper*, Verfassungsrichterwahlen, 1998, S. 27 ff.

## II. *Hauptmerkmale der Kompetenzzuweisungen im deutschen Föderalismus*

1. Die Länder haben das Recht der Gesetzgebung, soweit das Grundgesetz nicht dem Bunde Gesetzgebungsbefugnisse verleiht (Art 70 Abs.1 GG). Die meisten Gegenstände der Gesetzgebung gehören jedoch zur ausschließlichen (Art. 73, 105 Abs. 1, 108 Abs. 6 GG) oder konkurrierenden Gesetzgebung des Bundes (Art. 74, 74a, 105 Abs. 2 GG).
2. Die hauptsächlichen Felder der Kooperation zwischen Bund und Ländern können wie folgt beschrieben werden:
   - Bundesgesetzgebung und – als Grundsatz – Ausführung der Gesetze durch die Länder (Art. 83 GG), und zwar entweder als eigene Angelegenheiten (Art. 84 GG) oder im Auftrage des Bundes (Art. 85 GG).
   - Rahmengesetzgebung des Bundes und ausfüllende Gesetzgebung sowie Ausführung durch die Länder (Art. 75 GG) – wird es in Zukunft nicht mehr geben.
   - Finanzielle Beteiligung des Bundes an der Erfüllung von Länderaufgaben (Art. 91a, 91b GG) oder Finanzhilfen des Bundes an die Länder (Art.104a Abs. 4 GG).
   - Zusammenwirken von Bundes- und Landesbehörden (sog. Mischverwaltung) gemäß Art. 108 Abs. 4 Satz 1, 1. Alt. GG.[6]
   - Zusammenwirken von Bund und Ländern auf dem Gebiete der Kriminalpolizei und des Verfassungsschutzes (Art. 73 Nr. 10 GG).[7]

Zur Zeit wird in Deutschland eine Reform des Föderalismus diskutiert. Eine Gemeinsame Kommission von Bundestag und Bundesrat hat dazu Vorschläge ausgearbeitet.[8] Soweit die folgenden Ausführungen Probleme behandeln, die durch die Reformen berührt werden könnten, werden mögliche Reformansätze erörtert. Auf die inzwischen beschlossene und am 1.1.2007 in Kraft tretende Bundesstaatsreform konnte nur noch vereinzelt Bezug genommen werden.

6 Siehe V. Abschnitt des Gesetzes über die Finanzverwaltung i. d. F. der Bekanntmachung v. 30.8.1971 (BGBl. I, S. 1426), zuletzt geändert durch Gesetz v. 4.5.1998 (BGBl. I, S. 845).

7 Gesetz über das Bundeskriminalamt und die Zusammenarbeit des Bundes und der Länder in kriminalpolizeilichen Angelegenheiten i. d. F. der Bekanntmachung v. 7.7.1997 (BGBl. I, S. 1650).

8 Vgl. die Einsetzung einer Gemeinsamen Kommission von Bundestag und Bundesrat zur Modernisierung der bundesstaatlichen Ordnung (BT Drucks. 15/1685) vom 14.10.2003. Inzwischen liegt dem Deutschen Bundestag die Vorlage eines Gesetzes zur Änderung des Grundgesetzes vor (BT Drucks.16/813) vom 10. 3. 2006. Umfassende Dokumentation: Deutscher Bundestag/Bundesrat/Öffentlichkeitsarbeit (Hrsg.), Dokumentation der Kommission von Bundestag und Bundesrat zur Modernisierung der bundesstaatlichen Ordnung (Zur Sache 1/2005).

## III. *Abgrenzung der Gesetzgebungskompetenzen*

Eine kürzlich erlassene Entscheidung des Bundesverfassungsgerichts behandelt die Verteilung der Gesetzgebungskompetenzen. Ein Bundesgesetz hat die Altenpflege-Berufe neu geregelt.[9] Das Altenpflegegesetz soll bundesweit ein einheitliches Ausbildungsniveau sicherstellen und das Berufsbild des Altenpflegers attraktiver gestalten. Die Altenpfleger sollen befähigt werden, älteren Menschen dabei zu helfen, ihre körperliche, geistige und seelische Gesundheit zu fördern, zu erhalten oder wiederzuerlangen. Das Gesetz wurde auf die konkurrierende Gesetzgebung des Bundes gestützt, und zwar auf Art. 74 Abs. 1 Nr. 19 GG, der dem Bund auf folgenden Gebieten Gesetzgebungskompetenz verleiht: die Maßnahmen gegen gemeingefährliche und übertragbare Krankheiten bei Menschen und Tieren, die Zulassung zu ärztlichen und anderen Heilberufen und zum Heilgewerbe, den Verkehr mit Arzneien, Heil- und Betäubungsmitteln und Giften.

In einem Antrag auf abstrakte Normenkontrolle machte die Regierung des Freistaates Bayern geltend: Das Altenpflegegesetz betreffe weder einen »anderen Heilberuf« noch ein »Heilgewerbe«. Ein Heilberuf liege nur vor, wenn das Heilen oder der Versuch zu heilen das Berufsbild präge und es maßgeblich von anderen Tätigkeiten unterscheide.

Die Bundesregierung verteidigte das Gesetz. Die Berufe der Altenpflege und Altenpflegehilfe hätten ihren charakteristischen Schwerpunkt in der auf die gesundheitlichen Probleme des Alters ausgerichteten Betreuung alter Menschen. Der Begriff »Heilberufe« in Art. 74 Abs. 1 Nr. 19 GG sei nicht nur restriktiv auf die Gesundung von Kranken zu beziehen, sondern weitergehend auf Tätigkeiten, die Menschen in gestörtem oder gefährdetem gesundheitlichen Zustand hülfen.

Das Bundesverfassungsgericht (Urteil v. 24. Oktober 2002 – 2 BvF 1/01)[10] geht von der umgangssprachlichen Bedeutung des Begriffs Heilberufe aus. Er sei nicht auf Heilung von Kranken beschränkt, sondern umfasse die helfende Betreuung von Menschen mit gesundheitlichen Problemen, seien sie restitutionsfähig oder nicht. Altenpflege sei deshalb den Heilberufen zuzuordnen, wie sich aus dem gesetzlich geregelten Berufsbild des Altenpflegers ergebe. In einer sehr aufwendigen und langen Begründung[11] wird dargetan, daß der Bundesgesetzgeber den neuen Beruf des Altenpflegers als Gesundheitsfachberuf den Heilhilfsberufen des Art. 74 Abs. 1 Nr. 19 GG zuordnen dürfe: Die Kompetenz des Bundes erstrecke sich zwar nur auf die Zulassung zu Heilberufen,

9 Gesetz vom 17.11.2000 (BGBl. I, S. 1513).
10 BVerfGE 106, 62–166.
11 BVerfGE 106, 104–135.

nicht auf das ganze Berufsrecht, insbesondere nicht auf die Ausübung der Heilberufe. Zur Zulassung gehörten aber auch die Ausbildungsregelungen und das, was sonst erforderlich sei, um der Zulassungsregelung Gehalt zu geben, wie z. B. das Prüfungswesen.
Den außerdem im angegriffenen Gesetz geregelte Beruf des Altenpflegehelfers erkannte das Bundesverfassungsgericht indes nicht als Heilberuf an. Allein der Umstand, daß Altenpflegehelfer unter Anleitung von Altenpflegern tätig werden sollen, bedeute noch nicht die Übertragung heilkundlicher Aufgaben. Einen kompetentiellen Sachzusammenhang mit der Regelung der Altenpflege hat das Bundesverfassungsgericht verneint. Die Regelungen über den Beruf des Altenpflegehelfers wurden mangels Gesetzgebungskompetenz des Bundes für verfassungswidrig und nichtig erklärt.
Die Entscheidung ist ein Beispiel dafür, daß das Bundesverfassungsgericht durchaus willens ist, die relativ schmalen Gesetzgebungskompetenzen der Länder vor Übergriffen des Bundes zu schützen.[12] Die Altenpflege als Heilberuf zu qualifizieren, leuchtet ein. Da aber Art. 74 Abs. 1 Nr. 19 GG ausdrücklich nur von *Zulassung* zu den Heilberufen spricht, während dem Bund für andere Berufe (z. B. Rechtsanwaltschaft und Rechtsberatung, vgl. Art. 74 Abs. 1 Nr. 1 GG) die *volle Regelungskompetenz* zusteht, ergibt eine systematische Auslegung zwingend, daß die gesamte Regelungsmaterie der Heilberufe zwischen Bund und Ländern aufgeteilt ist.
In der Entscheidung zum Altenpflegegesetz ging es nicht nur um die Auslegung des Art. 74 Abs. 1 Nr. 19 GG, vielmehr mußte sich das Bundesverfassungsgericht zum ersten Mal mit dem neugefaßten Art. 72 Abs. 2 GG[13] beschäftigen, der das Gebrauchmachen des Bundes von der konkurrierenden Gesetzgebungskompetenz stärker als die ursprüngliche Fassung einschränkt.[14] Die ursprüngliche Fassung hatte das Bundesverfassungsgericht von Anfang an in ständiger Rechtsprechung so ausgelegt, daß es das »Bedürfnis nach bundesgesetzlicher Regelung« als einen Ermessensbegriff aufgefaßt

12 Weitere Beispiele lassen sich finden. Aber es gibt auch Eingriffe des BVerfG in Gesetzgebungsbefugnisse der Länder, z.B. BVerfGE 98, 265, 298 ff., berufsregelnde Vorschriften im bayer. Schwangerenhilfeergänzungsgesetz betreffend; dazu kritisch das folgende Kapitel.

13 Vgl. Gesetz v. 27.10.1994 (BGBl. I, S. 3146).

14 *Alte Fassung*: Der Bund hat in diesem Bereiche das Gesetzgebungsrecht, soweit ein Bedürfnis nach bundesgesetzlicher Regelung besteht, weil 1. eine Angelegenheit durch die Gesetzgebung einzelner Länder nicht wirksam geregelt werden kann oder 2. die Regelung einer Angelegenheit durch ein Landesgesetz die Interessen anderer Länder oder der Gesamtheit beeinträchtigen könnte oder 3. die Wahrung der Rechts- und Wirtschaftseinheit, insbesondere die Wahrung der Einheitlichkeit der Lebensverhältnisse über das Gebiet eines Landes hinaus sie erfordert.
*Neue Fassung*: Der Bund hat in diesem Bereich das Gesetzgebungsrecht, wenn und soweit die Herstellung gleichwertiger Lebensverhältnisse im Bundesgebiet oder die Wahrung der Rechts- oder Wirtschaftseinheit im gesamtstaatlichen Interesse eine bundesgesetzliche Regelung erforderlich macht.

hat,[15] der seiner Natur nach nicht justitiabel und daher der Nachprüfung durch das Bundesverfassungsgericht entzogen sei, soweit nicht Ermessensmißbrauch vorliege.[16] Die Neufassung des Art. 72 Abs. 2 GG und die Schaffung eines diese Norm schützenden besonderen verfassungsgerichtlichen Verfahrens durch Art. 93 Abs. 1 Nr. 2a GG[17] verfolgen das Ziel, die Nutzung der konkurrierenden Gesetzgebungskompetenz durch den Bund einzuschränken und dadurch die Position der Länder zu stärken.[18]
Die Einrichtung des besonderen verfassungsgerichtlichen Verfahrens sieht das Bundesverfassungsgericht als »klare Anweisung ..., seine bisherige, als korrekturbedürftig bewertete Rechtsprechung zu ändern«.[19] Dies ist in dem Urteil zur Altenpflege geschehen, weshalb es weit über den Fall hinaus von Bedeutung ist. Das Gericht verneint einen von verfassungsgerichtlicher Kontrolle freien gesetzgeberischen Beurteilungsspielraum (früher Ermessen genannt) hinsichtlich der Voraussetzungen des Art. 72 Abs. 2 GG.[20] Der Bundesgesetzgeber dürfe mit einem Gesetz auf dem Gebiete der konkurrierenden Gesetzgebungskompetenz drei mögliche Ziele anstreben, die einengend wie folgt zu definieren versucht werden:

- Auf die *Herstellung gleichwertiger Lebensverhältnisse* könne der Bund seine konkurrierende Kompetenz nur stützen, wenn sich die Lebensverhältnisse in den Ländern der Bundesrepublik in erheblicher, das bundesstaatliche Sozialgefüge beeinträchtigender Weise auseinander entwickelt hätten oder sich eine solche Entwicklung konkret abzeichne.[21]
- Auf die Wahrung der *Rechtseinheit* könne der Bund sich nur dann berufen, wenn eine Gesetzesvielfalt auf Länderebene eine Rechtszersplitterung mit problematischen Folgen darstelle, die im Interesse sowohl des Bundes als auch der Länder nicht hingenommen werden könnten.[22]

15 BVerfGE 1, 264, 272 f.; 2, 213, 224; 65, 1, 63; 78, 249, 270.

16 So auch zur Neufassung *Christoph Degenhart*, in: Sachs, Grundgesetz, 3. Aufl. 2003, Art. 72 Rdnr. 11.

17 Auf Antrag des Bundesrates, einer Landesregierung oder der Volksvertretung eines Landes.

18 In diesem Sinne *v. Mangoldt/Klein/Pestalozza*, Grundgesetz, 3. Aufl., Bd. 8, 1996, Art. 72 Rdnr. 344 ff.; *Stefan Oeter*, in: *v.* Mangoldt/Klein/Starck, Grundgesetz, 4. Aufl., Bd. II, 2000, Art. 72 Rdnr. 87 ff.

19 BVerfGE 106, 62, 136 f. Noch im Beschluß über eine einstweilige Anordnung gegen das Inkrafttreten einiger Vorschriften des Altenpflegegesetzes (BVerfGE 104, 23, 30) hat das BVerfG als offene, noch zu erörternde Frage bezeichnet, »ob und inwieweit trotz der Änderung des Art. 72 Abs. 2 GG, die nach dem Willen des Gesetzgebers (vgl. BTDrucks. 12/6000) die Voraussetzungen für die Inanspruchnahme der konkurrierenden Gesetzgebung verschärfen und die Justitiabilität des Art. 72 Abs. 2 GG verbessern sollte ..., an die bisherige Rechtsprechung zur verfassungsrechtlichen Überprüfbarkeit der Bedürfnisklausel des Art. 72 Abs. 2 GG a.F. ... angeknüpft werden kann.«

20 BVerfGE 106, 62, 148 ff; kritisch zum Urteil *Matthias Jestaedt*, Und er bewegt sich doch! Der Wille des Verfassungsgebers in der verfassungsgerichtlichen Auslegung, In: Festschrift für Walter Schmitt Glaeser, 2003, S. 267 ff.

21 BVerfGE 106, 62, 144.

22 BVerfGE 106, 62, 145 f.

- Auf die Wahrung der *Wirtschaftseinheit* könne der Bund seine konkurrierende Gesetzgebung stützen, wenn unterschiedliche Landesgesetze oder das Untätigbleiben der Länder erhebliche Nachteile für die Gesamtwirtschaft mit sich brächten.[23]

Diese Grundsätze auf das Altenpflegegesetz angewandt, soweit es von der konkurrierenden Gesetzgebungskompetenz gedeckt ist, ergeben, daß es weder zur Herstellung gleichwertiger Lebensverhältnisse noch zur Wahrung der Rechtseinheit erforderlich sei.[24] Die Rechtsvereinheitlichung bei der Ausbildung der Altenpfleger sei aber zur Wahrung der Wirtschaftseinheit im gesamtstaatlichen Interesse erforderlich, was im einzelnen begründet wird.[25]
Die Entscheidung zum Altenpflegegesetz läßt erkennen, daß das Bundesverfassungsgericht die Änderung des Art. 72 Abs. 2 GG ernst zu nehmen und damit dem der Verfassungsänderung zugrundeliegenden politischen Willen zum Durchbruch zu verhelfen versucht, um den Landesgesetzgeber vor einer extensiven Nutzung der konkurrierenden Gesetzgebung des Bundes zu schützen.[26] Bei Würdigung der Argumentationsweise des Bundesverfassungsgerichts erkennt man allerdings hinsichtlich des dritten Kriteriums (Wirtschaftseinheit) ein Einfallstor für weitgehende Nutzungsmöglichkeit der konkurrierenden Gesetzgebungskompetenz durch den Bund in dem Argument der Sicherung der bundesstaatlichen Freizügigkeit.[27] Landesrechtliche Regelungen, die von einander abweichen, werden von den Betroffenen stets als Gefährdung der Freizügigkeit bewertet. Man wird vom Bundesverfassungsgericht in Zukunft erwarten dürfen, daß es auch insoweit eine strenge Argumentation verlangt und selbst einhält, wofür die Entscheidung zum Altenpflegegesetz Maßstab sein muß.
Die Neufassung des Art. 72 Abs. 2 GG gilt als entscheidende Reformmaßnahme zur Vermehrung der Gesetzgebung durch die Landtage. Angesichts der noch fehlenden Festigung der Abgrenzungskriterien kann die langfristige Wirkung der Neufassung noch nicht abgeschätzt werden. Eine stärkere Verantwortung der Landtage auf dem Gebiete der Gesetzgebung könnte dadurch erreicht werden, daß der Katalog der konkurrierenden Gesetzgebung vermindert wird.[28] So soll die oben unter II. erwähnte gemeinsame Kommission die Zuordnung von Gesetzgebungszuständigkeiten auf Bund und Länder überprüfen. Nach der in Anm. 8 zitierten Gesetzesvorlage soll die Gesetzgebungs-

23 BVerfGE 106, 62, 147.
24 BVerfGE 106, 62, 153–156.
25 BVerfGE 106, 62, 157–165.
26 Positive Bewertung durch *Heike Jochum*, Richtungsweisende Entscheidung des BVerfG zur legislativen Kompetenzordnung des Grundgesetzes. NJW 2003, S. 28 f.
27 BVerfGE 106, 62, 157 (Mobilität der Altenpfleger).
28 *Markus Möstl*, Neuordnung der Gesetzgebungskompetenzen von Bund und Ländern, in: Zeitschrift für Gesetzgebung 2003, S. 297, 311 ff., erörtert die verschiedenen dazu gemachten Vorschläge.

kompetenz des Bundes beschnitten werden. Bis jetzt hat es sich als politisch nahezu unmöglich erwiesen, die Gesetzgebungskataloge in Art. 73, 74, 75 GG zugunsten der Länder zu ändern. Das hat zuletzt die Reform der Bundesstaatlichkeit anläßlich der Wiedervereinigung gezeigt.[29] Die Fülle der insbesondere in Art. 74 Abs. 1 GG enthaltenen Materien korrespondiert mit dem allgemein empfundenen Bedürfnis nach Homogenität, die durch Bundesgesetzgebung gewährleistet werden soll. Die in der Gesellschaft tief sitzenden politischen Homogenitätsforderungen sind es auch, die bei der Interpretation der Neufassung des Art. 72 Abs. 2 GG dazu führen können, daß man schnell wieder in die alten Gleise gerät.
Aus dem Katalog der konkurrierenden und der Rahmengesetzgebung sollte alles herausgenommen und damit den Ländern überantwortet werden, was die Eigenstaatlichkeit der Länder betrifft. Bei genauer Sichtung ist das nicht viel. Das wären vor allem der öffentliche Dienst (Art. 75 Abs. 1 Nr. 1 GG), einschließlich der Besoldung und der Versorgung (Art. 74a GG) – die notwendige Einheitlichkeit wird durch Art. 33 Abs. 3-5 GG gesichert –, weitgehend das Hochschulwesen (Art. 75 Abs. 1 Nr. 1a GG), das Versammlungsrecht (Art. 74 Abs. 1 Nr. 3 GG), die öffentliche Fürsorge (Art. 74 Abs. 1 Nr. 7 GG), das Jagdwesen und die Landschaftspflege (Art. 75 Abs. 1 Nr. 3 GG). *Dies ist inzwischen durch die Bundesstaatsreform weitgehend geschehen.*

## IV. *Die Ausführung der Bundesgesetze*

Der deutsche Föderalismus wird oft als »Exekutiv-Föderalismus« bezeichnet. Damit ist die allgemeine verfassungsrechtliche Regel charakterisiert, daß Bundesgesetze durch die Länder ausgeführt werden (Art. 83 GG). Im Gegensatz dazu ist die Ausführung durch den Bund die Ausnahme, sie ist im Grundgesetz für jede einzelne Materie ausdrücklich vorgesehen (vgl. Art. 87 ff.). Diese Kompetenzzuweisung ist aus der Sicht des amerikanischen Föderalismus, wonach der Präsident als Bundesexekutive die Bundesgesetze ausführt,[30] schon ein Ausdruck von »Kooperation« zwischen dem Bund und den Ländern. Wenn man die von der Verfassung getroffenen Regeln über die Ausführung von Bundesgesetzen durch die Länder betrachtet, erkennt man zwei

29 Vgl. *Christian Starck*, Die Bundesstaatlichkeit und die Gemeinsame Verfassungskommission, in: Festschrift für Walter Remmers, 1995, S. 159, 162. Neueste Äußerungen der Bundesjustizministerin lassen befürchten, daß die Überprüfung der Gesetzgebungskompetenzkataloge hauptsächlich zugunsten des Bundes ausfallen, vgl. *Brigitte Zypries*, Die Reform der bundesstaatlichen Ordnung im Bereich der Gesetzgebung, in: Zeitschrift für Rechtspolitik 2003, S. 265, 267 f.

30 Art. II, sect. 1 No 1, sect. 3.

verschiedene Typen einer »Kooperation« von Bundes- und Landesexekutive: (1) Ausführung durch die Länder und bloße Rechtsaufsicht durch den Bund (Art. 84 GG), (2) Ausführung durch die Länder im Auftrag des Bundes mit einem höheren Grad an Einfluß des Bundes (Art. 85 GG). Der erste Typus ist die reguläre Form der Ausführung der Bundesgesetze, der zweite Typus ist die Ausnahme und muß speziell in der Verfassung vorgesehen sein. Diese zwei Typen des Einflusses der Bundesregierung auf die Anwendung und Ausführung von Bundesgesetzen durch die Länder sind Formen der »Kooperation« auf dem Gebiet der Verwaltung. Das Bundesverfassungsgericht charakterisiert die verfassungsrechtliche Lage zutreffend so:[31] »Diese Bestimmungen (sc. Art. 84, 85 GG) gehen grundsätzlich von der Unterscheidung zwischen Bundes- und Landesverwaltung aus. Sie lassen freilich auch erkennen, daß die Verwaltungsbereiche von Bund und Ländern nicht starr voneinander geschieden sind. Ein Zusammenwirken von Bund und Ländern bei der Verwaltung ist in vielfältiger Form vorgesehen. Das gilt zumal hinsichtlich der Einwirkungsbefugnisse des Bundes auf die Länder bei Vollziehung von Bundesgesetzen.«

Auf Antrag überprüft das Bundesverfassungsgericht die Aufsicht des Bundes über die Länder bei Ausführung von Bundesgesetzen (Art. 93 Abs. 1 Nr. 3 GG). Dazu hat das Bundesverfassungsgericht allgemein festgestellt, daß die Verwaltungszuständigkeiten von Bund und Ländern erschöpfend geregelt und nicht abdingbar seien.[32] Es gilt nämlich der allgemeine Verfassungsgrundsatz, daß weder Bund noch Länder über ihre im Grundgesetz festgelegten Kompetenzen verfügen können[33]. Die Art. 83 ff. GG gehen im Hinblick auf die Ausführung der Bundesgesetze von einer Unterscheidung zwischen Bundes- und Landesverwaltung sowie zwischen zwei verschiedenen Formen der Landesverwaltung aus und regeln für diesen zuletzt erwähnten Fall das Zusammenwirken von Bund und Ländern. Grundsätzlich gilt, daß der Verwaltungsträger, dem durch die verfassungsrechtliche Kompetenznorm Verwaltungsaufgaben zugewiesen sind, diese Aufgaben durch eigene Verwaltungseinrichtungen – mit eigenen personellen und sachlichen Mitteln – wahrnimmt. Insoweit gilt der Grundsatz eigenverantwortlicher Aufgabenwahrnehmung.

Für die Ausführung von Bundesgesetzen im Auftrage des Bundes (sog. Bundesauftragsverwaltung) ist in Art. 85 Abs. 3 GG vorgesehen, daß die Landesbehörden den Weisungen der zuständigen obersten Bundesbehörden unterstehen. Weisungen sind keine generellen Anordnungen wie Verwaltungsvorschriften, die die Bundesregierung mit Zustimmung des Bundesrates gemäß Art. 85 Abs. 2 Satz 1 GG erlassen kann. Weisungen beziehen sich regelmäßig

31 So auch BVerfGE 63, 1, 39.
32 BVerfGE 31, 145, 156; 39, 96, 109; 41, 291, 311.
33 Nur auf Grund spezieller verfassungsrechtlicher Ermächtigung kann durch Gesetz mit Zustimmung des Bundesrates von verfassungsrechtlich festgelegten Kompetenzen abgewichen werden (vgl. Art. 87 Abs. 3, Art. 87c, Art. 108 Abs. 4 GG).

auf Einzelfälle, sie sind aber nicht auf Ausnahmefälle beschränkt und nicht besonders rechtfertigungsbedürftig, sondern sind ein »reguläres Mittel« der Bundesaufsicht.[34]

In zwei zeitlich eng hintereinander liegenden Entscheidungen zur Ausführung des Atomgesetzes durch die Länder[35] Nordrhein-Westfalen und Niedersachsen hat das Bundesverfassungsgericht 1990 und 1991[36] den Umfang und Charakter des Weisungsrechts gem. Art. 85 Abs. 3 GG deutlich gemacht. Danach ist auch die Auftragsverwaltung eine Form der Landesverwaltung, die Landesstaatsgewalt ausübt. Die Eigenständigkeit des Landes sei aber bei der Auftragsverwaltung deutlich begrenzt. Es heißt dann wörtlich:[37]

> »Während bei der landeseigenen Ausführung der Bundesgesetze dem Bund als Kontrollbefugnis nur eine Rechtsaufsicht zukommt, die in ein eigenes Verfahren der Mängelrüge und –beseitigung eingebunden ist (Art. 84 Abs. 3 und 4 GG), und Weisungsrechte nur für besondere Fälle durch eigene bundesgesetzliche Regelung begründet werden können (Art. 84 Abs. 5 GG), hat der Bund bei der Auftragsverwaltung weit stärkere Einwirkungsmöglichkeiten. Seine Aufsicht erstreckt sich auf Gesetzmäßigkeit und Zweckmäßigkeit der Gesetzesausführung, wobei die Bundesregierung zu diesem Zweck jederzeit Bericht und Vorlage der Akten verlangen sowie Beauftragte zu allen Behörden entsenden kann (Art. 85 Abs. 4 GG); vor allem aber unterstehen Landesbehörden von vornherein den Weisungen der zuständigen obersten Bundesbehörde mit der Maßgabe, daß der Vollzug der Weisungen – ohne daß dem ein darauf gerichtetes besonderes Verfahren vorauszugehen hätte – von den obersten Landsbehörden sicherzustellen ist (Art. 85 Abs. 3 GG).«

Aus diesen Aussagen folgt, daß der Bund die Sachbeurteilung und Sachentscheidung, d. h. die *Sachkompetenz*, an sich ziehen kann. Unentziehbar ist hingegen die *Wahrnehmungskompetenz*, die beim Land verbleibt.[38] Dieses tritt also nach außen auf, ihm sind die Entscheidungen zuzurechnen. Im Innenverhältnis zwischen Bund und Land ist es der Bund, der letzten Endes auf Grund des Gesetzes die Gemeinwohlinteressen definiert, wie schon im Parlamentarischen Rat festgestellt worden ist: Es sei der Wille der zuständigen obersten Bundesbehörde, der entscheide.[39]

Das Bundesverfassungsgericht hat in den beiden zitierten Entscheidungen zur Ausübung des Weisungsrechts folgende Grenzen festgestellt:

34 BVerfGE 81, 310, 335.
35 Und zwar im Verfahren der Auftragsverwaltung, wie sich aus Art. 87c GG i. V. m. § 24 Abs. 1 Atomgesetz ergibt.
36 BVerfGE 81, 310; 84, 25.
37 BVerfGE 81, 310, 331 f.
38 Die hervorgehobenen Begriffe stammen von *Dieter Wolst*, Die Bundesauftragsverwaltung als Verwaltungsform, 1974, S. 52 ff.; vgl. dazu weiter *Peter Lerche*, in: Maunz/Dürig, Grundgesetz, Art. 85 Rdnr. 4 ff. (1987); *Hans-Heinrich Trute*, in: Mangoldt/Klein/Starck, Grundgesetz, 4. Aufl., Bd. II 2000, Art. 85 Rdnr. 5 ff.
39 Abg. *Dr. Laforet*, in: Parl. Rat, Schriftlicher Bericht zum Entwurf des Grundgesetzes (Anlage zum Sten. Bericht der 9. Sitzung des Parlamentarischen Rates am 5. Mai 1949), S. 40.

- Die Weisungen müssen so hinreichend klar sein, daß die angewiesene Behörde unter Zuhilfenahme der ihr zu Gebote stehenden Erkenntnismöglichkeiten den objektiven Sinn der Weisung ermitteln kann.[40]
- Außer in Eilfällen muß als Konsequenz aus der Bundestreue dem Land vor Weisungserlaß Gelegenheit zur Stellungnahme gegeben werden und die Stellungnahme bei Erlaß der Weisung erkennbar in Erwägung gezogen werden.[41]
- Das Land hat kein Recht darauf, daß die Weisung recht- und verfassungsmäßig ist;[42] eine Grenze für das Weisungsrecht ist aber darin zu sehen, daß es der zuständigen obersten Bundesbehörde verwehrt ist, mittels der Weisung eine allgemeine Gefährdung oder Verletzung bedeutender Rechtsgüter zu veranlassen.[43]

Die Ausführung der Bundesgesetze durch die Länder ist nicht ausdrücklich zum Gegenstand der gemeinsamen Kommission von Bundestag und Bundesrat zur Modernisierung der bundesstaatlichen Ordnung gemacht worden. Immerhin soll die Kommission aber Vorschläge mit dem Ziel erarbeiten,[44] »die Handlungs- und Entscheidungsfähigkeit von Bund und Ländern zu verbessern, die politischen Verantwortlichkeiten deutlicher zuzuordnen sowie die Zweckmäßigkeit und Effizienz der Aufgabenerfüllung zu steigern«. Es wird zu prüfen sein, ob die Unterscheidung von Sachkompetenz und Wahrnehmungskompetenz, die zum Verständnis des Art. 85 Abs. 3 GG sinnvoll ist, nicht »die politischen Verantwortlichkeiten« verdunkelt.

## V. *Ausführung des Rechts der Europäischen Gemeinschaft*

Wenn das EG-Recht zu seiner innerstaatlichen Wirkung noch in nationales Recht umgeformt werden muß (Art. 249 Abs. 3 EGV), folgt die Zuständigkeit dafür aus den Vorschriften des Grundgesetzes über die Gesetzgebungskompetenz.[45] Je nachdem ist der Bund oder sind die Länder berechtigt und verpflichtet, die entsprechenden innerstaatlichen Gesetze zu erlassen. Bemühungen des Bundes, die Gesetzgebungskompetenz für die innerstaatliche Umsetzung von EG-Richtlinien zu erhalten, sind aus zwei sehr ernsten Gründen abzulehnen:

40 BVerfGE 81, 310, 336; 84, 25, 33.
41 BVerfGE 81, 310, 337 f.; 84, 25, 33.
42 BVerfGE 81, 310, 332 ff.; 84, 25, 33.
43 BVerfGE 81, 310, 334 f.
44 BT Drucks. 15/1685 v. 14.10.2003, S. 1
45 BVerfGE 92, 203, 230; 97, 228, 251.

Die ohnehin schwach ausgebildete Gesetzgebungskompetenz der Länder würde weiter geschwächt und die Kohärenz landesgesetzlicher Regelungen wäre in Frage gestellt, wenn der Bund, soweit die umzusetzende EG-Richtlinie reicht, Bundesrecht schaffen könnte.

Für unmittelbar in Deutschland geltendes EG-Recht (Art. 249 Abs. 2 EGV) fehlt im Grundgesetz eine Regelung darüber, wer es administrativ auszuführen hat. 1976 hat die Enquetekommission »Verfassungsreform« einen Regelungsvorschlag dafür unterbreitet,[46] der aber nicht ins Grundgesetz aufgenommen worden ist.

Art. 83 GG bezieht sich nur auf die Ausführung der Bundesgesetze. Man könnte diesen Artikel auf die Ausführung unmittelbar geltenden EG-Rechts analog anwenden. Diese Analogie stände in Einklang mit Art. 30 GG, der besagt, daß die Ausübung der staatlichen Befugnisse und die Erfüllung der staatlichen Aufgaben Sache der Länder ist, soweit dieses Grundgesetz keine andere Regelung trifft oder zuläßt. Daraus folgt, daß die Ausführung unmittelbar geltenden EG-Rechts zur Kompetenz der Länder gehört, solange das Grundgesetz keine andere Regelung trifft.[47] Ergeht die EG-Verordnung auf dem Gebiete der Bundesgesetzgebungskompetenz, ergibt sich die Ausführungskompetenz aus Art. 83 ff., ergeht die EG-Verordnung auf dem Gebiete der Landesgesetzgebungskompetenz, so ergibt sich die Zuständigkeit aus Art. 30 GG ohne Einflußrechte des Bundes aus Art. 84 GG.

Die Bundesrepublik ist für alle Mängel, die die Länder in ihrem Kompetenzbereich verursachen, der Europäischen Gemeinschaft gegenüber verantwortlich. Wenn man Art. 83 GG analog anwendet, dann stehen der Bundesregierung die Aufsichtsmittel des Art. 84 GG zur Verfügung, mittels deren der Bund seiner Verantwortlichkeit gerecht werden kann. Bei Landeszuständigkeit aus Art. 30 GG hilft der Grundsatz der Bundestreue, auf dessen Grundlage der Bund von den Ländern die Ausführung von EG-Recht verlangen und, wenn notwendig, über Art. 93 Abs. 1 Nr. 3 GG von dem Bundesverfassungsgericht erstreiten kann.[48] Entsprechendes gilt bei der gesetzlichen Umsetzung von EG-Richtlinien.

46 Deutscher Bundestag, Drucksache 7/5924, S.144. Der Vorschlag lautet: »Art. 90a Für die Ausführung von Rechtsvorschriften einer zwischenstaatlichen Einrichtung, auf die der Bund gemäß Art. 24 Hoheitsrechte übertragen hat, gelten die Regelungen für die Ausführung von Bundesgesetzen entsprechend. Sind die Vorschriften hiernach von den Ländern als eigene Angelegenheiten auszuführen, so kann durch Gesetz mit Zustimmung des Bundesrates abweichend davon bestimmt werden, daß sie von den Ländern im Auftrage des Bundes ausgeführt werden.«

47 *Klaus Stern*, Das Staatsrecht der Bundesrepublik Deutschland, Bd. II, 1980, S. 784 f.; *Christian Starck*, Die deutschen Länder und die auswärtige Gewalt, in: Festschrift für Peter Lerche, 1993, S. 561, 571; *Georg Hermes*, in: Dreier, Grundgesetz, Bd. III, 2000, Art. 83 Rdnr. 9 f. mit weiteren Nachweisen.

48 Zur Ausübung der Kompetenz in wechselseitiger bundesstaatlicher Rücksichtnahme vgl. BVerfGE 81, 310, 339; 92, 203, 234 ff.; 96, 106, 118 f.

## VI. *Aufteilung der Steuereinnahmen und Finanzausgleich*

In Deutschland ist Steuergesetzgebung faktisch fast ausschließlich Bundessache. Der Bund hat die ausschließliche Gesetzgebungskompetenz über Zölle und Finanzmonopole (Art. 105 Abs. 1 GG) und die konkurrierende Gesetzgebungskompetenz über die übrigen Steuern, wenn ihm das Aufkommen dieser Steuern ganz oder zum Teil zusteht oder die Voraussetzungen des Art. 72 Abs. 2 GG vorliegen (Art. 105 Abs. 2 GG). Auf dieser Grundlage sind fast alle Steuergesetze Bundesgesetze. Die Länder ihrerseits haben lediglich die ausschließliche Kompetenz, Gesetze bezüglich lokaler Steuern zu erlassen, solange und soweit sie nicht bundesgesetzlich geregelten Steuern gleichartig sind (Art.105 Abs.2a GG)[49].
Da sich Bund und Länder nicht durch je eigene Steuergesetzgebung mit den notwendigen Mitteln ausstatten können und somit die jeweilige Steuergesetzgebung in periodischen Wahlen nicht zur Abstimmung steht, ist die finanzielle Unabhängigkeit der Länder, die eine wichtige Voraussetzung für jeden echten Föderalismus ist, durch höheres Recht zu sichern. Die Verteilung der Steuereinnahmen darf nicht nur durch Bundesgesetze garantiert sein. Die Zuteilung muß auf Verfassungsebene zu erfolgen, um die Autonomie der Länder vor der normalen Bundesgesetzgebung zu schützen.
Die Verteilung der Steuereinnahmen richtet sich in Deutschland nach dem Prinzip, daß der Bund und die Länder gesondert die Ausgaben tragen, die sich aus der Wahrnehmung ihrer Aufgaben ergeben (Art.104a Abs.1 GG). Diese verfassungsrechtliche Regel beruht auf dem ökonomischen Grundsatz »Wer zahlt, schafft an«. Das Grundgesetz hat in Art.106 ein System der Steuerverteilung begründet, welches hier nicht im Detail erläutert werden kann: Einige Steuern fließen dem Bund zu, andere den Ländern. Die wichtigsten Steuern (Einkommen- und Körperschaftsteuer) stehen Bund und Ländern gemeinsam zu gleichen Teilen zu; die jeweiligen Anteile an der Umsatzsteuer werden von einem Bundesgesetz mit Zustimmung des Bundesrates festgesetzt (Art. 106 Abs. 3 S. 3 GG). Dieses System der getrennten und verbundenen Steuern ermöglicht noch keinen gerechten finanziellen Ausgleich. Um eine endgültige Ausgewogenheit zu erreichen, sind weitere Mittel notwendig, welche die Unterschiede hinsichtlich der finanziellen Leistungsfähigkeit und der Bedürfnisse der Länder angemessen berücksichtigen. Diese finanzielle Ausgewogenheit wird durch ein System finanziellen Ausgleichs sowohl auf horizontaler als auch auf vertikaler Ebene zu erreichen versucht.[50]

49 Vgl. *Irene Kesper*, Bundesstaatliche Finanzordnung, 1998, S. 95 f.
50 Siehe dazu die Übersichten in BVerfGE 72, 330, 383-390, sowie bei *Christian Starck*, Die Bundesstaatlichkeit im Spiegel der Finanzverfassung, in: Steuer und Wirtschaft 1974, S. 271, 272.

Die Anwendung einer dieser Ausgleichs-Normen hat dem Bundesverfassungsgericht 1975 zur Entscheidung vorgelegen. Diese Entscheidung ist näher zu betrachten. Art.104a Abs.4 GG, die fragliche Norm, besagt: »Der Bund kann den Ländern Finanzhilfen für besonders bedeutsame Investitionen der Länder und Gemeinden (Gemeindeverbände) gewähren, die zur Abwehr einer Störung des gesamtwirtschaftlichen Gleichgewichts oder zum Ausgleich unterschiedlicher Wirtschaftskraft im Bundesgebiet oder zur Förderung des wirtschaftlichen Wachstums erforderlich sind. Das Nähere, insbesondere die Arten der zu fördernden Investitionen, wird durch Bundesgesetz, das der Zustimmung des Bundesrates bedarf, oder auf Grund des Bundeshaushaltsgesetzes durch Verwaltungsvereinbarung geregelt.«
Im Städtebauförderungsgesetz[51] war mit Zustimmung des Bundesrates ein Bundesprogramm für den Einsatz von Finanzhilfen des Bundes zur Förderung städtebaulicher Sanierungs- und Entwicklungsmaßnahmen aufgelegt. Die Bayerische Staatsregierung hatte im Wege der abstrakten Normenkontrolle (Art. 93 Abs. 1 Nr. 2 GG) beantragt, die entsprechende Gesetzesnorm für verfassungswidrig und nichtig zu erklären. Der Bund verfüge auf Grund des Gesetzes entgegen der verfassungsrechtlichen Kompetenzverteilung über eine weitgehende Entscheidungskompetenz über praktisch alle Projekte der Stadt- und Dorferneuerung. Der Bund könne abweichend von den politischen Vorstellungen der Länder mit Bedingungen und Dotationsauflagen die Einzelplanung in den Ländern lenken. Die Bundesregierung hat sich auf eine ihr zustehende Programm- und Planungskompetenz berufen. Mit der Gewährung von Finanzhilfen seien gewisse Auswahlrechte und damit Gestaltungsrechte verbunden. Die Finanzhilfen seien dem Bund wegen seiner gesamtstaatlichen Verantwortung als wichtiges Instrument eröffnet worden, um regional bezogen zu steuern und Anreize für Investitionen zu schaffen.
Das Bundesverfassungsgericht (Urteil v. 4. März 1975 – 2 BvF 1/72)[52] hat entschieden: Die Befugnis zu Finanzhilfen nach Art. 104a Abs. 4 GG sei kein Instrument der Investitionssteuerung zur Durchsetzung allgemeiner wirtschafts-. raumordnungs- und strukturpolitischer Ziele des Bundes in den Ländern. Es müsse sichergestellt werden, daß Finanzhilfen aus dem Bundeshaushalt an die Länder die Ausnahme blieben. Die Gewährung von Finanzhilfen müsse rechtlich so geregelt werden, daß sie nicht zum Mittel der Einflußnahme auf die Entscheidungsfreiheit der Länder bei der Erfüllung der ihnen obliegenden Aufgaben würden.
Auch diese Entscheidung schützt die Länder vor politischen Einflüssen des Bundes, die über die Gewährung von Finanzhilfen ausgeübt werden. Gleich-

51 Vom 27.7.1971 (BGBl I S. 1125).
52 BVerfGE 39, 96-128.

wohl ist die Entscheidung zu kritisieren.[53] Sie betont den Unterschied zwischen der *regulären* Zuteilung der Steuereinnahmen und der nur *ausnahmsweise* geleisteten Finanzhilfe nicht zureichend. Gemäß dem deutschen System des Finanzausgleichs, welches in diesem Punkt sehr deutlich ist, müssen die Mittel für die langfristige Aufgabenfinanzierung durch die Aufteilung der Umsatzsteuer aufgebracht werden. Die einschlägigen Regeln für die Aufteilung (Art. 106 Abs. 3 Satz 4 GG) lenken die Aufmerksamkeit auf die notwendigen Ausgaben der Länder, ihre Finanzstärke, oder die spezielle Schwäche bestimmter Länder. Aus diesen Gründen hätte das Bundesverfassungsgericht den Ausnahmecharakter von Finanzhilfen stärker betonen müssen und hätte als Konsequenz dessen eine strikte Subsidiarität der Finanzhilfen begründen müssen. Die sogenannte Finanzierungskompetenz des Bundes gemäß Art.104a Abs.4 GG, die erheblichen politischen Einfluß ermöglicht, ist eine Reservekompetenz. Langfristige Finanzhilfen an die Länder – wie sie in dem umstrittenen Gesetz vorgesehen waren – entsprechen nicht dem verfassungsrechtlichen System des Finanzausgleichs. Im Gegensatz dazu begründet Art.106 Abs.4 GG eine Neujustierung der Umsatzsteuerverteilung, wann immer das Verhältnis von Einnahmen zu Ausgaben im Bund sich grundlegend verschieden zu dem der Länder entwickelt. *Ergänzung Juli 2006: Die Bundesstaatsreform geht auf diese Kritik ein. In Art. 105b Abs. 2 Sätze 2 und 3 heißt es: »Die Mittel sind befristet zu gewähren und hinsichtlich ihrer Verwendung in regelmäßigen Zeitabständen zu überprüfen. Die Finanzhilfen sind im Zeitablauf mit fallenden Jahresbeträgen zu gestalten.«*

Weniger als ein Jahr später hatte das Bundesverfassungsgericht nochmals Gelegenheit gehabt, wiederum auf Antrag der Bayerischen Staatsregierung, diesmal im Verfahren des Bund-Länder-Streits (Art. 93 Abs. 1 Nr. 3 GG), Verletzungen des Art. 104a Abs. 4 GG festzustellen.[54] Der Bund hatte im Februar 1974 das »Einmalige Sonderprogramm für Gebiete mit speziellen Strukturproblemen Teil A« aufgelegt. Das von der Bundesregierung beschlossene Programm wurde den Ländern mitgeteilt und später im Bundesanzeiger veröffentlicht.[55] Zur Beschleunigung des Verfahrens sollten die Bewilligungsbescheide unmittelbar gegenüber den Gemeinden erlassen werden.

Entsprechend den Angriffen des Freistaats Bayern hat das Bundesverfassungsgericht entschieden, daß Finanzhilfen nur durch zustimmungspflichtiges Bundesgesetz oder durch eine Verwaltungsvereinbarung geregelt werden dürfen. Nur diese in Art. 104 Abs. 4 Satz 2 GG vorgeschriebenen Verfahren sicherten die verfassungsrechtlich gewährleistete Mitwirkung der Länder bei

53 Siehe *Christian Starck*, Finanzausgleich und Finanzhilfen im Bundesstaat, in: Juristenzeitung 1975, S. 363 ff. = *ders.*, Praxis der Verfassungsauslegung, 1994, S. 269 ff.
54 Beschluß v. 10.2.1976 – 2 BvG 1/74, BVerfGE 41, 291-314.
55 BAnz Nr. 30 vom 13.2.1974.

der Entscheidung über die Grundlagen der Finanzzuweisungen.[56] Verwaltungsvereinbarungen müßten in einem gehörigen Verfahren so zwischen Bund und Ländern ausgehandelt werden, daß alles, worüber Einigkeit erzielt worden sei, in ihrem Text festgehalten werde.[57] Bei der Abwicklung eines Finanzhilfeprogramms nach Art. 104a Abs. 4 GG dürfe der Bund nicht auf die Gemeinden durchgreifen, sondern müsse die Finanzhilfen – wie im Grundgesetz vorgesehen – den Ländern gewähren, die die Vergabe an die Gemeinden zu verantworten hätten.

Einen Versuch zur Stabilisierung der Umsatzsteuerverteilung (Art. 106 Abs. 3 Satz 4 GG) und des Finanzausgleichs (Art. 107 Abs. 2 Satz 1 Abs. 2 GG) hat das Bundesverfassungsgericht 1999 unternommen, als es nach eigenen Worten »in Fortbildung der bundesstaatlichen Verfassungsprinzipien« den Gesetzgeber beauftragt hat, ein Gesetz über Maßstäbe der Steuerzuteilung und des Finanzausgleichs zu erlassen, das in zeitlichem Abstand vor seiner konkreten Anwendung im Finanzausgleichsgesetz beschlossen wird. Die in diesem Maßstäbegesetz steckenden Kontinuitätsverpflichtungen sollten gegen aktuelle Finanzierungsinteressen, Besitzstände und Privilegien abschirmen.[58] Das Bundesverfassungsgericht möchte erreichen, daß durch »die Vorherigkeit des Maßstäbegesetzes eine institutionelle Verfassungsorientierung« gewährleistet wird. Die Idee ist gewiß interessant; ob sie sich realisieren läßt, steht noch nicht fest.[59] Denn die abstrakten Maßstäbe werden kaum aus dem konkreten Verteilungskampf herausgehalten werden können, wie die Schaffung des Maßstäbegesetzes gezeigt hat. Zudem fehlt einem einmal errichteten Maßstäbegesetz der Vorrang vor dem Finanzausgleichsgesetz.[60] Beide Gesetze bedürfen der Zustimmung des Bundesrates. Deshalb kann nicht auf den Vorrang des Haushaltsgrundsätzegesetzes vor der Bundeshaushaltsordnung verwiesen werden, die anders als das Haushaltsgrundsätzegesetz (Art. 109 Abs. 3 GG) nicht der Zustimmung des Bundesrates bedarf.[61]

56 BVerfGE 41, 291, 305 ff.
57 BVerfGE 41, 291, 308.
58 BVerfGE 101, 158, 214 ff., 218.
59 Das Gesetz ist inzwischen ergangen: Gesetz über verfassungskonkretisierende allgemeine Maßstäbe für die Verteilung des Umsatzsteueraufkommens, für den Finanzausgleich unter den Ländern sowie für die Gewährung von Bundesergänzungszuweisungen (Maßstäbegesetz – MaßstG) vom 9.9.2001 (BGBl. I, 2302)
60 Vgl. dazu die kritischen Stellungnahmen schon vor Erlaß des Gesetzes von *Hans-Heinrich Rupp*, Länderfinanzausgleich, JZ 2000, S. 269, 271 f.; *Werner Heun*, in: Dreier, Grundgesetz, Bd. III, 2000, Art. 107 Rdnr. 11. Durchweg positiv Stellung nehmend *Christoph Degenhart*, Maßstabbildung und Selbstbindung des Gesetzgebers als Postulat der Finanzverfassung des Grundgesetzes, ZG 2000, S. 79 ff., 86 ff., Ausführlich *Peter M. Huber*, in: v. Mangoldt/Klein/Starck, Grundgesetz, 4. Aufl. Bd. III, 2001, Art. 107 Rdnr. 37-59. Kritische Distanz dazu auch in NdsStGH, Urteil vom 16. Mai 2001, LVerfGE 12, 255, 290. Zum Gesetz siehe kritisch insbesondere *Helmut Siekmann*, in: Sachs (Hrsg.) Grundgesetz Kommentar, 3. Aufl. 2003, vor Art. 104a Rdnr. 42a-42g mit umfassenden Nachweisen.
61 Dieses Problem wird von *Peter M. Huber* (Anm. 60) Art. 107 Rdnr. 56 f. erörtert, der das Zustimmungserfordernis nur für das Maßstäbegesetz aufrechterhalten will.

Die Gemeinsame Kommission von Bundestag und Bundesrat zur Modernisierung der bundesstaatlichen Ordnung soll »die Finanzbeziehungen (insbesondere Gemeinschaftsaufgaben und Mischfinanzierungen) zwischen Bund und Ländern überprüfen«. Der radikalste Eingriff in die geltende Finanzverfassung wäre es, die Länder mit einer eigenen Steuergesetzgebungskompetenz, mindestens Hebesatzkompetenz, auszustatten, mit deren Hilfe jedes Land für die notwendigen Einnahmen sorgen müßte. Es sind keine Anzeichen erkennbar, daß diese Radikallösung verfolgt wird, zumal die Steuerkraftunterschiede der einzelnen Länder voll zum Tragen kämen.

Der besondere Hinweis auf die Gemeinschaftsaufgaben und die Mischfinanzierung zeigt an, daß Chancen für entsprechende Reformen bestehen dürften. Die Fehlkonstruktion beider Institute liegt darin, daß der Bund über die Finanzierung Einfluß auf die Erfüllung von Länderaufgaben erhält. Durch die Leistung von Finanzhilfen an die Länder zur Erfüllung ihrer Aufgaben (Art. 104a Abs. 4 GG) und durch die Gemeinschaftsaufgaben (Art. 91a, 91b GG) gewinnt der Bund Einfluß auf die Erfüllung von Länderaufgaben. Hier wirkt der Bund »bei der Erfüllung von Aufgaben der Länder mit« (Art. 91a Abs. 1 GG), indem er mitplant (Art. 91a Abs. 3 GG), mitzahlt (Art. 91a Abs. 4 GG) und mitentscheidet (Art. 91a Abs. 2 GG). Die genannten Institute der Finanzhilfen und der Gemeinschaftsaufgaben greifen die Landesstaatlichkeit im Kern an. Die finanziellen und damit verbundenen sachlich-politischen Einflüsse des Bundes schwächen die Aufgabenverantwortung und die Haushaltsautonomie der Länder. Die Konferenz der Präsidentinnen und Präsidenten der deutschen Landesparlamente hat darauf hingewiesen,[62] daß das Haushaltsbewilligungsrecht der Landtage beeinträchtigt werde, was für das parlamentarische Regierungssystem in den Ländern fatale Folgen habe.[63] Bei einer Trennung der jeweiligen Finanz- und Sachverantwortung zwischen Bund und Ländern müßte die Summe der bisher vom Bund gezahlten Finanzhilfen und Erstattungen im Rahmen der Gemeinschaftsaufgaben bei der Steuerertragsverteilung den Anteil der Länder erhöhen. Über die Gesamtheit der dem einzelnen Land aus der Steuerertragsverteilung zufließenden Mittel könnte dann der Landtag in relativer Freiheit entscheiden. Dem Bund wäre ferner verwehrt, in Kompetenzbereiche der Länder wie Wissenschaft und Bildung einzugreifen, indem er z.B. Programme nach Art. 91b GG aufstellt zur finanziellen Förderung der Einrichtung von Ganztagsschulen[64] oder der Ernennung von »Juniorprofessoren«.[65]

62 Beschlüsse v. 24.9.1991 (Nieders. Landtag, Drucks. 12/2797, S. 27).

63 Zum Problem ausführlich mit weiteren Nachweisen *Kesper* (Anm. 49), S. 218-225.

64 Vgl. den Bericht »Vier Milliarden Euro für mehr Ganztagsschulen« in Frankfurter Allgemeine Zeitung v. 11. Februar 2003, S. 5. Siehe dazu: *Rupert Stettner*, Kollusives Zusammenwirken von Bund und Ländern bei Ganztagsschulprogrammen, in: Zeitschrift für Gesetzgebung, 2003, S. 315, 320 ff. Es wird zutreffend dargelegt, daß der Tatbestand des Art. 104a

Eine durchgreifende Reform der Finanzverfassung im Hinblick auf die Sicherung der parlamentarischen Regierungssysteme in den Ländern ist dringend notwendig, und zwar auch unter dem Gesichtspunkt der Wahlen in den Ländern. Denn es muß für den Wähler erkennbar sein, ob der Bund oder das Land für eine Entscheidung verantwortlich ist. So ist die Bundesstaatsreform inzwischen auch aus demokratiestaatlichen Gründen geboten.

Abs. 4 GG die Ganztagsschulfinanzierung nach der Verwaltungsvereinbarung für das Investitionsprogramm »Zukunft Bildung und Betreuung« unterzeichnet am 11. Mai 2003 nicht deckt.

65 Diese sind in §§ 47, 48 HRG in der Fassung des Gesetzes v. 16.2.2002 (BGBl. I, S. 693) in der Absicht vorgesehen, die Habilitation als Zugangsvoraussetzung zum Professorenamt obsolet werden zu lassen; diese Regelungen sind durch BVerfGE 111, 226, 246 ff. für verfassungswidrig und nichtig erklärt worden. Die Bundesförderung war als »Vorgriffsförderung« vor Abschluß einer Verwaltungsvereinbarung nach Art. 91b GG gezahlt worden.

3. Kapitel

# Neues zur Gesetzgebungskompetenz des Bundes kraft Sachzusammenhangs*

## I. *Fragestellung*

Das Grundgesetz als bundesstaatliche Verfassung enthält zahlreiche Vorschriften zur Kompetenzverteilung zwischen Bund und Ländern. Die Gesetzgebungszuständigkeiten des Bundes, um die es im folgenden geht, werden in Katalogen (Art. 73, 74, 74 a, 75, 105) und zahlreichen Einzelregelungen (z. B. Art. 21 Abs. 3, 38 Abs. 3, 109 Abs. 3)[1] nach dem Enumerationsprinzip bezeichnet und stellen äußerlich gesehen Ausnahmen von der Regel der Gesetzgebungszuständigkeit der Länder dar (Art. 30, 70 Abs. 1 GG). Eine genauere Betrachtung der Gesetzgebungsmaterien des Bundes zeigt jedoch, daß »die regelungstechnische Residualkompetenz der Länder . . . substantiell lediglich eine Restkompetenz« ist.[2] Dieser unbestrittene Ausgangspunkt verlangt besondere Zurückhaltung bei jeder interpretativen Ausdehnung der Gesetzgebungskompetenzen des Bundes, mit der eine Verminderung der Gesetzgebung der Landesparlamente Hand in Hand geht. Die Bundesstaatlichkeit ist nach dem Konzept des Grundgesetzes ohne Landesparlamente mit eigener Gesetzgebungskompetenz nicht vorstellbar. Die Landesparlamente als Repräsentation der kraft regionaler und historischer Verbundenheit in den Ländern vereinigten Menschen müssen ein eigenständiges Gesetzgebungsrecht bewahren, wenn die periodischen Wahlen zu den Landesparlamenten ihren Sinn behalten und von den Wählern ernst genommen werden sollen.[3]

Dies ist die zumeist unausgesprochene Grundlage für den behutsamen Umgang mit den den Ländern verbleibenden Gesetzgebungskompetenzen. Sogenannte ungeschriebene Gesetzgebungskompetenzen des Bundes werden nur unter besonders strengen Voraussetzungen angenommen. Dafür haben sich zwei verschiedene Figuren durchgesetzt. Man spricht von einer Gesetz-

* Wiederabdruck aus: Festschrift für Hartmut Maurer, 2001, S. 281 – 296.

1 Vgl. die Zusammenstellung bei *Jochen Rozek*, in: v. Mangoldt/Klein/Starck, Das Bonner Grundgesetz, Bd. II, 4. Aufl. 2000, Art. 70 Rn. 35.

2 Statt vieler zuletzt *Rozek* (Anm. 1), Art. 70 Rn. 2.

3 Vgl. Entwurf eines Beschlusses der Präsidentinnen und Präsidenten der deutschen Landesparlamente, NdsLTag, Drs. 14/1735, S. 3.

gebungskompetenz aus der Natur der Sache, wenn es um Angelegenheiten geht, die begriffsnotwendig[4] einer Regelung durch die Länder entzogen sind und folglich nur der ausschließlichen Gesetzgebung des Bundes zugeordnet werden können.[5] Die Gesetzgebungskompetenz kraft Sachzusammenhangs dagegen knüpft an eine geschriebene Kompetenz an und ist deutlich erkennbar durch systematische oder historische Verfassungsauslegung zu gewinnen.
Die bisher in der Rechtsprechung des Bundesverfassungsgerichts zu beobachtende Zurückhaltung bei der Annahme einer Gesetzgebungskompetenz kraft Sachzusammenhangs ist kürzlich aufgegeben worden. Mit Urteil vom 27. Oktober 1998 hat das Bundesverfassungsgericht Vorschriften des Bayerischen Schwangerenhilfeergänzungsgesetzes (BaySchwHEG)[6] mangels Gesetzgebungskompetenz des Landes für nichtig erklärt[7]. Die für nichtig erklärten Vorschriften regelten Fragen der ärztlichen Berufsausübung im Zusammenhang mit Abtreibungen:

- Art. 5 Abs. 2 Satz 1 BaySchwHEG sah vor, daß die Einnahmen einer für Schwangerschaftsabbrüche zugelassenen Klinik aus Schwangerschaftsabbrüchen höchstens 25 % der jährlichen Einnahmen betragen dürfen.
- Art. 18 Abs. 2 Satz 1 Halbsatz 2 des Heilberufe-Kammergesetzes in der Fassung von Art. 11 Nr. 1 lit. a BaySchwHEG legte fest, daß ein Arzt die Mitwirkung an einem Schwangerschaftsabbruch ablehnen muß, wenn die Schwangere die Beweggründe für ihr Verlangen nicht dargelegt hat.

Der bayerische Gesetzgeber hatte mit diesen beiden für nichtig erklärten Vorschriften beabsichtigt, der vom Bundesverfassungsgericht aus Art. 2 Abs. 2 Satz 1 i.V.m. Art. 1 Abs. 1 GG abgeleiteten Schutzpflicht für das ungeborene menschliche Leben[8] nachzukommen, soweit keine Bundes-, sondern Landesgesetzgebungskompetenz besteht. In der Begründung des entsprechenden Gesetzentwurfs heißt es dazu:[9] Die vom Bundesverfassungsgericht grundsätzlich gebilligte Beratungskonzeption des Schwangeren- und Familienhilfegesetzes nehme nach Maßgabe dieses Urteils die zur Vornahme von Schwangerschaftsabbrüchen bereiten Ärzte aufgrund der ihnen dadurch zuwachsenden hohen Verantwortung für das ungeborene Leben besonders in die Pflicht. Das werde u. a. deutlich gemacht durch die vom Bundesverfassungsgericht statuierte Unzulässigkeit, Schwangerschaftsabbrüche zur alleinigen oder wesentlichen Einkommensquelle bzw. Existenzgrundlage eines Arztes zu machen.

4 BVerfGE 11, 89 (99).
5 Siehe *v. Mangoldt/Klein/Pestalozza*, Das Bonner Grundgesetz, Bd. 8, 3. Aufl. 1996, Art. 70 Rn. 90; *Rozek* (Anm. 1), Art. 70 Rn. 38; *K. Harms*, Kompetenzen des Bundes aus der »Natur der Sache«, in: Der Staat 33 (1994), S. 409 ff.
6 Vom 9. August 1996, BayGVBl. S. 328.
7 BVerfGE 98, 265 (298 ff.).
8 BVerfGE 39, 1 (42); 88, 203 (251 ff.).
9 BayLTag, Drs. 13/4961, S. 7.

Wörtlich heißt es dann in der Gesetzesbegründung: »Die Regelung all dieser Aspekte ist Aufgabe des Landesgesetzgebers, nachdem der Bundesgesetzgeber, teils mangels Gesetzgebungskompetenz, im Schwangeren- und Familienhilfeänderungsgesetz (SFHÄndG) vom 21. August 1995 (BGBl. I S. 1050) diese Punkte nicht geregelt hat.« Diese Überlegungen des bayerischen Gesetzgebers beruhen auf der allgemein anerkannten Vorstellung, daß verfassungsrechtliche Schutzpflichten den jeweils zuständigen Gesetzgeber bzw. das jeweils zuständige Staatsorgan betreffen und damit Regelungspflichten nach Maßgabe der Kompetenzordnung auferlegen.[10]
Nun hat das Bundesverfassungsgericht im zitierten Urteil aus dem weitgehenden Verzicht auf Strafrecht zugunsten einer Beratungs- und Fristenlösung dem Bund eine Gesetzgebungskompetenz kraft Sachzusammenhangs zugebilligt, die weit in das Recht der ärztlichen Berufsausübung hineinragt, deren Regelung gemäß Art. 74 Nr. 19 GG dem Bund nicht zusteht, und die im Falle der Nichtregelung des Bundes sogar eine Sperrwirkung entfalten soll.[11] Diese die bundesstaatliche Kompetenzabgrenzung schwerwiegend berührende Entscheidung wird vor dem Hintergrund der einschlägigen Rechtsprechung des Bundesverfassungsgerichts bis September 1998 (II) und des verfassungsrechtlichen Schrifttums (III) dargestellt (IV). Die Frage der Überzeugungskraft dieser neuen Konzeption bundesstaatlicher Kompetenzabgrenzung soll überprüft werden, indem das Urteil mit der dazu veröffentlichten abweichenden Meinung dreier Richter konfrontiert und die allgemeine Wirkung des Urteils auf die bundesstaatliche Kompetenzverteilung untersucht wird (V). Zum Schluß wird das Urteil vor dem Hintergrund des Sinnes der bundesstaatlichen Kompetenzabgrenzung gewürdigt (VI).

## II. *Rechtsprechung des Bundesverfassungsgerichts bis September 1998*

### 1. *Das Baurechtsgutachten des Plenums von 1954*

In dem nach dem inzwischen aufgehobenen § 97 BVerfGG erstatteten Baurechtsgutachten, auf das sich das Bundesverfassungsgericht im Bayern-Urteil beruft,[12] hat das Gericht die Gesetzgebungskompetenz des Bundes für bestimmte, im einzelnen aufgezählte Materien des Bau- und Bodenrechts festgestellt.[13] In der Begründung geht das Gericht auf den für das Gutachten nicht

10 *Christian Starck*, Praxis der Verfassungsauslegung, 1994, S. 46.
11 BVerfGE 98, 265 (312 ff.).
12 BVerfGE 98, 265 (Leitsatz 1) (299).
13 BVerfGE 3, 407 (439).

entscheidenden Gesichtspunkt kurz ein, ob es eine Gesetzgebungskompetenz des Bundes kraft Sachzusammenhangs gibt und macht dazu folgende Aussage, auf die in der späteren Rechtsprechung immer wieder zurückgegriffen wird:

> »Es mag dahingestellt bleiben, ob und unter welchen Voraussetzungen im einzelnen Gesetzgebungszuständigkeiten des Bundes aus dem Gedanken des Sachzusammenhangs abgeleitet werden können. Soviel steht jedenfalls fest, daß die bloße Erwägung, es sei zweckmäßig, mit einer dem Bund ausdrücklich zugewiesenen Materie gleichzeitig auch eine verwandte Materie zu regeln, nicht zur Begründung einer Gesetzgebungszuständigkeit des Bundes ausreicht. Ein sogenannter Sachzusammenhang vermöchte vielmehr eine Zuständigkeit nur dann zu stützen, wenn eine dem Bund ausdrücklich zugewiesene Materie verständlicherweise nicht geregelt werden kann, ohne daß zugleich eine nicht ausdrücklich zugewiesene andere Materie mitgeregelt wird, wenn also ein Übergreifen in nicht ausdrücklich zugewiesene Materien unerläßliche Voraussetzung ist für die Regelung einer der Bundesgesetzgebung zugewiesenen Materie.«[14]

Im folgenden wird dargelegt, für welche Gebiete und mit welchen Argumenten das Bundesverfassungsgericht unter Berufung auf die zitierte Aussage des Baurechtsgutachtens im Laufe seiner Rechtsprechung eine Gesetzgebungskompetenz des Bundes kraft Sachzusammenhangs abgelehnt (2) bzw. angenommen hat (3).

### 2. *Entscheidungen des Bundesverfassungsgerichts, in denen eine Gesetzgebungskompetenz des Bundes kraft Sachzusammenhangs abgelehnt worden ist.*

a) Auf dem Gebiete der Heilberufe ist die Gesetzgebungskompetenz des Bundes nach Art. 74 Nr. 19 GG auf das Zulassungswesen beschränkt. So unterliegen Verfassung und Verfahren der Berufsgerichtsbarkeit für dic Angehörigen der Heilberufe nicht der Gesetzgebungskompetenz des Bundes. Ein Sachzusammenhang mit dem Zulassungswesen im Sinne des Baurechtsgutachtens hat das Bundesverfassungsgericht abgelehnt.[15] – Entsprechend hat sich das Bundesverfassungsgericht im Hinblick auf eine Regelung des Hebammenberufs geäußert. Es ging um eine reichsrechtliche Vorschrift, wonach Hebammen als Korrelat zu der Garantie eines bestimmten Mindesteinkommens einen Teil der Einkünfte aus ihrer Berufstätigkeit an das Land abführen müssen. Wenn auch nicht zu verkennen sei, daß die Zulassung zum Hebammenberuf mit der Abführungspflicht und der Garantie des Mindesteinkommens in einem gewissen Zusammenhang stehe, weil beide für die

14 BVerfGE 3, 407 (421).
15 BVerfGE 4, 74 (83 f.).

Wahl des Hebammenberufs bedeutsam sein könnten, liege kein notwendiger Sachzusammenhang vor. Zur Begründung hat das Bundesverfassungsgericht auf Bundesgesetze über andere Heilberufe hingewiesen, die lediglich die Voraussetzungen für die Zulassung zum Beruf regelten, aber keinerlei Bestimmungen über die wirtschaftliche und soziale Sicherstellung im Beruf enthielten.[16]

b) Die Gesetzgebungszuständigkeit des Bundes für die Seewasserstraßen und die dem allgemeinen Verkehr dienenden Binnenwasserstraßen (Art. 74 Nr. 21 GG) rechtfertige nur Regelungen, die sich auf die Wasserstraßen als Verkehrswege bezögen. Unter Zitierung des Baurechtsgutachtens lehnt das Bundesverfassungsgericht einen Sachzusammenhang zur allgemeinen Wasserwirtschaft ab, und zwar auch insoweit, als menschliche Einwirkungen auf den Oberlauf durch Verunreinigungen sich auf den schiffbaren Unterlauf auswirkten. Das Bundesverfassungsgericht gesteht dem Bundesgesetzgeber nur spezifische Regelungen im Interesse der Schiffahrt zu, die eine Auswirkung auf die wasserwirtschaftliche Ordnung haben können.[17]

c) Durch Bundesgesetze wurde 1951 bzw. 1953 geregelt, daß die Verpflichtung der Deutschen Bundesbahn und der Deutschen Bundespost, Abgaben an Bund, Länder und Gemeinden zu entrichten, sich nach den allgemein für Bundesbehörden geltenden Vorschriften richtet. Da dafür eine geschriebene Gesetzgebungskompetenz des Bundesgesetzgebers nicht ausfindig gemacht werden konnte, prüfte das Bundesverfassungsgericht den Gesichtspunkt des Sachzusammenhangs unter ausdrücklicher Anwendung der zitierten Formel aus dem Baurechtsgutachten und verneinte einen notwendigen Sachzusammenhang. Denn Regelungen des Verwaltungsgebührenrechts seien nicht unerläßliche Voraussetzungen für sinnvolle Bestimmungen über den Betrieb der herkömmlichen Bahn- und Postdienste. Beide Materien stünden selbständig nebeneinander. Regelungen des einen Gegenstandes hingen von Regelungen des anderen nicht ab.[18]

d) In der Entscheidung zum Ingenieurgesetz lehnt das Bundesverfassungsgericht unter Berufung auf das Baurechtsgutachten eine Gesetzgebungskompetenz des Bundes kraft Sachzusammenhangs ab,[19] weil für den bloßen Schutz der Berufsbezeichnung »Ingenieur« keine Gesetzgebungsmaterie des Bundes, auch nicht aus Art. 74 Nr. 11 GG, erkennbar sei, für die die Regelung unerläßliche Voraussetzung sei.

16 BVerfGE 17, 287 (292).
17 BVerfGE 15, 1 (20).
18 BVerfGE 26, 281 (300).
19 BVerfGE 26, 246 (256 f.).

e) Im Zweiten Abtreibungsurteil prüft das Bundesverfassungsgericht, wie weit die konkurrierende Gesetzgebungskompetenz des Bundes aus Art. 74 Nr. 7 GG (öffentliche Fürsorge) reicht. So kann es der Bundesgesetzgeber nach Ansicht des Bundesverfassungsgerichts, die hier nicht zu kommentieren ist, zum Inhalt der öffentlichen Fürsorge machen, daß, über das Land verteilt, Einrichtungen zum Schwangerschaftsabbruch geschaffen werden. Weitergehende »Sicherstellungen« überschritten aber die Kompetenzgrenzen des Art. 74 Nr. 7 GG. Dafür habe der Bundesgesetzgeber auch keine Annexkompetenz[20] unter dem Gesichtspunkt der Verwirklichung eines von ihm für erforderlich erachteten *organisatorischen Folgekonzepts*. Aber die Zuständigkeit aus Art. 74 Nr. 1 GG vermöge ein bundesgesetzliches, auf Schutz des Ungeborenen und der Frau zugeschnittenes, im Strafrecht wurzelndes Schutzkonzept zu tragen; sie ermögliche dem Bundesgesetzgeber so, seiner verfassungsrechtlichen Schutzpflicht für das Leben zu genügen. Die Sicherstellung eines über den dargestellten Rahmen hinausgehenden Angebotes an Einrichtungen, in denen Schwangerschaftsabbrüche vorgenommen werden, verstehe sich nicht mehr als notwendiges Folgekonzept.[21] In dieser Entscheidung fehlt eine Bezugnahme auf das Baurechtsgutachten.

3. *Entscheidungen des Bundesverfassungsgerichts, in denen eine Gesetzgebungskompetenz kraft Sachzusammenhangs oder als Annex des Sachgebiets angenommen worden ist.*

Da die Bezeichnung »Annex« auch einen Sachzusammenhang bezeichnet, wird hier im Einklang mit der überwiegenden Auffassung ein einheitlicher Kompetenztitel angenommen.[22]

a) Im Hinblick auf die Fortgeltung von Reichsrecht (Art. 125 GG) hat das Bundesverfassungsgericht zur Kompetenzmaterie des Art. 74 Nr. 11 GG (Recht der Wirtschaft) unter Zitierung des Baurechtsgutachtens entschieden, daß Normen, die der Aufrechterhaltung der öffentlichen Sicherheit und Ordnung in einem bestimmten Sachgebiet dienen, jeweils dem Sachgebiet zuzu-

20 Vgl. Fn. 22.
21 BVerfGE 88, 203 (331).
22 Vgl. vor allem *Martin Bullinger*, Ungeschriebene Kompetenzen im Bundesstaat, AöR 96 (1971), S. 237, 243; *Rupert Scholz*, Ausschließliche und konkurrierende Gesetzgebungskompetenz von Bund und Ländern in der Rechtsprechung des Bundesverfassungsgerichts, in: Festgabe Bundesverfassungsgericht Bd. II, 1976, S. 252, 272 f.; *Klaus Stern*, Staatsrecht Bd. II (1980), S. 610 f.; *Hans-Werner Rengeling*, Gesetzgebungszuständigkeit, in: HStR Bd. IV (1990), S. 746; *Rozek* (Anm. 1), Rn. 42 m.w.N.; a. A. *Theodor Maunz*, in: Maunz/Dürig, GG, Art. 70 Rn. 49; *Rupert Stettner*, in: Dreier, GG-Kommentar Bd. II (1998), Art. 70 Rn. 60; *Christoph Degenhart*, in: Sachs, Grundgesetz, 2. Aufl. 1999, Art. 70 Rn. 32.

rechnen seien, zu dem sie in einem notwendigen Zusammenhang stünden. Soweit der Bund ein Recht zur Gesetzgebung auf einem bestimmten Lebensgebiet habe, müsse er demnach auch das Recht haben, die dieses Lebensgebiet »betreffenden spezialpolizeilichen Vorschriften zu erlassen«. Nur solche Regelungen, bei denen die Aufrechterhaltung der öffentlichen Sicherheit und Ordnung den alleinigen und unmittelbaren Gesetzeszweck bilde, könnten einem selbständigen Sachgebiet zugerechnet werden, dem Polizeirecht im engeren Sinne, das in die Zuständigkeit der Landesgesetzgebung falle.[23]

b) Die konkurrierende Gesetzgebungskompetenz des Bundes für das bürgerliche Recht (Art. 74 Nr. 1 GG) umfaßt nach der Rechtsprechung des Bundesverfassungsgerichts alle Normen, die herkömmlich dem Zivilrecht zugerechnet werden, also auch die Freiwillige Gerichtsbarkeit und das dazu gehörende Beurkundungswesen. Das Ergebnis ist durch historische Auslegung des Kompetenzbegriffs »bürgerliches Recht« gewonnen. Der Bund könne im Rahmen des einschlägigen Beurkundungswesens auch die Frage regeln, welche Gerichte Beurkundungen vorzunehmen hätten, und kraft Sachzusammenhangs die für diese Tätigkeit anfallenden Gebühren festsetzen.[24] In dieser Entscheidung wird das Baurechtsgutachten nicht zitiert, der Sachzusammenhang als selbstverständlich betrachtet und nicht näher begründet.

c) Im Ersten Fernsehurteil hat das Bundesverfassungsgericht geprüft, ob sich aus anderen grundgesetzlichen Vorschriften als dem nicht einschlägigen Art. 73 Nr. 7 GG[25] eine Gesetzgebungskompetenz des Bundes zur Regelung der Veranstaltungen von Rundfunksendungen ergibt. In der Entscheidung heißt es: »Als Vorschriften dieser Art kommen z. B. in Betracht Art. 21 Abs. 3 GG (Parteienrecht), Art. 73 Nr. 1 GG (Verteidigung und Schutz der Zivilbevölkerung), Art. 73 Nr. 9 GG (Urheberrecht), Art. 73 Nr. 10 GG (u. a. internationale Verbrechensbekämpfung) sowie Art. 74 Nr. 21 GG (u. a. Hochsee-, Küsten- und Binnenschiffahrt, Wasserstraßen, Wetterdienst) und Art. 74 Nr. 22 GG (Straßenverkehr). Diese Kompetenzen des Bundes erlauben jedoch lediglich, Teilaspekte des Programms (insbesondere die Zuteilung von Sendezeiten an politische Parteien und die Durchgabe bestimmter Meldungen) oder einzelne Rechtsfragen des Rundfunks (etwa urheberrechtlicher Art) zu regeln. Weitere Kompetenzen des Bundes mögen sich kraft Sachzusammenhangs aus seinen Zuständigkeiten, z. B. für Verteidigung, Zollwesen und Angelegenheiten des Bundeskriminalamtes herleiten lassen«.[26] Dies war nur eine Erwägung des Gerichts. Es kommt vielmehr zu dem Schluß, daß alle diese Bundeskom-

23 BVerfGE 8, 143 (149 f.).
24 BVerfGE 11, 192 (199).
25 Damals: Post- und Fernmeldewesen, jetzt: das Postwesen und die Telekommunikation.
26 BVerfGE 12, 205 (241).

petenzen zusammengefaßt noch keine Gesetzgebungskompetenz zur Regelung der Veranstaltung von Rundfunksendungen ergäben.

d) Im Sozialhilfe-Urteil ging es um die Gesetzgebungskompetenz auf dem Gebiet der Jugendfürsorge als Teil der öffentlichen Fürsorge (Art. 74 Nr. 7 GG). Aus dem Gesichtspunkt des Sachzusammenhangs hat das Bundesverfassungsgericht ohne Berufung auf das Baurechtsgutachten im Wege der Auslegung des Kompetenzbegriffs »öffentliche Fürsorge« die Jugendpflege mit zur Bundesgesetzgebungskompetenz gerechnet. Denn die Grenzen zwischen der Fürsorge für den unmittelbar gefährdeten Jugendlichen und der Förderung der gesunden Jugend seien fließend, wie näher ausgeführt wird.[27] – Entsprechend und unter Berufung auf das Sozialhilfe-Urteil hat das Bundesverfassungsgericht zum Kindergartenwesen entschieden. Die fürsorgerischen und bildungsbezogenen Aufgaben des Kindergartens seien untrennbar miteinander verbunden. Eine Aufspaltung der Gesetzgebungskompetenz nach Maßgabe dieser beiden Aspekte verbiete sich aus sachlichen Gründen. Dies gelte auch für die Kostenregelungen, ohne die eine effektive Gewährleistung von Fürsorgeleistungen nicht möglich wäre. Der Schwerpunkt des Kindergartenwesens, von dem die Bestimmung der Gesetzgebungskompetenz abhänge, sei die fürsorgende Betreuung mit dem Ziel einer Förderung sozialer Verhaltensweisen und damit präventiver Konfliktvermeidung. Der vorschulische Bildungsauftrag stehe hinter dieser dem Bereich der öffentlichen Fürsorge zuzuordnenden Aufgabe zurück.[28]

e) Unter Berufung auf das Baurechtsgutachten und das Sozialhilfe-Urteil hat das Bundesverfassungsgericht die Zuweisung von Aufgaben im Bauplanungsrecht an die Gemeinden als Selbstverwaltungsaufgaben (vgl. §§ 2 Abs. 1, 4, 147 BauGB) als punktuelle Annexregelungen zu einer zur Zuständigkeit des Bundesgesetzgebers gehörenden materiellen Regelung gebilligt, weil die Annexregelung für den wirksamen Vollzug der materiellen Bestimmungen des Gesetzes notwendig sei.[29] Diese Notwendigkeit sieht das Bundesverfassungsgericht in der Sicherung der Sachnähe der örtlichen Ebene und ihrer Abschirmung vor einer ortsfernen Fachaufsicht und damit der Stärkung der gemeindlichen Verantwortung für die Bauleitpläne. Insgesamt liege ein ausgewogenes *organisatorisches Folgekonzept* zum materiellen Bauleitplanungsrecht vor.[30]

27 BVerfGE 22, 180 (213).
28 BVerfGE 97, 332 (342).
29 BVerfGE 77, 288 (299 f.).
30 BVerfGE 77, 288 (301).

## III. *Spiegelung dieser Rechtsprechung im verfassungsrechtlichen Schrifttum*

Im Schrifttum ist Einigkeit darüber festzustellen, daß *ausnahmsweise* eine sog. ungeschriebene Gesetzgebungskompetenz des Bundes bestehen kann. Als mißverständlich wird jedoch zu recht die Terminologie »ungeschriebene bzw. Gesetzgebungskompetenz aus der Natur der Sache« bezeichnet, weil sie den Eindruck erwecke, als handele es sich um Kompetenzen, die nicht aus dem Grundgesetz folgten.[31] Anderes gilt für den Terminus »Sachzusammenhang«, weil dieser ebenso wie der Terminus »Annex« eine Beziehung zum geschriebenen Text des Grundgesetzes zum Ausdruck bringt. Der Sache nach geht es nicht um ungeschriebenes Kompetenzrecht, sondern nach einer Formulierung von *Wolfgang März* um »im Grundgesetz mitgeschriebene Zuständigkeiten,[32] die durch analoge und sinnverwandte, zweckorientierte Interpretation entweder Lücken der enumerierten Kompetenzvorschriften schließen oder aber der Verfassung selbstverständliche, aber gerade deshalb textarkan gebliebene Zuständigkeitsordnungen präzisieren«. Danach muß es sich bei den sog. ungeschriebenen Zuständigkeiten stets um Zuständigkeiten handeln, die das Grundgesetz »zuläßt« (Art. 30), was mit den klassischen Mitteln der Interpretation festgestellt wird.[33] Sachzusammenhang bezeichnet danach die Effektuierung geschriebener Zuständigkeiten und konstituiert nicht neue Zuständigkeiten.[34]

Zu den klassischen Auslegungsregeln gehört die *historische Auslegung*, die für das Verständnis von Kompetenznormen allgemein betrachtet wichtig ist, wie sich aus zahlreichen Entscheidungen des Bundesverfassungsgerichts ergibt. Die Entstehungsgeschichte hat große Bedeutung als Vermittlerin früheren Verfassungsrechts. Soweit der Parlamentarische Rat bei der bundesstaatlichen Kompetenzverteilung den Wortlaut der entsprechenden Bestimmungen der Weimarer Reichsverfassung oder der Reichsverfassung von 1871 übernimmt oder den Wortlaut in bestimmter Weise ändert, lassen sich daraus

31 Dazu grundlegend *Erich Küchenhoff*, Ausdrückliches, stillschweigendes und ungeschriebenes Recht in der bundesstaatlichen Kompetenzverteilung, AöR 82 (1957), S. 413 ff.; *Rupert Stettner*, Grundfragen einer Kompetenzlehre, 1983, S. 390 ff., 429; zuletzt *Wolfgang März*, in: v. Mangoldt/Klein/Starck, Das Bonner Grundgesetz Bd. 2, 4. Aufl. 2000, Art. 30 Rn. 63, 66, dort auch das folgende Zitat.

32 Formulierung stammt von *E. Küchenhoff*, AöR 82 (1957), S. 478.

33 *Norbert Achterberg*, Zuständigkeit und Schranken stillschweigender Bundeszuständigkeiten im gegenwärtigen deutschen Verfassungsrecht, AöR 86 (1961), S. 63, 89 ff.; *Hans-Jürgen Wipfelder*, Die Theoreme »Natur der Sache« und »Sachzusammenhang« als verfassungsrechtliche Zuordnungsbegriffe, DVBl. 1982, S. 477, 485; *Stern* (Anm. 22), S. 609 f.; *Stettner* (Anm. 22), Art. 70 Rn. 54 ff.; *v. Mangoldt/Klein/Pestalozza* (Anm. 5), Art. 70 Rn. 100 ff.; *Rozek* (Anm. 1), Art. 70 Rn. 36, 42 ff.

34 *Scholz* (Anm. 22), S. 252, 272 f.

wichtige Schlüsse für die Auslegung der einschlägigen Grundgesetzartikel ziehen. Denn der Gesetzgebungskatalog des Grundgesetzes ist im steten Rückblick auf die Weimarer Reichsverfassung formuliert worden.[35]
Für die Entscheidung der Frage, ob eine Bundeskompetenz kraft Sachzusammenhangs in Betracht kommt, spielt auch die *systematische Auslegung* eine wichtige Rolle. Sie bewahrt vor allem vor der leichtfertigen Annahme eines solchen Sachzusammenhangs. Denn die Verteilung der Gesetzgebungskompetenz zwischen Bund und Ländern mit der Folge, daß in bestimmten Materien Bundes- und Landesrecht ineinandergreifen, ist ein wesentliches Moment des im Grundgesetz zum Ausdruck kommenden föderalen Systems (Art. 30, 70 GG). So vermag nur ausnahmsweise durch systematische Auslegung eine Bundesgesetzgebungskompetenz kraft Sachzusammenhangs begründet zu werden. Das dafür entscheidende Kontroll-Stichwort steht im Baurechtsgutachten. Danach ist ein Übergreifen in nicht ausdrücklich zugewiesene Materien nur dann erlaubt, wenn dies *unerläßliche* Voraussetzung für die Regelung einer der Bundesgesetzgebung zugewiesenen Materie ist. Teleologische Erwägungen sind nur im Rahmen dessen angebracht, was die systematische Auslegung erlaubt.[36] Anderenfalls könnte der Zweckgedanke leichtfertig für einheitliche Regelungen im Bundesgebiet in Anspruch genommen werden.
*Martin Bullinger* hat in seiner gründlichen Untersuchung über »Ungeschriebene Kompetenzen im Bundesstaat«[37] darauf aufmerksam gemacht, daß in der Rechtsprechung auf den ersten Blick ein Gegensatz zwischen Auslegung und Dezision aufscheine, der bei genauerer Betrachtung aber nicht bestehe. Der falsche Eindruck entstehe dadurch, daß das Bundesverfassungsgericht die Kompetenz kraft Sachzusammenhangs erst prüfe, wenn vorher die Auslegung der Kompetenzvorschriften keine Bundeskompetenz erbringe. Wenn auch diese zweite Prüfung – wie regelmäßig der Fall – keine Bundeskompetenz zeitigt, so zeigt sich in der Tat, daß die Entgegensetzung »Kompetenz kraft Auslegung« und »Kompetenz kraft Sachzusammenhangs« leerläuft und daß das Bundesverfassungsgericht in Wahrheit ein Anhänger der Vorstellung ist, daß sich eine Kompetenz kraft Sachzusammenhangs immer nur durch Auslegung der einschlägigen Kompetenzvorschriften ermitteln lasse. So werden auch in anderen Regelungsfeldern des Grundgesetzes aus dem Gesamtzusammenhang der Verfassung durch Auslegung normative Aussagen gefunden, die selbst nicht ausformuliert sind.

35 BVerfGE 3, 407 (414 f.); 33, 52 (61); weitere Beispiele bei *Christian Starck*, Die Verfassungsauslegung, in: HStR Bd. VII (1992), § 164 Rn. 58.
36 Zu weitgehend insoweit *Wilfried Erbguth*, Bundesstaatliche Kompetenzverteilung im Bereich der Gesetzgebung, DVBl. 1988, S. 317, 321.
37 AöR 96 (1971), S. 237, 246 f.

Ungeachtet der Kritik an der Begründung wird die zurückhaltende Rechtsprechung des Bundesverfassungsgerichts zur Gesetzgebungskompetenz kraft Sachzusammenhangs im Ergebnis im Schrifttum durchgehend gebilligt.[38] Was die Begründung anbelangt, wird jeder Dezisionismus abgelehnt und auf methodisch gesicherte Argumentation bei der Auslegung Wert gelegt. Dabei kommt der Schutzfunktion der Kompetenznormen zugunsten der Länder eine große Bedeutung zu.

## IV. *Die Ausdehnung der Gesetzgebungskompetenz des Bundes kraft Sachzusammenhangs durch das Urteil vom 27. Oktober 1998*

In dem Urteil zum Bayerischen Schwangerenhilfeergänzungsgesetz hat das Bundesverfassungsgericht unter Zitierung des Baurechtsgutachtens erneut betont, daß ungeschriebene Gesetzgebungskompetenzen des Bundes »nur in äußerst engen Grenzen anerkannt« seien:[39] Das Bedürfnis nach einer bundeseinheitlichen Regelung reiche nicht aus. Voraussetzung für eine Kompetenz kraft Sachzusammenhangs sei, daß eine Materie ausdrücklicher Bundeskompetenz verständigerweise nicht geregelt werden könne, ohne daß zugleich eine nicht ausdrücklich zugewiesene andere Materie mitgeregelt werde. Weiter einschränkend wird hinzugefügt, daß eine ungeschriebene Gesetzgebungskompetenz des Bundes immer nur einen punktuellen Eingriff in eine Landeskompetenz erlaube (S. 300).

Trotz dieser die Linie der bisherigen Rechtsprechung beachtenden Einleitung hat das Bundesverfassungsgericht mit dem Bayern-Urteil einen erheblichen Schritt zur Ausweitung der Gesetzgebungskompetenz des Bundes kraft Sachzusammenhangs getan. Das kommt vor allem in folgender Aussage zum Ausdruck (S. 301): »Konzeptionelle Entscheidungen eines zuständigen Bundesgesetzgebers dürfen auch durch auf Spezialzuständigkeiten gründende Einzelentscheidungen eines Landesgesetzgebers nicht verfälscht werden.« Das gelte auch für das Unterlassen von Regelungen durch den Bund. Auch hierin könne ein Gebrauchmachen einer Bundeskompetenz liegen, was eine Sperrwirkung erzeuge (S. 300).

Das Konzept des Bundesgesetzgebers wird dahin charakterisiert, daß die Zurücknahme der Strafdrohung für Schwangerschaftsabbrüche durch ein anderes wirksames Konzept des Lebensschutzes ersetzt werden soll. Ein der-

38 Zuletzt *Rozek* (Anm. 1), Art. 70 Rn. 43 ff. m.w.N.; *Hartmut Maurer*, Staatsrecht, 1999, S. 307 f.

39 BVerfGE 98, 265 (299), im folgenden beziehen sich die in Klammern beigefügten Seitenzahlen auf dieses Urteil.

artiges Konzept und damit die partielle Ersetzung des Strafrechts habe sich aber nur verwirklichen lassen, wenn dabei punktuell Gesetzgebungskompetenzen in Anspruch genommen würden, die an sich den Ländern zustünden. Das verfassungsrechtlich bestehende Junktim zwischen dem Verzicht auf Strafrecht und der Normierung eines alternativen Schutzkonzepts für das ungeborene Leben begründe eine Bundesgesetzgebungskompetenz kraft Sachzusammenhangs für alle Einzelregelungen, die zur Verwirklichung des neuen Schutzkonzepts unerläßlich seien (S. 301 f). Dabei sei allerdings nicht ausgeschlossen, daß flankierende Maßnahmen oder Teile des Berufs- und Organisationsrechts nach Maßgabe der Landeskompetenz den Ländern vorbehalten blieben, wobei grundsätzlich auch Verbesserungen des bundesrechtlichen Rechtsgüterschutzes zulässig seien (S. 303).

Der entsprechenden bayerischen Regelung hält das Bundesverfassungsgericht jedoch entgegen, daß sie die Abgestimmtheit des bundesrechtlichen Schutzkonzepts störe. So wie eine »Liberalisierung« sich auf den Lebensschutz nachteilig auswirke, so könne eine praktische Erschwerung des Schwangerschaftsabbruchs die Kooperationsbereitschaft der Frauen schwächen, die in die Illegalität auswichen (S. 304).

Bezüglich des Verbots für Ärzte, Abtreibungen ohne Erlaubnis vorzunehmen, und des Facharztvorbehalts, die der bayerische Gesetzgeber normiert hat, erkannte das Bundesverfassungsgericht keine Sperrwirkung der bundesgesetzlichen Regelung (S. 305 ff). Beide Regelungen verdeutlichten das bundesgesetzliche Schutzkonzept.

An der Sperrwirkung des bundesgesetzlich festgelegten Konzepts läßt das Bundesverfassungsgericht dagegen scheitern

(1) die bayerische Strafandrohung gegen die Vornahme von Abtreibungen, sofern hierfür eine Erlaubnis nicht erteilt ist,

(2) die bayerische Vorschrift, wonach die Einnahmen einer für Schwangerschaftsabbrüche zugelassenen Klinik aus Schwangerschaftsabbrüchen höchstens 25 % der jährlichen Einnahmen betragen dürfen, und

(3) die bayerische Regelung, wonach ein Arzt die Mitwirkung an einer Abtreibung ablehnen muß, wenn die Schwangere die Beweggründe für ihr Verlangen nicht dargelegt hat.

Die Argumente für die Sperrwirkung sind:

*ad 1:* Strafrechtliche Sanktionen für ärztliche Handlungen im Zusammenhang mit Schwangerschaftsabbrüchen seien herkömmlich im Strafgesetzbuch abschließend geregelt. Mit den einschlägigen geltenden Strafbestimmungen habe der Bund gemäß Art. 72 Abs. 1 GG die Landesgesetzgebungskompetenz verdrängt (S. 312 f).

*ad 2:* Die Vorschrift über die Einnahmequotierung soll einen konkret umschriebenen Regelungsauftrag des Bundesverfassungsgerichts im Zweiten Abtreibungsurteil erfüllen,[40] dem der Bundesgesetzgeber nach Ansicht des Bayerischen Landtags nicht nachgekommen ist. Hierzu bemerkt das Bundesverfassungsgericht, daß der Bundestag entsprechende Informationen eingeholt habe und dann zum Schutz des ungeborenen menschlichen Lebens den Weg einer gebührenrechtlichen Regelung und nicht den einer Quotierung eingeschlagen habe (S. 313 – 317). Das Bundesverfassungsgericht will hier selbst dann eine Sperrwirkung annehmen, wenn ein verfassungswidriges Unterlassen des Bundesgesetzgebers vorliegt. Dieses könne nur im Weg eines Normenkontrollantrags nach Art. 93 Abs. 1 Nr. 2 GG, nicht aber im Verfahren der Verfassungsbeschwerde gegen ein Landesgesetz incidenter geprüft werden (S. 318 – 320).

*ad 3:* Das berufsrechtliche Verbot für den Arzt, eine Abtreibung vorzunehmen, bevor ihm die Schwangere die Beweggründe für ihr Verlangen dargelegt hat, versucht, den Anforderungen der vom Bundesverfassungsgericht gebilligten Beratungslösung gerecht zu werden[41] und nimmt insoweit eine Pflicht auf, die im Verfahren der Bundesgesetzgebung nicht durchgesetzt werden konnte. Nach Ansicht des Bundesverfassungsgerichts in seinem Urteil vom 27. Oktober 1998 markiert die für das Schutzkonzept grundlegende Strafnorm des § 218 c Abs. 1 Nr. 1 StGB die Grenze, bis zu der das Berufsrecht verhaltenssteuernd in das Verhältnis zwischen Arzt und Schwangerer eingreifen dürfe. Insoweit trete eine Sperrwirkung für berufsrechtliche Regelungen des Landesgesetzgebers ein (S. 321 – 326). Auch im Hinblick auf diese Problematik weist das Bundesverfassungsgericht wieder darauf hin, daß die Sperrwirkung der bundesgesetzlichen Regelung unabhängig davon sei, »ob der Bundesgesetzgeber in allen Punkten den Vorgaben des Bundesverfassungsgerichts gerecht geworden ist«, d. h., ob das Bundesgesetz verfassungsmäßig ist (S. 326).

Die hier referierte neuartige Rechtsprechung zur Ausdehnung der Bundesgesetzgebungskompetenz kraft Sachzusammenhangs leitet erstmalig aus bundesgesetzlichem Regelungsverzicht eine Sperrwirkung für den Landesgesetzgeber ab, was bisher nur bei Inanspruchnahme konkurrierender Gesetzge-

40 BVerfGE 88, 203 (294 f.), unter Hinweis auf entsprechende Regelungen in Frankreich.
41 BVerfGE 88, 203 (290): »Weiterhin obliegt es dem Arzt, über die rein medizinischen Aspekte des Schwangerschaftsabbruchs hinaus den Schwangerschaftskonflikt, in dem die Frau steht, im Rahmen ärztlicher Erkenntnismöglichkeiten zu erheben. Dazu hat er sich die Gründe, aus denen die Frau den Schwangerschaftsabbruch verlangt, darlegen zu lassen.«

bungskompetenz des Bundes anerkannt war.[42] Ging es in früheren Entscheidungen zur Kompetenz kraft Sachzusammenhangs um positive bundesrechtliche Regelungen, die für den wirksamen Vollzug materiellen Bundesrechts notwendig sind,[43] oder um die Abwehr einer Kompetenzerweiterung aus dem Gedanken eines »organisatorischen Folgekonzepts«,[44] so soll neuerdings der Bundesgesetzgeber durch »absichtsvollen Regelungsverzicht«[45] von einer Kompetenz kraft Sachzusammenhangs mit Sperrwirkung gegenüber den Ländern Gebrauch machen können.

## V. *Neue Linie in der Rechtsprechung oder ergebnisbezogenes Einzelurteil?*

### 1. *Die Kritik des Urteils in der abweichenden Meinung des Vizepräsidenten Papier und der Richterinnen Graßhof und Haas*

#### a) *Inkonsequente Anwendung der kompetenzrechtlichen Maßstäbe*

Zunächst bestreitet die abweichende Meinung einen absichtsvollen Regelungsverzicht im Hinblick auf die Einnahmequotierung und belegt dies mit dem Hinweis darauf, daß der federführende Bundestagsausschuß einen Bericht über die Praktizierung der Quotenregelung in Frankreich den Ländern »zur Information« zugeschickt habe. Hierin sehen die dissentierenden Richter eine eindeutige Erklärung dahin, daß für entsprechende Regelungen die Länder zuständig sind,[46] und weisen dafür auf mehrere sehr deutliche Äußerungen im Gesetzgebungsverfahren hin, wonach dem Bund eine entsprechende Gesetzgebungskompetenz fehle (S. 334 f). Im Hinblick auf die Ausführungen des Bundesverfassungsgerichts im Zweiten Abtreibungsurteil[47] über die Gefährlichkeit spezialisierter Abtreibungskliniken für den Lebensschutz habe es nahegelegen, solchen Kliniken entgegenzuwirken. Die Argumentation der Mehrheit des Senats, zum Schutze des ungeborenen menschlichen Lebens den Ländern zu untersagen, Spezialkliniken durch eine Einnahmequotierung entgegenzuwirken, stelle das im Zweiten Abtreibungsurteil gebilligte Schutz-

42 Vgl. BVerfGE 2, 232 (236); 34, 9 (28); 49, 343 (358); 67, 299 (324). Vgl. neuerdings BVerfGE 98, 83 (97 ff.); 98, 106 (118 ff.), die irritierenderweise im Bayern-Urteil als Belege für Sperrwirkung zitiert werden (S. 301).
43 BVerfGE 77, 288, 299 (301).
44 BVerfGE 88, 203 (331).
45 BVerfGE 98, 265 (Leitsatz 2).
46 BVerfGE 98, 329 (333); im folgenden beziehen sich die in Klammern beigefügten Seitenzahlen auf das abweichende Votum.
47 BVerfGE 88, 203 (294).

konzept der Beratungsregelung »geradezu auf den Kopf« (S. 336). Der entsprechende Regelungsverzicht beruhe allein auf der zutreffenden Überzeugung des Bundesgesetzgebers, daß insoweit der Landesgesetzgeber zuständig sei.[48]

Ferner argumentieren die Dissenter gegen die dem § 218 c Abs. 1 Nr. 1 StGB von der Senatsmehrheit imputierte Sperrwirkung im Hinblick auf zusätzliche landesrechtliche Berufspflichten des Arztes, der die Abtreibung vornehmen soll (S. 338 – 346). Hingewiesen wird auf die wesentlichen Unterschiede zwischen einer Konfliktberatung und dem danach stattfindenden Gespräch zwischen Arzt und abbruchwilliger Frau, die keinerlei Grundlage für eine einheitliche rechtliche Ausgestaltung dieser beiden Rahmenbedingungen des Schutzkonzepts der Beratungsregelung gäben (S. 341).[49]

Die Dissenter betonen dann die in der Bevölkerung allgemein bekannte ärztliche Verantwortung, die es ausschließe, daß der Arzt bloßer Vollstrecker des Verlangens der schwangeren Frau sei.[50] Deshalb werde es entgegen der Ansicht der Senatsmehrheit nicht als ungewöhnlich empfunden, wenn der Arzt die Frau nach den Gründen für den Abbruchwunsch frage, was im Zweiten Abtreibungsurteil im übrigen ausdrücklich verlangt worden sei.[51] Die Dissenter beanstanden dann, daß die Senatsmehrheit keine Belege dafür liefere, daß der Bundesgesetzgeber die Anforderungen an das ärztliche Beratungsgespräch habe abschließend regeln und damit die Landesgesetzgebung habe sperren wollen. Aus der Gesetzesbegründung zu § 218 c Abs. 1 Nr. 1 StGB ergebe sich das Gegenteil, wenn es heiße, daß mit dieser Regelung die Forderungen des Bundesverfassungsgerichts an den die Abtreibung vornehmenden Arzt umgesetzt würden, »soweit sie durch Strafrecht und nicht durch Berufsrecht zu regeln« seien (S. 345).[52]

b) *Mißachtung der verfassungsrechtlichen Kompetenzverteilung zwischen Bund und Ländern*

Außer der Kritik an der inkonsequenten Anwendung kompetenzrechtlicher Maßstäbe beanstanden die Dissenter in einer zweiten Argumentationslinie die Ausdehnung der Ausnahmekompetenz kraft Sachzusammenhangs über das

48 So auch *Stephan H. B. Koch*, Der Bayerische Sonderweg im Abtreibungsrecht, 1998, S. 113 f.
49 Anders *Dorothea Seckler*, Sonderweg oder Sackgasse?, NJW 1996, S. 3049, 3051.
50 So schon *Albin Eser*, in: Schönke/Schröder, StGB, 25. Aufl. 1997, § 218 c Rn. 4; *Herbert Tröndle*, StGB, 48. Aufl. 1997, § 218 c Rn. 3.
51 Siehe Anm. 41.
52 Die Gesetzesbegründung befindet sich insoweit im Einklang mit der Rechtsprechung des Bundesverfassungsgerichts (vgl. BVerfGE 26, 246 (258)) und der herrschenden Meinung, vgl. *Maunz* (Anm. 22), Art. 74 Rn. 15 f., 69; *Koch* (Anm. 48), S. 136; *Stettner* (Anm. 22), Art. 74 Rn. 21; *Degenhart* (Anm. 22), Art. 74 Rn. 11.

Maß hinaus, das das Bundesverfassungsgericht bisher anerkannt hat (S. 346 – 351). Zunächst erinnern die Dissenter daran, daß grundrechtliche Schutzpflichten, um deren Geltendmachung es bei der Abtreibungsgesetzgebung geht, die jeweiligen staatlichen Körperschaften und Organe nur im Rahmen ihrer eigenen Kompetenzen erfüllen. So könne der Bund das Schutzkonzept für ungeborenes Leben nur auf dem Boden der ihm zustehenden Kompetenztitel ausgestalten. D. h., abgesehen von punktuellen Übergriffen in Kompetenzbereiche der Länder auf Grund des Kompetenztitels kraft Sachzusammenhangs – hier Organisation und materielle Vorgaben für die Konfliktberatung –, ist der Bund auf Mitregelung der Länder in deren Kompetenzbereichen angewiesen. Bei Zurücknahme des Strafrechts kann der Bund nicht mit dem Argument, er müsse das verfassungsrechtlich geforderte Mindestmaß an Schutz anderweitig erfüllen, in Kompetenzbereiche der Länder vordringen. Dies würde zu einer Aufweichung der verfassungsrechtlich normierten bundesstaatlichen Kompetenzordnung und zu einer Kompetenz-Kompetenz des einfachen Bundesgesetzgebers führen. Nicht als Regelungen eines notwendigen Folgekonzepts (Sachzusammenhang) bezeichnen die Dissenter unter Rückgriff auf das Zweite Abtreibungsurteil

- die Sicherstellung eines Angebots an Einrichtungen, in denen Schwangerschaftsabbrüche vorgenommen werden (S. 350), und
- die bundesrechtliche Hinderung des Landesgesetzgebers, Einnahmequoten für spezialisierte Abtreibungskliniken vorzusehen (S. 350 f).

Ferner halten es die Dissenter angesichts des Ausnahmecharakters der Gesetzgebungskompetenz kraft Sachzusammenhangs nicht für möglich, daß der Bundesgesetzgeber diese Kompetenz durch absichtsvollen Regelungsverzicht wahrnehmen kann. Was für die Nutzung der konkurrierenden Gesetzgebungskompetenz richtig sei und sich auch aus Art. 72 Abs. 1 GG ergebe, passe nicht zur Gesetzgebungskompetenz kraft Sachzusammenhangs. Das verkenne die Senatsmehrheit, indem sie nicht beachte, daß die von ihr auf S. 301 angeführte Rechtsprechung zur Sperrwirkung sich auf Fälle der konkurrierenden Gesetzgebungskompetenz bezöge (S. 352).[53]

Schließlich wird der strukturelle Unterschied zwischen konkurrierender Gesetzgebungskompetenz und Gesetzgebungskompetenz des Bundes kraft Sachzusammenhangs – einmal Doppelkompetenz und Vorrang des Bundes für die volle Kompetenz, zum anderen punktueller Eingriff des Bundes in eine ausschließliche Gesetzgebungskompetenz der Länder – zur Begründung dafür herangezogen, daß die punktuelle Zurückdrängung ausschließlicher Länderkompetenz nur durch verfassungsmäßiges Bundesrecht bewirkt werden kann (S. 353).

53 Vgl.Anm. 42.

### 2. *Wirkung des Bayern-Urteils auf die bundesstaatliche Kompetenzverteilung*

Die bisherigen Darlegungen haben gezeigt: Das Bayern-Urteil stellt den Ausnahmecharakter der Gesetzgebungskompetenz des Bundes kraft Sachzusammenhangs vom Grundsatz her in Frage. Es weicht die für die Bundesstaatlichkeit wesentliche zuverlässige und berechenbare Kompetenzverteilung auf und zeitigt eine Kompetenz-Kompetenz des einfachen Bundesgesetzgebers je nach seinem Schutzkonzept.

Wenn der Bund in Zukunft auf weitere Straftatbestände verzichtet oder solche wesentlich einschränkt, sind aus Schutzgründen regelmäßig verwaltungsrechtliche Regelungen notwendig. Soweit für solche Regelungen Landesgesetzgebungskompetenz besteht, würde diese, folgt man dem Bayern-Urteil, vom bundesgesetzlich bestimmten Schutzkonzept verdrängt, indem der Bund den Sachzusammenhang beliebig ausdehnen kann und insbesondere auch durch Regelungsverzicht, wenn ihn das Bundesverfassungsgericht als absichtlich bezeichnet, landesgesetzliche Regelungen verhindern kann.[54]

Je weiter die Rechtsprechung des Bundesverfassungsgerichts zu den verfassungsrechtlichen Schutzpflichten mit Untermaßverbot entfaltet wird, um so stärker ist die Gefahr, daß der Bund in Materien ausschließlicher Landesgesetzgebung vordringt. Wenn man dem Bayern-Urteil folgt, könnte als Begründung für diese bundesgesetzliche Verdrängung der Landesgesetzgebung angegeben werden, daß die Verwirklichung eines Schutzkonzepts in der Hand des Bundesgesetzgebers liegen müsse, der die Verantwortung für die Beachtung des Untermaßverbots nur allein tragen könne und dafür die Kompetenz kraft Sachzusammenhangs in Anspruch nehme. Bedenkt man, daß der Bund durch die inhaltliche Ausgestaltung des Schutzkonzepts das Ausmaß seiner Gesetzgebungskompetenz kraft Sachzusammenhangs bestimmen und dann noch absichtsvoll Regelungsverzicht üben kann, zeigt dies die Unhaltbarkeit des Verständnisses der Bundesgesetzgebungskompetenz kraft Sachzusammenhangs im Bayern-Urteil.

Man könnte geneigt sein, im Bayern-Urteil ein ergebnisbezogenes Einzelurteil zu sehen, weil es der Mehrheit des Ersten Senats des Bundesverfassungsgerichts offensichtlich darum ging, die angegriffenen Regelungen des Bayerischen Schwangerenhilfeergänzungsgesetzes zu Fall zu bringen. Das Urteil entfaltet jedoch über den Entscheidungsanlaß hinaus faktisch eine Präjudizwirkung, die weitere gefährliche Eingriffe in die verfassungsrechtliche Abgrenzung der Gesetzgebungskompetenzen von Bund und Ländern heraufbeschwören kann.

54 Kritisch auch *Wolfgang Rüfner*, Ungeschriebene Bundeskompetenzen im Widerstreit, in: ZG 1999, S. 366, 375 f.

## VI. *Sinn bundesstaatlicher Kompetenzabgrenzung*

Kompetenz bedeutet im Verfassungsstaat die Befugnis – zumeist im Rahmen vorgegebener Verfahren –, Inhalte zu regeln. Eine bundesstaatliche Verfassung, die die Gesetzgebungsmaterien zwischen Bund und Ländern verteilt, entscheidet damit zugleich, worüber im Bundesstaat einheitlich geltende Regelungen getroffen werden müssen oder – im Falle konkurrierender Kompetenz – getroffen werden dürfen. Eine ausschließliche Zuständigkeit der Länder bedeutet unterschiedliches Recht von Land zu Land, falls sich die Länder nicht ausnahmsweise durch Vertrag oder durch sog. Mustergesetze auf einheitliches Recht einigen.[55]

Da die Bundesverfassung nicht nur Kompetenz- und Verfahrensvorschriften, sondern auch Grundrechte und andere inhaltliche Vorgaben für die Gesetzgebung enthält, ist der politischen Gestaltung durch Bundes- und Landesgesetzgebung ein Rahmen gesteckt. Da inhaltliche Vorgaben der Verfassung – deren Rahmencharakter[56] entsprechend – ganz selten nur eine einzige richtige Lösung eines Regelungsproblems verlangen, steckt in der Kompetenz, insbesondere in der Gesetzgebungskompetenz die Befugnis zur politischen Gestaltung, d. h. zur Realisierung dessen, was als gemeines Bestes gelten soll, und zur materiellen Ausfüllung der Gemeinwohltatbestände.[57] In den Kompetenzregeln stecken also zugleich Gestaltungsbefugnisse, die zwischen Bund und Ländern durch die Verfassung, der Vorrang zukommt, aufgeteilt sind. Eine Ausdehnung der Gesetzgebungskompetenz des Bundes bedeutet also eine Reduzierung landesgesetzlicher Gestaltungsmöglichkeiten.

Da die politischen Systeme der Länder ebenso wie das des Bundes demokratisch legitimiert sind, kommt dem Bund insoweit keine höhere Legitimation zu. Wie wichtig diese Feststellung ist, zeigt der Umstand, daß in den verschiedenen Ländern verschiedene politische Mehrheiten in den Parlamenten bestehen, damit auch automatisch im Verhältnis von Bund und einzelnen Ländern. Für die demokratisch fundierte Bundesstaatlichkeit ist die Kompetenzabgrenzung zwischen Bundes- und Landesgesetzgebung sozusagen das »Knochengerüst«, ohne das es einen Landesparlamentarismus und ein demokratisches Leben in den Ländern nicht geben kann. Diese Darlegungen zeigen, daß es sich bei Kompetenzrecht nicht um Formalien handelt.

Auf das dem Bayern-Urteil zugrunde liegende Problem staatlicher Schutzpflichten angewandt, zeigt sich die Problematik in aller Schärfe. Das Bundesverfassungsgericht leitet immer mehr Schutzpflichten aus den Grundrechten

55 Vgl. *Christian Starck*, Unitarisierung des Rechts im Bundesstaat, in: FS Bayer. Verfassungsgerichtshof, 1997, S. 229, 232 ff.
56 *Starck* (Anm. 35), § 164 Rn. 5 f. m.w.N. in Fußnote 21.
57 *Stettner* (Anm. 31), S. 444.

ab. Wie die Schutzpflichten erfüllt werden, ist unter Beachtung der Grenze des Untermaßverbots Sache des zuständigen Gesetzgebers. Wenn sich der Bundesgesetzgeber im Rahmen seiner Gestaltungsfreiheit neuartige Schutzkonzepte ausdenkt, darf er sich dabei keinen Kompetenzzugewinn verschaffen, sondern muß berücksichtigen, daß das Schutzkonzept eventuell auch Aktivitäten der Landesgesetzgebung erforderlich macht. Im Normalfall wird es genügen, daß der Bund auf dem Gebiet seiner Kompetenz regelt und die Länder auf ihrem Gesetzgebungsgebiet dafür sorgen, daß insgesamt der verfassungsrechtlich geforderte Minimalschutz gewährleistet ist. In manchen Konstellationen mag vorweg eine Abstimmung der Gesetzgebungsaktivitäten zwischen Bund und Ländern nützlich oder sogar erforderlich sein. Die gegebenenfalls gemeinsame Erfüllung einer staatlichen Schutzpflicht durch Bund und Länder schließt die Geltung unterschiedlichen Landesrechts ein. Verfassungsrechtlich sind bei der Erfüllung von Schutzpflichten alle Lösungen erlaubt, die das Untermaßverbot beachten. Neben gerade noch verfassungsmäßigem Minimalschutz kann in anderen Ländern je nach der politischen Konstellation in den Landtagen ein höheres Maß an Schutz zur Geltung gebracht werden. Die verschiedenen, in Konkurrenz stehenden landesrechtlichen Regelungen können für die Länder Erfahrungsdaten darstellen und auf die Dauer zur Novellierung ihrer Gesetze führen.

Zusammengefaßt ergibt sich: Das Bayern-Urteil stellt ein von der bisherigen Linie der Rechtsprechung des Bundesverfassungsgerichts abweichendes ergebnisbezogenes Einzelurteil dar. Als solches ist es insbesondere auch um der Integrität der verfassungsrechtlichen Kompetenzordnung willen zu kritisieren. Grundrechtliche Schutzpflichten werden vom jeweils zuständigen Gesetzgeber erfüllt. Je nach der Regelungsmaterie muß ein und dieselbe Schutzpflicht vom Bundes- und Landesgesetzgeber erfüllt werden. Dabei dürfen sich die landesgesetzlichen Regelungen unterscheiden, wenn sie nur das Untermaßverbot beachten. Um solche Unterschiede zu vermeiden, kann sich der Bund nicht auf den Titel »Bundesgesetzgebung kraft Sachzusammenhangs« berufen.

4. Kapitel

# Legitimation politischer Entscheidungen durch Verfahren[1]

Die Behandlung des Gesetzesbeschlusses des Bundestages über das Zuwanderungsgesetz im Bundesrat durch dessen Präsidenten am 22. März 2002 hat eine außergewöhnlich kritische Resonanz in der juristischen und allgemeinen Öffentlichkeit erzeugt. Dieses Kapitel behandelt (I.) das Verfahren im Bundesrat, das gekennzeichnet ist (1.) durch die Ablehnung der Einberufung des Vermittlungsausschusses, obwohl erheblicher »Vermittlungsbedarf« bestand, sodann (2.) durch die vorher angekündigte uneinheitliche Abgabe der Stimmen des Landes Brandenburg und durch den Versuch des Präsidenten des Bundesrates, die Stimmen Brandenburgs in Ja-Stimmen umzuwandeln und das Gesetz durchzupeitschen. Ferner werden (II.) das Urteil des Bundesverfassungsgerichts und das abweichende Votum zweier Richterinnen kurz dargestellt und unter dem in der Überschrift dieses Beitrages formulierten Leitgedanken gewürdigt. Zum Schluß wird (III.) auf Grund der Klärungen des Urteils des Bundesverfassungsgerichts das zukünftige Abstimmungsverhalten (1.) aus der Sicht der Mitglieder des Bundesrates und (2.) aus der Sicht des Präsidenten des Bundesrates erörtert, wobei Situationen beschrieben werden, in denen dieser im Abstimmungsverfahren »nachfragen« darf.

## I. *Das Zuwanderungsgesetz im Bundesrat*

Das Zuwanderungsgesetz war in vielen Einzelheiten sehr umstritten. Einigkeit bestand allerdings unter den politischen Parteien darin, daß ein solches Gesetz dringend notwendig sei. Im Bundestag hat die Regierung eine Mehrheit, die regelmäßig die Gesetzesvorlagen der Bundesregierung – so auch die Vorlage des Entwurfs des Zuwanderungsgesetztes – billigt. Vorher kann es in den Ausschußberatungen durchaus zu Änderungen kommen, auch zu solchen, die von Abgeordneten der Opposition angeregt werden.

1 Wiederabdruck aus: Zeitschrift für Gesetzgebung 2003, S. 81-91.

### 1. *Verzicht auf Vermittlung*

Das Zuwanderungsgesetz bedurfte wegen der in ihm enthaltenen Regelungen über das von den Behörden der Länder durchzuführende Verwaltungsverfahren als Ganzes der Zustimmung des Bundesrates (Art. 84 Abs. 1 GG). Nach Art. 78 GG kommt ein solches vom Bundestag beschlossenes Gesetz zustande, wenn ihm der Bundesrat zustimmt. Dafür bedarf es der Mehrheit der derzeit 69 Stimmen des Bundesrates (Art. 52 Abs. 3 Satz 1 GG). Es gibt drei verschiedene Möglichkeiten, wie der Bundesrat ein bei ihm eingebrachtes Zustimmungsgesetz behandeln kann: er stimmt dem Gesetzesbeschluß des Bundestages zu, er verweigert ihm die Zustimmung oder er verlangt, daß der Vermittlungsausschuß einberufen wird (Art. 77 Abs. 2 Satz 1 GG). Zeichnet sich ab, daß der Gesetzesbeschluß keine Zustimmung findet, aber nach Änderung einiger Bestimmungen durchaus zustimmungsfähig ist, so kann im Vermittlungsausschuß versucht werden, eine zustimmungsfähige Fassung des Gesetzes herzustellen. Um dieses Ziel zu erreichen, ist bei der Behandlung des Zuwanderungsgesetzes im Bundesrat vom Saarland und von Rheinland-Pfalz die Einberufung des Vermittlungsausschusses beantragt worden.[2] Beide Anträge, über die getrennt abgestimmt wurde, sind abgelehnt worden.[3] Damit hat der Bundesrat mit der Mehrheit seiner Stimmen auf »alles oder nichts« gesetzt. Der Verzicht auf eine Vermittlung von Seiten der der Bundesregierung politisch nahestehenden Bundesratsmitglieder ist verwunderlich, weil sowohl der Ausschuß für Innere Angelegenheiten als auch der Wirtschaftsausschuß empfohlen hatten, dem Gesetzesbeschluß nicht zuzustimmen.[4] Das Zustandekommen des Gesetzes mit dem vom Bundestag beschlossenen Inhalt mußte also fraglich erscheinen.

Die Einrichtung des Vermittlungsausschusses ist eine Konsequenz der Regelung, daß der Bundesrat einem ihm vorgelegten Gesetzesbeschluß des Bundestages nur in der vorgelegten Fassung zustimmen kann, aber keine Möglichkeit hat, die Fassung selbst zu verändern. Zwischen dem »alles oder nichts«, der Zustimmung oder Verweigerung der Zustimmung, gibt es also die Vermittlung, in der ein politischer Kompromiß gesucht werden kann.[5] Die Möglichkeit der Vermittlung nimmt darauf Rücksicht, daß es bei den meisten Gesetzen nicht um »alles oder nichts« geht, sondern daß die im Bundesrat vertretenen föderalen oder parteipolitischen Interessen andere politische Gewichtungen des vom Bundestag verabschiedeten Regelwerks wünschen. Damit

2 Siehe BR-Drucks 157/3/02 und 157/2/02 jeweils unter bestimmten Aspekten, in beiden Anträgen jedoch auch unter dem Gesichtspunkt der Kostentragung.
3 Plenarprotokoll, Sten. Ber. der 774. Sitzung des Bundesrates vom 22. März 2002, S. 171 B/C.
4 Plenarprotokoll (Anm. 3), S. 171 C.
5 Siehe *Johannes Masing*, in: v. Mangoldt/Klein/Starck, Das Bonner Grundgesetz, 4. Aufl., Bd. II, 2000, Art. 77 Rdnr. 57 ff.

wird zwar die von Bundesregierung und Bundestagsmehrheit verfolgte politische Linie in Frage gestellt, aber dem Umstand genüge getan, daß zu bestimmten Gesetzen die Zustimmung des Bundesrates erforderlich ist.
Zumeist sind vom Bundestag verabschiedete Gesetze schon das Ergebnis von Kompromissen zwischen den Fraktionen, die die Regierungskoalition tragen, oder zwischen den Flügeln einer Fraktion, die allein die Regierungsmehrheit stellt. Je nach den Mehrheitsverhältnissen im Bundesrat ist es mit der Kompromißfindung im Bundestag eben nicht getan, vielmehr muß im Verfahren vor dem Bundesrat erneut nach einem Kompromiß gesucht werden, der weitere politische Positionen mit einbezieht. Die geschilderten Vorschriften des Gesetzgebungsverfahrens im Bundesrat enthalten die Garantie politischer Einflußnahme auf das Zustandekommen des Gesetzes, wenn ihm nicht die Mehrheit der Mitglieder des Bundesrates zustimmt, oder auf den Inhalt des Gesetzes, wenn die Mehrheit die Einberufung des Vermittlungsausschusses verlangt.
Der Bundesrat als Bundesorgan besteht aus Mitgliedern der Landesregierungen (Art. 51 Abs. 1 Satz 1 GG), die, von den jeweiligen Landtagen gewählt, eine demokratische Repräsentation des Landesvolkes darstellen.[6] Zwar ist der Bundesrat keine gleichberechtigte Zweite Kammer eines zweiteiligen Parlaments. Aber er ist ein wesentliches Element der Gewaltenteilung, in dem sich der von den Ländern ausgehende politische Wille bündelt und als politischer Faktor den unitarischen Organen, Bundestag und Bundesregierung, gegenübertritt.[7] Die Gründe, die die Zustimmungsbedürftigkeit eines Gesetzes auslösen, haben bei dem hier einschlägigen Art. 84 Abs. 1 GG mit der Ausführung der Bundesgesetze durch die Länder zu tun. Insoweit spiegelt sich in den Zuständigkeiten des Bundesrates der »Exekutivföderalismus« des Grundgesetzes. Die Vorschriften des jeweiligen Zustimmungsgesetzes über das Verwaltungsverfahren haben keinen Selbstzweck, sondern dienen der Realisierung des materiellen Rechts. Die Funktion des Verfahrens hängt also vom materiellen Recht ab. Und so können durchaus – wie in der politischen Realität häufig – materiell-rechtliche Vorschriften den Ausschlag für die Ablehnung eines Gesetzes im Bundesrat geben, und insofern kann die Kontroverse um materielle Vorschriften zur Einberufung des Vermittlungsausschusses führen.
Für wie wichtig das Grundgesetz die Aufhebung von Gegensätzen zwischen Bundestag und Bundesrat hält, zeigt sich daran, daß die Einberufung des Vermittlungsausschusses nicht nur der Bundesrat verlangen kann, sondern bei

6 *Hans Hugo Klein*, Der Bundesrat im Regierungssystem der Bundesrepublik Deutschland, ZG 2002, S. 297, 307.

7 *Roman Herzog*, Stellung des Bundesrates im demokratischen Bundesstaat, in: HStR, Bd. II, 2. Aufl. 1998, S. 467, 471 f., 484 f.; *Stefan Korioth*, in: v. Mangoldt/Klein/Starck, Das Bonner Grundgesetz, 4. Aufl. Bd. II, 2000, Art. 50 Rdnr. 17 f.; *Klein* (Anm. 6), S. 307 ff.

Zustimmungsgesetzen dies auch der Bundestag und die Bundesregierung können (Art. 77 Abs. 2 Satz 4 GG). Dies werden sie tun, wenn sie die Verweigerung der Zustimmung durch den Bundesrat voraussehen, aber auf das Zustandekommen des Gesetzes, wenn auch mit verändertem Inhalt, Wert legen. Wenn die Einberufung des Vermittlungsausschusses in kritischen Fällen wie beim Zuwanderungsgesetz – zwei Ausschüsse des Bundesrates haben empfohlen, die Zustimmung zu verweigern![8] – auch von Seiten des Bundestages und der Bundesregierung nicht beantragt wird, wird auch von dieser Seite auf »alles oder nichts« gesetzt, was bei den gegebenen Mehrheitsverhältnissen und der allgemein anerkannten Notwendigkeit, ein Zuwanderungsgesetz zu verabschieden, nicht verständlich erscheint.

## 2. *Die Bewertung der Brandenburgischen Stimmen*

Als das Zuwanderungsgesetz in den Bundesrat eingebracht wurde, stand alsbald fest, daß von den 69 Stimmen nur 31 Stimmen für die Zustimmung sicher waren. Das waren die je sechs Stimmen Niedersachsens (SPD) und Nordrhein-Westfalens (SPD/Grüne), die je vier Stimmen von Berlin (SPD/PDS), Rheinland-Pfalz (SPD/FDP). Sachsen-Anhalt (SPD) und Schleswig-Holstein (SPD/Grüne) und drei Stimmen von Mecklenburg-Vorpommern (SPD/PDS). Die SPD-CDU-Regierungen von Bremen und Brandenburg hatten in ihren Koalitionsverträgen für den Fall des Dissenses zwischen den Ministern der beiden Koalitionsfraktionen Stimmenthaltung im Bundesrat vereinbart. Da die drei Stimmen Bremens noch nicht die notwendige Mehrheit von 35 Stimmen gebracht hätten, wurde Bremen in Ruhe gelassen. Politischer Druck wurde dagegen von Seiten der Bundesregierung auf Brandenburg ausgeübt, weil dessen vier Stimmen zum Erreichen der Mehrheit gebraucht wurden. Dazu hat der Minister *Schönbohm* im Bundesrat folgendes ausgeführt:[9] »Zunächst hat die Strategie der Bundesregierung Herrn *Stolpe* mit der Aufforderung, der Erwartung oder der Vermutung, unseren Koalitionsvertrag zu brechen, in eine schwierige Situation gebracht.« . . . Sodann kritisiert er das Vorgehen der Bundesregierung, ihren Zeitplan und ihre mangelnde Bereitschaft, den Vermittlungsausschuß anzurufen.

In der Brandenburgischen Landesregierung ist über die Abgabe der Stimmen kein Konsens erzielt worden, was nach der Koalitionsvereinbarung zur Stimmenthaltung der vier Brandenburger Bundesratsmitglieder hätte führen müssen. Daß gleichwohl die an der Verabschiedung des Zuwanderungsgesetzes interessierten politischen Kräfte im Bundesrat, die Bundesregierung und

8 BR-Drucks. 157/1/02.
9 Plenarprotokoll (Anm. 3), S. 148 A.

der Bundestag nicht die Einberufung des Vermittlungsausschusses verlangten, ist nur vor dem Hintergrund einer Absprache mit dem Präsidenten des Bundesrates zu erklären, komme was da wolle, die Stimme des Ministerpräsidenten des Landes Brandenburg als maßgeblich für die Abstimmung des Landes Brandenburg anzusehen. Dazu hat der Brandenburgische Innenminister *Schönbohm* später in der Frankfurter Allgemeinen Zeitung folgendes berichtet:[10] Er habe von den Ministerpräsidenten *Biedenkopf* und *Vogel* erfahren, daß während der Ministerpräsidentenkonferenz Ost am Mittwoch, dem 20. März 2002, der Präsident des Bundesrates *Wowereit* versichert habe, daß er bei uneinheitlicher Stimmabgabe die Stimmen Brandenburgs als ungültig werten würde. Von einer Nachfrage des Bundesratspräsidenten an den Ministerpräsidenten *Stolpe* sei nicht die Rede gewesen. Zwei Tage später, am Freitag vor der Sitzung des Bundesrates habe ihm Ministerpräsident *Stolpe* gesagt, daß der Minister *Ziel* die Ja-Stimme für Brandenburg abgeben werde, »um eine direkte Konfrontation zwischen uns beiden zu vermeiden«. Dadurch sei ihm klar geworden, »daß die SPD-Seite nach der ersten Abstimmung von einer Nachfrage des zur Unparteilichkeit verpflichteten Bundesratspräsidenten ausging … Der Bundesratspräsident hatte offensichtlich seine Auffassung von Mittwoch abend bis Freitag früh geändert, obwohl ihm seine Verwaltung eine Empfehlung gegeben hatte, die mit seiner Aussage vom 20. März … übereinstimmte.«
Diese Empfehlung, in einem Vermerk für den Bundesratspräsidenten niedergelegt, stellt zunächst die herrschende Auslegung des Art. 51 Abs. 3 Satz 2 GG dar und führt eine Fülle von Literaturstellen dafür an.[11] Auf dieser Grundlage wird dann folgende Empfehlung ausgesprochen:[12]

> »Für den Fall, daß bei der Abstimmung durch Aufruf nach Ländern die Stimmen eines Landes nicht einheitlich abgegeben würden, sollte Herrn Präsidenten vorgeschlagen werden, die Vertreter des betreffenden Landes auf das Gebot der einheitlichen Stimmabgabe wie folgt hinzuweisen:
> Gemäß Art. 51 Abs. 3 Satz 2 des Grundgesetzes können die Stimmen eines Landes nur einheitlich abgegeben werden. Ich bitte deshalb um eine einheitliche Beantwortung der Abstimmungsfrage, da anderenfalls die Stimmabgabe als ungültig gewertet werden muß.
> Bliebe es bei der uneinheitlichen Stimmabgabe, sollte er die Feststellung treffen, daß das betreffende Land ungültig gestimmt hat und mit der Abstimmung fortfahren.«

10 Nr. 256 vom 4.11.1002, S. 12.
11 Vgl. die entsprechenden Angaben bei *Korioth* (Anm. 7), Art. 51 Rdnr. 21 Fn. 6; *Hartmut Bauer*, in: Dreier, Grundgesetz, Bd. II, 1998, Art. 51 Rdnr. 22.
12 Zitiert nach FAZ vom 26. März 2002, S. 4. Das Zitat findet sich auch im Urteil des Bundesverfassungsgerichts vom 18.12.2002, BVerfGE 106, 310, 317 unter A I 2 c.

Dieser vor der Bundesratssitzung gefertigte Vermerk konnte auf die Vorgänge während der Beratung, in der der Minister *Schönbohm* sein Stimmverhalten deutlich angekündigt hatte, nicht eingehen. Der Vermerk war abstrakt gehalten und ging von einem unklaren Abstimmungsergebnis aus, das im konkreten Fall nicht gegeben war. Der Präsident hätte erkennen müssen, daß nach den Ausführungen des Ministers *Schönbohm* während der Beratung an seinem Nein bei der Abstimmung kein Zweifel bestand und keine irgendwie geartete Unklarheit daraus abgeleitet werden konnte. Unter anderem hatte *Schönbohm* gesagt:[13] »Die Zustimmung zu diesem Gesetz stellt den Bruch unseres Koalitionsvertrages dar. Mit meinem Nein möchte ich diesen Bruch heilen.«

Dafür, daß der Präsident gleichwohl nachgefragt hat, berief er sich auf den zitierten Vermerk, den er in der Sitzung später wörtlich zitierte, dabei aber den entscheidenden letzten Halbsatz des vorletzten Satzes (»anderenfalls ...«) und den letzten Satz weggelassen hat.[14]

Statt entsprechend dem Vermerk zu verfahren und auf die Ungültigkeit der Stimmen Brandenburgs im Falle erneuter uneinheitlicher Stimmabgabe hinzuweisen, fragte der Präsident den Ministerpräsidenten *Stolpe*, wie das Land abstimme.[15] Die Frage, gerichtet nicht an das Land Brandenburg, das nach Art. 51 Abs. 2 und 3 GG die Stimmen führt (§ 29 Abs. 1 Satz 2 GeschO BRat), oder wenigstens an die vier Bundesratsmitglieder aus Brandenburg, sondern an den Ministerpräsidenten, der sich bislang nicht an der Abstimmung beteiligt hatte, zeigt, daß der Präsident von dem verfassungsrechtlich korrekten Vermerk abgewichen ist. Die Nachfrage des Präsidenten sollte keinen Zweifel oder Irrtum beseitigen oder noch eine Willenseinigung herbeiführen, sondern verfolgte das Ziel, absprachegemäß vier Ja-Stimmen des Landes Brandenburg und damit eine Mehrheit für das Zuwanderungsgesetz zu gewinnen.[16] Damit hat sich der Präsident offenkundig parteiisch verhalten. Er hat nicht den Willen des Bundesrates festgestellt, sondern diesen mit einem ihm genehmen Inhalt hergestellt.

Daß das Vorgehen des Bundesratspräsidenten in Abweichung von dem zitierten Vermerk geplant war, läßt sich über das bisher Gesagte hinaus deutlich am Protokoll ablesen.[17] Nach dem Aufruf des Landes Brandenburg und der gespaltenen Stimmabgabe sagt der Präsident: »Damit stelle ich fest, daß das Land Brandenburg nicht einheitlich abgestimmt hat. Ich verweise auf Artikel 51 Absatz 3 Satz 1 Grundgesetz. Danach können Stimmen eines Landes nur einheitlich abgegeben werden. Ich frage Herrn Ministerpräsidenten *Stolpe*,

13 Plenarprotokoll (Anm. 3), S. 148 A.
14 Plenarprotokoll (Anm. 3), S. 174 C.
15 Plenarprotokoll (Anm. 3), S. 171 D.
16 *Peter Lerche*, »Stolpes mißlungener Zaubertrick«, in: SZ v. 25. März 2002, S. 5.
17 Plenarprotokoll (Anm. 3), S. 171 C.

wie das Land Brandenburg abstimmt.« Diese Abweichung vom Grundgesetz und der Geschäftsordnung war in doppelter Weise manipulativ: Zunächst wird nicht das Land aufgerufen, wie in der Geschäftsordnung im Einklang mit Art. 51 Abs. 3 Satz 2 GG vorgesehen, sodann wird durch die Aufrufung nur des Ministerpräsidenten des Landes Brandenburg insinuiert, daß er die vier Stimmen des Landes abgeben kann, obwohl ein Minister eine deutliche und besonders nachhaltige Erklärung abgegeben hat, daß er auch auf Nachfrage bei seinem Nein bleiben werde.

## II. *Das Zuwanderungsgesetz vor dem Bundesverfassungsgericht*

Das Bundesverfassungsgericht hat auf den Normenkontrollantrag der Landesregierungen des Saarlandes, von Baden-Württemberg, Bayern, Hessen, Sachsen und Thüringen am 18. Dezember 2002 – 2 BvF 1/02 – entschieden,[18] daß es an einer Zustimmung des Landes Brandenburg zum Zuwanderungsgesetz fehle, weil bei Aufruf des Landes die Stimmen nicht einheitlich abgegeben worden seien und die Uneinheitlichkeit der Stimmabgabe durch den weiteren Abstimmungsverlauf nicht beseitigt worden sei. Die Begründung des Urteils, die im folgenden thesenartig wiedergegeben wird, bestätigt mit vertiefter Argumentation die herrschende Auslegung des Art. 51 Abs. 3 Satz 2 GG.

Das Grundgesetz erwartet die einheitliche Stimmabgabe und respektiert die Praxis des landesautonom bestimmten Stimmführers, dem ein anderes Bundesratsmitglied desselben Landes jederzeit widersprechen kann, wodurch die Voraussetzungen der Stimmführerschaft entfallen (S. 330 und LS 3, 4).

Aus den eindeutigen Erklärungen der Bundesratsmitglieder *Ziel* und *Schönbohm* folgte, daß die Abgabe der Stimmen durch die Bundesratsmitglieder des Landes Brandenburg nicht einheitlich war (S. 331).

Der nachfolgende Abstimmungsverlauf ist nicht mehr rechtserheblich, weil er sich außerhalb der verfassungsrechtlich gebotenen Form des Abstimmungsverfahrens bewegte: Aufruf des Ministerpräsidenten statt des Landes (S. 332 f.).

Der Bundesratspräsident hat die Aufgabe, den Willen des Bundesrates im Gesetzgebungsverfahren klar festzustellen. Bei Unklarheiten besteht ein Recht zur Nachfrage, das allerdings entfällt, wenn ein einheitlicher Landes-

18 BVerfGE 106, 310-336. Die in Klammern gesetzten Zahlen sind die betreffenden Seitenzahlen des Urteils.

wille erkennbar nicht besteht und nach den gesamten Umständen nicht zu erwarten ist, daß ein solcher noch während der Abstimmung zustande kommen werde. Der Wille des Landes Brandenburg zur uneinheitlichen Abstimmung lag klar zu Tage (S. 332 f. und LS 5).

Mit der Nachfrage an das Bundesratsmitglied *Dr. Stolpe* griff der Bundesratspräsident in den Verantwortungsbereich des Landes über und erweckte den Anschein, es gelte nunmehr, den »wahren Landeswillen« festzustellen oder doch noch auf eine Einheitlichkeit der Stimmabgabe hinzuwirken. Der Ministerpräsident hat weder ein Weisungsrecht im Bundesrat, noch schlägt seine nach Landesverfassungsrecht gehobene Stellung im Bundesrat durch (S. 333 f.).

Hätte dem Bundesratspräsidenten ein Nachfragerecht zugestanden, hätte er es nur in der gebotenen neutralen Form ausüben dürfen. Dazu hätte erneut das Land Brandenburg aufgerufen und die Frage, wie das Land abstimme an alle anwesenden Bundesratsmitglieder des Landes gerichtet werden müssen, zumindest hätte nach dem Ja des Ministerpräsidenten *Stolpe* der Minister *Schönbohm* gefragt werden müssen, ob er bei seinen Nein bleibe (S. 335).

Die strenge Orientierung an den verfassungsrechtlichen Form- und Verfahrensvorschriften, die das Urteil des Bundesverfassungsgerichts auszeichnet, wird dem Leitgedanken gerecht, der in der Überschrift dieses Kapitels formuliert ist: »Legitimation politischer Entscheidungen durch Verfahren.« Das in den Bundesrat eingebrachte Zuwanderungsgesetz ist ein hochpolitisches Gesetz gewesen, über das in dem Gestaltungsspielraum, den die Verfassung hier läßt, politisch gestritten worden ist. Wie letzten Endes entschieden wird, richtet sich nach den Mehrheitsverhältnissen, die in den gesetzgebenden Körperschaften herrschen. Über diese Mehrheitsverhältnisse entscheidet das Volk in den periodisch stattfindenden Wahlen. Jeder Versuch von Seiten der politischen Akteure, diese Mehrheitsverhältnisse zu manipulieren oder manipulativ zu umgehen, delegitimiert politische Entscheidungen, die gerade durch das Verfahren legitimiert werden sollen. Die im Brandenburger Kabinett nicht herstellbare Einheitlichkeit der Brandenburger Stimmen war ein Faktum, das auf die demokratisch legitimierten politischen Konstellationen in Brandenburg zurückzuführen war.

Das Urteil zum Zuwanderungsgesetz ist nicht einstimmig ergangen. Die Richterinnen *Osterloh* und *Lübbe-Wolff* haben eine abweichende Meinung verfaßt,[19] in der sie das Urteil kritisieren. Sie greifen dafür auf zahlreiche literarische Stellungnahmen zurück, die von zwei Ausnahmen abgesehen nach der Abstimmung im Bundesrat am 22. März 2002 verfaßt worden sind und die Entscheidung des Bundesratspräsidenten gutheißen.

19 BVerfGE 106, 337-351.

Zunächst wird im Anschluß an eine Stellungnahme von *Hans Meyer*[20], die in der mündlichen Verhandlung vorgetragen wurde, die Meinung vertreten, daß nach der uneinheitlichen Äußerung der Bundesratsmitglieder *Ziel* und *Schönbohm* eine rechtlich dem Land Brandenburg zurechenbare Stimmabgabe noch gar nicht vorgelegen habe und somit der Bundesratspräsident zu einer Nachfrage verpflichtet gewesen sei (S. 338 ff.). Wie eine so klare, dazu noch begründete[21] uneinheitliche Stimmabgabe dem Lande Brandenburg nicht zugerechnet werden soll, ist unerfindlich. Diese Ansicht kann auch nicht durchgehalten werden, wenn man unterstellt, daß auf mehrere Nachfragen weiterhin immer wieder uneinheitlich abgestimmt wird. Das Land müßte dann nach der Meyerschen Theorie immer noch so behandelt werden, als hätte es nicht abgestimmt. Das ist eine juristische Theorie, die mit der Realität nichts mehr zu tun hat.

Hilfsweise wird dann argumentiert, daß auch bei Abgabe ungültiger Stimmen das Land ein Recht zur Korrektur dieser Stimmabgabe habe, und zwar wegen Irrtums oder Willensänderung (S. 342 ff.). Wenn man die Vorgänge im Bundesrat, wie sie im Plenarprotokoll festgehalten und im Tatbestand des Urteils des Bundesverfassungsgerichts ausführlich wiedergegeben sind, zur Kenntnis nimmt, ist von Irrtum oder Willensänderung weit und breit nichts zu sehen. Im Gegenteil, beides ist durch die Rede des Brandenburgischen Ministers *Schönbohm* ausdrücklich ausgeräumt worden. Damit hängt auch die weitere Argumentation in der Luft, daß auf Bitte des Landes der Bundesratspräsident dem Land die Gelegenheit hätte geben müssen, seine Stimmabgabe zu korrigieren (S. 344 f.), und daß er von sich aus hätte nachfragen dürfen, wenn ein berechtigtes Wiederholungsinteresse des Landes erkennbar gewesen sei, so z. B. bei Ungültigkeit der vorausgegangenen Stimmabgabe (S. 345 ff.).

In der abweichenden Meinung heißt es dann weiter: Die Nachfrage müsse zwar in richtiger Form erfolgen; alles spreche dafür, daß die Nachfrage an das betreffende Land und nicht an einzelne Vertreter des Landes zu richten sei. Da die Rechtslage aber zum Zeitpunkt der Abstimmung »nicht eindeutig geklärt« gewesen sei, hätte der Bundesratspräsident die Frage an den Ministerpräsi-

20 *Hans Meyer*, in: ders. (Hrsg.), Abstimmungskonflikt im Bundesrat im Spiegel der Staatsrechtslehre, 2003, S. 152 ff. *Meyer* führt die Unterscheidung zwischen Abgegebensein ungültiger Landesstimmen und Nichtabgegebensein der Landesstimmen ein, um das es bei der Entscheidung über das Zuwanderungsgesetz gehe. Auf der Basis dieser Meyerschen Theorie werden die Prozeßvertreter der Antragstellerinnen kritisiert, daß sie diesen Unterschied nicht erkannt hätten und erst in der mündlichen Verhandlung ihre schriftsätzlichen Äußerungen relativiert hätten, die sich gegen ihr Anliegen gekehrt hätten. Davon kann keine Rede sein. Denn die Antragsschrift macht durchgehend an mehreren Stellen deutlich, daß ungültige Stimmen ebenso wie nicht abgegebene Stimmen wegen des Abstimmungsmodus im Bundesrat (sc. Beschlüsse werden mit mindestens der Mehrheit seiner Stimmen gefaßt, Art. 52 Abs. 3 Satz 1 GG) wie Nein-Stimmen wirken. Dazu auch *Peter Lerche*, Bemerkungen zur Abstimmung im Bundesrat über das Zuwanderungsgesetz, BayVBl. 2002, S. 577 f.

21 Die im Koalitionsvertrag vorgesehene Enthaltung sollte durch die Nein-Stimme erzwungen werden.

denten richten dürfen. Zur Begründung wird auf namhafte Vertreter der Staatsrechtslehre verwiesen, und zwar auf *Stern* und *Blumenwitz*. *Blumenwitz* hat im Bonner Kommentar (Art. 51 Rdnr. 29) die verschiedenen Meinungen gegenübergestellt und nimmt kurz im Sinne von *Stern* Stellung. *Sterns* Ansicht[22], die seit 1980 bekannt ist, ist bis März 2002 außer *Blumenwitz* niemand gefolgt. Im abweichenden Votum wird dann weiter argumentiert, daß die Nachfrage an den Ministerpräsidenten nahegelegen habe, da von ihm hätte erwartet werden können, daß er kraft seiner politischen Autorität in der Lage sei, »dem Interesse des Landes an wirksamer Stimmabgabe zur Geltung zu verhelfen«. Deshalb habe der Bundesratspräsident »keinen evidenten Verfahrensfehler« begangen (S. 348 f.). Im zweiten Durchgang habe das Land dann einheitlich abgestimmt, da auf die Ja-Stimme des Ministerpräsidenten keine Nein-Stimme mehr abgegeben worden sei. Die Erklärung des Ministers *Schönbohm*, »Sie kennen meine Auffassung, Herr Präsident«, sei keine wirksame Stimmabgabe gewesen (S. 349 f.).
Die Deutungen der abweichenden Meinung laufen darauf hinaus, die erste Abstimmung im Hinblick auf das Land Brandenburg als Vakuum anzusehen, das durch Nachfrage gefüllt werden muß. Hilfsweise wird ein Korrekturbedarf des Landes geltend gemacht. Die ganze Argumentation steht in auffälligem Mißverhältnis zu den tatsächlichen Vorgängen im Bundesrat. Die an den Ministerpräsidenten gerichtete Nachfrage wird als nicht evidenter Verfahrensfehler bezeichnet, der wirksam einen »zweiten Durchgang« eröffnete, der dann die Möglichkeit erschloß, die deutliche, durch vorherige Ankündigung unzweifelhafte Äußerung *Schönbohms* als Zwischenruf zu bewerten, der für die Abstimmung irrelevant sei. Im Ergebnis bekommt das Gesetz vier Ja-Stimmen zugeschrieben, die ihm noch fehlten, die es in Wirklichkeit aber nicht bekommen hat.

## III. *Zukünftige Abstimmungen im Bundesrat*

### 1. *Aus der Sicht der Mitglieder des Bundesrates*

Die Stimmabgabe im Bundesrat ist jetzt im Sinne der herrschenden Ansicht vom Bundesverfassungsgericht gut begründet geklärt worden. Danach ist das Gebot der einheitlichen Stimmabgabe des einzelnen Landes (»können nur …«) als Verfassungserwartung bezeichnet und die darauf herrschende Praxis der Stimmführerschaft, wonach ein Mitglied alle dem Land zustehenden

22 Staatsrecht, Bd. II, 1980, S. 137.

Stimmen abgibt, gebilligt worden, mit der Maßgabe jedoch, daß der Abgabe der Stimmen durch einen Stimmführer jederzeit durch ein anderes Bundesratsmitglied desselben Landes widersprochen werden kann und damit die Voraussetzungen der Stimmführerschaft insgesamt entfallen.«[23]
Weiterhin werden die Bundesratsmitglieder der einzelnen Länder, die ihrem Land zustehenden Stimmen zumeist einheitlich abgeben, wie es seit 1949 – von zwei Ausnahmen abgesehen – immer der Fall war. Dafür spricht schon das Interesse, das jede Landesregierung hat, der Verfassungserwartung der einheitlichen Stimmabgabe nachzukommen. Die Landesregierungen haben Verfahren entwickelt, in denen über die Stimmabgabe im Bundesrat beraten und beschlossen wird. In einigen Ländern ist ausdrücklich in der Verfassung geregelt, daß die Landesregierung über die Stimmabgabe im Bundesrat beschließt.[24] Insbesondere Koalitionsregierungen aus Parteien, die im Bund nicht durch eine Regierungskoalition verbunden sind, regeln in Koalitionsvereinbarungen Stimmenthaltung im Bundesrat, falls zwischen den Ministergruppen der beiden Koalitionsfraktionen keine einheitliche Auffassung zu einer Abstimmungsfrage im Bundesrat hergestellt werden kann.
Bei Abstimmungen über Zustimmungsgesetze bedeutet Enthaltung eine Verweigerung der Zustimmung, also ein Nein. Bei Einspruchsgesetzen bedeutet Enthaltung ein Ja zum Gesetz, weil nicht für den Einspruch gestimmt wird. Mit der Vereinbarung, daß sich bei Divergenz der Koalitionspartner die Mitglieder des Landes im Bundesrat der Stimme enthalten, soll vermieden werden, daß der kleinere Koalitionspartner im Kabinett überstimmt wird.
Koalitionsvereinbarungen schaffen freilich nur eine politische Geschäftsgrundlage für die Bildung und Arbeit der Regierung, sie liegen im Vorfeld der von der Regierung zu treffenden Entscheidungen[25] und sind rechtlich nicht durchsetzbar. Wenn freilich insbesondere der größere Koalitionspartner die Geschäftsgrundlage der Koalition nicht beachtet, kann dieses Verhalten politisch außerordentlich wirksam durch Beendigung der Koalition sanktioniert werden. Der kleinere Koalitionspartner kann aber auf Grund der Abwägung aller Umstände einen Verstoß gegen die Koalitionsvereinbarung hinnehmen, um weiter an der Regierung teilnehmen zu können. Was die Abstimmung im Bundesrat anbelangt, kann das stimmführende Regierungsmitglied eine Koalitionsvereinbarung über das Stimmverhalten nicht wirksam brechen, da jedes anwesende Bundesratsmitglied der anderen Koalitionsfraktion durch

23 Leitsatz 4 und S. 330.
24 Art. 49 Abs. 2 Baden-Württemberg, Art. 37 Abs. 2 Nr. 2 Niedersachsen, Art. 64 Abs. 1 Sachsen, Art. 68 Abs. 3 Nr. 2 Sachsen-Anhalt, Art. 76 Abs. 3 Thüringen.
25 So h. L., siehe *Meinhard Schröder*, in: v. Mangoldt/Klein/Starck, Das Bonner Grundgesetz, Bd. II, 4. Aufl. 2000, Art. 63 Rdnr. 18; *Klaus Stern*, Staatsrecht, Bd. I, 2. Aufl. 1984, S. 986; *Georg Hermes*, in: Dreier, Grundgesetz, 1998, Art. 63 Rdnr. 15 jeweils mit weiteren Nachweisen.

seine anderslautende Stimmabgabe die Stimmführerschaft zunichte machen[26] und dadurch die Stimmen seines Landes ungültig machen kann. Da es für ein positives Votum des Bundesrates auf die Mehrheit seiner Stimmen ankommt, wirkt eine ungültige Stimme ebenso wie eine Enthaltung als Nein-Stimme. Für die Zukunft ist durchaus vorstellbar, daß auf Grund der Klarstellung durch das Urteil des Bundesverfassungsgerichts Länder in seltenen Fällen ungültig stimmen. Dieser Fall wird aller Voraussicht immer dann eintreten, wenn sich der Stimmführer nicht an das im Kabinett Besprochene hält oder wenn er eine Koalitionsvereinbarung bricht.

Das Grundgesetz legt Abstimmungsregeln fest, nimmt aber keinen Einfluß auf den Inhalt der Stimmabgabe und kümmert sich auch nicht um das Verfahren der Willensbildung in den Ländern. So heißt es auch richtig bei *Stern*[27], daß die Frage des Einflusses auf die Stimmabgabe bundesverfassungsrechtlich den Landesverfassungen im Rahmen des Art. 28 Abs. 1 GG überlassen ist. Ein landesrechtliches Problem bleibt die Stimmabgabe auch dann, wenn sich die Landesregierung nicht auf eine einheitliche Stimmabgabe einigt und uneinheitlich, d.h. ungültig abgestimmt wird. Wenn *Stern* nun vorschlägt, es in solch einem Fall auf die Stimme des Kabinettsvorsitzenden ankommen zu lassen,[28] so gibt es dafür keine überzeugenden Gründe. Der einzige von *Stern* angeführte Grund, daß anderenfalls die Beschlußmehrheit erheblich beeinträchtigt sei, greift nicht durch, weil dieses Argument auch für Enthaltungen, ja sogar für Nein-Stimmen, gelten würde. Daß ein Vorrang des Regierungschefs bei uneinheitlicher Stimmabgabe der Vertreter eines Landes nach dem Grundgesetz nicht besteht, folgt zunächst deutlich aus dem Wortlaut des Art. 51 Abs. 3 GG, nach dem der Ministerpräsident Gleicher unter Gleichen ist,[29] und ergibt sich ferner aus folgender Probe: Wie soll bei Abwesenheit des Regierungschefs und uneinheitlicher Stimmabgabe festgestellt werden, auf wessen Stimme es ankommt: auf die des stellvertretenden Regierungschefs, oder falls dieser der kleineren Koalitionspartei angehört, auf die eines vom Regierungschef besonders bevollmächtigten Regierungsmitglieds. Die Rechtslage ist eindeutig und in diesem Sinne jetzt vom Bundesverfassungsgericht bestätigt: Das Grundgesetz bewertet ohne Rücksicht auf die verschiedenen Verfassungsordnungen der Länder alle Mitglieder des Bundesrates als gleich ohne irgendeine Hervorhebung des Regierungschefs.

26 So ausdrücklich das Urteil des Bundesverfassungsgerichts S. 330 = LS 4.
27 *Stern*, Staatsrecht, Bd. II, 1980, S. 138.
28 A.a.O., S. 137
29 Siehe unter IV. Anhang.

## 2. *Aus der Sicht des Präsidenten des Bundesrates*

Da es auf die landesinterne Willensbildung für das Abstimmungsverhalten im Bundesrat nicht ankommt, zählt allein das im Bundesrat zutage tretende Abstimmungsverhalten, das der Präsident des Bundesrates neutral zu registrieren hat. Wenn in vorangegangenen Reden eine uneinheitliche Stimmabgabe eines Landes angekündigt wird, hat der Bundestagspräsident kein Recht nachzufragen. Eine Nachfragesituation besteht nur in folgenden Konstellationen.

Wenn ein Land ohne vorherige Ankündigung uneinheitlich abstimmt, könnte es sich aus der Sicht des Bundesratspräsidenten um ein Versehen handeln. Da das Verhalten ungewöhnlich ist und der Verfassungserwartung der einheitlichen Stimmabgabe[30] widerspricht, ist der Präsident berechtigt nachzufragen, indem er nochmals das Land aufruft (Art. 51 Abs. 3 Satz 2 GG i.V.m. § 29 Abs. 1 Satz 2 GeschOBRat). Dabei kann er vorher auf die Verfassungserwartung der Einheitlichkeit der Stimmabgabe und im Sinne des zitierten Vermerks[31] darauf hinweisen, daß bei Uneinheitlichkeit der Stimmabgabe die Stimmen des Landes ungültig sind.

Eine andere Nachfragesituation besteht, wenn sich ein Abstimmender undeutlich ausdrückt oder wenn ihn der Präsident akustisch nicht verstanden hat. In diesen Fällen richtet er die Nachfrage an das Bundesratsmitglied, das nicht verstanden worden ist.

## IV. *Anhang: Im Bundesrat Gleicher unter Gleichen*[32]

Am Freitag, dem 22. März 2002, ging es im Bundesrat bei der Abstimmung über das Zuwanderungsgesetz um die Gewinnung der knappsten denkbaren Mehrheit. Das sind 35 von 69 Stimmen. Ein Minister des Landes Brandenburg, der der SPD angehört, stimmte mit JA und der Innenminister (CDU) mit NEIN. Damit hat das Land Brandenburg, das im Bundesrat über 4 Stimmen verfügt, nicht dem Artikel 51 Absatz 3 des Grundgesetzes gemäß abgestimmt, wonach die Stimmen eines Landes nur einheitlich abgegeben werden können. Ohne die Brandenburger Stimmen gab es für das Gesetz nur 31 Stimmen, mit diesen Stimmen wären die notwendigen 35 Stimmen erreicht worden. Der Präsident des Bundesrates fragte den Ministerpräsidenten, wie das Land

30 Urteil des Bundesverfassungsgerichts S. 330 = LS 3.
31 Siehe oben bei Anm. 12.
32 Wiederabdruck aus: Frankfurter Allgemeine Zeitung vom 26. März 2002/Nr. 72, S. 5.

stimme. Auf seine Erklärung »mit JA« stellte der Präsident des Bundesrates fest, daß der Bundesrat dem Gesetz zugestimmt habe, obwohl der Innenminister erneut auf seine abweichende Stimmabgabe hingewiesen hatte.

Fast alle Kommentatoren des Artikel 51 Absatz 3 Grundgesetz halten die Stimmabgabe eines Landes, die nicht einheitlich ist, für ungültig. Dies wirkt sich so aus, als hätte das Land an der Abstimmung nicht teilgenommen oder sich der Stimme enthalten. Dagegen hält *Klaus Stern* (Staatsrecht, Band II, 1980, Seite 137), um die Rechtsfolge der Ungültigkeit zu vermeiden, die Stimmabgabe des jeweiligen Regierungschefs für maßgebend, und zwar ungeachtet seiner landesverfassungsrechtlichen Zuständigkeit.

Stern ist zuzugeben, daß es für die Bewertung des Stimmverhaltens eines Landes nicht auf das Landesverfassungsrecht ankommt. So ist z.B. nicht zu prüfen, ob die Stimmabgabe des baden-württembergischen Ministerpräsidenten von der Landesregierung beschlossen worden ist, wie Artikel 49 Absatz 2 der Landesverfassung verlangt. Noch viel weniger spielen für die Gültigkeit der Stimmabgabe Koalitionsvereinbarungen auf Landesebene eine Rolle, die häufig bei Dissens der Koalitionspartner Stimmenthaltung im Bundesrat vorschreiben. Daraus aber zu schließen, daß bei divergierender Stimmabgabe eines Landes im Bundesrat die Stimme des Regierungschefs maßgeblich sei, ist verfehlt. Warum?

In den hier maßgeblichen Vorschriften des Grundgesetzes über den Bundesrat wird immer nur von Mitgliedern der Landesregierung gesprochen. Die Regierungschefs sind noch nicht einmal in der Vorschrift über die Wahl des Präsidenten des Bundesrates genannt. Deshalb kann dem Grundgesetz, auf das es hier allein ankommt, ein Vorrang der Regierungschefs bei der Stimmabgabe im Bundesrat nicht entnommen werden.

Dieses Schweigen des Grundgesetzes über die Regierungschefs der Landesregierungen ist nicht zufällig, sondern tief in der bundesstaatlichen Struktur des Grundgesetzes verankert. Die verfassungsmäßige Ordnung in den Ländern muß nach der sogenannten Homogenitätsklausel (Artikel 28 Absatz 1 Grundgesetz) den Grundsätzen des republikanischen, demokratischen und sozialen Rechtsstaates im Sinne des Grundgesetzes entsprechen. Mit diesen Grundsätzen ist auch die Einrichtung einer Landesregierung vereinbar, die als Kollegialorgan die Richtlinien der Politik bestimmt und das Land nach außen vertritt . Eine Landesverfassung könnte auch einem bestimmten Regierungsmitglied, das nicht Regierungschef ist, die Stimmführerschaft im Bundesrat übertragen. Dieses Regierungsmitglied könnte, wie übrigens jeder Landesminister, der Mitglied des Bundesrates ist, zum Präsidenten des Bundesrates gewählt werden, wenn das Land »an der Reihe ist«.

Daß ein Vorrang des Regierungschefs bei uneinheitlicher Stimmabgabe der Vertreter eines Landes nach dem Grundgesetz nicht besteht, ergibt sich auch aus folgender Überlegung. Wie soll bei Abwesenheit des Regierungschefs und uneinheitlicher Stimmabgabe festgestellt werden, auf wessen Stimme es ankommt: auf den stellvertretenden Regierungschef oder, falls dieser einer kleinen Koalitionspartei angehört, auf ein vom Regierungschef besonders bevollmächtigtes Regierungsmitglied? Die Rechtslage ist eindeutig. Das Grundgesetz bewertet ohne Rücksicht auf die verschiedenen Landesverfassungsordnungen alle Mitglieder des Bundesrates als gleich ohne irgendeine Hervorhebung des Regierungschefs. Es kann daher bei Abstimmungen nur auf das tatsächliche Stimmverhalten der Vertreter der einzelnen Länder ankommen, das der Präsident des Bundesrates zu registrieren hat. Aus einer uneinheitlichen Stimmabgabe kann er keine einheitliche machen, indem er allein auf das Stimmverhalten des Regierungschefs abstellt. Damit hat der Präsident des Bundesrates die wohlbegründete Meinung fast aller Kommentatoren des Grundgesetzes leichtfertig mißachtet.

Da die vier Stimmen Brandenburgs nicht einheitlich abgegeben wurden, waren sie ungültig. Damit hat sich im Bundesrat keine Mehrheit für die Zustimmung zum Zuwanderungsgesetz gefunden. Deshalb wird der Bundespräsident, der die nach den Vorschriften des Grundgesetzes zustande gekommenen Gesetze ausfertigt und im Bundesgesetzblatt verkündet (Artikel 82 Absatz 1 Grundgesetz), feststellen müssen, daß das Zuwanderungsgesetz nicht nach den Vorschriften des Grundgesetzes zustande gekommen ist und die Ausfertigung

5. Kapitel

# Stabile Minderheitsregierung als heimliche Mehrheitsregierung. Zum Magdeburger Modell*

Seit 1994 regiert in Sachsen-Anhalt eine Minderheitsregierung, die von der PDS geduldet wird zunächst in einer Koalition aus SPD und Bündnis 90/Die Grünen, seit 1998 bis 2002 als »Alleinregierung« der SPD.

Nach Art. 48 Abs. 1 der Verfassung von Sachsen-Anhalt (SAV) bilden Fraktionen und die Mitglieder des Landtages, die die Regierung nicht stützen, die parlamentarische Opposition. Die Oppositionsfraktionen haben das Recht auf Chancengleichheit in Parlament und Öffentlichkeit sowie Anspruch auf eine zur Erfüllung ihrer besonderen Aufgaben erforderliche Ausstattung (Art. 48 Abs. 2 SAV), die in § 3 Abs. 1 des Fraktionsgesetzes als Oppositionszuschlag, sog. weiterer Zuschlag ausgewiesen ist.

In einem Organstreitverfahren vor dem Landesverfassungsgericht Sachsen-Anhalt hat die CDU-Landtagsfraktion die Ausstattung der PDS mit dem Oppositionszuschlag bekämpft, da diese keine Oppositionsfraktion sei. In seinem sehr ausladend begründeten, 80 Druckseiten umfassenden Urteil vom 29. Mai 1997 (LVerfGE 6, 281, 297 ff, 312 ff) kommt das Landesverfassungsgericht zu dem Ergebnis, daß die PDS-Fraktion zur parlamentarischen Opposition gehöre, weil sie die Regierung nicht stütze. »Stützen« wird interpretiert als Vertrauen geben durch eine koalitionsähnliche Abrede. Stützen sei eine zweckgerichtete Handlung, die eine Regierung ins Amt bringen und halten solle. Ein Verhalten, das zwar geeignet sei, eine Regierung im Amt zu halten, aber eine andere Zielrichtung habe, reiche nicht aus. Als Zielrichtung der PDS wird vom Gericht angegeben (a.a.O. S. 358 f), eine große Koalition zwischen SPD und CDU zu verhindern und »gestaltende Opposition« darzustellen. Dieses Ziel läßt sich augenscheinlich nur durch regelmäßige Unterstützung der Minderheitsregierung verwirklichen, was Kompromißverhandlungen zu einzelnen Gegenständen einschließt. Die 1997 bei Erlaß des Urteils schon deutlich erkennbare Festigung des Magdeburger Modells und seine Entwicklung zur heimlichen Mehrheitsregierung ist im Jahre 1998 durch die Zweitauflage des Magdeburger Modells in der 3. Legislaturperiode des Landtages von Sachsen-Anhalt für jedermann offenkundig geworden.

* Wiederabdruck aus: J. Ipsen/E. Schmidt-Jortzig (Hrsg.) Recht-Staat-Gemeinwohl. Festschrift für Dietrich Rauschning, 2001, S. 157-172.

Der Verfasser hat auf Ersuchen der Landtagsfraktion der CDU am 9. September 1994 die Wahl des Ministerpräsidenten durch den Sachsen-Anhaltinischen Landtag am 21. Juli 1994 verfassungsrechtlich gewürdigt, worüber in der Presse berichtet worden ist (vgl. z. B. *Stefan Dietrich*, Heimliche Mehrheit, FAZ vom 2. Oktober 1995, S. 18). Da die Darlegungen nicht nur einen abgeschlossenen Vorgang, sondern ein sich als sehr dauerhaft erwiesenes Modell würdigen, werden sie als Dokument unverändert veröffentlicht.

## I. *Die Ministerpräsidentenwahl vom 21. Juli 1994*

In dem auf den 20.7.1994 datierten Entwurf einer Tagesordnung für die erste Sitzungsperiode des Landtages am 21. und 22. Juli 1994 ist nach den ersten elf Tagesordnungspunkten des Teils I, die der Konstituierung des Landtages der Zweiten Wahlperiode dienten, zu Beginn des Teils II der Tagesordnungspunkt 12 mit »Wahl des Ministerpräsidenten« bezeichnet. Als folgender Tagesordnungspunkt ist verzeichnet: »13. Vereidigung des Ministerpräsidenten«. Als Kandidaten wurden von den Fraktionen der SPD und des Bündnisses 90/Die Grünen der Abgeordnete Dr. Bernhard Höppner und von der Fraktion der CDU der Abgeordnete Dr. Christoph Bergner vorgeschlagen.[1]
Der Landtag hat 99 Mitglieder, von denen 95 anwesend waren; vier Mitglieder der PDS-Fraktion fehlten. Die 99 Mitglieder verteilen sich auf die Fraktionen wie folgt: CDU 37, SPD 36, PDS 21, Bündnis 90/Die Grünen 5. Im ersten Wahlgang entfielen auf den Kandidaten Dr. Höppner 40 und auf den Kandidaten Dr. Bergner 38 Stimmen. Es gab 17 Stimmenthaltungen.
In Abweichung von § 75 Abs. 3 GeschO wurde im Einklang mit § 92 GeschO eine namentliche Abstimmung darüber herbeigeführt, ob der zweite Wahlgang gemäß einem Antrag der Fraktionen der SPD und des Bündnisses 90/Die Grünen im unmittelbaren Anschluß an den ersten Wahlgang durchgeführt wird. 58 Abgeordnete stimmten mit Ja und 37 mit Nein. In dem daraufhin unmittelbar durchgeführten zweiten Wahlgang erreichten der Kandidat Dr. Höppner 45 und der Kandidat Dr. Bergner 37 Stimmen bei 13 Stimmenthaltungen.
Das weitere Verfahren betreffend wurde auf Antrag der Fraktionen der SPD und des Bündnisses 90/Die Grünen mit 57 gegen 37 Stimmen bei einer Enthaltung beschlossen, die Abstimmung über die vorzeitige Beendigung der Wahlperiode im unmittelbaren Anschluß an den zweiten Wahlgang durchzu-

1 Siehe hierzu und zum folgenden den Vorabdruck des Sten. Berichts über die 1. Sitzung der 2. Wp., S. 21 – 56

führen. Das Abstimmungsergebnis über die vorzeitige Beendigung der Wahlperiode erbrachte 37 Ja-Stimmen und 58 Nein-Stimmen. Im dritten Wahlgang, der gemäß Art. 65 Abs. 2 Satz 4 SAV unverzüglich stattfindet, wenn es nicht zur vorzeitigen Beendigung der Wahlperiode kommt, erhielten die Kandidaten Dr. Höppner 48 und Dr. Bergner 37 Stimmen. Nach Art. 65 Abs. 2 Satz 5 SAV war damit der Abgeordnete Dr. Höppner zum Ministerpräsidenten gewählt.

## II. *Verfassungsrechtliche Maßstäbe und deren Anwendung*

### 1. *Die Wahl des Ministerpräsidenten gemäß Art. 65 Abs. 1 und 2 SAV*

Art. 65 SAV, der die Bildung der Landesregierung regelt, bestimmt in seinen ersten beiden Absätzen über die Wahl des Ministerpräsidenten folgendes:

> »(1) Der Ministerpräsident wird vom Landtag ohne Aussprache in geheimer Abstimmung gewählt.
> (2) [1] Zum Ministerpräsidenten ist gewählt, wer im ersten Wahlgang, der innerhalb von vierzehn Tagen nach dem Zusammentritt des Landtages stattfinden muß, die Stimmen der Mehrheit der Mitglieder des Landtages auf sich vereinigt. [2] Erhält in diesem Wahlgang niemand diese Mehrheit, so findet innerhalb weiterer sieben Tage ein neuer Wahlgang statt. [3] Kommt auch in diesem Wahlgang die Wahl nicht mit der Mehrheit der Mitglieder zustande, so beschließt der Landtag innerhalb von weiteren vierzehn Tagen über die vorzeitige Beendigung der Wahlperiode. [4] Wird die vorzeitige Beendigung der Wahlperiode nicht mit der Mehrheit der Mitglieder des Landtages beschlossen, findet unverzüglich ein weiterer Wahlgang statt. [5] Gewählt ist, wer die Mehrheit der abgegebenen Stimmen erhält.«

#### a) *Das parlamentarische Regierungssystem als Ausprägung der demokratischen Staatsform*

Die Sachsen-Anhaltinische Verfassung schreibt das parlamentarische Regierungssystem vor, wonach der Landtag als gewählte Vertretung des Volkes die gesetzgebende Gewalt ausübt, über den Landeshaushalt beschließt und den Ministerpräsidenten wählt. Außerdem überwacht er die vollziehende Gewalt nach Maßgabe der Verfassung und verhandelt öffentliche Angelegenheiten (Art. 41 Abs. 1 SAV). Die Landesregierung ist das oberste Organ der vollziehenden Gewalt (Art. 64 Abs. 1 Satz 1 SAV). Die Kompetenzen, die Gesetze zu geben und den Landeshaushalt zu verabschieden sowie den Ministerpräsidenten zu wählen, bezeichnen den Kern des parlamentarischen Regierungssystems. Danach wählt eine Mehrheit des Landtages den Ministerpräsidenten, der sich seine Regierung zusammenstellt (Art. 65 Abs. 3 SAV), die mit Hilfe der Gesetzgebungsmehrheit, die sie trägt, regiert. Das Wesen des parlamentarischen Regierungssystems liegt in dieser politischen Verknüpfung von Parlaments*mehrheit* und Regierung. Denn eine Regierung kann auf die Dauer gesehen nur regieren, wenn sie die dafür notwendigen Gesetze und Haushaltsmittel zur Verfügung hat.

Das parlamentarische Regierungssystem ist mehr als eine technische Organisationsform; es ist eine Form zur Verwirklichung der Demokratie (vgl. Art. 2 Abs. 1 und 2 SAV i.V.m. Art. 28 Abs. 1 Satz 1 GG). *Klaus Stern* sieht den typusbestimmenden Gehalt des parlamentarischen Regierungssystems zutreffend darin, »daß die Regierung auf das Vertrauen des Parlaments (jedenfalls seiner Mehrheit) gestützt sein muß (Vertrauenserfordernis) und daß dieses an der Staatsleitung wesentlichen Anteil hat (Staatsleitungsteilhabe)«.[2] Die Teilhabe des Parlaments an der Staatsleitung wird vor allem durch Gesetzgebung, Kontrolle der Regierung, Mitwirkung bei der Finanzgebarung (Art. 41 Abs. 1 SAV) sowie durch das Erfordernis der Zustimmung zu Staatsverträgen (Art. 69 Abs. 2 SAV) festgelegt. Im übrigen liegt die Staatsleitung in den Händen der Regierung, die auch als Minderheitsregierung dadurch über ein erhebliches Machtpotential verfügt, man denke nur an die Personalentscheidungen.

Diese Bedeutung des parlamentarischen Regierungssystems wird durch die Art. 72 und 73 SAV unterstrichen. Art. 72 SAV sieht das konstruktive Mißtrauensvotum vor, das dem Landtag ermöglicht, einen neuen Ministerpräsidenten zu wählen und damit dem alten das Mißtrauen auszusprechen. Das konstruktive Mißtrauensvotum ist ein Instrument des Landtages, die politische Verknüpfung zwischen Parlamentsmehrheit und Regierung neu herzustellen. Über ein entsprechendes Instrument verfügt der Ministerpräsident, der nach Art. 73 SAV einen Antrag stellen kann, ihm das Vertrauen auszusprechen, d.h. die politische Verknüpfung von Regierung und Parlamentsmehrheit außer Zweifel zu stellen oder zumindest offenkundig zu machen. Das Institut des Vertrauensantrags ermöglicht dem Ministerpräsidenten, Druck auf das Parlament auszuüben. Falls ihm die Mehrheit der Mitglieder des Landtages das Vertrauen nicht ausspricht, hat er es in der Hand, den Landtag durch dessen Präsidenten auflösen zu lassen. Der Landtag kann seiner Auflösung nur entgehen, wenn er es fertigbringt, innerhalb einer Woche einen neuen Ministerpräsidenten zu wählen und damit eine neue politische Verknüpfung von Regierung und Parlamentsmehrheit herzustellen. Das Institut des Vertrauensantrags ist durch Art. 73 Abs. 2 SAV so ausgestaltet, daß die Landtagsmehr-

2 *Klaus Stern*, Das Staatsrecht der Bundesrepublik Deutschland, Bd. I, 2. Aufl. 1984, S. 956; ähnlich *Thomas Oppermann*, Das parlamentarische Regierungssystem des Grundgesetzes, in: VVDStRL 33 (1975), S. 9 ff; *Hans-Peter Schneider*, in: Handbuch des Verfassungsrechts, 1983, S. 239, 241 ff

heit die Initiative an sich ziehen kann, indem sie in das Institut des konstruktiven Mißtrauensvotums übergeht.
Beide Institute prägen das parlamentarische Regierungssystem, indem sie die Manifestation von Stabilität ermöglichen oder neue Stabilität erzeugen; wenn beides nicht möglich ist, hat der Ministerpräsident die Möglichkeit, die Wahlperiode beenden zu lassen und damit die Wähler aufzurufen, über eine Neuwahl des Landtages solide Mehrheitsverhältnisse herzustellen.

### b) *Tendenz zur Mehrheitsregierung*

Vor dem Hintergrund der Ausprägung des parlamentarischen Regierungssystems in der Sachsen-Anhaltinischen Verfassung ist die zitierte Vorschrift über die Wahl des Ministerpräsidenten zu verstehen. Der Sache nach bestimmt Art. 65 Abs. 2, daß der Ministerpräsident möglichst von der Mehrheit der Abgeordneten gewählt wird. Dies kommt in dem Verfahren, soweit es ausdrücklich geregelt ist, zum Ausdruck. Zwei Wahlgänge, in denen die absolute Mehrheit der Mitglieder des Landtages erforderlich ist, üben einen Zwang auf den Landtag aus, den Normalfall der politischen Verknüpfung von Parlamentsmehrheit und Regierung herzustellen. Zu der entsprechenden Regelung in Art. 63 Abs. 2 und 3 GG schreibt *Meinhard Schröder*[3] , die Fraktionen müßten alle Anstrengungen unternehmen, die vorrangig intendierte Regierungsbildung mit Mehrheit zu ermöglichen. Die »ausgewogene Stufenfolge« der Wahlakte sei von dem durchgängigen Bestreben des Grundgesetzes gekennzeichnet, eine stabile, auf Mehrheit beruhende Regierungsbildung zu erreichen. Findet sich keine Mehrheit für einen Kandidaten, d.h. gelingt die politische Verknüpfung von Parlamentsmehrheit und Regierung nicht, kann der Landtag mit der Mehrheit seiner Mitglieder die Wahlperiode beenden. Wenn dafür keine Mehrheit zustande kommt, ist in einem dritten Wahlgang derjenige zum Ministerpräsidenten gewählt, der die Mehrheit der abgegebenen Stimmen erhält.

### c) *Bedeutung des Ausdrucks »Mehrheit der abgegebenen Stimmen«*

Die Mehrheit der abgegebenen Stimmen in Art. 65 Abs. 2 Satz 5 SAV kann nur bedeuten »die meisten Stimmen«, wie es in dem entsprechenden Art. 63 Abs. 4 Satz 1 GG heißt; anderenfalls würde nicht stets das Ziel des Art. 65 Abs. 2 SAV erreicht, falls keine Mehrheit für die Auflösung des Landtages besteht, zu einer Minderheitsregierung zu kommen. Wenn sich nämlich drei Kandidaten bewerben oder eine größere Zahl von Stimmenthaltungen vorkommt, könnte gar kein Ministerpräsident gewählt werden. Das widerspricht augenscheinlich dem Sinn des Art. 65 Abs. 2 Satz 5 SAV.

3 Handbuch des Staatsrechts, Bd. II, 1987, S. 610 f

d) *Sind dem Art. 65 Abs. 2 SAV Mindestfristen zu entnehmen?*

Das parlamentarische Regierungssystem verlangt, daß nach den Wahlen schleunigst eine Regierung gebildet wird, da der Vorgängerregierung die demokratische Legitimation aus der vorangegangenen Wahl nicht mehr zukommt und das neugewählte Parlament selbst keine Regierungsfunktion wahrnehmen kann, auch nicht übergangsweise. Dieser Umstand ist in den Beratungen des Verfassungsausschusses des Sachsen-Anhaltinischen Landtages deutlich herausgearbeitet worden. Ausgangspunkt der Überlegungen war der von der SPD-Fraktion vorgelegte Verfassungsentwurf vom 26.2.1991.[4] Dessen Art. 60 Abs. 2 sollte die Wahl des Ministerpräsidenten wie folgt regeln:

»(2) Zum Ministerpräsidenten ist gewählt, wer die Stimmen der Mehrheit der Mitglieder des Landtages auf sich vereinigt. Der erste Wahlgang ist innerhalb von sechs Wochen nach Zusammentritt des neugewählten Landtages durchzuführen. Erhält im ersten Wahlgang niemand diese Mehrheit, so findet nach frühestens zwei und höchstens vier Wochen ein neuer Wahlgang statt. Kommt die Wahl auch im zweiten Wahlgang nicht zustande, so beschließt der Landtag innerhalb von zwei Wochen über eine vorzeitige Beendigung der Wahlperiode. Wird die vorzeitige Beendigung der Wahlperiode nicht mit drei Fünfteln der Mitglieder des Landtages beschlossen, ist gewählt, wer in einem weiteren Wahlgang, der innerhalb einer weiteren Woche durchzuführen ist, die meisten Stimmen erhält«.

In der Diskussion des Verfassungsausschusses am 24.4.1991[5] wurde von verschiedenen Rednern darauf hingewiesen, daß die Fristen zu lang bemessen seien. Es wurde eine Berechnung vorgetragen, wonach die Regierungsbildung bis zu drei Monaten nach dem Zusammentritt des neugewählten Landtages hinausgezögert werden könne. Das Ergebnis dieser Beratungen war dann die Übernahme des SPD-Vorschlags mit den verkürzten Fristen, wie sie sich jetzt in Art. 65 Abs. 2 SAV finden.[6] Danach findet die Wahl des Ministerpräsidenten spätestens 5 Wochen nach dem Zusammentritt des Landtages statt.
So sehr es einerseits um eine Verkürzung der Fristen ging, ist andererseits aber von allen Rednern betont worden, daß das Ziel, eine parlamentarische Mehrheit für einen Ministerpräsidenten zu finden, eine gewisse Zeitspanne erforderlich macht. Der SPD-Entwurf enthielt sogar für den zweiten Wahlgang eine Mindestfrist von zwei Wochen. Dahinter stand offenbar der

4 LTag Drucks. 1/260, abgedruckt in JöR 41 (1993), S. 228
5 (maschinenschriftliche) Niederschrift über die Sitzung des Verfassungsausschusses am 24./25. April 1991, S. I 2-4 = Verfassung des Landes Sachsen-Anhalt vom 16. Juli 1992, zusammengestellt von der Landtagsverwaltung (= Materialien), Bd. I, S. 169 ff; siehe auch Niederschrift über die Sitzung vom 4. April 1991, S. V 11 f = Materialien, Bd. I, S. 162 ff.
6 Vgl. schon die Fassung des Art. 64 Abs. 2 des Entwurfs der Verfassung, der am 13. Nov. 1991 an die Bevölkerung verteilt worden ist, abgedruckt in Materialien, Bd. III, S. 1545, 1556.

Gedanke, den zweiten und letzten Versuch, eine Mehrheit für einen Ministerpräsidenten zu finden, nicht ohne neuerliche Verhandlungen zu unternehmen. Darin ist ein verfahrensrechtlicher Mechanismus zur Einsetzung einer Regierung zu sehen, die von der Mehrheit des Parlaments getragen ist.
Selbst wenn es in Art. 65 Abs. 2 SAV keine Mindestfristen gibt, ist die Vorschrift auf Grund des verfassungsrechtlich etablierten parlamentarischen Regierungssystems so zu verstehen, daß die Höchstfristen dazu benutzt werden sollen, eine Regierungsmehrheit im Parlament zu sammeln, die dann mit Mehrheit den Ministerpräsidenten wählt. Bezeichnenderweise enthielt der Vorschlag der SPD, was nochmals hervorgehoben sei, nur bei einem Wahlgang eine Mindestfrist, und zwar beim zweiten Versuch, einen Ministerpräsidenten mit der Mehrheit der Mitglieder des Landtages zu wählen. Mindestfristen vor der Wahl des Regierungschefs mit relativer Mehrheit bzw. vor der Beendigung der Wahlperiode gibt es in Art. 63 Abs. 3 und 4 GG (14 Tage), in Art. 30 Abs. 1 NV (21 Tage)[7] oder in Art. 42 Abs. 2 MVV (4 Wochen). Diese Mindestfristen sollen bewirken, daß Anstrengungen unternommen werden, einen Regierungschef mit Mehrheit zu wählen. Da in anderen Verfassungen solche Mindestfristen normiert sind und da man in den Verfassungsberatungen in Sachsen-Anhalt von dem ursprünglichen Vorschlag, eine Mindestfrist vor dem zweiten Wahlgang einzuführen, nach Diskussion abgekommen ist, kann Art. 65 Abs. 2 SAV nur so verstanden werden, daß er keine Mindestfristen vorschreibt. Gleichwohl unterliegt es keinem Zweifel, daß Art. 65 Abs. 2 SAV mit seinen nacheinander geordneten Verfahrensabschnitten in erster Linie die Wahl eines Ministerpräsidenten mit Mehrheit zum Ziele hat und erst in zweiter Linie je nach den Mehrheitsverhältnissen die vorzeitige Beendigung der Wahlperiode oder die Wahl eines Ministerpräsidenten mit relativer Mehrheit ermöglicht.

### e) *Koalitionsverhandlungen im Vorfeld der Wahl des Ministerpräsidenten*

Das dem Art. 65 Abs. 2 SAV innewohnende Ziel, mit der Mehrheit der Abgeordneten einen Ministerpräsidenten zu wählen, wird im Normalfall nicht allein durch den in Art. 65 Abs. 2 geregelten Verfahrensablauf erreicht, dem, wie gezeigt werden konnte, keine Mindestfristen durch Interpretation abgewonnen werden können, sondern in dessen Vorfeld durch Gespräche und Koalitionsverhandlungen nach Bekanntgabe des Wahlergebnisses. Die Führung solcher Koalitionsgespräche ist Voraussetzung für das Verfahren nach Art. 65 Abs. 2 SAV, wenn nicht eine Fraktion über die absolute Mehrheit der Sitze verfügt und damit allein die Wahl des Ministerpräsidenten bestimmen kann. Man wird von einer ungeschriebenen Norm sprechen können, die sich

7 Entsprechend früher Art. 21 Abs. 1 VNV (= Vorläufige Nieders. Verfassung).

aus dem parlamentarischen Regierungssystem ergibt und die besagt, daß vor dem 1. Wahlgang Gespräche über mögliche Koalitionen mit dem Ziel zu führen sind, das Terrain für eine gemeinsame Regierungspolitik zu klären. Wenn sich Art. 65 Abs. 2 SAV schon so ausführlich zum Wahlverfahren verhält, so liegt ihm erst recht die Selbstverständlichkeit zugrunde, daß im Vorfeld des Wahlverfahrens Gespräche über mögliche Koalitionen zu führen sind. Der dem parlamentarischen Regierungssystem innewohnende Zwang zur Mehrheit verlangt solche Gespräche, in denen die für eine gemeinsame Regierung vorhandenen Gemeinsamkeiten ausgelotet werden.

### 2. *Minderheitsregierung und Opposition*

Die Interpretation des Art. 65 Abs. 2 ist in Korrelation zu Art. 48 SAV zu bringen, in dem die Opposition wie folgt geregelt ist:

> »(1) Die Fraktionen und die Mitglieder des Landtages, die die Landesregierung nicht stützen, bilden die parlamentarische Opposition.
> (2) Die Oppositionsfraktionen haben das Recht auf Chancengleichheit in Parlament und Öffentlichkeit sowie Anspruch auf eine zur Erfüllung ihrer besonderen Aufgaben erforderliche Ausstattung«.

Diese Regelung ist auf Wunsch der SPD in die Verfassung gekommen, wie sich aus dem fast gleichlautenden § 32 des Verfassungsentwurfs der SPD vom 26.2.1991 und aus den Beratungen des Verfassungsausschusses ergibt. In dem Verfassungsentwurf von Bündnis 90/Die Grünen hieß es in Art. 46 Abs. 2, »die Opposition steht der Regierung als Alternative gegenüber«.[8] Diese Vorschläge und die endgültige Fassung des Oppositionsartikels in Art. 48 SAV folgen einer neueren Tendenz, die literarisch vorbereitet worden ist[9] und in den Verfassungen von Hamburg (Art. 23 a, jetzt Art. 24) und Schleswig-Holstein (Art. 12) erstmalig normativen Ausdruck erhalten hat.
Die Idee ist, die die Regierung stützende(n) Fraktion(en) und die, die sie nicht stützen, blockartig gegenüberzustellen, was in Art. 12 Abs. 2 SHV überzeichnend dadurch zum Ausdruck gebracht wird, daß der Vorsitzende der stärksten die Regierung nicht tragenden Fraktion der »Oppositionsführer« ist.[10] Art. 48 SAV geht bei der Definition der Opposition vom Normalfall der Mehrheitsregierung aus, der die Minderheit des Parlaments als Opposition gegenüber-

8 LTag Drucks. 1/78, abgedruckt in JöR 41 (1993), S. 205
9 Vgl. vor allem *Hans-Peter Schneider*, Die parlamentarische Opposition im Verfassungsrecht der Bundesrepublik Deutschland, Bd. I, 1974
10 Schleswig-Holst. Landtag (Hrsg.), Schlußbericht der Enquete-Komission Verfassungs- und Parlamentsreform, 1989, S. 45 f. Kritisch dazu *Christian Starck*, Verfassunggebung in Thüringen, ThürVBl. 1992, S. 10, 12

steht, so daß man feststellen kann, auch Art. 48 SAV paßt zu der oben gefundenen Auslegung des Art. 65 Abs. 2 SAV, wonach die Zeit nach der Landtagswahl bis zur Ministerpräsidentenwahl und das Verfahren in erster Linie dazu zu benutzen ist, eine Mehrheit für die Ministerpräsidentenwahl zustande zu bringen.

Wenn im dritten Wahlgang ein Ministerpräsident mit relativer Mehrheit gewählt wird, so steht der dann zu bildenden Minderheitsregierung (Art. 65 Abs. 3 SAV) eine Opposition gegenüber, die über die Mehrheit der Sitze im Landtag verfügt. Die Minderheitsregierung ist für jede zum Regieren notwendige Entscheidung des Landtages von Stimmen der Opposition abhängig, so daß stets Teile der in diesen Fällen in der Regel heterogen zusammengesetzten Opposition für die Vorlagen der Regierung zu stimmen, bewegt werden müssen, damit regiert werden kann. Das ist beim jährlichen Landeshaushalt von besonderer Bedeutung. Die Minderheitsregierung muß deshalb immer auf der Suche nach einer Mehrheit und, auf die Dauer gesehen, einer verläßlichen Mehrheit sein. Das bedeutet in bezug auf Art. 48 SAV, daß die blockartige Gegenüberstellung von Regierung und Opposition nur für einen Teil der Opposition zutreffen kann. Dieser Teil kann sich jeder »Mitregierung« entziehen und effektive Opposition darstellen, was ein Funktionselement der demokratischen Ordnung ist.[11]

### 3. *Zwischenergebnis*

Es hat sich gezeigt, daß die Vorschriften über die Ministerpräsidentenwahl und über die Opposition sehr offen sind:

- In der Sache ist zwar nach Art. 65 Abs. 2 SAV eine Wahl des Ministerpräsidenten mit Mehrheit anzustreben; aber auch vorzeitige Beendigung der Wahlperiode und Wahl des Ministerpräsidenten mit nur relativer Mehrheit sind möglich.
- Was das Verfahren anbelangt, beschränkt sich Art. 65 Abs. 2 SAV darauf, Höchstfristen festzulegen, die allerdings differieren: 14 Tage in Satz 1, 7 Tage in Satz 2, 14 Tage in Satz 3, unverzüglich in Satz 4. Aus dieser Fristenstufung lassen sich jedoch keine Mindestfristen ableiten, auch wenn man die Verfahrensvorschriften vor dem Hintergrund des sachlichen Gehalts der Vorschrift liest. Denn der Wortlaut, von dem jede Interpretation auszugehen hat, ist eindeutig. Dies bestätigt die Entstehungsgeschichte der Vorschrift.

11 BVerfGE 2, 1, 13; 5, 85, 140; 70, 324, 363; aus der Lit. z.B. *Hans-Peter Schneider* (Anm. 2), S. 276

- Dem Art. 65 Abs. 2 SAV ist die ungeschriebene Regel zu entnehmen, daß nach Bekanntgabe des Wahlergebnisses im Vorfeld der Ministerpräsidentenwahl Gespräche über mögliche Koalitionen zu führen sind, um der zukünftigen Regierung eine Mehrheit zu sichern.
- Die Vorschrift über die Opposition steht hinter der spezielleren Vorschrift zurück, wonach ein Ministerpräsident mit nur relativer Mehrheit gewählt werden kann (Art. 65 Abs. 2 Satz 5 SAV). Systematische Interpretation der Verfassung verbietet, über eine Auslegung des Art. 48 SAV die Möglichkeit einer Minderheitsregierung auszuhebeln. Im übrigen kann auch gegen eine Minderheitsregierung Opposition im Sinne des Art. 48 SAV betrieben werden. Wenn nur ein Teil der Mehrheit Opposition betreibt, ist sie von der Opposition gegen eine Mehrheitsregierung kaum zu unterscheiden; wenn sie in der Mehrheit ausgeübt wird, wird das Regieren schwer und die Minderheitsregierung nach kurzer Zeit scheitern.

### 4. *Anwendung der Maßstäbe auf die Ministerpräsidentenwahl*

Wendet man die Ergebnisse der bisherigen Untersuchung auf den vorliegenden Fall an, so kann weder ein Verstoß gegen Art. 48 noch gegen die Fristen des Art. 65 Abs. 2 SAV festgestellt werden, was nach dem Vorangegangenen hier nicht mehr näher zu begründen ist. Die Tagesordnung, die nur den Punkt »Wahl des Ministerpräsidenten« enthielt, unter dem alle Verfahrensschritte des Art. 65 Abs. 2 SAV abgehandelt wurden, widerspricht weder der Geschäftsordnung, die in § 42 auf die Landesverfassung verweist, noch dieser. Denn alle in Art. 65 Abs. 2 SAV vorgesehenen Abstimmungen dienen der Wahl eines Ministerpräsidenten. Die Abstimmung über die Auflösung des Landtages ist Voraussetzung der Wahl eines Ministerpräsidenten mit relativer Mehrheit.

Es bleibt demnach zu prüfen, ob gegen den Sachgehalt der Regelung des Art. 65 Abs. 2 SAV dadurch verstoßen worden ist, daß die SPD bzw. die die Minderheitsregierung bildenden Fraktionen keine Koalitionsverhandlungen entweder mit der CDU oder mit der PDS geführt haben, um das primär in Art. 65 Abs. 2 SAV gesetzte Ziel zu erreichen, eine Regierung mit parlamentarischer Mehrheit zu etablieren. Zumindest die CDU-Fraktion hat sich zu Verhandlungen bereit erklärt und als stärkste Fraktion zwei Einladungen dazu an die SPD verschickt. Das erste Schreiben vom 28. Juni 1994, das der Vorsitzende der CDU Sachsen-Anhalt Dr. Daehre an den Landesvorsitzenden der SPD Dr. Fikentscher gerichtet hat, lautet:

> »auf der gestrigen Sitzung des CDU-Landesvorstandes hat mich die CDU nach Auswertung des Landtagswahlergebnisses beauftragt, Sondierungsgespräche über

die Zusammenarbeit mit Ihrer Partei und Möglichkeiten einer gemeinsamen Regierungskoalition aufzunehmen. Der Landesvorstand der CDU hat sich übereinstimmend für die Bildung einer großen Koalition ausgesprochen. Diese Konstellation ist nach neuesten Umfrageergebnissen zufolge am ehesten mit dem Wählerwillen vereinbar und stellt im Hinblick auf das zukünftige Wohlergehen des Landes eine konstruktive Lösung dar.
Ich schlage daher vor, daß wir uns bereits in dieser Woche im Landtag zu einem Gespräch zusammenfinden. Näheres zu Ort und Zeit würde ich gern telefonisch mit Ihnen abstimmen.«

Auf Grund dieses Schreibens fand noch am gleichen Tag, also zwei Tage nach der Landtagswahl, ein Treffen statt, auf dem der SPD-Landesvorsitzende gegenüber Dr. Daehre schon erklärte, daß die SPD Koalitionsgespräche nur mit Bündnis 90/Die Grünen führen würde. Gespräche mit der CDU würden allenfalls zum Thema Tolerierung einer Minderheitsregierung geführt.
Die SPD hat ebensowenig eine Koalition mit der PDS gesucht; es ist auch nicht bekannt geworden, daß sich die PDS als Koalitionspartner der SPD angeboten hat; vielmehr hat die PDS das Angebot gemacht, eine Minderheitsregierung aus SPD und Bündnis 90/Die Grünen zu »dulden«. Ob und gegebenenfalls welche Bedingungen für die Duldung gestellt worden sind, darüber ist nichts bekannt geworden.
Erst nach ernsthaften Koalitionsgesprächen, die sich durchaus noch im Vorfeld von eigentlichen Koalitionsverhandlungen bewegen, kann sich zeigen, daß politische und personelle Meinungsverschiedenheiten bestehen, die unüberwindbar sind. Ob solche unüberwindbaren Meinungsverschiedenheiten schon vor ernsthaften Gesprächen festgestellt werden können, dürfte in der Regel zu verneinen sein, insbesondere wenn es sich bei den Verhandlungspartnern um Fraktionen handelt, die sich im Spektrum der demokratisch gesonnenen Parteien befinden.
Daß im vorliegenden Fall eine Koalition der SPD mit der CDU von vornherein ausgeschlossen worden ist und deshalb keine ernsthaften Gespräche mit der CDU geführt worden sind, kann verschiedene sachliche, durchaus verständliche und anerkennenswerte Gründe haben, über die hier nicht zu spekulieren ist. Von dem im parlamentarischen Regierungssystem notwendigen Ziel her gesehen, eine Parlamentsmehrheit für die Regierung zu gewinnen, kann die Abstinenz der SPD gegenüber der CDU nur so erklärt werden, daß das relativ früh abgegebene Duldungsversprechen der PDS von den beiden Minderheitspartnern als hinreichend angesehen worden ist, um darauf ihre Regierung mitzustützen. Es kam danach auf die CDU nicht mehr an, selbst wenn man die CDU der PDS als Duldungspartner vorgezogen hätte.
SPD und Grüne bzw. die SPD allein standen vor der Alternative: Eine Mehrheit zu erreichen durch eine Koalition mit der CDU oder ein Duldungsangebot der PDS anzunehmen. Durch ihr Verhalten beim Treffen mit der CDU hat die

SPD klar ihre Entscheidung gegen eine Koalition mit der CDU ausgedrückt. Diese Entscheidung beruht auf einer bestimmten Interpretation des Wahlergebnisses durch die Partner der Minderheitsregierung, wonach

> »die Bürgerinnen und Bürger Sachsen-Anhalts . . . bei den Landtagswahlen am 26. Juni 1994 deutlich gemacht (haben), daß sie den politischen Wechsel in Sachsen-Anhalt wollen. SPD und Bündnis 90/Die Grünen fühlen sich bei der Bildung ihrer Regierung verpflichtet, diesen Auftrag der Wählerinnen und Wähler in praktische Politik umzusetzen.«[12]

Das Wahlergebnis ermöglicht ohne Zweifel verschiedene Mehrheitskonstellationen, insoweit ist der »Wille« oder der »Auftrag« der Wähler von der Interpretation der Gewählten und der Fraktionen abhängig. Gewiß haben SPD und Bündnis 90/Die Grünen mangels Mehrheit keinen Wählerauftrag erhalten. Wenn die Partner der jetzigen Minderheitsregierung eine Koalition mit der CDU ablehnen, die eine Mehrheit erbracht hätte, dann bleibt als Mehrheitskonstellation nur die mit der PDS übrig. Wer von politischem Wechsel spricht und die koalitionsbereite CDU ohne ernsthafte Koalitionsverhandlungen ausschließt, kann nur die Mehrheit zusammen mit der PDS meinen. Denn der Wählerwille zum politischen Wechsel kann im parlamentarischen Regierungssystem immer nur in einer Mehrheitskonstellation zum Ausdruck kommen. Am Ende der Koalitionsvereinbarung heißt es zwar,[13] daß sich die Koalitionspartner verpflichten, für parlamentarische Mehrheiten zur Realisierung ihrer politischen Vereinbarungen zu werben und daß sich die Fraktionsvorsitzenden gemeinsam bemühen werden, Absprachen mit den anderen Fraktionen zur Schaffung parlamentarischer Mehrheiten zu treffen. Diese Aussage relativiert die einleitend getroffene Feststellung eines politischen Wechsels. Denn wenn sowohl die CDU als auch die PDS Mehrheitsbeschaffer sein können, was der Passus der Koalitionsvereinbarung insinuiert, müßte der politische Wechsel ambivalent sein, was ein Widerspruch in sich ist. Eine Minderheitsregierung kann im Rahmen des parlamentarischen Regierungssystems überhaupt nur von einem politischen Wechsel durch Wählerentscheidung sprechen, wenn sie durch festes Duldungsversprechen eine *bestimmte* Mehrheit hinter sich weiß.

In der Verfassung ist nicht vorgesehen, daß Koalitionsverhandlungen oder Duldungsverhandlungen öffentlich bekannt gemacht werden müssen. Es ist auch ungewiß, ob die SPD mit der PDS entsprechende Gespräche geführt hat. Gerade wenn eine Partei wie die PDS politisch allgemein nicht als koalitionsfähig angesehen wird, kann einerseits sie selbst an der Duldung einer Minderheitsregierung interessiert sein, um politische Zuverlässigkeit unter Beweis zu

12 Präambel der Vereinbarung über die Bildung einer Koalitionsregierung vom Juli 1994
13 S. 66, Sonstige Regelungen des Koalitionsvertrages Nr. 1

stellen, und kann andererseits sie für die Minderheitsregierung als Duldungspartner interessant sein, um die öffentliche Meinung darüber und die Möglichkeiten der Zusammenarbeit zu erkunden, ohne in eine feste Koalitionsbeziehung zu treten.
Wenn die SPD Koalitionsgespräche mit der CDU abgelehnt, somit die Möglichkeit einer großen Koalition nicht ausgelotet hat, so ist darin ein Verstoß gegen die ungeschriebene Regel des parlamentarischen Regierungssystems zu sehen, alles zu tun, um eine Mehrheitsregierung zu bilden. Der Verstoß gegen die Verfahrensregel im Vorfeld der Ministerpräsidentenwahl bedeutet jedoch nicht, daß diese verfassungswidrig ist. Dafür lassen sich zwei Gründe anführen:
(1) Zunächst kann auch ein Duldungsversprechen einer die Mehrheit sichernden Fraktion zu einer stabilen Regierung führen. Zwar setzt eine Koalition normalerweise die Beteiligung aller Partner an der Regierung mit Ministern voraus, aber so wie denkbar ist, daß ein Partner unabhängige Persönlichkeiten als Minister vorschlägt, so kann auch ein Partner davon absehen, eigene Minister zu fordern, aber Duldung versprechen. Zwischen einer festen Koalition und einer bloßen Duldung gibt es zahlreiche Zwischenformen und Übergänge.
(2) Die von der Verfassung ausdrücklich zugelassene Minderheitsregierung (Art. 65 Abs. 2 Satz 5, Abs. 3 SAV) steht im parlamentarischen Regierungssystem unter einem *politischen* Sanktionsmechanismus, der ihr Überleben davon abhängig macht, daß sie Mehrheiten des Parlaments hinter sich bringt. Deshalb können Verfahrensnormen über die Bildung einer Mehrheitsregierung als bloße Ordnungsvorschriften angesehen werden, deren Nichteinhaltung nicht zur Verfassungswidrigkeit der Ministerpräsidentenwahl führt.

## III. *Offenheit des Verfahrens im Vorfeld der Ministerpräsidentenwahl und politische Zwänge*

Die hier festgestellte Flexibilität des Art. 65 Abs. 2 SAV als Norm des Verfassungsorganisationsrechts steht in Zusammenhang mit den inneren Gesetzlichkeiten und Konsequenzen des parlamentarischen Regierungssystems, die politische Zwänge erzeugen, denen eine Minderheitsregierung ausgesetzt ist. Man kann die verfassungsrechtlichen Normen über die Entstehung einer Minderheitsregierung nämlich nur zutreffend würdigen, wenn man die politischen Gegebenheiten betrachtet, denen eine Minderheitsregierung im parlamentarischen Regierungssystem zwangsläufig ausgesetzt ist. Die dem parlamentarischen Regierungssystem immanenten politischen Zwänge sind es, die den

hohen Grad an Informalität des Verfahrens im Vorfeld der Ministerpräsidentenwahl rechtfertigt.
Im parlamentarischen Regierungssystem des demokratischen Staates braucht die Regierung Mehrheiten, um auf die Dauer regieren zu können. Es gibt also keine Diktatur der Minderheit. Wie kann sich eine Minderheitsregierung, der zwei je für sich mehrheitsschaffende Oppositionsparteien gegenüberstehen, die notwendigen Mehrheiten für Gesetzesvorlagen und den Staatshaushalt beschaffen?
Theoretisch sind wechselnde Mehrheiten möglich, indem jeweils diejenige Oppositionspartei gewonnen wird, deren politisches Konzept der Vorlage am nächsten kommt. Selbstverständlich können auch einzelne Abgeordnete – bei der derzeitigen Konstellation sind neun notwendig – einer oder beider Oppositionsparteien die Mehrheit beschaffen. Bei der antagonistischen Stellung der beiden Oppositionsparteien wird jedoch auf Dauer mit wechselnden Mehrheiten nicht gerechnet werden können.
Hinzu kommt folgendes: Eine Oppositionsfraktion, die CDU, hat sich um eine Koalition mit der jetzt regierenden Minderheit bemüht. In der Koalition hätte sie politischen Einfluß gehabt, hätte als stärkste Fraktion höchstwahrscheinlich den Ministerpräsidenten gestellt, zumindest aber wichtige Ministerien besetzen können. Nachdem ihr Koalitionsangebot zurückgewiesen worden ist, wird sie zur Duldung einer von ihr nicht mitbestimmten Politik der Minderheitsregierung durch Mehrheitsbeschaffung oder durch Stimmenthaltung nicht bereit sein. Sie wird sich politisch so verhalten, daß die regierende Minderheit gezwungen wird, im Laufe der Legislaturperiode auf sie zuzukommen und ein Koalitionsangebot zu machen. Diese Haltung muß die stärkste Fraktion geradezu einnehmen, wenn sie ihre Absicht aufrechterhält, mitregieren zu wollen. Diese Absicht ist sie ihren Wählern schuldig, die sie gewählt haben, damit sie die Politik des Landes (mit)bestimmt. Die stärkste Fraktion ist Opposition, die nicht, wie es bei Mehrheitsregierungen üblich ist, sich auf den Machtwechsel nach der nächsten Wahl vorbereitet, sondern Opposition, die noch in der laufenden Legislaturperiode zur Regierung strebt und alles tun wird, um der Minderheitsregierung politisch klar zu machen, daß es erstrebenswert ist, mit ihr zusammen eine Mehrheitsregierung zu bilden. Dieses Verhalten der stärksten Fraktion beruht nicht auf einer partei-egoistischen Machtversessenheit oder auf schädlicher politischer Polarisierung, sondern folgt aus den demokratischen Gesetzlichkeiten des parlamentarischen Regierungssystems, das Mehrheiten verlangt und von allen, die Mehrheiten bilden können, die Bereitschaft zur Übernahme von Regierungsverantwortung fordert. Auf der Basis des in Sachsen-Anhalt geltenden parlamentarischen Regierungssystems wird die CDU als stärkste Fraktion das Ziel verfolgen: Scheitern der Minderheitsregierung und Neubildung einer Mehrheitsregierung unter ihrer Beteiligung.

Bei der Oppositionskonstellation in Sachsen-Anhalt kommt es freilich nicht allein auf die CDU an. Die PDS-Fraktion verfügt über so viele Mitglieder, daß deren Hälfte schon genügt, um der Minderheitsregierung die Mehrheit zu verschaffen. Das Verhältnis der regierenden Minderheit zur PDS ist jedoch ambivalent: Einerseits gilt die PDS als Nachfolgepartei der SED, die 40 Jahre lang die DDR diktatorisch regiert und niemals freie Wahlen zugelassen hatte, nicht als koalitionsfähig, d.h., politischer Abstand ist gefordert. Andererseits hat die PDS schon früh Duldung einer Minderheitsregierung aus SPD und Bündnis 90/Die Grünen angekündigt. Wenn diese Ankündigung wahrgemacht wird, verfügt die Minderheitsregierung stets über eine satte Mehrheit und wäre dann, wie es im Vorfeld der Ministerpräsidentenwahl hieß, in der Tat eine »stabile Minderheitsregierung«, was nach den inneren Gesetzlichkeiten des vom demokratischen Mehrheitsprinzip beherrschten parlamentarischen Regierungssystems nur eine heimliche Mehrheitsregierung heißen kann.

In dieser Perspektive sind die beschriebenen Ziele der CDU nicht zu verwirklichen. Die CDU müßte sich dann auf die verfassungsrechtlich geforderte Oppositionsrolle (Art. 48 Abs. 1 SAV) konzentrieren. Zu dieser Oppositionsrolle würde es freilich gehören, auf die dauerhafte politische Zusammenarbeit der »Minderheitsregierung« mit der PDS hinzuweisen und eventuelle Absprachen mit der PDS oder deren Einflüsse auf die Regierung nachzuweisen. Dies könnte die Minderheitsregierung in Schwierigkeiten bringen und diese je nach der politischen Konstellation und der Entwicklung der öffentlichen Meinung vielleicht doch noch auf eine Koalition mit der CDU einschwenken lassen.

Andererseits besteht das Interesse der nicht als koalitionsfähig geltenden PDS, durch ihr Verhalten Vertrauen zu sammeln und die Minderheitsregierung nicht in Schwierigkeiten zu bringen; denn der Zustand einer Duldung der Minderheitsregierung durch die PDS ist für diese einer Mehrheitsregierung vorzuziehen, und zwar aus mehreren Gründen:

- Die Bildung einer Mehrheitsregierung unter Einschluß der CDU als stärkster Fraktion würde der PDS jeden politischen Einfluß nehmen und sie auf die Oppositionsrolle verdrängen.
- Eine solche Mehrheitsregierung verkörperte eine andere politische Richtung, die von der PDS weiter entfernt wäre als die politische Richtung der von der PDS geduldeten »Minderheitsregierung«.
- Eine Mehrheitsregierung entzöge der PDS die Möglichkeit, während der ganzen Legislaturperiode unter Beweis zu stellen, daß sie politisch zuverlässig ist, um damit für spätere Legislaturperioden koalitionsfähig zu werden, was nicht nur für Sachsen-Anhalt Bedeutung hätte.
- Da die PDS-Fraktion so stark ist, daß die Stimmen von weniger als der Hälfte ihrer Mitglieder genügen, der Minderheitsregierung zur Mehrheit

zu verhelfen, kann sie sich als Fraktion – zumindest in für sie kritischen Abstimmungen – ambivalent verhalten und dadurch noch innerfraktionelle Demokratie unter Beweis stellen.

Diese Vorteile sind so überwältigend, daß mit einer für die Minderheitsregierung erträglichen Duldung durch die PDS-Fraktion gerechnet werden kann.
Da die Minderheitsregierung an der Duldung ganz erhebliches Interesse hat, wird sie im Laufe der Legislaturperiode mit der Festigung der Duldungspartnerschaft mehr und mehr Rücksicht auf die PDS als Duldungspartner nehmen müssen, wenn diese solche Rücksicht nicht sogar einfordert. Wann diese Situation eintritt, kann nicht vorausgesagt werden. Daß sie eintritt, ist Konsequenz des verfassungsrechtlich festgelegten parlamentarischen Regierungssystems, das auf dem demokratischen Mehrheitsprinzip beruht.
Daraus folgt: Entweder wird die Minderheitsregierung durch kontinuierliche Duldung der PDS oder von Teilen derselben überleben, worin eine mindere Form einer Regierungskoalition (= Koalition ohne Minister des Partners) gesehen werden muß, in der aber (vertrauliche) Verhandlungen über Vorlagen im Vorfeld der parlamentarischen Beratung sich auf Dauer nicht vermeiden lassen und von dem noch nicht koalitionsfähigen Partner mit allen Mitteln angestrebt werden, der je nach der politischen Entwicklung Interesse daran bekommen könnte, die Existenz solcher Verhandlungen an die Öffentlichkeit dringen zu lassen. Oder, sollte die Duldung aus jetzt nicht sichtbaren Gründen nicht weiter gewährt werden, ist die Minderheitsregierung von (den) Stimmen der CDU-Fraktion abhängig, deren Koalitionsangebot zurückgewiesen worden ist. Diese wird zur Mehrheitsbeschaffung nur auf dem Normalweg einer Koalition bereit sein, die ihr und den Wählern, die sie repräsentiert, entsprechenden politischen Einfluß verschafft. Nun kann es zu dieser Lösung freilich auch kommen, sobald es die SPD-Fraktion für politisch inopportun hält, sich an die PDS als Mehrheitsbeschaffer im Laufe der Legislaturperiode mehr und mehr zu binden. Neben dieser Alternative gibt es noch eine dritte Lösung, zu der den Schlüssel allein der Ministerpräsident in der Hand hält. Er kann zu einem ihm und seiner Fraktion günstig erscheinenden Zeitpunkt die Vertrauensfrage stellen (Art. 73 SAV) und, falls ihm das Vertrauen nicht von der Mehrheit der Mitglieder des Landtages ausgesprochen wird, den Landtag von dessen Präsidenten auflösen lassen und damit binnen 60 Tagen Neuwahlen herbeiführen (Art. 43 Satz 3 SAV).
Ungeachtet einer durch Art. 73 SAV ausgelösten Beendigung der Wahlperiode ist die Alternative der jetzigen Minderheitsregierung nach den Gesetzlichkeiten des parlamentarischen Regierungssystems: Dauerhafte Duldung durch die PDS, was faktisch zu einer Sachkoalition führt, oder Übergang zu einer Koalition mit der CDU in einer Mehrheitsregierung.

6. Kapitel

# Die Vergrößerung der Mehrheit durch Überhangmandate[1]

Nach dem Bundeswahlgesetz wird die Hälfte der Bundestagsabgeordneten in den Wahlkreisen, in die die Bundesrepublik eingeteilt ist, nach den Grundsätzen der relativen Mehrheitswahl direkt gewählt; danach ist im Wahlkreis gewählt, wer die meisten Stimmen erhält, eine absolute Mehrheit der Stimmen ist nicht erforderlich. Die andere Hälfte der Bundestagsabgeordneten wird wie folgt ermittelt: Das Ergebnis der Zweitstimmen für die Landeslisten bestimmt die Gesamtzahl der Abgeordneten, die auf die jeweilige Liste entfällt. Von der für jede Landesliste so ermittelten Abgeordnetenzahl wird die Zahl der von der Partei in den Wahlkreisen des Landes errungenen Sitze abgezogen; die verbleibenden Sitze erhalten die auf der Landesliste placierten Kandidaten in der Reihenfolge ihrer Placierung.

Überhangmandate entstehen, wenn eine Partei in einem Land über die Direktwahlen (= Ergebnis der Erststimmen) mehr Kandidaten in den Bundestag gewählt bekommt, als ihr nach dem Ergebnis der Zweitstimmen in diesem Land zustehen. So hat bei der Bundestagswahl 1994 die SPD in Bremen ein und in Brandenburg drei Überhangmandate errungen; der CDU fielen in Baden-Württemberg, Mecklenburg-Vorpommern und Sachsen-Anhalt je zwei, in Sachsen und Thüringen je drei Überhangmandate zu. Erreicht eine Partei in einem Land die Hälfte der Zweitstimmen und bringt sie zugleich in allen Wahlkreisen dieses Landes ihren Kandidaten direkt durch, so entspricht das Ergebnis der Erststimmen dem der Zweitstimmen. Überhangmandate entstehen typischerweise dann, wenn eine Partei bei den Zweitstimmen in einem Land zwischen 38 und 45 % liegt, dort aber alle oder fast alle Direktmandate gewonnen hat. Die Überhangmandate stellen also eine Prämie auf die durchgängige relative Mehrheit einer Partei in den Wahlkreisen eines Landes dar. Überhangmandate erhöhen die Zahl der gesetzlich vorgesehenen Bundestagsmandate.

Im juristischen Schrifttum wird insbesondere von Hans Meyer[2] geltend gemacht, daß Überhangmandate verfassungswidrig seien, weil sie die Propor-

1 Wiederabdruck aus: Frankfurter Allgemeine Zeitung vom 15.11.1994/Nr. 266, S. 15. Die Anmerkungen sind für den Wiederabdruck hinzugefügt worden.

2 *Hans Meyer*, Wahlgrundsätze und Wahlverfahren, in: HStR II, 1987, S. 288 f. *Meyer* kritisiert das hier abgedruckte Kapitel in: KritV 1994, S. 312, 335-343.

tionalität der Zusammensetzung des Bundestages gemessen am Aufkommen der Zweitstimmen der Parteien zerstörten. Damit werde die Gleichheit des Erfolgswertes der Stimmen durchbrochen, was im Rahmen des Verhältniswahlrechts unzulässig sei. Dafür wird auf eine Entscheidung des Bundesverfassungsgerichts von 1972 verwiesen, in der es heißt: »Entscheidet sich der Gesetzgeber für das Verhältniswahlsystem, so unterwirft er sich damit dem prinzipiellen Gebot des gleichen Erfolgswertes jeder Wählerstimme als der spezifischen Ausprägung, die die Wahlrechtsgleichheit unter dem Verhältniswahlsystem erfährt, und stellt sein Gesetz unter dieses Maß«[3]. In dieser Entscheidung ging es nicht um Überhangmandate.

Mit *einem* Überhangmandat hat sich das Bundesverfassungsgericht in einer Entscheidung aus dem Jahre 1988, die Bundestagswahl von 1987 betreffend, beschäftigt; es hat Überhangmandate als »notwendige Folge des besonderen Charakters der personalisierten Verhältniswahl« bezeichnet. Die durch die Überhangmandate verursachte Abweichung von dem Erfordernis des gleichen Erfolgswertes jeder Stimme wird mit dem Grundgesetz für vereinbar angesehen, solange die Wahlkreise im Rahmen des Möglichen annähernd gleich groß sind.[4]

Diese in früheren Entscheidungen näher begründete Rechtfertigung der Überhangmandate aus dem *besonderen* Charakter der *personalisierten* Verhältniswahl[5] verblaßt im Fortgang der Begründung. Das Bundesverfassungsgericht befaßt sich nämlich mit der von Hans Meyer geübten Kritik[6] an den Überhangmandaten und reagiert darauf wie folgt: Im konkreten Fall, in dem nur ein Überhangmandat entstanden war, wird vorgerechnet, wie viele Stimmen die CDU, der das Überhangmandat zugefallen war, im Durchschnitt zur Erlangung eines Bundestagsmandates benötigte. Dabei konnte gezeigt werden, daß die CDU trotz Überhangmandats immer noch mehr Stimmen für ein Bundestagsmandat benötigte als die FDP und die Grünen.[7] Die Begründung der Entscheidung schließt dann mit der Bemerkung, daß die engen Grenzen, in denen die Differenzierung des Stimmgewichts notwendigerweise zulässig sei, durch den Anfall eines Überhangmandats für die CDU in Baden-Württemberg nicht überschritten worden seien. Unter diesen Umständen sei ein Ausgleich der durch das Überhangmandat eingetretenen Verstärkung des Stimmgewichts nicht erforderlich. Dieser zweite dem ersten widersprechende Begründungsstrang erweckt den Eindruck, als habe sich das Bundesverfassungsgericht doch von Hans Meyer überzeugen lassen, ohne daß jedoch dessen Argumente im konkreten Fall des einen Überhangmandats stachen.

3 BVerfGE 34, 81, 100
4 BVerfGE 79, 169, 171.
5 BVerfGE 7, 63,74 f; 16, 130, 139 ff.
6 Siehe Anm. 2.
7 BVerfGE 79, 169, 172 auch zum folgenden.

Meyer hat inzwischen wegen der 16 Überhangmandate nach den Wahlen von 1994 ein Wahlprüfungsverfahren beim Bundestag gegen die diesjährige Bundestagswahl eingeleitet; diese wird dort gewiß keinen Erfolg haben, da der Bundestag dem Bundeswahlgesetz gemäß zusammengesetzt ist. Gegen die Entscheidung des Bundestages ist die Beschwerde an das Bundesverfassungsgericht möglich (Art. 41 Absatz 2 GG). Das Gericht wird gewiß angerufen werden und über die Verfassungsmäßigkeit der 16 Überhangmandate zu entscheiden haben. Je nachdem, welchem Begründungsstrang das Gericht folgt, wird es zu einem anderen Ergebnis kommen.[8]

Die 12 Überhangmandate für die CDU vermindern – bundesweit berechnet – die für einen Sitz erforderliche Stimmenzahl von ca. 69207 auf 66383, also um knapp 3000 Stimmen. Die vier Überhangmandate für die SPD bewirken eine Verminderung von 69118 auf 68021, also um reichlich 1000 Stimmen. Hält sich das Bundesverfassungsgericht an den zweiten Begründungsstrang, wird es nicht umhin können, die Bundestagswahl insoweit für verfassungswidrig zu erklären, als die Überhangmandate nicht ausgeglichen worden sind. Es ist auch eine andere Entscheidung möglich, sogar näherliegend.[9] Zunächst könnte das Bundesverfassungsgericht den zweiten Begründungsstrang nur hypothetisch gemeint haben, also: Die Berechtigung von Meyers Kritik unterstellt, ist die Zusammensetzung des Bundestages nicht verfassungswidrig, weil der Proporz nicht gestört worden ist.

Wollte das Bundesverfassungsgericht den Spuren Meyers folgen und von seiner bis dato vertretenen Rechtsansicht[10] abrücken, wonach das *personalisierte* Verhältniswahlrecht Überhangmandate in größerer Zahl zuläßt (erster Begründungsstrang), so müßte in dem zu erwartenden Verfahren die Stichhaltigkeit von Meyers Kritik am Maßstab des Grundgesetzes überprüft werden. Solch eine Prüfung ergibt folgendes: Gleichheit der Wahl, die Art. 38 Abs. 1 Satz 1 GG gewährleistet, bedeutet nach der Rechtsprechung des Bundesverfassungsgerichts zuallererst, daß jede Stimme gleich zählt. Auf den gleichen Zählwert jeder Stimme beschränkt sich der Grundsatz der Wahlgleichheit für den Fall, daß der Bundestag nach dem Mehrheitswahlrecht gewählt wird. Das Verhältniswahlrecht verlangt darüber hinaus gleichen Erfolgswert jeder Stimme. Einschränkungen wie die 5 %-Klausel müssen besonders gerechtfertigt sein. In dem personalisierten Verhältniswahlsystem des Bundeswahlgesetzes sind Elemente des Mehrheitswahlsystems mit dem Verhältniswahl system verknüpft. Der Grund für diese Verknüpfung ist hauptsächlich darin zu sehen, daß einerseits eine möglichst verhältnismäßige Verteilung der Sitze auf die Wahllisten und andererseits durch direkte Personenwahl eine stärkere

8 Die Entscheidung ist 1997 ergangen, vgl. BVerfGE 95, 335.
9 Das ist eingetroffen, vgl. BVerfGE 95, 335, 354 f.
10 BVerfGE 7, 63, 74 f.; 16, 130, 139 ff.

Verbindung des Abgeordneten mit seinem Wahlkreis bewirkt werden. Das Element der Mehrheitswahl hat also eigenständigen Charakter mit der Wirkung, daß alle durch die Erststimme mit relativer Mehrheit Gewählten in den Bundestag einrücken ohne Rücksicht auf das Ergebnis der Zweitstimmen. So wie das reine Verhältniswahlrecht das Gesetz des strengen Proporzes in sich trägt, so kann dieses innere Gesetz bei einer Kombination des Verhältniswahlrechts mit dem Mehrheitswahlrecht im strengen Sinne nicht mehr gelten.

Das Gesetz des strengen Proporzes könnte zwar dadurch wiederhergestellt werden, daß Überhangmandate durch eine entsprechende Zahl zusätzlicher Mandate ausgeglichen werden. Dies sieht z.B. für die Landtagswahlen das Niedersächsische Landeswahlgesetz in § 33 Abs. 7 vor. Eine andere Möglichkeit wäre, die Landeslisten so zu verbinden, daß die Zweitstimmen bundesweit verrechnet werden, was die Entstehung von Überhangmandaten praktisch ausschließen würde. Das Ergebnis dieses Vorgehens wäre, daß z.B. für Überhangmandate der CDU in Thüringen die Kandidaten auf CDU-Listen anderer Länder entsprechend weniger zum Zuge kommen.

Es steht hier nicht zur Debatte, ob eine dieser beiden Lösungen vom Bundesgesetzgeber gewählt werden könnte, um die Störung des Proporzes durch Überhangmandate zu vermeiden. Die Frage ist allein die, ob das verfassungsrechtliche Prinzip der Gleichheit der Wahl Ausgleich oder Vermeidung von Überhangmandaten fordert, wie Hans Meyer meint und worüber das Bundesverfassungsgericht demnächst wohl auch auf Anträge der Grünen und einer Landesregierung zu entscheiden haben wird.

Das dem Mehrheitswahlsystem innewohnende Gesetz spricht dagegen. Daß das Mehrheitswahlsystem mit dem Verhältniswahlsystem kombiniert ist, bedeutet nicht, daß das Gesamtergebnis der Sitzverteilung auf die Parteien so aussehen muß, als herrsche reines Verhältniswahlrecht.[11] Es ist auch nicht so, daß der reine Proporz hergestellt werden könnte, ohne daß negative Folgen auf anderen Gebieten eintreten würden.

Die Schaffung von Ausgleichsmandaten – wie sie verschiedene Landeswahlgesetze für die Landtage vorsehen – erhöht nicht nur die Zahl der Bundestagsmandate über die Überhangmandate hinaus, sondern verschiebt zugleich das an der Zahl der Einwohner gemessene Gewicht der Repräsentation der Länder im Bundestag, und zwar doppelt so stark wie es die Überhangmandate tun. Ein Land, aus dem regulär 24 Abgeordnete in den Bundestag gewählt werden, würde bei drei Überhang- und drei Ausgleichsmandaten die Zahl seiner Mandate im Bundestag um 25 % erhöhen; verbliebe es bei den Überhangmandaten, so beliefe sich die Erhöhung der Mandatszahl nur auf 12,5 %. Der Ausgleich von Überhang- und Ausgleichsmandaten eines Landes durch eine entsprechende Erhöhung der Mandate für andere Länder scheidet aus, weil dieses

11 Dagegen auch BVerfGE 95, 335, 361.

Verfahren den Bundestag erheblich vergrößern würde, nach dem Ergebnis der Bundestagswahl von 1994 um 25% auf 810. Die andere Lösung, alle Landeslisten zur Vermeidung von Überhangmandaten zu verbinden, entzöge Kandidaten von Landeslisten die Chance, in den Bundestag gewählt zu werden, wenn in anderen Ländern die betreffende Partei Überhangmandate errungen hat. Denn diese würden auf Kosten der Landeslisten dieser Partei in anderen Ländern ausgeglichen.

Beide Methoden des Ausgleichs, bundesweite Listenverbindung und die Schaffung von Ausgleichsmandaten greifen erheblich in die bundesstaatlich geordnete Basis des Bundestagswahlrechts ein. Entweder wird die Repräsentanz der Länder im Bundestag quantitativ noch stärker verschoben als durch Überhangmandate oder es wird durch Überhangmandate in einem Land der Erfolg der Landeslisten in den anderen Ländern geschmälert. Solche Konsequenzen können bei Landtagswahlen nicht auftreten, weil in den Landtagswahlen jede Partei nur eine Liste hat und weil eine Aufstockung der Zahl der Landtagsmandate zum Ausgleich von Überhangmandaten keinerlei andere Disproportionalität erzeugt. Solche entstehen aber bei jeder denkbaren Form des Ausgleichs oder der Vermeidung von Überhangmandaten bei der Bundestagswahl, was Konsequenz der bundesstaatlichen Gliederung Deutschlands ist. Wenn der Gesetzgeber diese höher achtet als die Herstellung eines strengen Proporzes, verstößt er nicht gegen den Grundsatz der Gleichheit der Wahl.

Gegen die Überhangmandate wird schließlich geltend gemacht, daß deren Zahl durch Wahlmanipulation willentlich erhöht werden könne. Dafür wird auf den Stimmenaustausch zwischen CDU und FDP bei der letzten Bundestagswahl hingewiesen. Da so viele FDP-Wähler ihre Erststimme, der ohnehin kein Erfolg beschieden sei, dem CDU-Kandidaten gegeben hätten, hätte der CDU-Kandidat so häufig die relative Mehrheit der Erststimmen bekommen; das hätte dann in einigen Ländern die Überhangmandate ausgelöst. Unabhängig davon, daß in einem solchen Verhalten der Wähler keine Manipulation der Wahlen zu sehen ist, weil der Wähler seine beiden Stimmen nach eigenein Gutdünken und eigener Berechnung vergeben kann, ist höchst unsicher, ob die »FDP-Wähler« ihre Erststimmen dem CDU-Kandidaten gegeben haben oder ob nicht vielmehr die »CDU-Wähler« der FDP ihre Zweitstimme gegeben haben[12]; darum hatte die FDP übrigens kurz vor der Wahl auf großen Plakaten ausdrücklich gebeten. Vergleicht man die Ergebnisse der am gleichen Tag abgehaltenen Landtagswahlen mit den Ergebnissen der Bundestagswahl in diesen Ländern, so zeigt sich, daß beide hier geschilderten Arten des Stimmverhaltens etwa in gleichem Umfang vorgekommen sein dürften.

12 Bei der Bundestagswahl 2002 hat die SPD eine auffällig hohe Zahl von Überhangmandaten erhalten, wodurch die äußerst knappe Mehrheit von SPD und Grünen etwas aufgebessert wurde.

7. Kapitel

# Auflösung des Bundestages durch den Bundespräsidenten im Sommer 2005*

## I. *Das ungeschriebene sachliche Tatbestandsmerkmal des Art.68 GG und dessen Verflüchtigung*

Im Urteil vom 25.8.2005 über die Auflösung des Bundestages durch Bundespräsident Köhler hat das Bundesverfassungsgericht an sein Urteil von 1983[1] angeknüpft. Zu den formellen Voraussetzungen, die Art. 68 GG aufstellt (gescheiterte Vertrauensfrage, Vorschlag des Bundeskanzlers und Auflösung des Bundestages durch den Bundespräsidenten), hat das Bundesverfassungsgericht in diesem Urteil dem Art. 68 GG ein »ungeschriebenes sachliches Tatbestandsmerkmal« entnommen.[2] Danach darf der Bundeskanzler die Auflösung des Bundestages auf dem Wege über Art. 68 nur betreiben, »wenn es politisch für ihn nicht mehr gewährleistet ist, mit den *im Bundestag* bestehenden Kräfteverhältnissen weiterzuregieren. Die politischen Kräfteverhältnisse *im Bundestag* müssen seine Handlungsfähigkeit so beeinträchtigen oder lähmen, daß er eine vom stetigen Vertrauen der Mehrheit getragene Politik nicht sinnvoll zu verfolgen vermag« (Hervorhebungen, C.S.). Demnach ist eine Anwendung des Art. 68 GG ausgeschlossen, wenn der Bundeskanzler über eine ausreichende Mehrheit verfügt. Es ist ihm also nicht gestattet, »sich zum geeignet erscheinenden Zeitpunkt die Vertrauensfrage negativ beantworten zu lassen mit dem Ziel, die Auflösung des Bundestages zu betreiben«.[3]

Das ungeschriebene sachliche Tatbestandsmerkmal ist keine Erfindung des Bundesverfassungsgerichts, sondern ergibt sich durch Auslegung aus dem System der einschlägigen Bestimmungen des Grundgesetzes (Art. 38 Abs. 1, Art. 39, Art. 63, 67, 81)[4]: Vor allem das Recht des Abgeordneten auf ein vierjähriges Mandat[5] und die objektiv-rechtliche Bedeutung des Art. 39 Abs. 1

* Wiederabdruck aus: Juristenzeitung 2005, S. 1053-1056.

1 BVerfGE 62, 1.
2 BVerfGE 62, 1, 2 (LS 6), 42.
3 BVerfGE 62, 1, 2 (LS 7), 42 f.
4 Siehe dazu ausführlich *Wolf-Rüdiger Schenke*, BK, Art. 68 Rdnr. 67 ff. (1989); *Volker Epping*, in: v. Mangoldt/Klein/Starck, GG, 5. Aufl. Bd. II, 2005, Art. 68 Rdnr. 15; mit der Entstehungsgeschichte argumentierend *Axel Hopfauf*, AöR 108 (1983), S. 391 ff.
5 Art. 38 Abs. 1, 39 Abs. 1 Satz 1 GG.

Satz 1 GG, der die Arbeitsfähigkeit des Bundestages für die Bewältigung der notwendigen politischen Aufgaben sichern soll, wirken zusammen gegen ein bloß von reinen Formalien abhängiges Auflösungsrecht. Das ungeschriebene sachliche Tatbestandsmerkmal wird dem normativen Gesamtbestand des Grundgesetzes gerecht, das weder wie viele Landesverfassungen ein Selbstauflösungsrecht des Parlaments noch ein caesaristisches Parlamentsauflösungsrecht des Präsidenten wie in Frankreich[6] kennt. Art. 68 GG dient nicht dem Interesse des Bundeskanzlers, nur an Formalien gebunden den Bundestag bei fortbestehender parlamentarischer Mehrheit auflösen zu lassen, weil ihm das Regieren leid geworden ist, weil er sich bei vorgezogenen Wahlen ein gutes Wahlergebnis verspricht oder weil er sich plebiszitär bestätigen lassen will.

Das ungeschriebene sachliche Tatbestandsmerkmal ist in den meisten Kommentaren zu Art. 68 und in der sonstigen Literatur anerkannt.[7]

Im Urteil vom 25.8.2005 spricht das Bundesverfassungsgericht[8] insofern vom »Zweck« des Art. 68 GG. Die auf Auflösung des Bundestages gerichtete Vertrauensfrage sei nur dann verfassungsgemäß, wenn sie nicht nur den formellen Anforderungen, sondern auch dem Zweck des Art. 68 GG entspreche (S. 149). Die Auflösung des Bundestages betrachtet das Bundesverfassungsgericht zutreffend als einen »Eingriff« in das Recht auf sein Mandat eines auf vier Jahre gewählten Abgeordneten. Der Eingriff sei nur zulässig, wenn nach Einschätzung des Bundeskanzlers die Handlungsfähigkeit der Bundesregierung im Hinblick auf die Mehrheitsverhältnisse im Parlament beeinträchtigt sei. Es heißt dann weiter:

Ob der Bundeskanzler über eine verläßliche parlamentarische Mehrheit verfüge, könne von außen nur teilweise beurteilt werden. Die Bundesregierung als eigenständiges, gestaltendes Verfassungsorgan verliere auch dann ihre Handlungsfähigkeit, wenn der Bundeskanzler zur Vermeidung offener Abstimmungsverluste gezwungen sei, vom wesentlichen Inhalt seines Konzepts im Bundestag abzuweichen und eine andere Politik zu verfolgen (S. 156 f., 160 f., 162 f.).

Da die Entscheidung nach Art. 68 GG von drei Verfassungsorganen getroffen werden (»Verantwortungskette«), seien die Überprüfungsmöglichkeiten des Bundesverfassungsgerichts im Rahmen des Art. 68 GG weiter zurückgenommen als in den Bereichen von Rechtssetzung und Normvollzug (S. 157 ff.). Die Einschätzung des Bundeskanzlers müsse im Rahmen der allgemeinen

6 Art. 12 der franz. Verfassung.

7 Vgl. mit Nachweisen *Ute Mager*, in: v. Münch/Kunig, GG-Kommentar, 5. Aufl., Bd. II, 2001, Art. 68 Rdnr. 10; *Epping* (Anm. 4), Art. 68 Rdnr. 12 – 25; *Georg Hermes*, in: Dreier, GG II, 1998, Art. 68 Rdnr. 11 – 14; *Schenke*, BK, Art. 68 Rdnr. 67 ff. (1989).

8 BVerfGE 114, 121-170; die Seitenzahlen im Text beziehen sich auf diese Veröffentlichung des Urteils.

politischen Lage plausibel sein. Nur wenn die Rechtsprüfung ergebe, daß die Einschätzung des Verlusts politischer Handlungsfähigkeit im Parlament sich eindeutig als falsch erweise, könne festgestellt werden, daß der Bundeskanzler seinen Einschätzungsspielraum überschritten habe (S. 155).
Im Urteil wird die Einschätzungsfreiheit des Bundeskanzlers über die verfassungsrechtlichen Voraussetzungen der Bundestagsauflösung so weit gezogen, daß sich das umgeschriebene sachliche Tatbestandsmerkmal verflüchtigt und nur noch eine Scheinexistenz führt, wie es im Sondervotum der Richterin Lübbe-Wolff zutreffend heißt (S. 187), die allerdings für einen Verzicht auf dieses Merkmal plädiert. Ebenso, aber mit entgegengesetzter Tendenz das Sondervotum Jentsch (S. 174 ff.). Aus der verfassungsrechtlichen Eigenständigkeit der Bundesregierung wird geschlossen, daß der Bundeskanzler die auf Auflösung des Bundestages zielende Vertrauensfrage auch stellen darf, ohne den politischen Dissenz im Parlament offenkundig zu machen (S. 153 ff.). Seitenlang wird dargelegt, daß eine Erosion und der nicht offen gezeigte Entzug des Vertrauens sich ihrer Natur nach nicht ohne weiteres in einem Gerichtsverfahren feststellen ließen (S. 156 f.). Der Leser dieser Passagen bekommt den Eindruck, daß das Bundesverfassungsgericht die offen zu Tage liegenden Tatsachen nicht zur Kenntnis nimmt oder sie so auslegt, daß darin ein Zerwürfnis zwischen Bundeskanzler und Parlamentsmehrheit gesehen oder wenigstens prognostiziert werden kann. Sogar in Zukunft eventuell wegfallende Überhangmandate werden ins Spiel gebracht. Auf diese Ausführungen wird sich in Zukunft jeder Bundeskanzler berufen können, dem der Sinn nach einer Bundestagsauflösung steht. Unabhängig von objektiven Gegebenheiten geht es nur noch um subjektive Einschätzungen und Argumentationskunst des Bundeskanzlers.

## II. *Vertrauen im Bundestag und Mehrheitsverhältnisse im Bundesrat*

Stellt man auf das Vertrauensverhältnis zwischen Bundeskanzler und Bundestagsmehrheit ab – nur darauf kommt es an[9] –, so sprechen alle erkennbaren Indizien für das Fortbestehen des parlamentarischen Vertrauens. Im Sondervotum Jentsch ist das unter 2 ausgeführt, und zwar im Vergleich zur Situation der Jahreswende 1982/83 und insbesondere des Jahres 1972.
Die Ankündigung, die Wahlperiode des Bundestages zu verkürzen und schon im Herbst 2005 Wahlen abzuhalten, machte der Vorsitzende der SPD, Müntefering, schon am Abend des 22. Mai 2005, als erste Ergebnisse der Wahlen in

9 BVerfGE 62, 1, 2 LS 6, 37.

Nordrhein-Westfalen bekannt gegeben wurden. Durch diese Wahlen hatten sich die Mehrheitsverhältnisse im Bundestag nicht geändert. Der Bundeskanzler hat vor und nach den Wahlen in Nordrhein-Westfalen alle Gesetzesvorlagen der Bundesregierung im Bundestag durchgebracht.
Hinderlich für die Gesetzesvorlagen waren seit geraumer Zeit die Mehrheitsverhältnisse im Bundesrat. Diesem aus Mitgliedern der Landesregierungen zusammengesetzten Bundesorgan kann der Bundeskanzler weder eine Vertrauensfrage stellen noch diesen vom Bundespräsidenten auflösen lassen. Gesetzen, die der Zustimmung des Bundesrates bedürfen, muß entweder von vornherein oder später in einem Vermittlungsverfahren ein Inhalt gegeben werden, der von der Mehrheit des Bundesrates gebilligt wird, wenn es der Bundesregierung um die Verabschiedung des Gesetzes geht. Zumeist sind die vom Bundestag verabschiedeten Gesetzesbeschlüsse schon das Ergebnis von Kompromissen zwischen den Fraktionen, die die Regierungskoalition tragen, oder zwischen den Flügeln einer Fraktion, die allein die Regierungsmehrheit stellt. Je nach den Mehrheitsverhältnissen im Bundesrat ist es mit der Kompromißfindung im Bundestag nicht getan; vielmehr muß vor dem Verfahren des Bundesrates oder im Vermittlungsverfahren erneut nach einem Kompromiß gesucht werden, der weitere politische Positionen mit einbezieht, die durch die Landtagswahlen genauso demokratisch legitimiert sind wie die im Bundestag mehrheitlich vertretenen Positionen. Die Zusammensetzung des Bundesrates ist abweichend von der des Bundestages strukturiert. Daraus kann und hat sich häufig ergeben, daß die politischen Mehrheitsverhältnisse nicht einander entsprechen.[10] Zwar ist der Bundesrat keine gleichberechtigte Zweite Kammer eines zweiteiligen Parlaments, er ist aber ein mit Kompetenzen bei der Bundesgesetzgebung ausgestattetes wesentliches Element der Gewaltenteilung, in dem sich der von den Ländern ausgehende politische Wille bündelt und als politischer Faktor den unitarischen Organen, Bundestag und Bundesregierung, gegenübertritt.[11]
Art. 68 GG, der die Vertrauensfrage regelt, bezieht sich ausdrücklich nur auf das Vertrauen und damit auf die »Kräfteverhältnisse« im Bundestag. Das Grundgesetz sieht nicht vor, den Bundestag aufzulösen und Neuwahlen zu veranstalten, wenn die Mehrheitsverhältnisse im Bundesrat der Bundesregierung, die Gesetze zum Regieren braucht, Kompromisse abzwingt und dadurch die politischen Ziele der Bundesregierung und der Mehrheit des Bundestages nicht voll durchgesetzt werden können.

10 Siehe oben 4. Kapitel, S. 185 f.
11 *Roman Herzog*, Stellung des Bundesrates im demokratischen Bundesstaat, HStR Bd. II, 2. Aufl. 1998, S. 467, 471 f., 484 f.

## III. *Gesamtwürdigung*

Auslöser der Vertrauensfrage war also offensichtlich das Wahlergebnis in Nordrhein-Westfalen nicht nur als einzelner Vorgang, sondern als letztes Glied einer Kette von Wahlniederlagen der SPD bei Landtagswahlen und der damit verbundene weitere Stimmenverlust der SPD im Bundesrat. Das ist eine Konstellation, auf die das Auflösungsbegehren gerade nicht gestützt werden kann. Dies erkennt auch das Bundesverfassungsgericht (S. 156 f.), indem es ausdrücklich sagt, es sei dem Bundeskanzler nicht gestattet, den Bundesrat mit einer Bestätigung der Bundesregierung durch Wahlakklamation politisch zu delegitimieren. Die Ankündigung der vorgezogenen Neuwahlen am Abend der Nordrhein-Westfalen-Wahl wird man als solch einen Versuch ansehen müssen, wie der Bundeskanzler in der Begründung seines Antrags am 1. Juli im Bundestag bestätigt. Er führte aus (Urteil S. 130): »Ich kann es weder der Regierung noch den Regierungsfraktionen zumuten, immer wieder Konzessionen zu machen und doch zu wissen, daß die Bundesratsmehrheit ihre destruktive Blockadehaltung nicht aufgeben wird. Nur eine durch die Wählerinnen und Wähler klar und neuerlich legitimierte Regierungspolitik wird bei der Mehrheit des Bundesrates zu einem Überdenken der Haltung und – wenn auch nicht kurzfristig – zu einer Änderung der Mehrheit führen.«

In dem für den die Auflösung begehrenden Bundeskanzler besten Fall, seine Wiederwahl aufgrund der Mehrheit der ihn tragenden Koalition, hätte sich an der politischen Konstellation nichts geändert, weil die Mehrheitsverhältnisse im Bundesrat zunächst Bestand haben und nicht zu erwarten ist, daß eine Bestätigung der alten Mehrheit im Bundestag den Bundesrat »zähmen« könnte. Hätte die Neuwahl des Bundestages der ehemaligen Opposition, die die Mehrheit im Bundesrat hat, auch die Mehrheit im Bundestag gebracht, mag das Ergebnis freilich nicht für den Bundeskanzler, aber objektiv betrachtet zufriedenstellend sein, weil wenigstens keine parteipolitische Gegenströmung mehr im Bundesrat besteht. Festzuhalten bleibt aber, daß der parteipolitische Konflikt zwischen Bundestag und Bundesrat nicht vom Tatbestand des Art. 68 GG erfaßt wird.

Nun versucht das Bundesverfassungsgericht, den parteipolitischen Konflikt zwischen Bundestag und Bundesrat für das Auflösungsbegehren des Bundeskanzlers doch noch fruchtbar zu machen. In seiner Entscheidung heißt es, daß der Bundeskanzler die Verhältnisse im Bundesrat »ergänzend« anführt, um zu belegen, daß seine politische Bewegungsfreiheit zusätzlich geschmälert werde. Kompromisse im Vermittlungsausschuß verminderten die Aussichten, seine politische Linie in den die Regierung tragenden Fraktionen durchzusetzen. Es wird also eine Vorwirkung der Verhältnisse im Bundesrat auf das Zusammenspiel von Bundesregierung und den die Regierung tragenden Frak-

tionen angenommen. Diese Vorwirkung muß man sich so vorstellen, daß die Kompromisse, die mit Rücksicht auf den Bundesrat gemacht werden, deren Akzeptanz im Bundestag gefährden. Von solch einer Vorwirkung war jedoch bis zum Tag der Vertrauensfrage nichts zu spüren. Vom 22. Mai bis zum 1. Juli bestand ebenso wie in der Zeit davor eine stabile Mehrheit für den Bundeskanzler im Bundestag. In der ganzen Legislaturperiode ist die Kanzlermehrheit nie verfehlt worden. Auch die parteiinternen Kritiker, die es übrigens in jeder Regierungsfraktion gibt, haben für die Regierungsvorlagen gestimmt. Die noch ausstehenden 20 Maßnahmen zur Fortsetzung der Agenda 2010 sind in der SPD-Fraktion einhellig beschlossen worden.
Daß das Vertrauen für den Bundeskanzler im Bundestag in Wirklichkeit bestand, wird u. a. aus der Äußerung des Fraktionsvorsitzenden Müntefering unter Beifall bei der SPD deutlich, »daß Gerhard Schröder als Bundeskanzler das Vertrauen der SPD-Fraktion hat und daß wir ihn weiter als Bundeskanzler der Bundesrepublik haben wollen«[12] und daß folglich den Mitgliedern der SPD-Fraktion vom Fraktionsvorsitzenden empfohlen wurde, nicht mit Nein zu stimmen, sondern sich »bloß« der Stimme zu enthalten. Nach Meinung des Bundesverfassungsgerichts habe sich diese Äußerung »ersichtlich allein auf die insoweit unumstrittene Person des Kanzlers« bezogen und habe nicht den Sinn gehabt, vorausgegangene, die Einschätzung des Bundeskanzlers bestätigende Äußerungen zurückzunehmen (S. 167). Die verräterische Äußerung, man solle sich der Stimme enthalten, um materiell Vertrauen zu zeigen, macht noch einmal deutlich, daß die Voraussetzungen für eine Bundestagsauflösung nach Art. 68 GG nicht vorlagen, daß vielmehr eine verfassungsrechtliche Institution benutzt worden ist, um – instruiert – nur formal die Vertrauensfrage zu verneinen und damit Neuwahlen zu erreichen. Damit wird dem vom Bundesverfassungsgericht herausgearbeiteten »ungeschriebenen sachlichen Tatbestandsmerkmal« nicht genüge getan.
Eine verfassungsrechtliche Institution wurde dem politischen Willen des Bundeskanzlers dienstbar gemacht. An diesem Urteil ändert der Umstand nichts, daß alle politischen Parteien sich schon am Abend der Nordrhein-Westfalen-Wahl für Neuwahlen aussprachen und vorsorglich erklärten, sie hielten sich »für gut aufgestellt«, und daß alsbald die demoskopischen Institute meldeten, daß auch die Bevölkerung für Neuwahlen sei. Es muß deutlich gesagt werden: Darauf kommt es für die Anwendung de Art. 68 GG nicht an. Die Oppositionsparteien müssen immer bereit sein, die Regierung zu übernehmen. Von ihnen ist kaum zu erwarten, daß sie sich gegen Bundestagsauflösung und Neuwahlen wenden. Man würde ihnen sofort Angst vor der Wahl vorhalten und – sollte es zu Wahlen kommen – würde dies ihre Startchancen verschlechtern. Der Bundespräsident hätte erkennen müssen, daß die Voraussetzungen, die

12 Sten. Ber. über die 185. Sitzung des 15. Bundestages v. 1.7.2005, S. 17474.

Art. 68 GG für eine Bundestagsauflösung aufstellt, nicht vorliegen. In seiner Fernsehansprache vom 21. Juli 2005 zur Begründung der Auflösung des Bundestages[13] nennt der Bundespräsident Gesichtspunkte, auf die es nicht ankommt. Das gilt für die in sieben kurzen Sätzen pathetisch gekennzeichnete Lage Deutschlands, für den Hinweis auf eingeholte und eingegangene Stellungnahmen der Parteien und von Bürgern und für die »Gesamtabwägung«, »daß dem Wohl unseres Volkes mit einer Neuwahl jetzt am besten gedient ist«. Solch eine Gesamtabwägung ist erst vorzunehmen, wenn die Tatbestandsvoraussetzungen des Art. 68 GG vorliegen und der Bundespräsident eine Ermessensentscheidung (»kann«) zu treffen hat. Daß die Voraussetzungen des Art. 68 nicht vorliegen, hätte spätestens das Bundesverfassungsgericht feststellen und die Auflösung des Bundestages für verfassungswidrig und nicht erklären müssen.

13 www. Bundespraesident.de

# Dritter Teil

# Steuern und Finanzen

1. Kapitel

# Steuerliche Lenkungsnormen und Vertrauensschutz am Beispiel bei Schiffsabschreibungen*

## I. Steuervergünstigungen als Beihilfen und deren Abbau

Mittels Steuerrechts wird Wirtschafts-, Umwelt-, Technologie- und Kulturpolitik betrieben. § 51 des deutschen Einkommensteuergesetzes (EStG) in seiner jeweiligen Fassung enthält eine Fülle von Ermächtigungen an die Bundesregierung, durch Rechtsverordnungen erhöhte Absetzungen bei Herstellungskosten für genau bezeichnete Maßnahmen oder Sonderabschreibungen für bestimmte Wirtschaftsgüter zuzulassen. § 51 Abs. 1 Nr. 2 EStG sieht z.B. vor erhöhte Abschreibungen für Herstellungskosten, die bestimmten Verfahren der Wärmeerzeugung dienen (lit. q), und für Aufwendungen, die zur sinnvollen Nutzung von Baudenkmalen führen (lit. y); Sonderabschreibungen können zugelassen werden für Einrichtungen der Kohleförderung (lit. n), bei abnutzbaren Wirtschaftsgütern des Anlagevermögens, die der Forschung oder Entwicklung dienen (lit. u), oder, was uns hier näher beschäftigen soll, für den Erwerb von Handelsschiffen, die in einem inländischen Seeschiffsregister eingetragen sind (lit. w). Bei den Ermächtigungen handelt es sich zumeist um ausgesprochene Zeitgesetze. Sie erfassen einen bestimmten Zeitraum, in dem die Maßnahmen, die gefördert werden sollen, stattfinden müssen. Nicht selten werden die Zeiträume verlängert, was aber an dem Charakter des Zeitgesetzes nichts ändert.
Der Staat verzichtet auf Steuereinnahmen, die ihm ohne die Normen über erhöhte Absetzungen oder Sonderabschreibungen zuflössen. Finanzrechtlich gesehen liegen Subventionen oder Beihilfen vor. Deshalb ist Art. 87 EGV auf diese steuerlichen Begünstigungen anwendbar[1]. Art. 87 legt in Abs. 1 als allgemeine Regel fest, daß aus staatlichen Mitteln gewährte Beihilfen gleich welcher Art, die durch die Begünstigung bestimmter Unternehmen oder Produktionswege den Wettbewerb verfälschen oder zu verfälschen drohen, mit dem Gemeinsamen Markt unvereinbar sind, soweit sie den Handel zwischen Mitgliedstaaten beeinträchtigen. In Abs. 2 werden die mit dem Gemeinsamen

* Wiederabdruck aus: Festschrift für Bernhard Großfeld, 1999, S. 1137 – 1154.

1 Die Zählung der Artikel des EGV ist aktualisiert.

Markt vereinbaren Beihilfen bezeichnet. In Abs. 3 werden die fünf Typen von Beihilfen genannt, die als mit dem Gemeinsamen Markt vereinbar angesehen werden *können*. Dort sind in der Kategorie c Beihilfen genannt, die der Förderung der Entwicklung gewisser Wirtschaftszweige zugute kommen. Bezüglich der darunter fallenden Beihilfen für den Schiffsbau war ausdrücklich vermerkt, daß sie schrittweise abgebaut werden.
Diese auf Zeit gewährten Beihilfen in Gestalt von Steuervergünstigungen stehen demnach nicht nur unter dem Vorbehalt der nationalen Wirtschafts-, Umwelt-, Technologie- und Kulturpolitik, sondern ganz allgemein unter gemeinschaftsrechtlichem Vorbehalt, der durch die Verfahrensvorschriften des Art. 88 EGV realisiert wird. Die Zeichen stehen heute auf Abbau von Beihilfen und Steuervergünstigungen. Das ist nicht nur gemeinschaftsrechtlich gefordert, sondern entspricht auch der neuen Steuerpolitik, wie sie in der von der bis 1998 bestehenden CDU/CSU-FDP-Koalition geplanten großen Steuerreform verwirklicht werden sollte. Danach sollte das Steuerrecht weitgehend von Begünstigungen aus anderen Politikbereichen entlastet, damit vereinfacht werden und durch die Verbreiterung der Bemessungsgrundlage mit niedrigeren Steuersätzen auskommen. Dieses steuerpolitisch anspruchsvolle Ziel muß aber mit gesetzlichen Mitteln angesteuert werden, die das Vertrauen des Bürgers schützen, der Teile seines Einkommens und Vermögens in staatliche Lenkungsprogramme investiert hat. Nicht jeder Abbau von Steuervergünstigungen verletzt freilich das Vertrauen des Steuerpflichtigen. Wenn dieser aber einen »steuerlichen Anreiz« genutzt hat, um eine bestimmte Investition durchzuführen, so war der Anreiz Kalkulationsgrundlage, auf die er vertraut hat.
Das verfassungsrechtliche Problem des Vertrauensschutzes beim Abbau von Steuervergünstigungen soll am Beispiel der Schiffsabschreibungen verdeutlicht werden, die 1996 politisch zur Diskussion standen. Dafür muß zunächst die gesetzliche Konstruktion der Schiffsabschreibungen nach dem Stand vor der Änderung des Einkommensteuergesetzes vom 20. Dezember 1996 erklärt werden (II 1). Sodann werden die Änderungsabsichten zunächst der Bundesregierung und danach des Finanzausschusses des Deutschen Bundestages dargestellt (II 2); im Anschluß daran werden letztere in ihren wirtschaftlichen Auswirkungen analysiert (II 3). Die dann folgende verfassungsrechtliche Prüfung wird zeigen, daß die geplante Gesetzesänderung nach dem Beschluß des Finanzauschusses vom 18. Oktober 1996 den Grundsatz des Vertrauensschutzes verletzt hätte (III). Diese Feststellung hat dazu geführt, daß der Finanzausschuß seinen Beschluß korrigiert hat, um dem Vertrauensschutz gerecht zu werden. Aber auch das neue Ergebnis, das schließlich Gesetz geworden ist, wird dem Vertrauensschutz nicht gerecht (IV).

## II. *Beispiel Schiffsabschreibungen*

### 1. *Die gesetzliche Konstruktion bis 1996*

Das Deutsche Einkommensteuerrecht fördert seit mehreren Jahrzehnten die deutsche Handelsschiffahrt. Dies geschieht durch Normen, die die Steuerbelastung der deutschen Schiffahrtsunternehmen verringern. Zugleich wird Einzelpersonen die Möglichkeit geboten, über die Beteiligung an Gesellschaften in Schiffe zu investieren, entstehende Investitionsverluste von ihrem zu versteuernden Einkommen abzuziehen und damit ihre Einkommensteuerschuld zu verringern.
Die rechtliche Konstruktion stellte sich nach den bis 1996 geltenden Regelungen folgendermaßen dar: Sonderabschreibungen sind möglich bei Handelsschiffen, die in einem inländischen Seeschiffsregister eingetragen sind und vor dem 1. Januar 2000 von Steuerpflichtigen, die ihren Gewinn nach § 5 EStG ermitteln, angeschafft oder hergestellt worden sind (§ 51 Abs. 1 Nr. 2 lit. w Satz 1 EStG). Die neben der Absetzung für Abnutzung in gleichen Jahresbeträgen nach § 7 Abs. 1 EStG mögliche Sonderabschreibung beträgt im Wirtschaftsjahr der Anschaffung oder Herstellung und in den vier folgenden Wirtschaftsjahren bis zu insgesamt 40% der Anschaffungs- oder Herstellungskosten (§ 82 f Abs. 1 EStDV). Die Besonderheit dieser Sonderabschreibung besteht weiter darin, daß sie vor der Ablieferung des Seeschiffes auf Anzahlungen an die Werft in Anspruch genommen werden kann (§ 82 f Abs. 4 EStDV). – Personen, die Teilhaber von Gesellschaften sind, welche in Schiffe investieren, konnten bis zum Jahr 1994 auftretende Verluste bis zum Eineinhalbfachen der insgesamt geleisteten Einlage steuerlich geltend machen; seit 1995 ist dieser Betrag auf das Eineinviertelfache zurückgeführt worden (§ 15 a in Verbindung mit dem früher geltenden s § 52 Abs. 19 Satz 3 Nr. 3 lit. b EStG).

### 2. *Änderungsabsichten der Bundesregierung und des Finanzausschusses des Deutschen Bundestages*

Im Entwurf eines Jahressteuergesetzes 1997 vom 24.5.1996[2] sah die Bundesregierung vor, daß die Sonderabschreibungen für Schiffe gemäß § 82 f EStDV bei Bauverträgen oder in Anschaffungsfällen bei Kaufverträgen nach dem 30. April 1996 entfallen sollen[3]. Dies war vorher in dem Pro-

2 BR Drs. 390/96 entspricht (auch bezüglich der Seitenzahlen) dem Gesetzentwurf der Fraktionen der CDU/CSU und FDP vom 11.6. 1996, BT Drs. 13/4839.
3 BTDrs. 13/4839, S. 39.

gramm der Bundesregierung für mehr Wachstum und Beschäftigung vom 25. April 1996 unter II 7 angekündigt worden[4]. Regelungstechnisch sollte dieser Plan so durchgeführt werden, daß in den erwähnten §§ 51 Abs. l Nr. 2 lit. w Sätze l und 2 EStG und 82 f EStDV das Recht zur Sonderabschreibung dahin beschränkt wird, daß der Schiffsbauvertrag bzw. der Schiffskaufvertrag vor dem 1. Mai 1996 abgeschlossen sein muß[5].
In der Begründung zu diesem Änderungsvorschlag wurde zunächst darauf verwiesen, daß die Sonderabschreibungen als »Beihilfen« der Genehmigung der Kommission der Europäischen Gemeinschaft bedürften und daß die Genehmigung für Sonderabschreibungen nach dem 31.12.1995 noch ausstünde. Die Genehmigung, die erstmalig 1994 gegeben wurde, ist für 1996 bis 1999 schließlich am 15.10.1996 erteilt worden[6].
Als Grund für die geplante Beendigung der Sonderabschreibungen wurden die von der Bundesregierung beschlossenen Sparmaßnahmen genannt. Zur Art der Befristung wird folgendes bemerkt[7]:

> ». . . alle vor dem 1. Mai 1996 begonnenen Objekte, die vor dem 1. Januar 2000 angeschafft oder hergestellt werden, (sollen) begünstigt werden. Dadurch soll sichergestellt werden, daß *das zur Finanzierung notwendige Kapital* bei den Objekten, für die der Bauvertrag oder – bei Anschaffung gebrauchter Schiffe – der Kaufvertrag vor dem 1. Mai 1996 abgeschlossen worden ist, *bis zur Ablieferung des Schiffes . . . aufgebracht werden kann.«* (Hervorhebungen vom Verf.)

Auf Grund einer Formulierungshilfe des Bundesministeriums für Finanzen vom 16. Oktober 1996[8] hat der Finanzausschuß in seiner Sitzung vom 18. Oktober 1996 den Entwurf der Bundesregierung in drei Punkten wesentlich geändert[9]:

- Der Stichtag für den Schiffsbau- bzw. Schiffskaufvertrag wurde auf den 1. Januar 1996 vorverlegt.
- Die Abschreibungsvergünstigung soll nur Gesellschaftern zugute kommen, die sich vor dem 1. Januar 1996 an der Personengesellschaft beteiligt haben, die den Schiffsbauvertrag vor dem 1. Januar 1996 abgeschlossen hat. Diese Änderung wird durch die Fiktion erreicht, daß »als Bestellung oder Beginn der Herstellung der Eintritt in die Gesellschaft« gilt.
- Teilhaber von Personengesellschaften, welche in Schiffe investieren, können auftretende Verluste nur noch bis zur Höhe ihrer Einlage steuerlich geltend machen.

4 Bulletin der BReg. Nr. 33, 1996, S. 329 ff.
5 5 BT Drs. 13/4839, S. 28, 30.
6 Europäische Kommission SG (96) D/9015 (unveröffentlicht).
7 BR Drs. 390/96, S. 79.
8 Das Schreiben trägt das Aktenzeichen IV B 3/ BMF SchB 100 zitz.
9 Vgl. Zusammenstellung des Entwurfs eines Jahressteuergesetzes – BT Drs. 13/4839 – mit den Beschlüssen des Finanzausschusses.

Zur Begründung heißt es in dem zitierten Schreiben des Bundesfinanzministeriums, daß Sonderabschreibungen bei Schiffsbauverträgen nach dem 31. Dezember 1995 auf Grund der ausstehenden Genehmigung der EG nicht zulässig gewesen seien, ein schutzwürdiges Vertrauen also nicht hätte entstehen können.

### 3. *Wirtschaftliche Auswirkungen einer Gesetzesänderung gemäß Beschluß des Finanzausschusses*

Zahlreiche Gesellschaften in der Rechtsform der GmbH & Co. KG (sog. Einschiffgesellschaften) haben in den Jahren 1994, 1995 bis hin zum 30. April 1996 mit inländischen oder ausländischen Werften Schiffsbauverträge abgeschlossen. Die Finanzierung der Gesellschaften stellt sich in der Regel so dar, daß knapp die Hälfte der Gesamtinvestition in das Schiff (Baupreis für das Schiff und sonstige Kosten) durch Anlegerkapital beitretender Kommanditisten finanziert wird. Ein größerer Betrag, der häufig die Hälfte der Gesamtinvestition überschreitet, wird durch ein Schiffshypothekendarlehen aufgebracht. Das Anlegerkapital der beitretenden Kommanditisten wird zum größten Teil in den Monaten Oktober, November und Dezember eines Kalenderjahres gezeichnet, wobei der Schiffsbauvertrag regelmäßig im vorangegangenen Jahr abgeschlossen worden ist. In zahlreichen Fällen erfolgt die Einwerbung in mehreren Kalenderjahren, nämlich während der Bauphase bis zum Schluß des Jahres, in dem das Schiff in Dienst gestellt wird. Die Anleger treten der Einschiffgesellschaft gerade auch deshalb bei, um unter Inanspruchnahme der Sonderabschreibung gemäß § 82 f EStDV eine Verlustzuweisung von bis zu 125% zu erhalten.
Wäre der Beschluß des Finanzausschusses Gesetz geworden, wäre das angestrebte steuerliche Ziel verfehlt worden. Anleger, die ihre Anlage noch nicht geleistet haben, hätten sie zurückbehalten, ihre Beitrittserklärung wegen Irrtums angefochten oder den Wegfall der Geschäftsgrundlage geltend gemacht. Neue Anleger wären nicht mehr zu gewinnen gewesen. Schon die Ankündigung der Gesetzesänderung im Sinne des Beschlusses des Finanzauschusses hatte damals zum Zusammenbruch des Beteiligungsmarktes geführt.
Wäre der Beschluß des Finanzausschusses Gesetz geworden, wäre den Einschiffgesellschaften Liquidität in einem Umfang entzogen und die Gewinnung neuer Liquidität unmöglich gemacht worden, daß deren weitere wirtschaftliche Tätigkeit ernsthaft gefährdet worden wäre und in vielen Fällen Konkurs gedroht hätte. Dies gilt insbesondere für Einschiffgesellschaften, die in den Jahren 1994 und 1995 Schiffsbauverträge gezeichnet hatten und auf die Einwerbung von Anlegerkapital bis zum 31. Dezem-

ber 1996 angewiesen waren. Soweit die Einschiffgesellschaft zwischen dem l. Januar und dem 30. April 1996 gegründet worden ist und den Schiffsbauvertrag geschlossen hat, hätte sich ihre wirtschaftliche Lage verschärft, wenn Einschiffgesellschaften keine Darlehen mehr für die aus dem Schiffsbauvertrag fälligen Anzahlungen hätten erhalten können. Die Banken hätten davon ausgehen müssen, daß Anlegerkapital nicht mehr eingeworben werden kann.
Die Einschiffgesellschaften entstehen nicht von allein. Initiatoren sind zumeist deutsche Reedereien, Finanzierungsgesellschaften oder Werften, die Placierungsgarantien übernehmen müssen für den Fall, daß eine Einschiffgesellschaft das erforderliche Anlegerkapital nicht innerhalb eines Kalenderjahres einwerben kann. Durch eine Gesetzesänderung im Sinne des Beschlusses des Finanzausschusses wäre die wirtschaftliche Existenz der Reedereien, Finanzierungsgesellschaften und Werften gefährdet worden, da sich diese nicht aus ihren vertraglichen Verpflichtungen hätten lösen können.

## III. *Änderung gemäß Beschluß des Finanzausschusses und verfassungsrechtlicher Vertrauensschutz*

### 1. *Maßstab Vertrauensschutz*

Aus dem Rechtsstaatsprinzip leitet das Bundesverfassungsgericht den Vertrauensschutz ab, auf den der Bürger einen grundrechtlichen Anspruch hat, der in Art. 2 Abs. 1 GG verankert ist[10]. Aus dem verfassungsrechtlichen Vertrauensschutz folgen Grenzen für die Rückwirkung von Gesetzen. Mit Rückwirkung ist gemeint, daß der Gesetzgeber an Sachverhalte, die in der Vergangenheit liegen, Rechtsfolgen knüpft.
Dem Rechtsstaatsprinzip ist kein generelles Verbot zu entnehmen, gesetzliche Regelungen an Sachverhalte aus der Vergangenheit anzuknüpfen. Es sind Fälle denkbar, in denen der Gesetzgeber an abgeschlossene Tatbestände (etwa Verfolgungsmaßnahmen) Rechtsfolgen wie Entschädigungen und Wiedergutmachungsleistungen knüpft, um damit Gleichheitsverstöße und Freiheitsverletzungen auszugleichen. In anderem Licht erscheinen dagegen belastende gesetzliche Vorschriften mit Rückwirkung. Für das Strafrecht gilt ausnahmslos das Rückanknüpfungsverbot des Art. 103 Abs. 2 GG. Dieses kann auf andere belastende Gesetze aber nicht ohne weiteres ausgedehnt werden. Auch

10 BVerfGE 72, 175, 196.

der Umstand, daß ein Gesetz, das an abgeschlossene Lebenssachverhalte anknüpft, keine offene Gattung betrifft, also nicht allgemein ist (vgl. Art. 19 Abs. 1 Satz 1 GG), vermag ein durchgehendes Rückanknüpfungsverbot bei belastenden Gesetzen nicht zu begründen.

Nach der Rechtsprechung des Bundesverfassungsgerichts sind belastende Gesetze dann verfassungswidrig, wenn sie in abgeschlossene, der Vergangenheit angehörende Tatbestände eingreifen. Diese sog. echte Rückwirkung[11] ist, von wenigen Ausnahmen abgesehen[12], unzulässig. Darum geht es jedoch bei der hier zu behandelnden geplanten Gesetzesänderung nicht. Diese wirkt auf Rechtsbeziehungen ein, die in der Vergangenheit begründet worden, auf eine gewisse Dauer angelegt und noch nicht abgeschlossen sind.

Bei dieser sog. unechten Rückwirkung[13] ist »das Vertrauen des Einzelnen auf den Fortbestand einer gesetzlichen Regelung mit der Bedeutung des gesetzgeberischen Anliegens für das Wohl der Allgemeinheit abzuwägen; nur wenn die Abwägung ergibt, daß das Vertrauen auf die Sicherheit der bestehenden Lage den Vorrang verdient, ist die Rückwirkung unzulässig«[14]. Das Vertrauen des Bürgers wird insbesondere enttäuscht, »wenn das Gesetz einen entwertenden Eingriff vornimmt, mit dem der Betroffene nicht zu rechnen brauchte, den er also bei seinen Dispositionen nicht berücksichtigen konnte«[15]. Der Schutz berechtigten Vertrauens tritt jedoch zurück, wenn dies vorrangige Belange des Gemeinwohls erfordern[16].

Die für die vorliegende Fallkonstellation maßgebliche Rechtsprechung des Bundesverfassungsgerichts, der im Schrifttum weitgehend Folge geleistet wird, verlangt eine Abwägung zwischen dem Vertrauen des Einzelnen auf den Fortbestand einer gesetzlichen Regelung und dem Allgemeinwohlinteresse, das in der Neuregelung zum Ausdruck kommt[17]. Dabei spielen folgende Faktoren eine Rolle:

– Es ist zu unterscheiden, ob ein Gesetz, das eine nicht beabsichtigte günstige Anwendung ermöglichte, mit Auswirkung auf frühere Entscheidungen des Begünstigten geändert wird, oder ob es sich um ein Gesetz handelt, durch das der Gesetzgeber Einzelinteressen bewußt begünstigte, um ein bestimmtes politisches Ziel zu erreichen.

11 BVerfGE 11, 139, 145; 30, 392, 401 f.; 72, 175, 196; 88, 384, 403 f.
12 Vgl. BVerfGE 13, 261, 272 f.
13 BVerfGE 63, 152, 175.
14 BVerfGE 30, 250, 268 unter Hinweis auf BVerfGE 25, 142, 154.
15 BVerfGE 72, 175, 196.
16 BVerfGE 72, 200, 260.
17 Vgl. vor allem *Volkmar Götz,* Bundesverfassungsgericht und Vertrauensschutz, in: Starck (Hrsg.), Bundesverfassungsgericht und Grundgesetz, Bd. II, 1976, S. 421, 423 ff.; *Klaus Stern,* Das Staatsrecht der Bundesrepublik Deutschland, Bd. I, 2. Aufl. 1984, S. 833 ff.; *Hartmut Maurer,* Kontinuitätsgewähr und Vertrauensschutz, HbStR Bd. III, 1988, § 60, Rn. 10 – 64; *Peter Badura,* Staatsrecht, 2. Aufl. 1996, S. 273 f.

- Dabei ist das Gesamtkonzept der begünstigenden Regelung in Rechnung zu stellen, insbesondere wenn das einheitliche politische Ziel durch zwei oder mehrere an verschiedene Personenkreise gerichtete, aber ökonomisch miteinander verwobene Fördermaßnahmen zu erreichen versucht wird.
- Das Ausmaß der wirtschaftlichen Wirkung der in die Vergangenheit hineinwirkenden Gesetzesänderung ist in Betracht zu ziehen.
- Auf der Seite des Staates kommt dem Streben nach Reduktion der staatlichen Ausgaben, insbesondere durch den Abbau von Subventionen und Steuerverschonungen, große Bedeutung zu.

Ob ein Vertrauenstatbestand vorliegt, der mit dem Allgemeininteresse abgewogen werden muß, richtet sich in erster Linie nach der objektiven Gesetzeslage und nach deren wirtschaftlicher Wirkung. Da aber auch das Verhalten der öffentlichen Gewalt zu der Gesetzeslage von Bedeutung ist, muß dieses zunächst untersucht werden, bevor die notwendige Abwägung stattfinden kann.

### 2. *Das Verhalten der öffentlichen Gewalt in Bezug auf das Vertrauen*

Vom Bundesfinanzministerium wird in dem oben zitierten Schreiben[18] die Meinung vertreten, daß im Hinblick auf die Schiffsabschreibungen »nur ein eingeschränkt schutzwürdiges Vertrauen« bestehe. Denn wegen der ausstehenden Genehmigung der Europäischen Kommission sei unklar gewesen, ob die Sonderabschreibungen nach dem 31.12.1995 überhaupt noch möglich sein würden. Dazu ist folgendes zu sagen:

#### a) *Verhalten der Bundesregierung*

Die Neufassung der für die Schiffsabschreibungen maßgeblichen § § 51 Abs. 1 Nr. 2 lit. w Satz 1 EStG und 82 f EStDV durch Art. 1 Nr. 18 und Art. 8 Nr. 2 des Standortsicherungsgesetzes vom 13.9.1993[19] ist gemäß Art. 20 Abs. 2 »vorbehaltlich der Genehmigung durch die Kommission der Europäischen Gemeinschaften« in Kraft getreten. Damit ist die Geltung dieser Vorschriften von einem Rechtsakt der Europäischen Gemeinschaft abhängig gemacht worden, was Art. 11 der Richtlinie des Rates vom 21. Dezember 1990 über Beihilfen für den Schiffsbau 90/684 EWG[20] ent-

18 Vgl. Anm. 8.
19 BGBl. I, S. 1569.
20 Amtsblatt EG L Nr. 380/27, geändert durch die Richtlinie des Rates 94/73 EG, EG L 351/10 aus 1994, verlängert bis zum 31. Dez. 1995.

spricht. Die Genehmigung für 1994 ist am 11.11.1994[21] erteilt worden, und zwar für Schiffe, die auf Grund eines vor dem 1.1.1995 abgeschlossenen Bauvertrages (Unterzeichnung des Hauptvertrages) innerhalb von drei Jahren nach Unterzeichnung des Hauptvertrages ausgeliefert werden. Das Jahr darauf wurde eine entsprechende Genehmigung am 6.3.1995[22] erteilt.
Die Bundesregierung hat der Europäischen Kommission am 19.7.1995 gemäß der zitierten Richtlinie für 1996 erneut die Sonderabschreibung für Schiffe notifiziert und dieser auf Nachfrage in weiteren Schreiben, die am 18.12.1995 sowie am 1. 4., 25. 6. und am 31.7.1996 bei der Kommission eingingen, zusätzliche Informationen gegeben[23]. Daraus ist zunächst zu schließen, daß die Bundesregierung zumindest bis zum 31.7.1996, als sie sich das letzte Mal der Europäischen Kommission gegenüber zu ihrem Genehmigungsantrag geäußert hatte, die Fortsetzung der Sonderabschreibungen für 1996 als notwendig erachtete.
Damit steht auch der von der Bundesregierung eingebrachte Entwurf des Jahressteuergesetzes 1997 im Einklang. Dort ist zwar die Sonderabschreibung für Schiffe zeitlich auf Verträge beschränkt worden, die vor dem 1. Mai 1996 abgeschlossen worden sind. In der Begründung des Entwurfs ist ausdrücklich vermerkt worden, daß durch die Änderung sichergestellt bleibe, daß das zur Finanzierung der bestellten Schiffe notwendige Kapital bis zur Ablieferung des Schiffes steuerbegünstigt aufgebracht werden könne. Die Bundesregierung hat also durch ihren Gesetzentwurf vom 24.5.1996 und durch den Schriftwechsel mit der europäischen Genehmigungsbehörde zum Ausdruck gebracht, daß sie das Vertrauen der Schiffskäufer und Schiffsfinanzierer zu schützen gedenke.

b) *Verhalten der Europäischen Kommission*

Der Versuch des Bundesfinanzministeriums in dem zitierten Schreiben[24], das Problem des Vertrauensschutzes von der staatlichen auf die gemeinschaftsrechtliche Ebene zu verlagern und dort in einem unergründlichen Willen der Europäischen Kommission versiegen zu lassen, berücksichtigt nicht, daß auch die Gemeinschaftsbehörden an rechtsstaatliche Prinzipien gebunden sind[25].

21 BStBl. I, S. 881.
22 BStBl. I, S. 628 f.
23 Vgl. Genehmigungsschreiben der Kommission vom 15.10.1996 – SG (96) D/9015.
24 Vgl. Anm. 8.
25 *So Jürgen Schwarze,* Europäisches Verwaltungsrecht, Bd. II, 1988, S. 846, 911 ff.; *Oppermann,* Europarecht, 1991, S. 214 f.; EuGH v. 21.9.1983, Slg 1983, S. 2633, zitiert nach *Hummer/ Simma/Vedder/Emmert,* Europarecht in Fällen, 2. Aufl., 1994, S. 253, 257 sub (30).

Der rechtsstaatliche Grundsatz des Vertrauensschutzes ist im Gemeinschaftsrecht zwar für Einzelakte entwickelt worden. Da es sich um einen allgemeinen Rechtsgrundsatz handelt, gilt er aber auch für Normativakte jeglicher Art[26]. Das heißt, er gilt auch, wenn die Kommission Quasi-Normativakte erläßt, indem sie die Anwendung staatlicher Normen genehmigt. Die bisherige Genehmigungspraxis auf Grund der zitierten Richtlinie über Beihilfen für den Schiffsbau hat ein Vertrauen aufkommen lassen, daß auch in Zukunft die Sonderabschreibungen für den Schiffsbau genehmigt werden. Dieses Vertrauen muß nicht zuletzt darauf begründet werden, daß die Kommission 1994 die Genehmigung erst im letzten Viertel des Bezugsjahres erteilt hatte. Wären die Schiffskäufer mangels Vertrauensschutzes gezwungen, bis zur Erteilung der Genehmigung mit dem Abschluß des Schiffsbauvertrags zu warten, könnten die Verträge nur während einer sehr kurz bemessenen Zeit geschlossen werden, weil am 1.1. des folgenden Jahres wieder der Vertrauensschutz ausgesetzt wäre, bis die nächste Genehmigung erteilt wird.
Die materielle und Verfahrenspraxis der Europäischen Kommission bei Genehmigungen von Steuererleichterungen zum Zwecke der Förderung des Schiffsbaus hat selbst einen Vertrauenstatbestand geschaffen. Wenn die Kommission von ihrer Genehmigungspraxis in Zukunft abgehen will, müßte sie dieses im letzten Genehmigungsschreiben oder in einer besonderen Erklärung am Ende des Jahres ankündigen, für das letztmalig die Genehmigung erteilt worden ist; oder sie müßte die Genehmigung vor Beginn des Bezugsjahres verweigern.

c) *Zusammenfassung*

Die Ansicht des Bundesfinanzministeriums trifft nicht zu, daß »nur eingeschränkt schutzwürdiges Vertrauen« bestehe. Die *Bundesregierung* hat auf dreifache Weise das Vertrauen auf die zumindest befristete Fortgeltung der Sonderabschreibungen genährt, und zwar
- in erster Linie durch die 1995 begonnene Korrespondenz mit der Europäischen Kommission bis zum Juli 1996, die auf Erteilung der Genehmigung der als Beihilfe wirkenden Sonderabschreibungen gerichtet war;
- durch Vorbereitung und Vorlage des Entwurfs des Jahressteuergesetzes 1997 am 24.5.1996, in dem der Stichtag für die Abschaffung der Sonderabschreibungen auf den 1. Mai 1996 festgelegt worden ist, was am 25. April 1996 im »Programm für mehr Wachstum und Beschäftigung« angekündigt worden ist;

26 Vgl. *Schwarze* (Anm. 25), S. 1077 ff.

- durch Sicherung der steuerlichen Vergünstigungen für die Finanzierung der in den Jahren 1994, 1995 und bis zum 30.4.1996 durch Abschluß eines Schiffsbauvertrages begonnenen Objekte.

Die *Europäische Kommission,* die ebenso wie innerstaatliche Behörden in ihrem Handeln dem Grundsatz des Vertrauensschutzes unterworfen ist, hat durch die bisherigen Genehmigungen und das dabei eingeschlagene Verfahren selbst einen Vertrauenstatbestand geschaffen.

### 3. *Abwägung zwischen Vertrauensschutz und Allgemeininteresse*

Der durch die zuständigen Träger öffentlicher Gewalt geschaffene Vertrauenstatbestand ist mit dem Allgemeininteresse abzuwägen, das von der Regelung in der Fassung des Beschlusses des Finanzausschusses gefördert werden sollte.

#### a) *Allgemeininteresse*

Der im Jahressteuergesetz angestrebte *Abbau von Steuervergünstigungen*[27] ist ein Ziel, das Allgemeininteressen dienen kann. Im vorliegenden Fall ist das jedoch fraglich. Denn die Bundesregierung hat gegenüber der Europäischen Kommission im Genehmigungsverfahren ein Allgemeininteresse an den Schiffsabschreibungen gemäß Art. 87 Abs. 3 lit. b, c EGV begründet. Anderenfalls wäre die Genehmigung nicht erteilt worden. Da aber nach Art. 87 Abs. 3 lit. c früher Satz 2 EGV Beihilfen für den Schiffsbau schrittweise abgebaut werden sollen, widerspricht der Antrag der Bundesregierung auf Genehmigung nicht dem von ihr vorgelegten Gesetzentwurf. Wenn der Abbau zu einem Termin während des Jahres 1996 stattfinden soll, bedarf es bis zu diesem Zeitpunkt der Genehmigung von Sonderabschreibungen. Widersprüchlich wird die Sache erst, wenn man den Antrag der Bundesregierung auf Genehmigung mit der Fassung des Gesetzentwurfs in Beziehung setzt, wie er durch Beschluß des Finanzausschusses geändert worden ist. Denn dieser Gesetzentwurf entzieht dem Genehmigungsantrag die Grundlage. Dem Allgemeininteresse, wie es in Art. 87 Abs. 3 lit. c früher Satz 2 EGV definiert ist, entspricht es, die Beihilfen für den Schiffsbau schrittweise abzubauen. »Schrittweise« ermöglicht ein schonendes Vorgehen, insbesondere im Hinblick auf diejenigen, die sich auf das wirtschaftspolitisch motivierte Abschreibungsangebot eingelassen haben und begonnene Objekte aus wirtschaftlichen Gründen zu Ende führen

27 BR Drs. 390/96, Vorblatt, Zielsetzung.

müssen. Für den Subventionsabbau durch radikale sofortige Beendigung der Sonderabschreibungsmöglichkeiten auch für schon begonnene Objekte, wie ihn der Finanzausschuß mit seiner Fassung des Gesetzentwurfs bewirken wollte, besteht demnach kein Allgemeininteresse, das aus deutschem oder Gemeinschaftsrecht hergeleitet werden könnte.
Was bleibt, ist, daß durch die Abschaffung der Sonderabschreibungen *Steuermehreinnahmen* erzielt werden sollten. Dies wird man als dem Allgemeininteresse dienlich bewerten können, insbesondere in einer Zeit knapper Staatsfinanzen. Denn Steuermehreinnahmen vermindern bei gleichbleibenden Staatsausgaben die Kreditaufnahme, was unter den Kriterien für die Europäische Währungsunion[28] von höchstem Allgemeininteresse ist.
Die von der Bundesregierung angestrebte Änderung der Vorschriften über Schiffsabschreibungen soll in den Jahren bis 2000 jährlich ca. 70 Mio. DM Steuermehreinnahmen erbringen[29]. Nach Schätzungen des Bundesfinanzministers in dem zitierten Schreiben[30] sollten die Änderungen, wie sie der Finanzausschuß beschlossen hatte, weitere Mehreinnahmen von jährlich 130 Mio. DM erbringen. Um diese Mehreinnahmen geht es hier allein, da der Entwurf der Bundesregierung unter dem Gesichtspunkt des Vertrauensschutzes nicht beanstandet werden kann. Er schützt das Vertrauen derjenigen Gesellschaften, die 1994 und 1995 Schiffsbauverträge abgeschlossen haben, noch drei Jahre lang Beteiligungen einzuwerben, für die die Abschreibungsvorschriften weitergelten. Außerdem schützt der Entwurf der Bundesregierung das Vertrauen derjenigen Schiffsbaugesellschaften, die noch im Jahre 1996 bis zum 30. April, d. h. bis kurz nach der Ankündigung der Bundesregierung, die Abschreibungsmöglichkeiten für Schiffe zu streichen, einen Schiffsbauvertrag geschlossen haben.

b) *Vertrauen*

Um das Vertrauen näher zu kennzeichnen, muß zunächst betont werden, daß die Schiffsabschreibungen primär nicht bestimmte Personenkreise bevorzugen sollen, sondern daß die Steuerbegünstigung nur ein Instrument ist, ein Gemeinwohlziel zu fördern. In diesem Sinne heißt es in dem Genehmigungsschreiben der Europäischen Kommission vom 15.10.1996[31]: »Dieses System soll durch Investitionsanreize dazu beitragen, daß mehr Schiffe unter deutscher Flagge fahren, und daß Arbeitsplätze geschaffen

28 Art. 104, 121 EGV; 6. Protokoll zum Vertrag über die Europäische Union über die Konvergenzkriterien nach Art. 121 des Vertrages zur Gründung der Europäischen Gemeinschaft.
29 BT Drs. 13/4839,5.41.
30 Vgl. Anm. 8.
31 SG (96) D/9015.

werden. Dies geschieht durch die steuerliche Förderung von Investitionen in Schiffe.« Es geht also um die Lenkung von Privatkapital durch steuerliche Anreize. Die Gründe dafür sind fast vollständig in dem zitierten Genehmigungsschreiben der Europäischen Kommission angeführt:

- Steigerung der internationalen Wettbewerbsfähigkeit der deutschen Schiffahrtsunternehmen, insbesondere gegenüber Schiffen aus Drittländern, die oft unter Billigflaggen fahren;
- Beitrag zur Modernisierung der deutschen Handelsflotte, da die Anschaffung von Schiffen mit fortschrittlicher Technologie das Produktivitätsniveau steigert;
- durch die Erhöhung der Anzahl der unter deutscher Flagge fahrenden Schiffe werden nicht nur Arbeitsplätze an Bord geschaffen, sondern auch eine noch größere Anzahl von Arbeitsplätzen an Land bei Reedereien, im Hafenbereich und im allgemeinen Verkehrssektor;
- je mehr Schiffe unter deutscher Flagge fahren, desto mehr Schiffe sind nicht nur für den deutschen Arbeitsmarkt verfügbar, sondern unterstehen auch den für die deutsche Handelsflotte geltenden Sicherheits- und Sozialstandards.

Dies sind die wichtigsten Gründe für die Schiffsabschreibungen im deutschen Steuerrecht und zugleich für deren Genehmigung durch die Europäische Kommission. Diese Gründe zeigen zugleich, daß es sich bei den Sonderabschreibungen nicht um Fehlsubventionen handelt, deren Abbau nicht von den Grundsätzen des Vertrauensschutzes behindert wird[32]. Das auf den genannten Gründen beruhende System kann nur funktionieren, wenn die Bereitschaft zu Investitionen besteht, die nicht ohne Risiko sind. Wenn der Staat aus gut nachvollziehbaren Gründen ein solches Investitionsanreizsystem gesetzlich etabliert, entsteht ein Vertrauenstatbestand.

Dieser besteht zunächst einmal darin, daß ein einmal begonnenes Objekt vom Bau- oder Kaufvertrag an nach dem zu diesem Zeitpunkt geltenden Recht zu Ende geführt werden kann. Denn darauf beruhen alle Kalkulationen. Wenn der Staat mit steuerlichen Abschreibungsanreizen dem Bürger Geld aus der Tasche lockt und dieses in bestimmte Investitionskanäle leitet, so wird von ihm nicht mehr und nicht weniger als die Haltung des »ehrlichen Kaufmanns« verlangt. Deshalb besteht für die 1994 und 1995 durch Vertragsschließung begonnenen Objekte *ein gesteigerter Vertrauenstatbestand* dahin, daß sie nach dem damals geltenden Recht müssen zu Ende geführt werden können.

Was die zwischen dem 1.1. und dem 30.4.1996 abgeschlossenen Schiffsbau- und Schiffskaufverträge anbelangt, so bestand für diesen Zeitraum keine Unsicherheit darüber, daß das Abschreibungssystem fortgesetzt wird. Das wird

32 BVerfGE 72, 175, 197.

durch die beiden schon behandelten Umstände bestätigt, daß die Bundesregierung schon im Jahre 1995 durch Notifikation um die Genehmigung der Europäischen Kommission für die Fortsetzung des Systems nachsuchte und daß sie Ende April auf die zukünftige Streichung der Abschreibungsmöglichkeiten hinwies. Bis dahin bestand ein *normaler Vertrauenstatbestand,* daß das über lange Zeit angewandte und von der EG gebilligte Schiffsbaufördersystem fortgesetzt wird.

c) *Übergewicht des Vertrauensschutzes*

Es hat sich ergeben, daß für den rückwirkenden Abbruch des Schiffsabschreibungssystems als Allgemeininteresse nur die Mehreinnahme von Steuern geltend gemacht werden kann. Ein Subventionsabbau auf dem geplanten Wege kann hingegen nicht im Allgemeininteresse sein, weil der Abbau nach Gemeinschaftsrecht schrittweise, d. h. schonend, stattfinden soll. Da es gut nachvollziehbare Gründe für die Subventionierung des Schiffsbaus gibt, also keine Fehlsubventionen vorliegen, kann es nicht im Allgemeininteresse liegen, einen rückwirkenden Abbau vorzunehmen.
Eine Abwägung des verbleibenden Allgemeininteresses an Steuermehreinnahmen mit dem oben herausgearbeiteten gesteigerten Vertrauensschutz, den der Staat als »ehrlicher Kaufmann« dem in das Schiffsfördersystem einmal Eingestiegenen schuldet, ergibt einen Vorrang des Vertrauensschutzes. Aber auch das normale Vertrauen auf die Fortsetzung eines bewährten und politisch gut begründbaren Fördersystems geht dem Allgemeininteresse an Steuermehreinnahmen vor; denn die Beendigung des Systems hätte rechtzeitig vor Beginn des Jahres 1996 angekündigt werden können.

## IV. *Die geltenden Regelungen über Schiffsabschreibungen und Vertrauensschutz*

Die hier ausgebreiteten verfassungsrechtlichen Argumente aus dem Grundsatz des Vertrauensschutzes haben dazu geführt, daß der Finanzausschuß seinen Beschluß vom 18. Oktober 1996 revidiert hat, wonach das damals geltende Recht (Sonderabschreibung von 40% und Verlustzuweisung von 125%) für alle vor dem 25. April 1996 abgeschlossenen Schiffsbau- und Schiffskaufverträge und für die daran beteiligten Schiffsgesellschaften (mit einem Gesellschafterbeitritt bis zum 1. Januar 1999) erhalten bleibt. Der Ausschuß hat jedoch – anders als in der ursprünglichen Gesetzesvorlage der Bundesregierung – das Recht zur Sonderabschreibung auf solche Schiffsbauverträge beschränkt, die vor dem 25. April 1996 abgeschlossen worden sind. Diesem Vorschlag entsprechend ist dann § 51 Abs. 1 Nr. 2 lit. w Sätze 1-3, 7, 8 EStG geändert worden[33].

Im folgenden geht es nur noch um die Frage, ob der Vertrauenstatbestand, der oben begründet worden ist, bereits am 25. April 1996 erloschen ist oder ob er bis zum 30. April 1996 dauert und ob gegebenenfalls das Vertrauen während der letzten fünf Tage schwächer ist und die Abwägung deshalb dann eventuell zugunsten des Allgemeininteresses ausfällt.

Die Bundesregierung hatte in ihrem Programm für mehr Wachstum und mehr Beschäftigung vom 25. April 1996 angekündigt: »Die Abschreibungsbegünstigung für Schiffe und Flugzeuge wird für Aufträge nach dem 30. April 1996 gestrichen.« Diese Ankündigung wurde dann im Entwurf eines Jahressteuergesetzes 1997 vom 24. Mai 1996[34] gesetzestechnisch umgesetzt.

Die Ankündigung des Stichtages »30. April 1996« war mit den Bundestagsfraktionen von CDU/CSU und FDP, also mit der Mehrheit des Deutschen Bundestages, abgesprochen. Das ergibt sich aus Presseberichten vor dem 30. April 1996 über das sog. Sparpaket[35] und nachträglich aus dem Umstand, daß der Entwurf des Jahressteuergesetzes 1997 von den Fraktionen der CDU/CSU und FDP am 11. Juni 1996 in den Bundestag eingebracht worden ist[36]. Das heißt, die Bundesregierung *und* die Mehrheit des Deutschen Bundestages haben den 30. April 1996 als Stichtag angekündigt, bis zu dem Schiffsbau- und Schiffskaufverträge geschlossen werden können, die in den Genuß der Sonderabschreibungen kommen.

Nach der Rechtsprechung des Bundesverfassungsgerichts zur belastenden Rückwirkung von Gesetzen gibt es vier immer wieder angeführte Gründe für fehlenden Vertrauensschutz[37]. Danach greift der Vertrauensschutz ausnahmsweise nicht, d. h. die Rückwirkung ist zulässig, »1) wenn der Bürger nach der rechtlichen Situation in dem Zeitpunkt, auf den der Eintritt der Rechtsfolge vom Gesetz zurückbezogen wird, mit dieser Regelung rechnen mußte, 2) wenn das geltende Recht unklar und verworren ist, 3) wenn der Bürger sich nicht auf den durch eine ungültige Norm erzeugten Rechtsschein verlassen darf, 4) wenn zwingende Gründe des Gemeinwohls, die dem Gebot der Rechtssicherheit übergeordnet sind, eine Rückwirkungsanordnung rechtfertigen.«

33 BGBl. I, S. 2049.
34 BR Drs. 390/96.
35 Vgl. z.B. Handelsblatt vom 26./27.4.1996, S. 4.
36 BT Drs. 13/4839.
37 BVerfGE 13, 261, 272; 18, 429, 439; 30, 272, 286; 88, 384, 404.

Die Rechtslage war klar, die Sonderabschreibungen hatten einen klar umrissenen und praktisch verwirklichten Sinn, von einer staatlichen »Fehlinvestition« kann keine Rede sein.
Der zuerst genannte Grund ist hier noch näher zu erörtern. Es ist zu prüfen, ob die Betroffenen damit rechnen mußten, daß die Möglichkeit der Sonderabschreibungen vor dem 1. Mai 1996 abgeschafft wird. Die Bundesregierung hat am 25. April 1996 zu erkennen gegeben, daß sie die Förderung des Baus von Schiffen, die unter deutscher Flagge fahren, aufgeben wird. Eigentlich entscheidet darüber der Gesetzgeber. Wenn man die Ankündigung einer Gesetzesänderung durch die Bundesregierung genügen läßt, um das Vertrauen auf den Fortbestand der geltenden gesetzlichen Regelung zunichte zu machen, so kann das damit begründet werden, daß es sich bei der Änderung von wirtschaftspolitisch motivierten Vorschriften über Sonderabschreibungen um eine Materie handelt, die herkömmlicherweise stark von der Bundesregierung beherrscht wird[38]. Im vorliegenden Fall kommt hinzu, daß die Mehrheitsfraktionen des Deutschen Bundestages über die Ankündigung der Bundesregierung beraten und sie zustimmend zur Kenntnis genommen haben.
Wenn man nun auf Ankündigungen der Bundesregierung abstellt, um den Zeitpunkt zu ermitteln, ab wann Vertrauen auf den Fortbestand einer günstigen Regelung nicht mehr begründet ist, so muß man folgerichtig auch den von der Bundesregierung selbst festgelegten Zeitpunkt für die Änderung der Rechtslage in die Bestimmung des Zeitraumes einbeziehen, für den Vertrauensschutz besteht. Die Bundesregierung hat das Vertrauen auf die Fortgeltung des Rechts der Sonderabschreibungen für einen Zeitraum von fünf Tagen nach der Bekanntgabe ihrer Änderungspläne ausdrücklich aufrechterhalten. Die Bundesregierung kann unter Vertrauensschutzgesichtspunkten eben nicht nur das Vertrauen zunichte machen, sondern auch befristen, wie es im vorliegenden Fall geschehen ist. Die Verkürzung der von der Bundesregierung in Kenntnis der Mehrheitsfraktionen festgesetzten Frist, während der noch Vertrauensschutz besteht, um fünf Tage stellt eine schwerwiegende Störung der Verläßlichkeit staatlichen Handelns dar.
Bundesregierung und Mehrheit des Bundestages hätten die Ankündigung auch anders vornehmen und allgemein verlautbaren können, daß in Zukunft die Sonderabschreibungen wegfielen. Dies ist so nicht geschehen. Deshalb gelten die unter III 2 c angeführten Argumente für das Vorliegen eines Vertrauenstatbestandes bis zum 30. April 1996.
Das Ergebnis der Abwägung zwischen Vertrauensschutz und Allgemeininteresse (oben III 3 c) gilt ebenfalls für den Zeitraum vom 25. bis zum 30.

38 Vgl. *Götz* (Anm. 17), S. 421, 443 f.

April 1996, da keinerlei Anhaltspunkte ersichtlich sind, daß für die fünf Tage, vom 25. April ab gerechnet, das Vertrauen schwächer ist oder die Allgemeininteressen stärker sind.
Wenn in Zukunft aus steuerpolitischen oder gemeinschaftsrechtlichen Gründen weitere Steuervergünstigungen abgebaut werden, kann das Vorgehen beim Abbau der Schiffsabschreibungen als abschreckendes Beispiel dienen. Der Finanzausschuß des Deutschen Bundestages war schlecht beraten, als er abweichend vom Gesetzentwurf der Bundesregierung den verfassungsrechtlichen Grundsatz des Vertrauensschutzes zunächst nicht beachten wollte. Aber auch das, was dann zum Schluß Gesetz geworden ist, wird dem verfassungsrechtlichen Vertrauensschutz nicht voll gerecht.

## V. *Der Beschluß des Bundesverfassungsgerichts vom 3. Dezember 1997*

Die vorstehenden Ausführungen dieses Kapitels sind im September 1997 fertiggestellt und an den Herausgeber der Festschrift gesandt worden. Im März 1998 ist der Beschluß des Bundesverfassungsgerichts vom 3. Dezember 1997 – 2 BvR 882/97 – bekanntgegeben worden[39], in dem die unter IV behandelte Regelung überprüft und als verfassungsmäßig befunden worden ist. Der Richter *Kruis* hat dem Beschluß eine abweichende Meinung beigefügt, in der er die angegriffene Regelung für verfassungswidrig hält.
Nach Ansicht des Bundesverfassungsgerichts sind es »zwingende Gründe des gemeinen Wohls«, die hier eine Durchbrechung des rechtsstaatlichen Rückwirkungsverbots rechtfertigten (S. 81 f.). Die Bundesregierung habe die in den Schiffsabschreibungen liegende Verschonungssubvention als »wirtschaftlich unsinnig« eingeschätzt und eine entsprechende Gesetzesänderung angekündigt. Der dafür von der Bundesregierung genannte Termin begründe kein rechtsstaatlich schutzwürdiges Vertrauen. Das wird damit begründet, daß das Parlament Herr des Gesetzgebungsverfahrens sei und die Bundesregierung die Absicht nicht im Wege der Verordnungsgebung hätte verwirklichen können (S. 83 f.).
Dabei übersieht das Bundesverfassungsgericht zunächst, daß die Gesetzesinitiative nicht allein von der Bundesregierung ausgegangen war, sondern parallel auch von den Fraktionen der CDU/CSU und FDP durch einen gleichlautenden Entwurf getragen wurde (siehe oben Anm. 2). Die Parla-

39 BVerfGE 97, 67, die im folgenden Text in Klammern gesetzten Seitenzahlen beziehen sich auf diese Entscheidung

mentsmehrheit stand also hinter der Ankündigung, das Vertrauen auf den Fortbestand der Regelung bis zum 30. April 1996 zu schützen. Die Schiffsabschreibungen sollten im Zuge des Subventionsabbaus abgeschafft werden. Daß sie nicht wirtschaftlich unsinnig sind, zeigen die Ausführungen oben unter III 3 b. Das war in die Abwägung mit einzustellen. Was über Jahrzehnte geltendes Steuerrecht war, was von der EG-Kommission gebilligt wurde, wird nicht wirtschaftlich unsinnig sein, wird es auch nicht plötzlich werden. Es geht um eine Änderung der Steuer- und Wirtschaftspolitik, die legitim ist, solange der Vertrauensschutz beachtet wird.

Der vorliegende Beschluß stellt einen schwerwiegenden Einbruch in den rechtsstaatlichen Grundsatz des Vertrauensschutzes dar. Dieser wird noch dadurch verschärft, daß die Ankündigung der Bundesregierung, die nach ständiger zutreffender Rechtsprechung das Vertrauen beenden darf, bezüglich des von der Bundesregierung mitgeteilten Termins nicht gelten soll. Darauf weist der Richter *Kruis* in seiner abweichenden Meinung ausdrücklich hin (S. 85 ff.): Daß der Gesetzgeber die vertrauenstiftende Bedeutung der Erklärung der Bundesregierung überhaupt erkannt und ihre Konsequenzen für das verfassungsrechtliche Verbot der Rückwirkung von Gesetzen hinreichend bedacht habe, gehe aus den Gesetzesmaterialien nicht hervor. Damit wird der eigentlich wunde Punkt der Begründung des Senatsbeschlusses berührt. Wenn die Bundesregierung Vertrauen beenden kann, und zwar sofort am Tag ihrer Erklärung, dann kommt einer Frist, die die Bundesregierung dem Vertrauen läßt, eine ebenso entscheidende Bedeutung zu. Eine solche Erklärung darf nicht aufgespalten werden in ihren sachlichen und zeitlichen Teil. Von zwingenden Gründen des Gemeinwohls, auf die der Senat seine Entscheidung stützt, kann also keine Rede sein. Das Bundesverfassungsgericht sollte, wie auch der Richter *Kruis* am Schluß seiner abweichenden Meinung mahnt, das Vertrauen als konstituierendes Element unseres Gemeinwesens schützen (S.88): »Der Staat muß sich deshalb auch in einer Zeit, in der durchgreifende und rasche Reformen anstehen, an den Erklärungen seiner leitenden Organe festhalten lassen.«

2. Kapitel

# Gleichheit der Besteuerung durch amtliche AfA-Tabellen und Sonderbehandlung von Verlustzuweisungsgesellschaften[1]

## I. *Bewertung von Wirtschaftsgütern*

### 1. *Abschreibung für Abnutzung*

Nach Bilanzsteuerrecht müssen Wirtschaftsgüter, die das Anlagevermögen darstellen, bewertet werden. Denn das für die periodengerechte Ermittlung der Einkünfte entscheidende Ergebnis des Betriebsvermögensvergleichs (§§ 4 Abs. 1, 5 Abs. 1 EStG) hängt wesentlich davon ab, wie die Wirtschaftsgüter als Bilanzposten zu bewerten sind. Nach der Hauptvorschrift des einkommensteuerlichen Bewertungsrechts (§ 6 Abs. 1 EStG) sind Wirtschaftsgüter des Anlagevermögens, die der Abnutzung oder Substanzverringerung unterliegen, in der Regel mit den Anschaffungs- oder Herstellungskosten, vermindert um die Absetzung für Abnutzung (AfA), in der Bilanz anzusetzen.[2] Geringwertige Wirtschaftsgüter (§ 6 Abs. 2 EStG) oder Wirtschaftsgüter, die höchstens ein Jahr genutzt werden können, werden im Jahr der Anschaffung zur Gänze als Betriebsausgaben abgesetzt. Werden Wirtschaftsgüter erfahrungsgemäß länger als ein Jahr genutzt oder verwendet, »ist jeweils für ein Jahr der Teil der Anschaffungs- oder Herstellungskosten abzusetzen, der bei gleichmäßiger Verteilung dieser Kosten auf die Gesamtdauer der Verwendung oder Nutzung auf ein Jahr entfällt« (§ 7 Abs. 1 Satz 1 EStG).[3] Die Gesamtdauer der Verwendung oder Nutzung bemißt sich nach der »betriebsgewöhnlichen Nutzungsdauer des Wirtschaftsgutes« (§ 7 Abs. 1 Satz 2 EStG).
Was nun die betriebsgewöhnliche Nutzungsdauer anbelangt, ist nach der Rechtsprechung des BFH der Zeitraum maßgebend, in dem das Wirtschaftsgut *technisch* abgenutzt wird.[4] Hierfür seien objektive Maßstäbe anzuwenden.

1 Wiederabdruck aus: Festschrift für Klaus Vogel, 2000, S. 391 – 403.

2 Falls der Teilwert niedriger ist, kann dieser angesetzt werden (§ 6 Abs. 1 Nr. 1 Sätze 2 und 3 EStG).

3 Statt dieser linearen AfA kann der Steuerpflichtige eine degressive Abschreibung wählen (§ 7 Abs. 2 EStG).

4 BFH v. 19.11.1997, BFHE 184, 522, 524 = BStBl. II 1998, 59, 61.

Nicht der Wille des Steuerpflichtigen, sondern die objektive Nutzbarkeit sei maßgebend.[5] Neben der technischen, gibt es eine *wirtschaftliche* Nutzungsdauer,[6] die regelmäßig zusammenfallen; technischer Verschleiß und wirtschaftliche Entwertung gehen Hand in Hand. Ausnahmsweise kann aber die wirtschaftliche Nutzungsdauer kürzer bemessen sein als die technische, wie der BFH dargelegt hat. Das ist der Fall, wenn das Wirtschaftsgut – unabhängig von seinem technischen Verschleiß – erfahrungsgemäß wirtschaftlich zur Erzielung von Einkünften eine kürzere Zeit verwendbar ist, als es technisch nutzbar ist. Auch insoweit gelten objektive Maßstäbe. Ein solcher wirtschaftlicher Verbrauch ist nur dann anzunehmen, wenn die Möglichkeit einer sinnvollen evtl. anderweitigen Nutzung nicht mehr besteht. So kann z. B. ein Personalcomputer, dessen ursprüngliche technische Nutzbarkeit uneingeschränkt fortbesteht, wirtschaftlich unbrauchbar geworden sein, weil es neu entwikkelte Systeme gibt, die leistungsfähiger geworden sind und den Wert des technisch weiter nutzbaren Personalcomputers auf Null reduzieren, was dadurch dokumentiert wird, daß der Personalcomputer auf dem Markt keinen Gegenwert mehr hat. Dieser Erfahrung entsprechend ist der Abschreibungszeitraum für Personalcomputer zu berechnen.[7] Anders liegen die Dinge, um ein Gegenbeispiel zu nennen, wenn ein Mietwagenunternehmen seine Autos nur drei Jahre lang wirtschaftlich nutzen kann, die Wagen nach Ablauf dieser Zeit aber noch einen wirtschaftlichen Wert haben und zu einem Preis verkauft werden können, der häufig die Hälfte der ursprünglichen Anschaffungskosten noch übersteigt. Die betriebsgewöhnliche Nutzungsdauer ist in diesem Fall nicht auf drei Jahre beschränkt, was bei den jährlichen Abschreibungen berücksichtigt werden muß.

### 2. *Amtliche AfA-Tabellen: Rechtsform und Zuständigkeit, Zweck und Funktion*

Da die betriebsgewöhnliche Nutzungsdauer eines Wirtschaftsgutes wegen des jährlichen Abschreibungssatzes vom ersten Jahr der Nutzung an bestimmt sein muß, sind stets Prognosen erforderlich, die auf den jeweiligen Typ der Wirtschaftsgüter bezogen sein müssen. Da hier durchaus Generalisierungen möglich sind, muß die Prognose nicht für jedes Wirtschaftsgut gesondert vorgenommen werden. Als Hilfsmittel für die Schätzung der Nutzungsdauer bei

5 BFH v. 26.7.1991, BFHE 165, 378 = BStBl. II 1992, 1000; *Michael Karrenbauer*, Die Abschreibung im Einkommen- und Bilanzsteuerrecht, 1993, S. 137 ff.

6 Zum folgenden siehe BFH v. 19.11.1997, BFHE 184, 522, 524 f., 526 = BStBl. II 1998, 59, 61.

7 Bisher wenigstens wird eine Nutzungsdauer von 5 Jahren angenommen, vgl. BFH v. 8.11. 1996, BFH/NV 1997, S. 288.

der Anwendung des § 7 EStG gibt das Bundesministerium der Finanzen im Zusammenwirken mit den Finanzministern und Finanzsenatoren der Länder aufgrund der Erfahrungen der steuerlichen Betriebsprüfung und unter Beteiligung der Fachverbände der Wirtschaft sog. *AfA-Tabellen* für allgemein verwendbare Anlagegüter und für verschiedene Wirtschaftszweige heraus.[8]
AfA-Tabellen beruhen nicht auf einer gesetzlichen Ermächtigung; sie sind also keine Rechtsverordnungen. Sie fallen auch nicht unter die Verwaltungsvorschriften gemäß Art. 108 Abs. 7 GG, weil sie nicht von der Bundesregierung mit Zustimmung des Bundesrates erlassen werden.[9] Die Regelung des Art. 108 Abs. 7 GG schließt aber den Erlaß von Verwaltungsvorschriften für die Steuerverwaltung des Bundes durch den Bundesminister der Finanzen nicht aus.[10] Freilich müßte dann der Minister gesetzlich ermächtigt werden, wie es in Art. 86 Satz 1 GG, der allgemeinen Vorschrift für die Bundesverwaltung, heißt. An dieser Ermächtigung fehlt es aber. Hinzu kommt noch, daß die AfA-Tabellen nicht die Bundes-, sondern die Landesverwaltung betreffen, die die Einkommensteuer im Auftrage des Bundes verwaltet (Art. 108 Abs. 3 Satz 1, 106 Abs. 3 GG). Deshalb versuchen einige Autoren, die amtlichen AfA-Tabellen als Weisungen zu qualifizieren, die nach Art. 108 Abs. 3 i.V.m. Art. 85 Abs. 3 GG der Bundesminister der Finanzen erlassen darf. Das Weisungsrecht soll nicht nur Einzelweisungen, sondern auch allgemeine Weisungen umfassen. Zur Abgrenzung von den Verwaltungsvorschriften verlangt *Stern*, daß allgemeine Weisungen konkret sachbezogen sein müßten wie Allgemeinverfügungen[11], gibt aber zu, daß die Grenze »außerordentlich flüssig« bleibe. Darin sieht *Lerche* zutreffend den Hauptgrund dafür, eine Befugnis zu allgemeinen Weisungen abzulehnen, um das Kompetenzgefüge, insbesondere die Zuständigkeit des Bundesrates, nicht in Frage zu stellen.[12] Auch Art. 108 Abs. 4 GG, der das Zusammenwirken von Bundes- und Landesfinanzbehörden ermöglicht, bietet keine Grundlage für den Erlaß von AfA-Tabellen durch den Bundesminister der Finanzen im Einvernehmen mit den obersten Finanzbehörden der Länder, weil dafür eine bundesgesetzliche Regelung notwendig wäre.
Für die Aufstellung der amtlichen AfA-Tabellen durch den Bundesminister der Finanzen fehlt es also an einer verfassungsrechtlichen bzw. gesetzlichen

8 AfA, Erläuterungen (Stand: Mai 1997), Teil I Allgemeines A, Nr. 1; dazu BFHE 165, 378, 383 f. = BStBl. II 1992, 1000, 1003; BFHE 184, 522, 525 = BStBl. II 1998, 59, 61; *Drenseck*, in: L. Schmidt, EStG, 18. Aufl. 1999, § 7 Rdnr. 84.

9 Vgl. außer Art. 108 Abs. 7 GG auch Art. 84 Abs. 2, Art. 85 Abs. 2 Satz 1 GG.

10 *R. Seer*, BK Art. 108 (Stand 1999) Rdnr. 163.

11 *Klaus Stern*, Staatsrecht, Bd. II, 1980, S. 813 m.w.N.; ebenso *Willi Blümel*, Verwaltungszuständigkeit, HStR IV (1990), § 101 Rdnr. 60.

12 *Peter Lerche*, in: Maunz/Dürig, GG, Art. 85 Rdnr. 50, ähnlich für Art. 108 GG *Johannes Bonsels*, Einwirkungs- und Mitwirkungsrechte des Bundes bei der Verwaltung der Steuern durch die Länder, 1995, S. 106 ff.

Grundlage. Die Praxis behilft sich damit, daß der Minister die AfA-Tabellen im Einvernehmen mit den obersten Finanzbehörden der Länder erläßt, und stützt sich dafür auf die Bund-Länder-Vereinbarung vom 15.1.1970 betreffend den Erlaß allgemeiner Verwaltungsvorschriften außerhalb von Art. 108 Abs. 7 GG.[13] In dieser Vereinbarung ist von allgemeinen Weisungen des Bundesministers der Finanzen die Rede, und bezüglich der Beteiligung der Länder wird es für genügend erklärt, daß »die Mehrzahl der Länder keine Einwendungen« erhebt. Das dürfte kaum genügen. Aber auch wenn ein Einvernehmen aller Länder besteht, wäre immer noch die Frage, ob damit die Zuständigkeit der Bundesregierung und des Bundesrates umgangen werden kann. Die Problematik kann im Rahmen dieses Beitrages nicht weiter geklärt werden. Festzuhalten bleibt aber, daß eine Grundlage für die Zuständigkeit des Bundesministers der Finanzen zum Erlaß der amtlichen AfA-Tabellen nicht nachgewiesen werden konnte.

AfA-Tabellen gehören zur Kategorie derjenigen Verwaltungsvorschriften,[14] die die Sachverhaltsermittlung im Rahmen unbestimmter Gesetzesbegriffe erleichtern.[15] Damit dienen sie der Gleichmäßigkeit der Besteuerung, der Beweiserleichterung, der Verfahrensökonomie, der Entlastung der Verwaltungsbeamten und der Rechtssicherheit.[16]

In der Rechtsprechung des BFH wird immer wieder hervorgehoben, daß die AfA-Tabellen die Gerichte nicht binden.[17] Sie werden aber unter dem Gesichtspunkt der nach außen hin publizierten Selbstbindung der Verwaltung und im Hinblick auf das Prinzip der Gleichmäßigkeit der Besteuerung beachtet;[18] sie haben die Vermutung der Richtigkeit für sich.[19] Abweichung von den Werten der AfA-Tabellen sind für Fallgruppen oder im einzelnen Fall möglich, bedürften aber einer besonderen Begründung.[20] Dafür genügt freilich nicht die Behauptung besserer Kenntnis betrieblicher Abläufe durch den Steuerpflichtigen oder eine abweichende politische Wertung der Nutzung von Wirtschaftsgütern durch die Finanzverwaltung.

13 Abgedruckt bei *R. Seer* (Anm. 10), Rdnr. 107, und *Bonsels* (Anm. 12), S. 115 Anm. 258.
14 *Tipke/Kruse*, AO, Loseblatt-Kommentar (Stand 1998), § 4 Rdnr. 32 ff., 37; *Tipke/Lang*, Steuerrecht, 15. Aufl. 1996, § 5 Rdnr. 25.
15 *Fritz Ossenbühl*, Autonome Rechtsetzung der Verwaltung, HStR III (1988), S. 425, 436.
16 *Tipke/Lang* (Anm. 14), § 5 Rdnr. 24; AfA (Anm. 8), Teil I Allgemeines A, Nr. 1.
17 BFHE 165, 378, 384 = BStBl. II 1992, 1000, 1003; BFHE 184, 522, 525 = BStBl. II 1998, 59, 51; dazu *Klaus Vogel*, Zur Bindung der Steuergerichte an Bewertungs- und Pauschalierungsrichtlinien, StuW 1991, S. 254, 259 ff.
18 BFHE 165, 378, 384 = BStBl. II 1992, 1000, 1003.
19 BFHE 184, 522, 525 = BStBl. II 1998, 59, 61.
20 *Werndl*, in: Kirchhof/Söhn, EStG-Kommentar, § 7 Rdnr. B 80 (1988); *Hermann/Heuer/Raupach*, EStG § 7 Rdnr. 195.

### 3. *Das Schreiben des Bundesministeriums der Finanzen vom 15.6.1999, betreffend die Überarbeitung der amtlichen AfA-Tabellen*

Die in dem bereits mehrfach zitierten Urteil des BFH vom 19.11.1997[21] gemachten kritischen Ausführungen zur prognostischen Ermittlung der betriebsgewöhnlichen Nutzungsdauer hat das Bundesministerium der Finanzen im April 1998 veranlaßt, zusammen mit den obersten Finanzbehörden der Länder eine Arbeitsgruppe mit dem Auftrag einzusetzen, die in den Abschreibungstabellen angenommene betriebsgewöhnliche Nutzungsdauer für die verschiedenen Wirtschaftsgüter zu überarbeiten.[22] Denn die Ausführungen des BFH[23] in seinem Urteil vom 19.11.1997 hätten Auswirkungen auf die Erstellung künftiger amtlicher AfA-Tabellen und auf die Anwendung der gegenwärtig geltenden AfA-Tabellen. Ein erster Entwurf der AfA-Tabelle ›Allgemein verwendbare Anlagegüter‹ sei fertiggestellt und den betroffenen Verbänden zur Stellungnahme zugeleitet worden.

Zum Verfahren hat das Bundesministerium der Finanzen am 13.10.1999 erklärt: Sollte sich nach Auswertung der Verbandsstellungnahmen herausstellen, daß die von den Fachleuten der Finanzverwaltung ermittelten Nutzungszeiträume einzelner Wirtschaftsgüter im Entwurf zu hoch angesetzt worden seien, würden die obersten Finanzbehörden des Bundes und der Länder diese Ansätze überprüfen. Dies entspreche dem üblichen Verfahren bei der Anpassung von AfA-Tabellen. Erst danach werde das BMF die endgültigen Tabellen veröffentlichen.

Für die Übergangszeit bis zur Veröffentlichung der neuen AfA-Tabellen schreibt das Ministerium folgendes vor:[24]

> (a) Bis zur Veröffentlichung neuer amtlicher AfA-Tabellen könnten die derzeit gültigen amtlichen AfA-Tabellen weiterhin angewandt werden.
>
> (b) Für den Zeitpunkt der erstmaligen Anwendung neuer oder aktualisierter AfA-Tabellen gelte grundsätzlich deren Abschlußdatum. Eine vorzeitige Anwendung komme aus Gründen der Rechtssicherheit nicht in Betracht. In den Fällen, in denen ein Steuerpflichtiger abnutzbare Wirtschaftsgüter in dem Zeitraum zwischen dem Abschlußdatum und der Veröffentlichung der AfA-Tabelle hergestellt oder angeschafft und seiner Kalkulation die Nutzungsdauer nach der alten AfA-Tabelle zugrunde gelegt habe, sollten ihm hieraus keine steuerlichen Nachteile entstehen.

21 BFHE 184, 522 = BStBl. II 1998, 59.

22 Vgl. die Erklärung des BMF vom 13.10.1999 in Finanznachrichten, hrsg. vom BMF, 23/99 v. 25.10.1999, S. 2, auch zum folgenden; siehe auch das in der übernächsten Fußnote zitierte Schreiben.

23 Vgl. schon deutlich BFH v. 26.7.1991, BFHE 165, 378, 384 f. = BStBl. II 1992, 1000, 1003 f.

24 Vgl. Nr. 2 des Schreibens des BMF v. 15.6.1999, Aktenzeichen IV A 8 – S 1551 – 45/99, abgedruckt in DB 1999, S. 1427.

Die Anordnungen unter (a) und (b) gehen von dem Vertrauen aus, das die bisher angewandten amtlichen AfA-Tabellen ausgelöst haben, und sichern dieses.
Dies soll, wie unter c) ausgeführt wird, nicht für Verlustzuweisungsgesellschaften (§ 2 b EStG) gelten, die nach ihrem eigenen Betriebskonzept von einer erheblich längeren Nutzungsdauer eines Wirtschaftsguts, als in dem amtlichen AfA-Tabellen angegeben, ausgingen und deren Betriebsführung überwiegend auf diesem Umstand beruhe. In diesen Fällen soll, abweichend von den amtlichen AfA-Tabellen, die dem Betriebskonzept zugrunde gelegte Nutzungsdauer angewandt werden. Unberührt davon sollen Wirtschaftsgüter sein, wenn der für die Anschaffung oder Herstellung maßgebliche obligatorische Vertrag oder gleichstehende Rechtsakt vor dem 5.3.1999 rechtswirksam abgeschlossen und das Wirtschaftsgut vor dem 1.1.2001 angeschafft oder hergestellt worden sei.
Das Schreiben des BMF wirft die Frage auf, ob es mit dem Gesetz und dem allgemeinen verfassungsrechtlichen Gleichheitssatz (Art. 3 Abs. 1 GG) vereinbar ist, daß Wirtschaftsgüter, die von einer Verlustzuweisungsgesellschaft angeschafft werden, von der vertrauensschützenden allgemeinen Regel ausgenommen werden, wonach die derzeit gültigen AfA-Tabellen solange Anwendung finden, bis neue veröffentlicht worden sind.

## II. *Die Bedeutung des Gleichheitssatzes (Art. 3 Abs. 1 GG) für die Anwendung der amtlichen AfA-Tabellen*

### 1. *Allgemeine Überlegungen*

Alle öffentliche Gewalt ist an den Gleichheitssatz gebunden (Art. 1 Abs. 3 GG). Die Intensität der Bindung an den Gleichheitssatz ist für alle Träger der öffentlichen Gewalt gleich. Abstufungen ergeben sich nur aus den für einzelne Materien verschiedenen verfassungsrechtlichen Differenzierungsverboten, -geboten oder -erlaubnissen.[25] Wegen der Gesetzesbindung der Verwaltung (Art. 20 Abs. 3, Art. 80 Abs. 1 Satz 2 GG) und der Rechtsprechung (Art. 20 Abs. 3, Art. 97 Abs. 1 GG) besteht insoweit eine zusätzliche Bindung dieser Organe. Daraus resultiert ein den Gesetzgeber nicht betreffendes Gleichheitsproblem, das in der klassischen Formel von der Gleichheit *vor* dem Gesetz zum Ausdruck gebracht wird und gleichmäßige Anwendung des Gesetzes verlangt.

25 *v. Mangoldt/Klein/Starck*, Das Bonner Grundgesetz, Bd. I, 4. Aufl. 1999, Art. 3 Rdnr. 16 ff. m.w.N.; in der 5. Auflage 2005 ebenfalls Rdnr. 16 ff.

Zwischen Gesetzgeber und Verwaltung ist demnach die Verwirklichung der Gleichheit wie folgt verteilt: Je bestimmter ein Gesetz ist, um so deutlicher bestimmt es den Einzelfall voraus, auf den es angewandt wird. Die vollziehende Gewalt hat insofern keinen eigenen Entscheidungsspielraum; die Gleichheitsfrage erschöpft sich für sie in der gleichmäßigen Anwendung und Durchsetzung des Gesetzes.[26] Je unbestimmter hingegen ein Gesetz ist, um so mehr muß die Verwaltung und die diese kontrollierende Gerichtsbarkeit die Gleichheitsfrage eigenständig unter unmittelbarem Rückgriff auf Art. 3 Abs. 1 GG und die verfassungsrechtlichen Differenzierungsverbote, -gebote und -erlaubnisse entscheiden, selbstverständlich im Rahmen des Gesetzes.

Wenn die Verwaltung nicht Einzelfälle am Maßstab des Gesetzes entscheidet, sondern Verwaltungsvorschriften zur Erleichterung der Sachverhaltsermittlung im Rahmen unbestimmter Gesetzesbegriffe – hier die AfA-Tabellen – erläßt, also die Verwaltungsspitze die Anwendung des Gesetzes durch die untergeordneten Behörden zentral steuert, gilt ebenfalls der Gleichheitssatz.[27] Die AfA-Tabellen müssen eine Anwendung des Gesetzes sicherstellen, die dem Gleichheitssatz entspricht, und das bedeutet gleichmäßige Anwendung des Gesetzes. Mit Rücksicht auf besondere Umstände kann *in Einzelfällen* von AfA-Tabellen abgewichen werden. Das ist in den AfA-Tabellen selbst vorgesehen[28] und von der Rechtsprechung immer wieder anerkannt worden. So kann bei besonderen, nachprüfbaren Gründen – Einfluß von Nässe, Säure, außergewöhnlich hohe Beanspruchung – die Nutzungsdauer aus Gleichheitsgründen unterschritten werden.[29] Eine Abweichung nach oben im Einzelfall ist in den AfA-Tabellen ebenfalls vorgesehen. Über Abweichungen im Einzelfall hinausgehend hat der BFH dann Abweichungen angenommen, wenn eine AfA-Tabelle *im Regelfall* zu einer offensichtlich unzutreffenden Bewertung und damit dem Gleichheitssatz widersprechenden Besteuerung führen würde.[30] Insoweit gäbe es keine Selbstbindung der Verwaltung; denn die in der AfA-Tabelle vorgesehene Typisierung sei falsch. Abweichungen im Einzelfall lassen die AfA-Tabelle unberührt; paßt die AfA-Tabelle aber für den Regelfall nicht, darf sie der bilanziellen Bewertung des betreffenden Wirtschaftsgutes nicht mehr zugrunde gelegt werden.

So wie die Aufstellung von AfA-Tabellen dem Gleichheitssatz entsprechen muß, müssen auch allgemeine Anordnungen über die Anwendung von AfA-Tabellen, wie in dem zitierten Schreiben des Bundesministeriums der Finanzen vom 15.6.1999 verfügt, dem Gleichheitssatz entsprechen. Deshalb ist im

26 BVerfGE 13, 318, 328; 84, 239, 271; VGH Kassel, NJW 1984, 318.
27 *v. Mangoldt/Klein/Starck*, Das Bonner Grundgesetz, Bd. I, 4. Aufl. 1999, Art. 3 Rdnr. 246, in der 5. Aufl. 2005, Rdnr. 269.
28 AfA (Anm. 8), Teil I, Allgemeines A, Nr. 7, 8.
29 BFHE 165, 378, 384 = BStBl. II 1992, 1000, 1003.
30 So für berufliche Pkw-Nutzung, BFHE 165, 378, 384 = BStBl. II 1992, 1000, 1003.

folgenden zu untersuchen, ob die in dem erwähnten Schreiben vorgesehene Sonderbehandlung von Verlustzuweisungsgesellschaften mit dem Gleichheitssatz im Einklang steht.

## 2. *Die Sonderbehandlung der Verlustzuweisungsgesellschaften*

Wie sich aus den bisherigen Darlegungen ergibt, sind Abweichungen von der in den AfA-Tabellen festgelegten Nutzungsdauer nur unter besonderen Bedingungen des Einzelfalls veranlaßt. Wenn dagegen die festgelegte Nutzungsdauer im Regelfall nicht stimmt, ist der in der AfA-Tabelle festgelegte Wert falsch, führt er zu einer gleichheitswidrigen Besteuerung und darf daher nicht angewandt werden. Das gilt dann für alle Fälle, in denen es um die Bewertung eines entsprechenden Wirtschaftsgutes innerhalb einer bestimmten Wirtschaftsbranche geht.

Die vorübergehende Fortgeltung der AfA-Tabellen soll nach Nr. 2 lit. c des zitierten Schreibens vom 15.6.1999 für Verlustzuweisungsgesellschaften ausgeschlossen sein, und zwar nicht unter dem Gesichtspunkt der Besonderheit des Wirtschaftsgutes, seiner Dauerhaftigkeit oder der Wirtschaftsbranche, sondern aufgrund der Finanzierung des Wirtschaftsgutes. Lassen sich aus der Art der Finanzierung Besonderheiten der betriebsüblichen Nutzungsdauer ableiten?

Dazu folgendes Beispiel: Der Linienreeder Hapag Lloyd erwirbt ein Containerschiff und verwendet es im Liniendienst. Der Linienreeder kann dieses Containerschiff laut amtlicher AfA-Tabelle als »sonstiges Seeschiff« abschreiben, und zwar nach der alten weitergeltenden AfA-Tabelle mit 8,3 % jährlich auf der Basis einer 12jährigen Nutzungsdauer.[31] Die Nutzungsdauer soll bei einer Überarbeitung der AfA-Tabelle verlängert werden. Bei einer angenommenen neuen Nutzungsdauer von 15 Jahren ergibt sich ein jährlicher AfA-Satz von 6,6 %. – Zu demselben Zeitpunkt wie der Linienreeder erwirbt eine Verlustzuweisungsgesellschaft ein baugleiches Containerschiff. Der Totalgewinn der Gesellschaft wird im Werbeprospekt (= Betriebskonzept) dargestellt unter Zugrundelegung einer Betriebsdauer innerhalb der Gesellschaft von 12 Jahren und einem Veräußerungsgewinn von 60 % der ursprünglichen Anschaffungskosten. Aufgrund des zitierten Schreibens vom 15.6.1999 könnte die Finanzverwaltung eine Jahres-AfA von 3,3 % berechnen, was einer betriebsgewöhnlichen Nutzungsdauer von 30 Jahren entspräche, nämlich 12 Jahre innerhalb der Gesellschaft = 40 % und 18 Jahre nach Veräußerung = 60 %.

31 AfA-Tabelle, BStBl. I 1992, S. 571.

Die Jahres-AfA gälte auch dann, wenn das Schiff der Verlustzuweisungsgesellschaft an den oben genannten Linienreeder verchartert und im selben Liniendienst eingesetzt würde. Es ist nicht zu erkennen und wird auch von niemandem geltend gemacht, daß das eigene Schiff des Linienreeders eine kürzere Nutzungsdauer hat als das der Verlustzuweisungsgesellschaft, das z. B. von Hapag Lloyd gechartert werden könnte. Während es für dieses Schiff auf das im Werbeprospekt offen gelegte Betriebskonzept ankommen soll, ist die hausintern bei dem Linienreeder kalkulierte Nutzungsdauer für jenes Schiff steuerlich ohne Interesse.
Die Differenz zwischen 3,3 % und 8,3 % (später möglicherweise 6,6 %) wird noch dadurch verschärft, daß die Unternehmen regelmäßig für die degressive Abschreibung nach § 7 Abs. 2 EStG optieren, bei der z. Z. das Dreifache des bei Absetzung für Abnutzung in gleichen Jahresbeträgen in Betracht kommenden Hundertsatzes angesetzt werden darf (§ 7 Abs. 2 Satz 2 EStG), also 10 % zu 25 % (später zu 20 %).

### 3. *Fehlende Differenzierungserlaubnis*

Die hier vorliegende Sonderbehandlung von Verlustzuweisungsgesellschaften durch das zitierte Schreiben vom 15.6.1999 bedarf einer Rechtfertigung. Eine Rechtfertigung könnte sich aus dem Gesetz ergeben oder unmittelbar aus einer verfassungsrechtlichen Differenzierungserlaubnis folgen.
§ 7 Abs.1 EStG scheidet als Differenzierungsgrundlage aus, da in dieser Bestimmung die Wirtschaftsgüter nicht danach unterschieden werden, wer sie anschafft und wie die Anschaffung finanziert wird. Für die Abschreibungsfähigkeit kommt es allein darauf an, daß die Wirtschaftsgüter abnutzbar sind. Und für den Abschreibungssatz ist die betriebsgewöhnliche Nutzungsdauer maßgebend. Diese unterscheidet sich aber nicht danach, wie das Wirtschaftsgut finanziert ist.
In dem zitierten Schreiben vom 15.6.1999 ist bezüglich der diskriminierten Verlustzuweisungsgesellschaften auf den neuen § 2 b EStG hingewiesen. Deshalb ist zu prüfen, ob diese Bestimmung eine Differenzierung rechtfertigt. Die Prüfung findet ungeachtet der Zweifel statt, die an der Verfassungsmäßigkeit dieser Bestimmung bestehen.[32] Denn sollte sich erweisen, daß die Differen-

32 Vgl. dazu z. B. *Manfred Günkel/Barbara Frenzl*, Ausgewählte Fragen zum Steuerentlastungsgesetz: Bilanzierung und Verlustrechnung, in: DStR 1999, S. 649, 660; *Seeger*, in: L. Schmidt, EStG, 18. Aufl. 1999, § 2 b Rdnr. 1. Vgl. auch die Notiz in DStR-Aktuell, DStR 32/99, S. VIII: nach einem Referentenentwurf eines Steuerbereinigungsgesetzes 1999 war vorgesehen, den durch das Steuerentlastungsgesetz 1999 (sog. Vorläufer I des StEntlG 1999/2000/2002) eingefügten § 2 b EStG ersatzlos zu streichen.

zierung nicht auf § 2 b EStG gestützt werden kann, kann dessen Verfassungsmäßigkeit im Rahmen der vorliegenden Untersuchung dahinstehen.
§ 2 b EStG soll nach der Begründung durch den Finanzausschuß des Deutschen Bundestages dazu beitragen, daß unerwünschte Steuersparmodelle vermindert werden.[33] Das zur Erreichung dieses Ziels eingesetzte Instrument besteht darin, daß der Abzug negativer Einkünfte aus der Beteiligung an Verlustzuweisungsgesellschaften und ähnlichen Modellen von anderen Einkünften – wie sich das allgemein aus § 2 Abs. 3 EStG ergibt – versagt wird. Derartige Verluste können nur noch mit positiven Einkünften aus Verlustzuweisungsgesellschaften und ähnlichen Modellen verrechnet werden, wie es ausdrücklich in § 2 b Satz 4 EStG heißt.
Aus § 2 b EStG folgt nicht, daß die Finanzverwaltung über die Einschränkung des Verlustabzugs hinaus frei vom Gesetz mit weiteren Instrumenten »zur Verminderung unerwünschter Sparmodelle beitragen« darf. So läßt sich also aus § 2 b EStG nicht rechtfertigen, daß die Ermittlung der betriebsgewöhnlichen Nutzungsdauer von Wirtschaftsgütern von der Art und Weise ihrer Finanzierung abhängig gemacht wird. Die Lösung des steuerlichen Sachproblems der Bewertung von Wirtschaftsgütern (§ 6 Nr. 1 EStG) und die damit zusammenhängende Festlegung des jährlichen AfA-Satzes (§ 7 EStG) kann nur von der betriebsgewöhnlichen Nutzungsdauer abhängig sein. Eine damit verbundene differenzierende Ankúpfung an die verschiedenen Finanzierungsformen der Wirtschaftsgüter ist sachfremd.
Im Schreiben vom 15.6.1999 wird indessen unter Nr. 2 lit. c ein Sachbezug insinuiert, indem nicht unmittelbar an die Finanzierungsart des Wirtschaftsgutes durch Verlustzuweisungsgesellschaften, sondern an die mit der Finanzierungsart zusammenhängende Modalität der Bekanntgabe eines Betriebskonzepts angeknüpft wird, aus der sich die Nutzungsdauer des Wirtschaftsgutes ableiten läßt. Am Beispiel der Anschaffung »sonstiger Seeschiffe« ist deutlich gemacht worden, daß Schiffe, die Steuerpflichtige anschaffen, die nicht unter § 2 b EStG fallen, durchschnittlich genauso lange genutzt werden können wie Schiffe, die durch Verlustzuweisungsgesellschaften angeschafft werden. Der Gleichheitsverstoß ist darin zu sehen, daß es im ersten Fall allein auf die Nutzungsdauer laut amtlicher AfA-Tabelle ankommt, während im zweiten Fall – abgekoppelt vom amtlich geschätzten, typisierten Werteverzehr – allein auf die Prognose des Steuerpflichtigen abgestellt wird. Dies verdeutlicht erneut die Sachwidrigkeit der im Schreiben des Ministeriums vom 15.6.1999 vorgesehenen Sonderbehandlung.
Es hat sich also ergeben, daß sich die Finanzverwaltung mit Nr. 2 lit. c ihres Schreibens auf keine gesetzliche Differenzierungserlaubnis stützen kann. Die verwaltungsseitig vorgenommene Differenzierung erweist sich somit als

33 BT-Drs. 14/443, S. 46.

außerhalb des Gesetzes stehend, als gesetzwidrig und damit als Verstoß gegen die Gleichheit vor dem Gesetz (Art. 3 Abs. 1 GG).
Die Finanzverwaltung, die gesetzesgebunden ist, kann Gesetzesverstöße nicht mit dem Hinweis auf die Verfassung rechtfertigen. Die Rechtsprechung des BFH hat zwar zutreffend geltend gemacht, daß die Gleichmäßigkeit der Besteuerung eine realitätsgerechte Bewertung und damit Nutzungsdauer von Wirtschaftsgütern verlangt. Deshalb muß die Finanzverwaltung die AfA-Tabellen überarbeiten. Dabei kann selbstverständlich auch das Betriebskonzept von Verlustzuweisungsgesellschaften mit ins Kalkül gezogen werden. Solange aber die einzelnen Werte der AfA-Tabellen Anwendung finden, sind sie gleichmäßig anzuwenden. Das kann noch einmal an einem Beispiel verdeutlicht werden. So wie früher der AfA-Satz für Personenwagen aus Gründen der Steuergerechtigkeit durch die Verwaltung mit Zustimmung der Rechtsprechung allgemein verringert wurde,[34] so könnte der derzeit für sonstige Seeschiffe bei 8,3 % liegende AfA-Satz allgemein für alle Seeschiffe verringert werden, weil Seeschiffe, wer auch immer sie anschafft, regelmäßig länger als 12 Jahre genutzt werden. Ein derartiger allgemeiner Eingriff in einzelne AfA-Sätze läge im Rahmen des Gesetzes und verstieße nicht gegen den Gleichheitssatz.

## III. *Beseitigung des Rechtsscheins*

### 1. *Notwendigkeit der Rücknahme von Nr. 2 lit. c des Schreibens vom 15.6.1999*

Wie festgestellt werden konnte, ist Nr. 2 lit. c des Schreibens des Bundesministeriums der Finanzen vom 15.6.1999 rechtswidrig. Da es sich um eine innerbehördliche Anordnung handelt, kann diese nicht vor Gericht angefochten werden. Das Schreiben entfaltet aber, solange es nicht zurückgezogen ist, nach außen einen Rechtsschein und damit rechtliche Unsicherheit, die der Steuerpflichtige erst nach Erlaß des Steuerbescheids durch einen Einspruch oder eine Klage beseitigen kann. Wegen der Übergangsklausel in Nr. 2 lit. c des Schreibens vom 15.6.1999 gilt das Gesagte für alle Wirtschaftsgüter von Verlustzuweisungsgesellschaften, die aufgrund eines von ihnen nach dem 4.3.1999 abgeschlossenen Vertrages nach dem 31.12.2000 angeschafft oder hergestellt werden.

34 Vgl. dazu BFHE 165, 378 = BStBl. II 1992, 1000.

Solange das zit. Schreiben nicht zurückgenommen ist, muß in Prospekten für Verlustzuweisungsgesellschaften – zur Vermeidung der Prospekthaftung – auf die Rechtsunsicherheit hingewiesen werden. Es müßte eine Renditeberechnung auf der Grundlage der Sonderbehandlung für Verlustzuweisungsgesellschaften nach Nr. 2 lit. c des zit. Schreibens vorgenommen werden, und dann müßte darauf hingewiesen werden, daß eine höhere Verlustzuweisung erst nach Durchführung eines finanzgerichtlichen Verfahrens erreicht werden könnte. Solch ein Verfahren dauert in der Regel mehrere Jahre, besonders wenn eine Entscheidung des BFH notwendig wird.
Es ist für jedermann sofort einsichtig, daß dieses Vorgehen die Beteiligung an solchen Verlustzuweisungsgesellschaften unattraktiv macht. Solange also Nr. 2 lit. c des Schreibens vom 15.6.1999 nicht zurückgenommen worden ist, entfaltet es eine abschreckende Wirkung. Damit wird der Beitritt zu Verlustzuweisungsgesellschaften erschwert, wenn nicht unmöglich gemacht.

## 2. *Amtshaftung*

Wenn Nr. 2 lit. c des zit. Schreibens nicht zurückgenommen wird, könnten Amtshaftungsansprüche nach Art. 34 GG i.V.m. § 839 BGB entstehen.
Das zit. Schreiben beruht auf Handeln eines Amtswalters in Ausübung eines öffentlichen Amtes, stellt also eine Amtshandlung im Sinne der genannten Bestimmungen dar. Die Frage ist, ob beim Erlaß dieser Verwaltungsvorschrift auch eine Amtspflicht gegenüber Verlustzuweisungsgesellschaften besteht. Nach der Rechtsprechung begründen Verwaltungserlasse, die der nachgeordneten Verwaltung allgemein eine bestimmte Gesetzesauslegung vorschreiben, regelmäßig keine Amtspflicht der vorgesetzten Behörde gegenüber dem einzelnen Bürger.[35] Ausnahmsweise könne sich aber aus der besonderen Natur der Amtshandlung ergeben, daß der Geschädigte zu dem Personenkreis zählt, dessen Belange nach dem Zweck und der rechtlichen Bestimmung der Amtshandlung geschützt werden sollen. Dann bestehe ihm gegenüber eine Amtspflicht. Im Fall eines rechtswidrigen Einfuhrverbots durch Ministerialerlaß hat der BGH entschieden,[36] daß ein Bundesminister, der eine nachgeordnete Verwaltungsstelle anweist, über Anträge eines überschaubaren Personenkreises in bestimmter Weise zu entscheiden, diesen Antragstellern gegenüber die Amtspflicht habe, die Bindung der Verwaltung an das Gesetz zu beachten.
Nr. 2 lit. c des zitierten Schreibens soll nicht eine einheitliche Amtsführung sichern, sondern schreibt eine Sonderbehandlung vor, wonach die AfA-Sätze

35 BGH, NJW 1971, 1699, auch zum folgenden.
36 BGH, NJW 1976, 491, 492, mit Anm. von *Michael Nierhaus.*

für bestimmte Steuerpflichtige nicht gelten sollen. Weil Nr. 2 lit. c des Schreibens von der allgemeinen Regelung eine Ausnahme macht und eine Sonderbehandlung vorschreibt, ist ein so deutlicher Bezug zu der betroffenen Gruppe von Steuerpflichtigen hergestellt, daß dieser Gruppe gegenüber eine Amtspflicht besteht. Da Nr. 2 lit. c des Schreibens rechtswidrig ist, liegt eine Amtspflichtverletzung vor.

Die Amtspflichtverletzung müßte schuldhaft sein. Hier kommt mindestens Fahrlässigkeit in Betracht. Die Verletzung der Sorgfaltspflicht ist darin zu sehen, daß das Finanzministerium die Rechtswidrigkeit der Nr. 2 lit. c des zit. Schreibens nicht erkannt hat, obgleich dem Ministerium rechtskundige Beamte zur Verfügung stehen. Besonders Verwaltungsvorschriften zur Auslegung von Gesetzen sind sorgfältig auf ihre Rechtmäßigkeit zu überprüfen, weil die Betroffenen regelmäßig keine Möglichkeit haben, eine gerichtliche Kontrolle zu veranlassen, was für die vorliegende Konstellation schon festgestellt worden ist. Das Verschulden muß nicht einer einzelnen Person, sondern kann auch der mangelnden Funktion des Ministeriums zugerechnet, also auf die verschiedenen zuständigen Amtsträger verteilt und damit anonymisiert werden.[37]

Die Amtspflichtverletzung muß bei dem geschützten Dritten einen Vermögensschaden verursacht haben. Sozial adäquat ist der Vermögensschaden verursacht, wenn der Schadenseintritt naheliegt. Wie oben dargestellt, ist es lebensnah, daß Investoren davor zurückschrecken, in Verlustzuweisungsgesellschaften zu investieren, wenn unsicher ist, ob deren Wirtschaftsgüter nach allgemeinem Recht oder einem diskriminierenden Sonderrecht bewertet werden. Der im einzelnen noch zu beziffernde, aber dem Grunde nach mögliche Vermögensschaden von Verlustzuweisungsgesellschaften liegt darin, daß sie abgeschlossene Kauf- oder Herstellungsverträge über Wirtschaftsgüter nicht erfüllen können, weil sich keine Investoren finden, die sich aber fänden, wenn die durch den Rechtsschein des Schreibens ausgelöste Rechtsunsicherheit nicht bestände. Die Herstellerfirmen können gegenüber den Verlustzuweisungsgesellschaften Schadensersatzansprüche geltend machen, auch entgangener Gewinn ist ein Schaden.

37 *Fritz Ossenbühl*, Staatshaftungsrecht, 5. Aufl. 1998, S. 76f.; *Hans-Jürgen Papier*, in: Münchener Kommentar zum BGB, 3. Aufl., § 839 Rdnr. 288, mit Nachweisen aus der Rechtsprechung.

3. Kapitel

# Machtausübung außerhalb verfassungsrechtlicher Formen und Verfahren[1]

Die Verabschiedung der Steuerreform durch den Bundesrat am 14. Juli 2000 stellt auf den ersten Blick einen Erfolg dar, und zwar einen doppelten: Die von der früheren Regierung zu spät ins Werk gesetzte und von der früheren Opposition dann im Bundesrat verhinderte Steuerreform ist endlich verabschiedet. Einige Länder stimmten im Bundesrat deutlich erkennbar nach Länderinteressen ab und verwirklichten dadurch die Idee, daß die Mitwirkung der Länder im Bundesrat ermöglicht, nicht nur parteipolitische, sondern auch regionale oder gouvernemental-administrative Interessen zur Geltung zu bringen.

Auf den zweiten Blick war die Verabschiedung der Steuerreform ein schwarzer Tag für das deutsche bundesstaatliche System und damit für die verfassungsrechtlich geregelten Zuständigkeiten und Verfahren, die dem politischen Leben Form geben sollen. Warum?

Für die Überbrückung von Meinungsverschiedenheiten zwischen den Mehrheiten von Bundestag und Bundesrat, die im Fall der Steuerreform noch zwei Tage vor der entscheidenden Sitzung des Bundesrates deutlich erkennbar waren, sieht das Grundgesetz in Artikel 77 Absatz 2 den Vermittlungsausschuss vor. In dem dort stattfindenden Vermittlungsverfahren haben die Vertreter des Bundesrates die Möglichkeit, den Gesetzesinhalt positiv gestaltend zu beeinflussen und auf diese Weise einen mehrheitsfähigen Vorschlag zuwege zu bringen. Das Vermittlungsverfahren hat nach den Worten des Bundesverfassungsgerichts den Zweck, das Gesetzgebungsziel so weit wie möglich zu verwirklichen, ohne auf der Grundlage einer erneuten Gesetzesinitiative, die den Meinungsverschiedenheiten zwischen Bundestag und Bundesrat Rechnung trägt, das ganze Gesetzgebungsverfahren noch einmal durchlaufen zu müssen.

Nach Lage der Dinge zwei Tage vor der Bundesratssitzung hätte der Vermittlungsausschuß erneut angerufen werden müssen, um einen annehmbaren Kompromiß auszuhandeln und auszuarbeiten. Stattdessen ist in einem gewaltigen politischen Geschiebe zweierlei bewirkt worden.

Erstens haben Bundeskanzler und Bundesfinanzminister einige sachliche Änderungen der Steuerreform (im Sinne der Forderungen von CDU und FDP)

1 Wiederabdruck aus: Frankfurter Allgemeine Zeitung vom 19. Juli 2000/Nr. 165, S. 8, dort unter Titel »Ein schwarzer Tag für das bundesstaatliche System geregelter Zuständigkeiten«.

zugesagt, nämlich die Senkung des Spitzensteuersatzes im Jahre 2005 auf 42 Prozent und die steuerliche Erleichterung von Unternehmensübergaben des sogenannten Mittelstandes. Wohlgemerkt »zugesagt«, denn beschließen konnte der Bundesrat ohne ein vorgängiges weiteres Vermittlungsverfahren nur über die Vorlage, die beides nicht enthielt. Stattgefunden hat also ein neuartiges, vom Grundgesetz nicht vorgesehenes »Vermittlungsverfahren« im Bundesrat selbst. Danach muß jetzt der Bundestag, dem Entschließungsantrag gemäß, das gerade verabschiedete Steuerreformgesetz entsprechend ändern und der Bundesrat dieser Änderung wiederum zustimmen.

Zweitens hat der Bundeskanzler den sogenannten neutralen Ländern, die von CDU/SPD- oder SPD/FDP-Koalitionen regiert werden, finanzielle Zusagen gemacht, um ihre Zustimmung zur geänderten Steuerreform zu erreichen. Außer verschiedenartigen Unterstützungszusagen bei der fälligen Neuregelung des bundesstaatlichen Finanzausgleichs sind direkte Finanztransfers zugesagt worden. Bekannt geworden sind zum Beispiel ein jährlicher Bundesbeitrag von 75 Millionen DM an Berlin für die innere Sicherheit (hauptstadtbedingte Polizeikosten), weitere Mittel für die Restaurierung der Museumsinsel und des Olympiastadions, finanzielle Unterstützung für den Bau eines Gaskraftwerks in Mecklenburg-Vorpommern[2].

Nun geht es dabei nicht um Geld, über das Bundeskanzler und Bundesfinanzminister frei verfügen können. Sie verfügen als Amtsträger über die staatlichen Haushaltsmittel im Rahmen des Grundgesetzes. Es sind als Titel in der Finanzverfassung für diese versprochenen Finanztransfers ausfindig zu machen: Zweckbestimmte Finanzhilfen gemäß Artikel 104a Absatz 4 Grundgesetz oder Ausgleichszahlungen für vom Bund veranlaßte Einrichtungen nach Artikel 106 Absatz 8, und damit ist auch schon Schluß.

Es ist schwerlich anzunehmen, daß solche vom Grundgesetz ausnahmsweise vorgesehenen direkten Finanzzuweisungen, an die Länder von anderen als den in den Vorschriften genannten Voraussetzungen abhängig sind. Entweder liegen die Voraussetzungen vor, dann haben die Länder Anspruch auf die Leistungen, deren Höhe nach vernünftigen, das heißt verallgemeinerungsfähigen Gesichtspunkten bestimmt werden muß. Oder die Voraussetzungen liegen nicht vor, dann besteht der Anspruch eben nicht. Die im Grundgesetz vorgesehenen Finanztransfers sind gewiß nicht dafür gedacht, die – im Sinne der einleitenden Bemerkung – an Landesinteressen gebundene Stimmabgabe finanzschwacher Länder im Bundesrat so zu lenken, wie es der Bundesregierung genehm ist – im Klartext: Stimmen im Bundesrat zu kaufen. Anderenfalls müßte die Bundesregierung ein lebhaftes Interesse haben, die Finanz-

2 Zu den finanziellen Zusagen im einzelnen sehr instruktiv *Heike Göbel*, Die Nebenkosten der Steuerreform, in FAZ v. 18.7.2000, S. 1,2. Über die Erfüllung der Zusagen des Bundeskanzlers siehe rw./mk/F.P., Scherf besteht auf Schröders Zusage, in: FAZ v. 11.10.2003, S. 2

schwäche einiger Länder zu perpetuieren, um sich diese Länder bei der Stimmabgabe im Bundesrat gefügig machen zu können.
Was in der Presse als taktische Meisterleistung, als Triumph des Bundeskanzlers beschrieben worden ist, ist nichts anderes als Machtausübung außerhalb der verfassungsrechtlich vorgesehenen Formen und Finanzierungsvorschriften.

4. Kapitel

# Der Sinn des haushaltsrechtlichen Bepackungsverbotes

Das niedersächsische Schulgesetz sah in seiner Fassung von 1980 Finanzhilfen für Ersatzschulen vor. Das Gesetz bestimmte zugleich den Maßstab zur Bemessung der Finanzhilfen. Das jährlich zu erlassende Haushaltsgesetz hat Jahr für Jahr diese Bemessungsregeln geändert. Die Betreiberin einer Ersatzschule hat bezogen auf das Jahr 1990 den Finanzhilfenbescheid angefochten. Das Verwaltungsgericht Hannover hat das Verfahren ausgesetzt und dem Niedersächsischen Staatsgerichtshof die Frage vorgelegt, ob die haushaltsgesetzliche Änderung der Bemessungsregeln für die Finanzhilfen mit dem haushaltsverfassungsrechtlichen Bepackungsverbot (damals Art. 49 Abs. 3 Satz 1 VNV, jetzt Art. 65 Abs. 5 NV) vereinbar ist, was das Verwaltungsgericht verneinte.
Der Niedersächsische Staatsgerichtshof hat am 31. Oktober 1996 – StGH 4/96 – entschieden (StaatsGHE 3, 257, 263 ff.), daß die den Inhalt der schulgesetzlichen Regelung abändernde Bestimmung des Haushaltsgesetzes 1990 nicht gegen das Bepackungsverbot verstoße, da es sich um eine Vorschrift handele, die sich auf die Ausgaben und Einnahmen des Landes beziehe, über die durch Haushaltsgesetz beschlossen werden könne.

Abweichende Meinung des Richters Christian Starck[1]

Der Entscheidung des Staatsgerichtshofs kann ich nicht zustimmen. Nach meiner Ansicht sind § 17 Abs. 8 und 9 des Haushaltsgesetzes 1990 (GVBl. 1989, S. 403) mit Art. 49 Abs. 3 der Vorläufigen Niedersächsischen Verfassung nicht vereinbar.

1. Nach Art. 49 Abs. 3 VNV, dem Art. 65 NV wörtlich entspricht, muß das Haushaltsgesetz von allen Bestimmungen freigehalten werden, die sich nicht auf die Einnahmen und Ausgaben des Landes in der Haushaltsperiode beziehen. Das Parlament soll sich allein auf den Haushaltsplan konzentrieren können und nicht in dem unter Zeitdruck stehenden Haushaltsgesetzgebungsverfahren geltende Fachgesetze sachlich ändern können. Auch wenn ein Fachgesetz hinsichtlich der darin vorgesehenen Ausgaben geändert wird, beeinflußt

1 Nds. StGHE 3, 268 f. (1997).

diese Änderung das Gesetz als Ganzes. Denn Finanzierungsregelungen in Fachgesetzen stehen in sachlichem Zusammenhang mit den übrigen Regelungen. Das Fachgesetz ist ein einheitliches Ganzes, das aus materiellen, Verfahrens- und Finanzregelungen besteht, die aufeinander abgestimmt sind. Finanzielle Ansprüche, die ein Fachgesetz gewährt, müssen von vornherein die voraussichtliche finanzielle Leistungsfähigkeit des Staates berücksichtigen. Ändern sich die Verhältnisse, so kann das Fachgesetz unter Berücksichtigung seines Gesamtgefüges jederzeit im normalen Gesetzgebungsverfahren geändert werden.

Es ist nicht so, daß jährlich anläßlich der Haushaltsberatungen Haushaltsmittel zur Verfügung gestellt werden, die unter haushaltsgesetzlich bestimmter Abweichung von Fachgesetzen verteilt werden. Könnte der Haushaltsgesetzgeber fachgesetzliche Geldleistungsbestimmungen anläßlich der Haushaltsgesetzgebung ändern, so stünden diese jährlich zur Disposition der Haushaltsgesetzgebung. Das würde fachgesetzlich geregelten Geldleistungen jede über ein Jahr hinausgehende Verläßlichkeit nehmen und diese praktisch auf das Niveau gesetzlich nicht fundierter, reiner Haushaltsansätze herabdrücken. Durch Art. 49 Abs. 3 VNV soll auch verhindert werden, daß haushaltsrelevante Bestimmungen von Fachgesetzen unter dem Gesichtspunkt des Haushaltsausgleichs verändert werden. Im Hinblick auf bestehende gesetzliche Regelungen unter Einschluß von Finanzierungsregelungen ist das Haushaltsgesetz Vollzugsgesetz. Deshalb berührt Art. 49 Abs. 3 VNV nicht solche Bewilligungen staatlicher Mittel, die nicht in Fachgesetzen geregelt sind. Denn hier geht es nur um Ausgaben, deren Bemessung allein in der Kompetenz des Haushaltsgesetzgebers steht.

Art. 49 VNV ist Ausdruck der Formgebundenheit des Gesetzgebers. Diese Bestimmung modifiziert die Vorschriften des allgemeinen Gesetzgebungsverfahrens. Zwischen den Bestimmungen, die das allgemeine Gesetzgebungsverfahren einerseits und das Haushaltsgesetzgebungsverfahren andererseits regeln, besteht ein Exklusivitätsverhältnis mit der Folge, daß das Haushaltsgesetzgebungsverfahren nicht beschritten werden darf, um das normale Gesetzgebungsverfahren zu umgehen. Denn zu einer Änderung des Fachgesetzes paßt nur das normale Gesetzgebungsverfahren mit gründlichen Beratungen der Fachausschüsse, in dem der Gesamtzusammenhang des Gesetzes ebenso wie Sparzwänge berücksichtigt werden können. Bei der jährlichen Haushaltsgesetzgebung geht es um den Gesamtausgleich der Einnahmen und Ausgaben des Landes. Bei den Fachgesetzen, die Finanzhilfen auswerfen, geht es um die Verwirklichung sachlich politischer Ziele, für die Geldleistung nur ein Mittel darstellt, das immer nur im Zusammenhang mit den anderen Mitteln, die zur Verwirklichung des politischen Ziels eingesetzt worden sind, seinen Sinn hat. Deshalb dürfen finanzwirksame Vorschriften des Fachgesetzes nicht durch

Haushaltsgesetze geändert oder suspendiert werden, es sei denn, es besteht im Fachgesetz ausdrücklich ein entsprechender Vorbehalt.

2. Der durch das Haushaltsgesetz 1990 für ein Jahr geänderte Berechnungsmodus für die Gewährung von Finanzhilfen für berufsbildende Schulen in freier Trägerschaft diente nicht dem bloßen Vollzug dieses Haushalts, sondern erfolgte lediglich »bei Gelegenheit« der Verabschiedung des Haushalts. Bei der Begründung, daß die Änderung erforderlich sei, »um einen nicht gerechtfertigten überproportionalen Anstieg der Finanzhilfe des Landes an die Träger freier Schulen zu vermeiden« (so LT-Drs. 11/4230, S.27), handelt es sich nicht um eine Begründung, die dem erforderlichen Bezug zu der haushaltsgesetzlichen Regelung gerecht wird. Soweit hier die Finanzhilfe politisch überprüft werden sollte, wäre der Gesetzgeber befugt gewesen, diese neue Sicht der Dinge durch die Änderung der entsprechenden Vorschriften des Fachgesetzes selbst umzusetzen. Dies ist nicht geschehen; vielmehr ist die Änderung des Schulgesetzes in den folgenden Haushaltsgesetzen immer wiederholt worden.
In der Begründung der vorliegenden Entscheidung des Staatsgerichtshofs wird versucht, den nach Art. 49 Abs. 3 VNV erforderlichen Bezug zu den Ausgaben des Landes eng auszulegen: Dieser Bezug sei nur gegeben, wenn eine Bestimmung unmittelbar auf die Ausgabengestaltung des Landes einwirke, d.h. eine Ausgabe ohne das Hinzutreten weiterer normativer Voraussetzungen bemesse. Dies wird in dem vorliegenden Beschluß immer angenommen, wenn in einem Fachgesetz Finanzbeihilfen für private Zwecke bereitgestellt werden. Darüber könne in jedem Haushaltsjahr neu entschieden werden. Finanzhilfen seinen »ihrem Wesen nach vorläufiger Natur«. Damit wird jede finanzielle Regelung eines Fachgesetzes ungeachtet ihrer politischen Bedeutung und insbesondere ihrer Wirkung im Gesamtgefüge des Gesetzes auf einen reinen Haushaltsansatz herabgestuft. Dies soll durch Art. 49 Abs. 3 VNV gerade verhindert werden. Die schulpolitischen Bestrebungen, die Bedeutung der berufsbildenden Schulen in freier Trägerschaft nicht weiter anwachsen zu lassen, hätten nur durch die Änderung des Schulgesetzes als des einschlägigen Fachgesetzes verwirklicht werden können.

5. Kapitel

# Die Finanzausstattung der Kommunen im Spiegel der Rechtsprechung der Landesverfassungsgerichte*

In den letzten zehn Jahren sind auffällig viele Entscheidungen der Landesverfassungsgerichte zu den kommunalen Finanzgarantien in den Landesverfassungen ergangen. Auslöser der Entscheidungen waren zumeist kommunale Verfassungsbeschwerden, selten abstrakte Normenkontrollverfahren. Die gehäufte Anrufung der Landesverfassungsgerichte ist gewiß Folge der Knappheit der öffentlichen Finanzen und der Tendenz der Landesparlamente, den Kommunen staatliche Aufgaben zu übertragen und für die Erfüllung von Selbstverwaltungsangelegenheiten kostenintensive neue Standards gesetzlich zu normieren, ohne stets die finanzrechtlichen Folgeentscheidungen zur Zufriedenheit der Kommunen zu treffen.
Im folgenden wird ein Überblick über die Rechtsprechung der Landesverfassungsgerichte zu geben versucht. Zunächst werden die Vorgaben des Grundgesetzes, die ziemlich klar und nicht bestritten sind, und der Landesverfassungen, die zahlreiche Auslegungsprobleme aufwerfen, dargestellt. Die Länder werden je nach der Rechtsprechung der Landesverfassungsgerichte in Gruppen zusammengefaßt.

## I. *Grundgesetz und Landesverfassungen*

### 1. *Bundesverfassungsrechtliche Garantien*

Nach Art. 28 Abs. 2 GG muß den Gemeinden das Recht gewährleistet sein, alle Angelegenheiten der örtlichen Gemeinschaft im Rahmen der Gesetze in eigener Verantwortung zu regeln. Dieses Selbstverwaltungsrecht wird auch auf die Gemeindeverbände (d. h. insbesondere die Landkreise)[1] erstreckt.

* Wiederabdruck aus: Nieders. Verwaltungsblätter 2005, Sonderheft zum 50-jährigen Bestehen des Nieders. Staatsgerichtshofs v. 15. Juli 2005, S. 36-39.

1 BVerfGE 52, 95, 110 f.; *Peter J. Tettinger*, in: v. Mangoldt/Klein/Starck, Kommentar zum Grundgesetz, Bd. II, 5. Aufl. 2005, Art. 28 Rdnr. 240.

Von Anfang an bestand Einigkeit darüber, daß zur Verfassungsgarantie der Selbstverwaltung auch eine angemessene Finanzausstattung der Gemeinden gehört.[2] Durch Ergänzung des Art. 28 Abs. 2 im Jahre 1994 ist dies bestätigt worden:[3] »Die Gewährleistung der Selbstverwaltung umfaßt auch die Grundlagen der finanziellen Eigenverantwortung.« Die Verfassungsgarantien des Art. 28 Abs. 2 GG verpflichten die Länder. Das Grundgesetz zeigt in Art. 104 a Abs. 1 deutlich, daß es eine zweistufige Finanzverfassung normiert, wenn es festlegt, daß Bund und Länder gesondert die Ausgaben tragen, die sich aus der Wahrnehmung ihrer Aufgaben ergeben. Die Gemeinden kommen hier nicht vor und sind durch die Länder mediatisiert (vgl. Art. 106 Abs. 9 GG). Von dieser Regel, die durch weitere Vorschriften bestätigt wird (Art. 104 a Abs. 4, Art. 106 Abs. 7, Art. 107 Abs. 2 Satz 1, Art. 109 Abs. 4 GG), gibt es bemerkenswerte Ausnahmen, die die kommunale Finanzgarantie des Art. 28 Abs. 2 Satz 3 GG bundesverfassungsrechtlich konkretisieren:[4] Hier erscheinen die Gemeinden als 3. Ebene, ihnen werden unmittelbar zugesprochen

- ein durch Bundesgesetz zu bestimmender Anteil am Aufkommen der Einkommensteuer (Art. 106 Abs. 5 GG),
- ein ebenfalls durch Bundesgesetz zu bestimmender Anteil am Aufkommen der Umsatzsteuer (Art. 106 Abs. 5 a GG),
- die Ertragshoheit über die Grundsteuer und die Gewerbesteuer, gemindert um eine gesetzlich bestimmte Umlage am Aufkommen der Gewerbesteuer zugunsten von Bund und Ländern (Art. 106 Abs. 6 Sätze 1, 4, 5, 6 GG),
- die Ertragshoheit über die örtlichen Aufwand- und Verbrauchsteuern, soweit sie nicht landesgesetzlich den Gemeindeverbänden zugewiesen sind (Art. 106 Abs. 6 Satz 1 GG), und
- ein Sonderlastenausgleich, wenn der Bund in einzelnen Gemeinden (Gemeindeverbänden) besondere Einrichtungen veranlaßt, die diesen unmittelbar Sonderbelastungen verursachen (Art. 106 Abs. 8 GG).[5]

Über diese Direktzuweisungen hinaus verpflichtet das Grundgesetz in Art. 106 Abs. 7 Satz 1 die Länder zu einem vertikalen Finanzausgleich mit den Gemeinden und Gemeindeverbänden aus dem Länderanteil am Gesamtaufkommen der Gemeinschaftsteuern (= Einkommensteuer, Körperschaftsteuer, Umsatzsteuer, siehe Art. 106 Abs. 3 GG). Neben diesem obliga-

2 So mit weiteren Nachweisen *Klaus Stern*, in: Bonner Kommentar, Art. 28 (Zweitbearbeitung 1964) Rdnr. 76; vgl. auch schon *Hermann v. Mangoldt*, Das Bonner Grundgesetz, 1953, S. 180.

3 Vgl. verfassungsänderndes Gesetz v. 27.10.1994 (BGBl. I, S. 3146).

4 Diese Beziehung betont schon vor Ergänzung des Art. 28 Abs. 2 GG zu Recht *Christiane Meis*, Verfassungsrechtliche Beziehungen zwischen Bund und Gemeinden, 1989, S. 87.

5 Dazu *Meis* (Anm. 4), S. 106 ff.

torischen Steuerverbund sieht Art. 106 Abs. 7 Satz 2 GG einen fakultativen Steuerverbund am Aufkommen der Landessteuern vor.

### 2. *Landesverfassungen*

In den Landesverfassungen findet man keinen direkten Bezug auf Art. 106 Abs. 7 GG, auch nicht soweit es um die Verteilung des Länderanteils am Aufkommen der Gemeinschaftsteuern geht. Art. 106 Abs. 7 ist erst 1969 bei der großen Finanzverfassungsreform[6] eingeführt worden und wird seitdem durch die Finanzausgleichsgesetze der Länder ausgeführt. Die Landesverfassungen sind nicht angepaßt worden. Auch die neuen Länder sind in ihren seit 1992 erlassenen Verfassungen auf Art. 106 Abs. 7 GG nicht eingegangen,[7] dessen Ausführung wie in den alten Ländern dem einfachen Gesetz überlassen wird.

Die Landesverfassungen regeln vielmehr eigenständig im Rahmen der Garantie der kommunalen Selbstverwaltung die Finanzausstattung der Gemeinden und Gemeindeverbände. Zwei Regelungsmodelle lassen sich unterscheiden.

Hessen und Rheinland-Pfalz, deren Verfassungen 1946 bzw. 1947, also vor dem Grundgesetz, in Kraft getreten sind, unterscheiden zwar in ihren gleichlautenden Vorschriften zwischen der Durchführung der eigenen und der übertragenen Aufgaben der Kommunen, sahen aber für die dafür erforderlichen Mittel einen einheitlichen Lasten- und Finanzausgleich vor (Art. 137 Abs. 5 HV, Art. 49 Abs. 5 RPV). Die hessische Verfassung ist allerdings 2002 durch Aufnahme des Konnexitätsprinzips geändert worden (Art. 137 Abs. 6).[8] Entsprechend ist jüngst auch die rheinland-pfälzische Verfassung ergänzt worden (Art. 49 Abs. 4 - 6).[9] Danach verlangt die Übertragung staatlicher Aufgaben Regelungen über die Kostenfolge. Damit gehen nunmehr beide Verfassungen vom rein monistischen Modell ab. Von diesem *monistischen Modell* unterscheiden sich andere Verfassungen der Flächenländer, die – was zunächst den Verfassungstext anbelangt – verschiedene Ausprägungen eines *dualistischen Modells* aufweisen. Dualismus besteht darin, daß für eigene und übertragene Aufgaben der Kommunen verschiedene Finanzregime gelten.

Die meisten Landesverfassungen verpflichten das Land, den Kommunen die zur Erfüllung *ihrer Aufgaben* erforderlichen Mittel durch Erschließung eige-

6 Gesetz vom 12.5.1969 BGBl. I, S. 359.
7 Allerdings heißt es in einigen neueren Landesverfassungen, daß die Kommunen an den Steuereinnahmen des Landes angemessen zu beteiligen sind.
8 Gesetz v. 18.10.2002, GVBl., S. 638.
9 Gesetz v. 14.6.2004, GVBl., S. 321; siehe dazu Begründung des Gesetzentwurfs LT RhPf., Drucks. 14/3016, S. 3 f.

ner Steuerquellen und im Rahmen seiner finanziellen Leistungsfähigkeit durch übergemeindlichen Finanzausgleich zur Verfügung zu stellen.[10]
Was die Übertragung von Aufgaben an die Kommunen anbelangt, muß unterschieden werden. Einige Verfassungen sprechen von *staatlichen Aufgaben* (zur Erfüllung nach Weisung), die den Kommunen durch Gesetz übertragen werden.[11] In anderen Verfassungen heißt es, daß bestimmte *öffentliche Aufgaben* übertragen oder zur Pflicht gemacht werden.[12] Damit sind staatliche Aufgaben zur Erfüllung nach Weisung und Pflichtaufgaben zur Erfüllung in eigener Verantwortung gemeint,[13] wie in Art. 87 Abs. 3 Satz 1 SAV ausdrücklich normiert ist. In einigen Verfassungen ist zusätzlich vorgeschrieben, daß ein finanzieller Ausgleich zu schaffen ist, wenn diese Aufgaben zu einer Mehrbelastung der Kommunen führen.[14]
Bayern folgt auch dem dualistischen Modell, wenn es in Art. 83 Abs. 3 BV heißt, daß bei Übertragung staatlicher Aufgaben an die Gemeinden (vgl. Art. 11 Abs. 3 BV) gleichzeitig die notwendigen Mittel zu erschließen sind. Unschädlich ist, daß es keine gesonderte verfassungsrechtliche Regelung des gemeindlichen Finanzausgleichs im Rahmen der Leistungsfähigkeit des Landes gibt. Diese ist in der Garantie der kommunalen Selbstverwaltung (Art. 11 Abs. 2 BV) enthalten.[15]

## II. *Rechtsprechung der Landesverfassungsgerichte*

### 1. *Rheinland-Pfalz, Hessen und Bayern*

Das in der Verfassung von Rheinland-Pfalz (bis 2004) ebenso wie das in der hessischen Verfassung (bis 2002) deutlich formulierte monistische Modell der Finanzierung der Kommunen war mehrfach Grundlage von Entscheidungen des Verfassungsgerichtshofs Rheinland-Pfalz. Erstmalig 1977 entschied

10 So Art. 58 NV; ähnlich Art. 73 Abs. 2, 3 BWV; Art 99 S. 2 BrbV; Art. 73 Abs. 2 MVV; Art. 119 SlV; Art. 87 SV; Art. 88 SAV; Art. 49 Abs. 1 SHV; Art. 93 Abs. 1 Satz 1, Abs. 2, 3 ThV.

11 Art. 57 Abs. 4 NV; Art. 83 Abs. 3 BV; Art. 97 Abs. 3 Satz 1 BrbV; Art. 137 Abs. 4 HV; Art. 120 Abs. 1 Satz 1 SlV; Art. 93 Abs. 2 Satz 2 ThV.

12 Art. 71 Abs. 3 Satz 1 BWV; Art. 72 Abs. 3 Satz 1 MVV; Art. 78 Abs. 3 NWV; Art. 49 Abs. 5 Satz 1 RPV; Art. 85 Abs. 1 Satz 1 SV; Art. 49 Abs. 2 Satz 1 SHV.

13 So für Nordrhein-Westfalen *Peter J. Tettinger*, in: Löwer/Tettinger, Kommentar zur Verfassung von Nordrhein-Westfalen, 2002, Art. 78 Rdnr. 104.

14 Art. 71 Abs. 3 Satz 3 BWV; Art. 97 Abs. 3 Satz 3 BrBV; Art. 72 Abs. 3 Satz 2 MVP; Art. 85 Abs. 2 SV; Art. 87 Abs. 3 Satz 3 SAV; Art. 49 Abs. 2 Satz 2 SHV; Art. 93 Abs. 1 Satz 2 ThV.

15 *Theodor Meder*, Die Verfassung des Freistaates Bayern, 3. Aufl. 1985, Art. 11 Rdnr. 4; BayVerfGH, BayVBl. 1996, S. 462, 463; VerfGHE 50, 15, 41 – 44.

der Gerichtshof in einem ausführlich begründeten Urteil,[16] daß den Kommunen zur Durchführung ihrer eigenen und der ihnen übertragenen Aufgaben eine angemessene Finanzausstattung zur eigenverantwortlichen Verfügung gewährleistet sei. Deshalb bilde die Deckung der Kosten der Auftragsverwaltung nur ein unselbständiges Element im Rahmen der Frage, ob die Finanzausstattung noch angemessen sie. Der Gerichtshof begnügt sich nicht mit dem Rückgriff auf den insoweit klaren Wortlauf des Art. 49 Abs. 5 RPV alter Fassung, sondern holt weiter aus:[17] «. . . eine gesonderte Erstattung der gemeindlichen Aufwendungen im übertragenen Wirkungskreis . . . (wird) dem heutigen Stand der Integration der Gemeinden in das Staatsganze nicht mehr gerecht.« Die Wahrnehmung staatlicher Aufgaben gehöre zum geschichtlich gewordenen Bild kommunaler Verwaltung und stelle einen Bestandteil von ihr dar, mit dem die Gemeinden von vornherein belastet seien. Zudem blieben bei gesonderter Abgeltung der Aufwendungen für die Auftragsverwaltung die Unterschiede in der Finanzkraft der Kommunen unberücksichtigt. Dieses Urteil ist 1985[18] und 1992[19] bestätigt worden, indem der Gerichtshof nochmals betonte, daß der kommunale Finanzausgleich, wie er in der Verfassung vorgesehen sei, grundsätzlich nur pauschale Abgeltungen, nicht aber die Erstattung des tatsächlichen Aufwandes kenne. Gerade wegen der Argumente des Verfassungsgerichtshofes über den Wortlaut des alten Verfassungstextes hinaus wird ihm eine Neuorientierung schwerfallen, die aber nach der Verfassungsänderung unabweislich ist. So heißt es in der Begründung des Gesetzentwurfs zur Ergänzung des Art. 49 RPV (s. Anm. 9): »In Gestalt des Mehrbelastungsausgleichs tritt das Konnexitätsprinzip als von der Finanzkraft der Gemeinden und Gemeindeverbände unabhängige Ausgleichsregelung neben die allgemeinen Bestimmungen des kommunalen Finanzausgleichs und geht diesen als spezielle Regelung vor, . . .«.

In Hessen ist die Verfassung dahin geändert worden, daß die allgemeine Argumentation des VerfGH Rheinland-Pfalz von der Integration der Gemeinden ins Staatsganze nicht greifen würde. Rechtsprechung des Hessischen Staatsgerichtshofs zu kommunalen Finanzierungsansprüchen gibt es weder zur alten monistischen noch zur neuen dualistischen Regelung: Daß in Hessen keine lange Tradition einer Beschäftigung des Staatsgerichtshofes mit dem kommunalen Finanzausgleich festzustellen ist, dürfte vorrangig darauf zurückzuführen sein, daß Hessen bis 1994[20] keine kommunale Verfassungsbeschwerde kannte. Möglich wäre allerdings eine abstrakte Normenkontrolle von Abge-

16 VerfGH Rheinland-Pfalz, Urt. v. 5.12.1977, AS 15, 66, 70 ff. = DVBl. 1978, S. 802, 803.
17 AS 15, 66, 74 f.
18 AS 19, 339, 345.
19 AS 23, 429, 431; nochmals VerfGH Rheinland-Pfalz v. 30.1.1998, AS 26, 391 ff.
20 Vgl. nun aber § 46 Gesetz über den Staatsgerichtshof in der Fassung vom 30.11.1994, GVBl. I, S. 684.

ordneten des Landtages (vgl. Art. 131 Abs. 2 HV) gewesen. Nunmehr ist jedoch abzusehen, daß auch der Hessische Staatsgerichtshof früher oder später zur Frage der Gemeindefinanzierung Stellung beziehen wird.
In Bayern müßte eigentlich ein dualistisches kommunales Finanzierungssystem gelten, da Art. 83 Abs. 3 BV Aufgabenübertragung und Mittelerschließung verbindet, während der allgemeine kommunale Finanzausgleich nicht ausdrücklich geregelt ist, sondern sich aus der Selbstverwaltungsgarantie des Art. 11 Abs. 2 BV ergibt. Eine klare Entscheidung des BayVerfGH zu diesem Problem liegt noch nicht vor. 1997[21] hielt der VerfGH eine abschließende Entscheidung darüber nicht für notwendig, ob nach bayerischem Verfassungsrecht eine gesonderte und zumindest teilweise finanzkraftunabhängige Erstattung der Kosten für Aufgaben des übertragenen Wirkungskreises von Verfassungs wegen geboten sei. Eine Tendenz des VerfGH zum monistischen Modell wird in der Erwägung sichtbar, daß kein Grund ersichtlich sei, warum dem Gesetzgeber verboten sein soll, besonders finanzstarke Gemeinden auch an den Kosten der Auftragsverwaltung zu beteiligen.

## 2. *Nordrhein-Westfalen und Saarland*

Die Verfassung von Nordrhein-Westfalen ist dem ersten Anschein nach dem dualistischen Modell verpflichtet, weil zwischen der Erfüllung der Aufgaben der Gemeinden (»ihrer Aufgaben«) in Art. 79 und der gesetzlichen Verpflichtung der Kommunen unterschieden wird, »bestimmte öffentliche Aufgaben« zu übernehmen und durchzuführen, wenn gleichzeitig Bestimmungen über die Deckung der Kosten getroffen werden (Art. 78 Abs. 3). Der VerfGH Nordrhein-Westfalen[22] schließt aus dem Umstand, daß von bestimmten öffentlichen Aufgaben die Rede ist, auf eine monistische Konzeption der kommunalen Finanzierung. Denn bestimmte öffentliche Aufgaben können sowohl übertragene Aufgaben als auch Aufgaben des eigenen Wirkungskreises sein, zu denen die Gemeinde verpflichtet wird.
In den ausführlichen Begründungen seiner Entscheidungen verweist der VerfGH Nordrhein-Westfalen häufig auf das Urteil des VerfGH Rheinland-Pfalz von 1977,[23] dem das Argument entnommen wird, daß im Verhältnis von Staat und Kommunen nicht das Konnexitätsprinzip gelte. Im Urteil vom 9.7.1988 heißt es:[24] »Die Landesverfassung enthält keine ‚dualistische

21 VerfGHE 50, 15, 56 f., auch zum folgenden.
22 OVGE 38, 301, 305; 40, 300, 304; 46, 262, 265 ff.; 47, 249, 258 f. = DVBl. 1998, S. 1280, 1284.
23 OVGE 38, 301, 305, 307, 308 u. ö.; 40, 300, 304 u. ö.
24 OVGE 47, 249, 259 = DVBl. 1998, 1280, 1284; dazu zustimmend *Tettinger* (Anm. 13), Rdnr. 109 – 115.

Finanzgarantie' des Inhalts, daß Art. 79 Satz 2 LV eine für die Aufgabenerfüllung insgesamt ausreichende Finanzausstattung der Gemeinden gewährleistet und Art. 78 Abs. 3 LV eine aufgabenakzessorische und finanzkraftunabhängige Kostenerstattung bei Übertragung staatlicher Aufgaben auf die Gemeinden (Konnexitätsprinzip) vorsehen würde.« Inzwischen ist durch Gesetz vom 22.6.2004 Art. 78 Abs. 3 NWV geändert und das Konnexitätsprinzip eingeführt worden.

Die Entscheidung des Saarl. VerfGH vom 10.1.1994[25] behandelt einen Fall, bei dem es um eine sog. Pflichtaufgabe im Rahmen der Selbstverwaltung ging. Da Kostenerstattung nur bei der Übertragung staatlicher Aufgaben vorgesehen ist (Art. 120 SlV), mußte die kommunale Verfassungsbeschwerde abgewiesen werden. Die Begründung der Entscheidung neigt der Rechtsprechung der Verfassungsgerichtshöfe Nordrhein-Westfalen und Rheinland-Pfalz zu, wonach trotz dualistischen Aufgabenwahrnehmungsmodells das kommunale Finanzierungssystem monistisch begriffen wird. Einer angemessenen Finanzausstattung sei im System des Finanzausgleichs (Art. 119 Abs. 2 SlV) Rechnung zu tragen.

### 3. *Niedersachsen, Brandenburg, Sachsen-Anhalt*

In seinem Beschluß vom 15.8.1995 hat sich der Nieders. StGH erstmalig mit den kommunalen Finanzgarantien der Landesverfassung beschäftigt und eine klare Entscheidung getroffen,[26] die von zahlreichen Rezensenten als Durchbruch bezeichnet worden ist.[27] Der Staatsgerichtshof hat die dualistische Struktur der kommunalen Finanzgarantien in der niedersächsischen Verfassung hervorgehoben und jeder von beiden eine eigenständige normative Bedeutung zuerkannt. Zu Art. 58 NV heißt es: Der Befugnis der Kommunen, ihre Angelegenheiten im Rahmen der Gesetze in eigener Verantwortung zu verwalten, stehe logischerweise in Art. 58 NV eine eingeschränkte Finanzgarantie gegenüber. Insoweit müßten sich die Kommunen auf die erforderlichen und leistbaren Mittel verweisen lassen, weil das Land anderenfalls von ihnen über seine Leistungsfähigkeit hinaus verpflichtet werden könnte. In späteren Entscheidungen wird insoweit von Verteilungssymmetrie gesprochen.[28] Zu Art. 57 Abs. 4 NV führt der StGH aus: Im übertragenen Wirkungskreis seien die Kommunen weder bei der Stellung noch bei der Gestaltung der Aufgaben

25 NVwZ-RR 1995, S. 153 f.

26 NdsStGHE 3, 136, 156 ff. = DVBl. 1995, 1175 ff.

27 Vgl. insbes. *Hans-Günter Henneke*, DVBl. 1995, S. 1179 ff.; *Kyrill-A. Schwarz*, NVwZ 1996, S. 554 ff.; *F. Kirchhof*, DVBl. 1998, S. 185, 186 ff.; *Stefan Mückl*, Finanzverfassungsrechtlicher Schutz der kommunalen Selbstverwaltung, 1998, S. 228 ff.

28 NdsStGHE 3, 299, 316; NdsStGH, LVerfGE 12, 255, 282.

entscheidungsbefugt. Ihrer Bindung an staatliche Vorgaben entspreche es, den übertragenden Gesetzgeber zu verpflichten, die Deckung der in diesem Aufgabenbereich entstehenden Kosten zu regeln, und zwar erkennbar und für die Kommunen nachprüfbar.[29]

Wenn auch die Bestimmung über die Deckung der Kosten nach Art. 57 Abs. 4 NV im Rahmen des allgemeinen Finanzausgleichsgesetzes getroffen werden könne,[30] müsse sie vom allgemeinen Finanzausgleich getrennt erkennbar sein. In der zweiten Entscheidung zu den kommunalen Finanzgarantien[31] wurde die besondere Schutzfunktion des Art. 57 Abs. 4 NV bei einer landesgesetzlichen Aufgabenübertragung auf die Kommunen betont, dem Gesetzgeber aber auch ein Gestaltungsspielraum zugebilligt, wie er die Deckung der Kosten in pauschalierender Weise bestimme. Kostenerstattung sei aber kein Finanzausgleich, deshalb müsse sie unabhängig von der Finanzkraft der einzelnen Gemeinde berechnet werden.

Im Hinblick auf den übergemeindlichen Finanzausgleich im Rahmen der finanziellen Leistungsfähigkeit des Landes nach Art. 58 NV hat der Staatsgerichtshof die prinzipielle Gleichwertigkeit der Landes- und Kommunalaufgaben betont und – wie erwähnt – eine »Verteilungssymmetrie« gefordert. Dies wurde in seiner dritten Entscheidung zu den kommunalen Finanzgarantien v. 16.5.2001[32] bekräftigt: Sei das Land finanziell nicht in der Lage, den Kommunen die für eine angemessene Wahrnehmung ihrer Selbstverwaltungsaufgaben erforderlichen Mittel zur Verfügung zu stellen, so dürfe es sich auf eine finanzielle Mindestausstattung der Kommunen beschränken, sofern es seine eigenen Ausgaben in vergleichbarem Maße senke.

Das Brandenburgische Verfassungsgericht folgt seit seiner ersten einschlägigen Entscheidung vom 18.12.1997[33] der Linie des Nieders. StGH auch im Hinblick auf die Anforderungen an die Kostendeckung: Die Regelung müsse erkennbar und nachprüfbar sein; die Erstattung der Verwaltungskosten für sämtliche oder mehrere übertragene Aufgaben dürfe pauschaliert bestimmt werden; keine volle Erstattung. Das Verfassungsgericht betont den Schutzzweck der Kostendeckungsvorschrift. Sie soll »den Landesgesetzgeber zwingen, sich bei der Übertragung von staatlichen Aufgaben an die Kommunen die Kosten der Aufgabenerfüllung bewußt zu machen und die Kostendeckung zu regeln«[34]. Was die Höhe der Kostendeckung anbelangt, geht das Brandenburgische Verfassungsgericht seit der Änderung des Art. 97 Abs. 3 BrbV[35] weiter als der Nieders. StGH. Denn es legt die Formel »entsprechender finanziel-

29 NdsStGHE 3, 299, 316; ders., LVerfGE 12, 255, 275.
30 LVerfGE 12, 255, 275 f.
31 Urt. v. 25.11.1997, NdsStGHE 3, 299, 311 ff. = DVBl. 1998, S. 43 ff.
32 LVerfGE 12, 255, 282 f.
33 LVerfGE 7, 144, 159 – 162.
34 LVerfGE 7, 159.
35 Gesetz zur Veränderung der Verfassung vom 7.4.1999, GVBl. I, S. 98.

ler Ausgleich« i. S. einer vollständigen und finanzkraftunabhängigen Erstattung aus.[36]

Das Verfassungsgericht Sachsen-Anhalt hält die beiden kommunalen Finanzgarantien – Finanzausgleich (Art. 88 SAV) und Kostendeckung für die Zuweisung von Pflichtaufgaben sowie die Übertragung staatlicher Aufgaben (Art. 87 Abs. 3 SAV) – für jeweils normativ selbständig und bezeichnet das kommunale Finanzsystem ausdrücklich als dualistisch.[37] Art. 87 Abs. 3 SAV fordere eine Kostendeckungsregel sowohl für die Übertragung staatlicher Aufgaben als auch bei der Zuweisung pflichtiger Selbstverwaltungsaufgaben. Ebenfalls auf den Wortlaut des Art. 87 Abs. 3 Satz 3 SAV (»angemessener Ausgleich«) stützt sich das Gericht bei der Ablehnung einer vollen Kostendeckung. Was vor allem wichtig ist, ist der ausdrückliche Hinweis des Gerichts darauf, daß die Erwähnung der Pflichtaufgaben des eigenen Wirkungskreises (Art. 87 Abs. 3 SAV) dem Konnexitätsprinzip und dem Dualismus keinen Abbruch tut.

Das Sachsen-Anhaltinische Landesverfassungsgericht, das sich schon früh dem Nieders. StGH angeschlossen hatte,[38] verlangt darüber hinausgehend bei der Bestimmung der Kostendeckung nach Art. 87 Abs. 3 SAV, daß sie in dem aufgabenübertragenden Gesetz erfolgt, hilfsweise müsse sie nachgeholt werden.[39]

### 4. *Baden-Württemberg, Sachsen und Mecklenburg-Vorpommern*

Die Verfassungen dieser drei Länder stimmen insoweit mit der nordrhein-westfälischen Verfassung überein, als von der Erfüllung oder Übertragung »bestimmter öffentlicher Aufgaben« die Rede ist, also auch eigene Aufgaben der Kommunen diesen als Pflichtaufgaben zugewiesen werden. Ausdrücklich gesagt wird dies in Art. 87 Abs. 3 SAV: »Pflichtaufgaben zur Erfüllung in eigener Verantwortung und staatliche Aufgaben zur Erfüllung nach Weisung.« Diese Formulierung soll die Kommunen davor schützen, daß ihnen immer mehr Pflichtaufgaben zumeist mit kostenintensiven Standards übertragen werden.[40] Erkennt man diesen Schutzzweck dann dürfen die Verfassungsbestimmungen nicht im Sinne des monistischen Modells umgedeutet werden.

36 LVerfGE 13, Supplementband Brandenburg, S. 3, 31 ausdrücklich von seiner Entscheidung LVerfGE 7, 144 abweichend.
37 Urt. v. 13.7.2000, LVerfGE 11, 429, 442, in Anknüpfung an eigene frühere Entscheidungen, LVerfGE 9, 343, 356 f.
38 Siehe Urt. v. 17.9.1998, LVerfGE 9, 343, 356 f.; siehe insbesondere die Ausführungen in LVerfGE 11, 429, 442 ff. (444).
39 Urt. v. 13.7.2000, LVerfGE 11, 429, 448.
40 *Friedrich Schoch/Joachim Wieland*, Finanzierungsverantwortung für gesetzgeberisch veranlaßte kommunale Aufgaben, 1995, S. 162; *Mückl* (Anm. 27), S. 203.

Vielmehr muß beachtet werden, daß die Pflichtaufgaben finanziell entsprechend den übertragenen staatlichen Aufgaben zu behandeln sind. Sieht man sich daraufhin die Rechtsprechung der drei Landesverfassungsgerichte an, so ergibt sich folgendes:
Der StGH Baden-Württemberg sieht in Art. 71 Abs. 3 BWV die Pflicht des Staates begründet, für die durch die Übertragung verursachten Mehrkosten einen finanziellen Ausgleich zu schaffen, und zwar ungeachtet der finanziellen Leistungsfähigkeit der Kommunen.[41] Der StGH leitet aus der Formulierung »bestimmte öffentliche Aufgabe« eine monistische kommunale Aufgabenstruktur ab. Der Begriff »öffentliche Aufgaben«, der für sich genommen in der Tat auch Selbstverwaltungsaufgaben umfaßt, steht in Art. 71 Abs. 3 BWV aber nicht allein, vielmehr geht es um solche Aufgaben, die durch Gesetz »übertragen« werden. Dabei kann es sich nur um staatliche Aufgaben handeln, weil Selbstverwaltungsaufgaben den Kommunen bereits aufgrund verfassungsrechtlicher Garantien zustehen und nicht mehr übertragen werden können. Das übersieht der StGH Baden-Württemberg, weshalb sein Plädoyer für den Aufgabenmonismus nicht überzeugt. Immerhin trennt er aber zwischen allgemeinem kommunalen Finanzausgleich und Kostenerstattung und nimmt insoweit die verfassungsrechtliche Schutzklausel des Art. 71 Abs. 3 BWV ernst.
Was die allgemeine Finanzausstattung der Kommunen anbelangt, betont der StGH Baden-Württemberg die Gleichwertigkeit von Landes- und Kommunalaufgaben,[42] woraus der Nieders. StGH schon vorher eine Verteilungssymmetrie abgeleitet hat.[43] Der StGH Baden-Württemberg hält wenig von repressiver verfassungsgerichtlicher Kontrolle des kommunalen Finanzausgleichs. Denn ein einmal beschlossener kommunaler Finanzausgleich für ein Haushaltsjahr habe irreversible Auswirkungen; außerdem fehlten materielle verfassungsrechtliche Maßstäbe für eine Bestimmung der finanziellen Mindestausstattung von Kommunen.[44] Der StGH leitet daraus das Erfordernis verfahrensrechtlicher Beteiligung der Kommunen an der Entscheidungsfindung spätestens im Gesetzgebungsverfahren ab.[45] Echte Beteiligungen am Gesetzgebungsverfahren durch Gesetzesadressaten, die über bloße Anhörungen hinausgehen, lassen sich verfassungsrechtlich nicht begründen. Deshalb hat das Landesverfassungsgericht Sachsen-Anhalt die Rechtsauffassung des StGH Baden-Württemberg zu Recht ausdrücklich abgelehnt.[46]

41 Urt. v. 10.10.1993, ESVGH 44, 1 ff.; Urt. v. 5.10.1998, ESVGH 49, 5, 8 f.; ähnlich LVerfGE 10, 3 ff.
42 Urt. v. 10.5.1999, LVerfGE 10, 3, 25.
43 NdsStGHE 3, 299, 316.
44 LVerfGE 10, 3, 29.
45 LVerfGE 10, 3, 30 f.
46 LVerfGE 10, 440, 466 f.; 11, 429, 458 ff. (Anhörung genüge nicht).

Art. 71 Abs. 3 BWV ist in die sächsische Verfassung übernommen worden. Der SächsVerfGH hat in seiner ersten Entscheidung zur Sache[47] unentschieden gelassen, ob Art. 85 Abs. 1 SV nur die Übertragung staatlicher Aufgaben auf Gemeinden oder ebenfalls die Veränderung des Status von Selbstverwaltungsaufgaben umfaßt. In einer späteren Entscheidung[48] hat er sich entgegen dem Wortlaut (sc. Aufgaben*übertragung*) im Gefolge des StGH Baden-Württemberg für die Einbeziehung von Selbstverwaltungsangelegenheiten entschieden. Unter Zitierung des StGH Baden-Württemberg wird wie folgt argumentiert: Entscheidend sei, daß die Erledigung der übertragenen Aufgabe durch landesgesetzliche Vorgaben inhaltlich festgelegt werde und die für den Selbstverwaltungsträger neue Aufgabe eine Mehrbelastung bewirke. Dementsprechend sei eine Kostendeckungs- und Ausgleichsregelung nach Art. 85 SV auch dann notwendig, wenn eine bislang freiwillige Aufgabe der Kommunen durch Landesgesetz als Pflichtaufgabe ausgestaltet oder wenn Kommunen eine neue Selbstverwaltungsaufgabe zugewiesen werde. Deutlich hat sich der SächsVerfGH aber dafür ausgesprochen, daß die Pflicht zum Finanzausgleich (Art. 87 SV) und die Ausgleichspflicht bei Übertragung »bestimmter Aufgaben« (Art. 85) zwei selbständige Verfassungsgarantien enthalten, die sich in ihrem Regelungsgehalt grundlegend voneinander unterscheiden.[49] Damit ist für Sachsen das dualistische Modell der kommunalen Finanzgarantie anerkannt.

In Mecklenburg-Vorpommern ist Art. 72 Abs. 3 der Verfassung am 4.4.2000 dahin geändert worden,[50] daß nicht nur die Übertragung staatlicher Aufgaben (so die ursprüngliche Fassung), sondern die Verpflichtung »zur Erfüllung bestimmter öffentlicher Aufgaben« Bestimmungen über die Deckung der Kosten verlangt. Daraus ist bis jetzt nicht geschlossen worden, daß das monistische System eingeführt worden ist. Sollte sich diese Überzeugung jedoch verbreiten, müßte der in Art. 72 Abs. 3 MVV steckende Schutzgedanke ebenso wie in Baden-Württemberg durchdringen.

## III. *Resümee*

Die tatsächlichen Probleme des Finanzausgleichs und der Kostenerstattung für die Wahrnehmung staatlicher Aufgaben durch die Gemeinden sind in allen Ländern gleich. Die verfassungsrechtlichen Regelungen in den Ländern versuchen, die Problematik auf verschiedene Weise zu lösen. Betrachtet man die dazu ergangenen Entscheidungen der Landesverfassungsgerichte, wird die

47 Urt. v. 23.6.1994, SächsVBl. 1994, S. 280, 284 auch zum folgenden.
48 Urt. v. 23.11.2000, SächsVBl. 2001, S. 61, 63 auch zum folgenden.
49 SächsVBl. 2001, S. 61 im Anschluß an das Urteil von 1994, SächsVBl. 1994, S. 284.
50 GVBl., S 158.

Diversität auf den ersten Blick noch gesteigert. Die klaren verfassungsrechtlichen Regelungen in Niedersachsen und früher in Rheinland-Pfalz – jeweils Ausdruck eines der beiden Modelle – haben klare Entscheidungen der Verfassungsgerichte hervorgebracht. Obwohl die rheinland-pfälzische Regelung und Rechtsprechung nach Änderung der hessischen Verfassung ein Unikat darstellte, folgen auffällig viele Landesverfassungsgerichte dieser Linie, die durch die anderen Landesverfassungen nicht gedeckt ist. Was festgestellt werden kann, ist eine deutliche Tendenz zum dualistischen Modell. Diese kommt vielfältig zum Ausdruck: die Reform der hessischen Verfassung, die Verfassungsänderungen in Rheinland-Pfalz und Nordrhein-Westfalen gegen die eindeutige und stetige Rechtsprechung ihrer VerfGH. Besonders die Verfassungsgerichte der neuen Länder nehmen den ihren Landesverfassungen zugrunde liegenden Aufgabendualismus bei der Auslegung der kommunalen Finanzgarantien ernst. Diese vom Nieders. StGH vorgezeichnete Linie hat den großen Vorteil, daß sich der Landesgesetzgeber, der den Kommunen staatliche Aufgaben überträgt, über die finanziellen Folgen Rechenschaft geben muß, was in einem einheitlichen Finanzausgleich kaum gewährleistet ist. Es mag richtig sein, daß eine finanzkraftunabhängige Kostendeckung reichen Gemeinden mehr gibt, als sie benötigen. Solche Abundanzen müssen im kommunalen Finanzausgleich, der auch ein horizontaler ist, kompensiert werden.

# Entscheidungsregister

Fett gedruckte Zahlen verweisen auf Entscheidungsrezensionen

1) *Entscheidungen des Bundesverfassungsgerichts*

## 2) *Entscheidungen der Landesverfassungsgerichte*



## 3) Entscheidungen sonstiger Gerichte

# Sachregister